Das Buch

Kenia – Schläge, Betteln, quälender Hunger. Philip ist Vollwaise, sein Zuhause die Straße. Er lebt, um zu überleben. Mit zwölf erkennt er: Wenn ich raus aus dem Elend will, muss ich selbst dafür sorgen. Seine Rettung ist das Waisenheim. Dort geht er erstmals zur Schule. Begierig saugt er alles Wissen auf. Ein Hamburger Arzt adoptiert ihn. Philip, das ehemalige Straßenkind, beendet sein Studium mit Auszeichnung. Er entscheidet sich bewusst gegen einen Karriereberuf. Heute kümmert er sich als Lehrer um die »Problemkinder« unserer Gesellschaft – Jugendliche auf der Suche nach sozialem Halt und Anerkennung. Er hat das Standing, ihnen zu helfen, weil er sie versteht und ernst nimmt.

Der Autor

Philip Oprong Spenner, 1979 geboren, ist Lehrer an einer Hamburger »Problemschule«. Er spricht sechs Sprachen, ist Pop-Gospelsänger und Vorsitzender eines Vereins zur Förderung von Jugendlichen in Kenia (siehe www.kanduyi-children.org).

Philip Oprong Spenner
mit Heike Gronemeier

Move on up

Ich kam aus dem Elend und lernte zu leben

Ullstein

Besuchen Sie uns im Internet:
www.ullstein-taschenbuch.de

Ungekürzte Ausgabe im Ullstein Taschenbuch
1. Auflage April 2013
3. Auflage 2015
© Ullstein Buchverlage GmbH, Berlin 2011 / Ullstein Verlag
Umschlaggestaltung: ZERO Werbeagentur, München,
nach einer Vorlage von Sabine Wimmer, Berlin
Titelabbildung: Gerald von Foris
Satz: LVD GmbH, Berlin
Gesetzt aus der Minion
Druck und Bindearbeiten: CPI books GmbH, Leck
Printed in Germany
ISBN 978-3-548-37475-8

Für Robert, den besten Papa,
den ich nach lebenslanger Suche je finden konnte,
für Thomas, eine einzigartige Bereicherung in meinem Leben,
für Mary, die beste große Schwester, die ich je haben konnte,
für Heidi († 2009 – wir werden dich immer
auf Erden vermissen),
für Ashok und Prakash Khetia,
für all die großen Herzen ...
Danke für die Schule!
Für Paul!
Für Sarah und Melia – dank euch
habe ich gelernt zu lieben.

Inhalt

Prolog	9
»Mama« ist nur ein Wort	16
In den Straßen von Kampala	36
Paul	53
Kein Ort des Friedens	65
Ein verlorener Koffer ist ein verlorenes Leben	72
Mambo sawa sawa – Alles wird gut, trotz allem	82
In der Hölle von Nairobi	94
Ganz unten	112
Heimkind	130
Mary	154
»Deine Tore sind Tore der Hoffnung«	171
Heidi und die Süßkartoffeln	218
Der Herr ist mein Hirte	226
Burnout	242
Abschied von Bungoma	255
Die Zukunft hat einen Namen	262
Flug in ein neues Leben	274
Aller Anfang ist schwer	288
Zwischen allen Stühlen	313
Eine folgenschwere Entscheidung	325
Hip-Hop zum Wachwerden	340
Nachwort und Danksagung	363
Glossar	365

Prolog

Es war ungewöhnlich still. Kein kehliges Quaken der Frösche, kein Zirpen der Grillen, nicht einmal das geckernde Kichern der Affen war zu hören. Nur das Wasser des Viktoriasees plätscherte unaufhörlich gegen den Felsvorsprung, auf dem ich stand. Mit seiner Unnachgiebigkeit hat es sich über Jahrtausende in die Landschaft eingegraben, bizarre Formationen aus Stein und Sand geschaffen. Was es wohl mit meinem leblosen Körper anstellen würde? Ich blickte nach unten und musste an Philip Mulise denken, meinen besten Kumpel. Er hat Höhenangst, und ich habe ihn immer damit aufgezogen, dass er sich wie ein Mädchen anstellt. Ihn hätten keine zehn Pferde auf den zerklüfteten Felsen hinaufgebracht. Ich musste lächeln aus lauter Genugtuung über meine Tapferkeit. Ja, dafür war ich bekannt – und deswegen würde ich das jetzt auch durchziehen.

Man hatte mir oft erzählt, dass Selbstmörder nicht in den Himmel kommen, sondern in die Hölle. Ich wusste nicht, was schlimmer war: die Hölle bewusst und lebend auf Erden zu erleben oder nach dem Tod – und dadurch vielleicht etwas weniger bewusst. Ich wollte meiner ganz persönlichen Hölle entkommen. Was half mir all das Gerede, dass man die Hoffnung nie aufgeben, sondern weiterhin Gutes tun solle, auf dass man später für immer und ewig in den Himmel komme. Natürlich, dort gab es bestimmt weder Hunger noch Leid. Dort wurde man bestimmt nicht geschlagen, musste weder betteln noch klauen. Und dort musste man sich mit Sicherheit auch nicht vor der Einsamkeit der Nacht fürchten. Der Himmel war ein fernes Paradies. Zu fern, um daran ernsthaft zu glauben. Das Einzige, was ich kannte, war mein Leben auf der Erde. Das hatte mich in den letzten Wochen gelehrt, dass ich keine Zukunft habe. Dass ich in einem Kreislauf feststeckte, aus dem ich nicht herauskam.

Ich schob mich näher an die Kante und blickte in die Tiefe.

Herr, vor Hunger hast Du mich immer wieder gerettet. Und aus den Händen meiner Feinde. Du hast mich Schläge ertragen lassen und Demütigungen. Wozu? Ist das alles, was Du für mich vorgesehen hast? Gott, wenn es Dich gibt, dann lass ein Wunder geschehen. Beweise mir hier und jetzt, dass Du da bist, sonst sind wir geschiedene Leute. So hat das Leben keinen Sinn mehr.

Nichts. Nur das Rauschen des Wassers. Der Gott, auf den ich immer bauen wollte, hatte offenbar keine Verwendung für mich. Aber nicht einmal das konnte ich ihm verdenken. Schließlich hatte niemand eine Verwendung für mich.

Damit es schnell ging, musste ich mich mit dem Kopf voran hinunterstürzen. Wenn ich Glück hatte, würde ich mir dabei gleich das Genick brechen. Den Rest würden die Fische besorgen. Über die fetten Viecher aus dem Viktoriasee kursierten allerlei Schauergeschichten. Weil es rund um den See und entlang der umliegenden Flüsse, die aus den Bergen Ruandas und Burundis in den Viktoriasee münden, so viele Kriegsgefechte gegeben hatte, hätten die Fische ihren Speiseplan geändert. Seitdem seien sie nicht nur gut genährt, die Leute sagten auch, dass die Fische den Aids-Virus und andere menschliche Krankheitskeime in sich trugen. Bei den Touristen, die den Botanischen Garten in Scharen besuchten, fanden die gegrillten Fische trotzdem reißenden Absatz. Aber was wussten die schon. Der Geruch von frisch gebratenem und scharf gewürztem Fisch jedenfalls war verlockend. Wenn einem dann das Fett über die Finger rann, war es völlig egal, was die Dinger vorher gefressen hatten. Komisch, dass ich ausgerechnet jetzt an Essen denken musste. Hin und wieder war es mir gelungen, einem der Verkäufer einen Fisch vom Grill zu reißen, den ich dann in einem schützenden

Gebüsch verschlungen hatte. Auch Touristen hatten mir manchmal etwas zu essen spendiert, wenn ich mich zudringlich genug oder mitleiderregend in ihrer Nähe herumgedrückt hatte. Der Botanische Garten war für so etwas immer ein gutes Pflaster gewesen. Hier hatte man als Straßenkind viele Möglichkeiten. Es gab nur wenig Konkurrenz, die meisten anderen Kinder meines Schlages tummelten sich auf den Straßen von Entebbe. Mir hat das Areal mit seinen vielen Vögeln und Schmetterlingen, den gigantischen Termitenhügeln, Wildpflanzen und Urbäumen immer schon besser gefallen; vielleicht, weil ich auf dem Land aufgewachsen bin. Städte können einen verschlucken. Und wenn sie einen wieder ausspucken, ist man ein anderer. Zerkaut, zermahlen, zermürbt.

Während ich meine Schuhe auszog, murmelte ich vor mich hin: »Ciao Erde! Ciao Hunger! Ciao Kummer! Ciao Dunkelheit!« Eigentlich seltsam, dass ich barfuß sterben wollte. Der Weg ins Paradies ist dornenreich, aber den würde ich ja eh nicht beschreiten. Und den durch die Hölle hatte ich jahrelang ohne Schuhe beschritten. Ich musste glucksen bei der Vorstellung, was sie da unten über meine Füße sagen würden. Schrundig, zerschnitten und übersät mit Rattenbissen. Diese Biester hatten sich nachts in schöner Regelmäßigkeit an meinen Fußsohlen zu schaffen gemacht. Sie waren mir ein Rätsel, ich habe mich immer gewundert, wie sie das hinbekamen. Man wacht am Morgen auf und hat auf einmal angeknabberte Fußsohlen. Nie bin ich von den Bissen aufgewacht oder habe einen der Täter jemals in flagranti ertappt. Sie müssen irgendein Nervengift verwenden, denn weder kitzelt es, noch tut es weh. Und sie hören auf, bevor man blutet. Wir nannten es immer das Prinzip des Pustens und Anknabberns. Sie pusten, ohne dass es kitzelt, dann knabbern sie, und bevor man unruhig wird und aufwacht, pusten sie wieder. Perfektes Timing, perfekte Strategie. Verdammte Mistviecher! Aber von denen konnte man noch was lernen, was das Überleben angeht. Oder besser: Hätte man können, weil Überleben war gestern. »Hasta la vista, Baby! Kwaheri Dunia!«

Wie aus dem Nichts drangen plötzlich Stimmen an mein Ohr. Vor Schreck stieß ich einen meiner Schuhe über die Klippe. Mist! Ich war so stolz auf sie gewesen, auch wenn sie nur aus alten geklauten Autoreifen gemacht waren. Ich drehte mich verärgert um und sah drei Leute schwatzend und lachend genau auf die Stelle zuschlendern, an der ich mich aus meinem miesen Leben verabschieden wollte. Wahrscheinlich hatten sie in irgendeinem Reiseführer gelesen, dass dieser Ort im Botanischen Garten von Entebbe besonders friedlich und schön sein soll. Als sie mich entdeckten, verlangsamten sich ihre Schritte. Asiaten mit Kamera vor dem Bauch, ein Info-Faltblatt in der Hand und in voller Montur, als würden sie im nächsten Moment auf Safari gehen wollen. Sie starrten irritiert auf den Gummischlappen, der noch auf der Klippe lag, dann wanderte ihr Blick von meinen nackten Füßen nach oben. Die drei wechselten aufgeregt ein paar Worte, die ich nicht verstand, dann sahen sie mich ernst und fragend an.

War das unvermittelte Auftauchen dieser Truppe das Zeichen, auf das ich gewartet hatte? »Siehe, ich bin bei euch alle Tage bis an der Welt Ende.« Meine Knie fingen plötzlich so an zu zittern, dass ich mich setzen musste. Dann heulte ich erst mal Rotz und Wasser. Ich weiß nicht, ob aus Erleichterung, dass ich dem Tod noch mal von der Schippe gerutscht war, oder aus Wut, dass genau das passiert war. Es kam mir so billig vor, nach dem erstbesten Strohhalm zu greifen, den mir – wer auch immer – vor die Nase hielt. Gott, asiatische Touristen, und schon fing ich an zu flennen. Du musst ein Löwe sein im Herzen. Ein Löwe wäre gesprungen, wasserscheu hin oder her.

Die Asiaten musterten mich mit einer Mischung aus Irritation und Hilflosigkeit. Als ich mich endlich etwas beruhigt hatte, sprach mich einer von ihnen in gebrochenem Englisch an. Was passiert sei, und ob sie mir helfen könnten?

Dieser Satz war wie ein Signal, ein Knopf, den man zu jeder Tages- und Nachtzeit drücken konnte und der die immer gleiche Reaktion bei mir hervorrief. Selbst in so einer Situation. Jedes Straßenkind der Welt weiß, was auf das Stichwort »helfen« folgen muss. Eine Geschichte – als Straßenkind muss man immer eine traurige Geschichte parat haben, sonst überlebt man nicht. Ich hatte mir unzählige zurechtgelegt, die Auswahl musste in Sekundenbruchteilen erfolgen. Ein Blick auf den potentiellen Helfer, und man musste wissen, mit was dessen Herz sich erweichen ließ. Manchmal genügte die schlichte Wahrheit, aber bei Ausländern kam man am weitesten, wenn man das Zerrbild des dunklen Kontinents heraufbeschwor. Die meisten wussten aus Zeitungen, dass immer irgendwo in Afrika Massaker stattfanden, Völkermorde wie in Ruanda, begangen nicht nur an, sondern auch von Kindern. In Uganda war Museveni, der später Staatspräsident wurde, der Erste gewesen, der gezielt Kindersoldaten eingesetzt hatte. Zwar war der Krieg damals bereits vorbei, aber im Norden des Landes war noch die Hölle los. Eine Frau namens Alice Lakwena, die angeblich übernatürliche Kräfte besaß und wie eine Amazone nur noch eine Brust, damit sie besser kämpfen konnte, hatte das »Holy Spirit Movement« gegründet, eine christlich-fundamentalistische Rebellenbewegung, die auch auf afrikanisch-spirituelle Praktiken setzte. So rieben sich ihre Kämpfer zum Beispiel mit einem besonderen »gesegneten Öl« ein. Das Ziel dieser Guerilla-Armee war es, Uganda aus der Hand Musevenis zu befreien, um dort eine Konstitution nach den Zehn Geboten einzuführen. Lakwenas Leute gingen äußerst brutal vor, ganze Dörfer wurden überfallen, geplündert und die Kinder entführt. Diese wurden mit Hilfe von Voodoopraktiken, Drogen und Gehirnwäsche zu gefügigen Werkzeugen gemacht. Über Alice Lakwena wurden zahlreiche Legenden erzählt. So besäße sie ein Fläschchen mit jenem Öl vom Heiligen Geist, das Kugeln, die auf ihre Krieger abgefeuert wurden, an deren Körper abrutschen ließ. Aus dieser Bewegung entstand später die heutige »Lord's Resistance Army«, die den Norden von Uganda, den Süden des Sudan und Teile von Nord-Ost-Kongo (DRC) noch heute tyrannisieren. Sowohl Lakwena als auch Museveni rekrutierten Minderjährige für den Guerillakampf.

Für viele Straßenkinder war es ein enormer Anreiz, ein Kadogo zu werden. Ein wahrhafter Karrieresprung, vom bettelnden Abschaum zum geachteten Kämpfer für die eine oder die andere Seite. Wer wäre dafür besser geeignet gewesen als ich? Ich war ehrgeizig, eifrig, tapfer, gehorsam (wenn es darauf ankam), und ich konnte schnell und lange laufen. Ich hatte kurz zuvor sogar ein paar Fischer angesprochen, ob sie mir sagen könnten, wie man ein Kadogo wird. Sie haben sich kaputtgelacht und mir dann erklärt, dass ich dafür etwas zu spät dran sei. Die ehemaligen Kadogos hätten heute kein Gewehr mehr über der Schulter, sondern eine Schultasche. Selbst davon konnte ich nur träumen.

Jedenfalls erzählte ich den Touristen, ich sei ein Kindersoldat und aus der Armee geflohen. Nun wüsste ich nicht, wohin. Ein Zuhause hätte ich nicht mehr, da ich vor meiner Rekrutierung gezwungen worden sei, meine Familie mit einer AK-47 auszulöschen. Meine einzige Hoffnung sei, in ein sehr weit entferntes Dorf zu Verwandten zu fahren. Da mir dazu aber die nötigen Mittel fehlten, hätte ich nur einen einzigen Ausweg gesehen …

War es mir unangenehm, dass ich ihnen diese Geschichte auftischte? Hatte ich ein schlechtes Gewissen, weil ich mir das Schicksal Tausender armer Schweine überstreifte wie ein Hemd?

Nein. Es ging nicht darum, sich mit fremden Federn zu schmücken, die eigene Geschichte zu dramatisieren. Es war schlicht eine Geschichte, die funktionierte und die mich – wie viele andere – bis dahin am Leben gehalten hatte. Ich hätte ihnen genauso gut die Wahrheit erzählen können.

Gleichzeitig war sie aber doch etwas Besonderes, ein Wendepunkt. Weil ich meinem Leben noch einmal eine Chance gab.

Dass ich diesen Entschluss fasste, fassen musste, lag einzig und allein an dieser Geschichte. Denn sie bewegte meine Zuhörer so sehr, dass sie mir Geld gaben. Geld, von dem ich drei ganze Monate sorglos leben konnte.

    Drei ganze Monate, ohne hungern zu müssen.

    Drei ganze Monate, ohne betteln zu müssen.

    Drei ganze Monate, ohne klauen zu müssen.

»Mama« ist nur ein Wort

Mein Name ist Philip. Philip Oprong Spenner. Alle diese Namen habe ich mir selbst gegeben. Wie ich früher hieß, kann und möchte ich nicht sagen, denn das Schweigen darüber hat mir bis heute das Überleben gesichert. Von meinen leiblichen Eltern weiß ich kaum etwas, und das wenige, das man mir erzählt hat, ist eher widersprüchlich. Am glaubwürdigsten erscheint mir die Geschichte, dass sie 1981 bei einem Autounfall ums Leben gekommen sind. Da war ich gerade anderthalb Jahre alt. Aber vielleicht ist diese Tragödie auch nur vorgeschoben, und ich teile in Wirklichkeit das Schicksal so vieler anderer Kinder, die von ihren Eltern einfach im Stich gelassen wurden. Ich weiß es einfach nicht.

Meine frühesten Erinnerungen habe ich an eine Frau, die ich den Sitten entsprechend zwar »Mama« nannte, die aber wohl meine Tante war. Sie soll die Schwester meiner Mutter gewesen sein. Ich lebte bei ihr in einem kleinen kenianischen Dorf an der Grenze zu Uganda, irgendwo im Niemandsland zwischen Malaba und Bungoma. Ich war noch sehr klein und habe dementsprechend nicht mehr viele Erinnerungen an den Ort, an dem ich die ersten Jahre meines Lebens verbracht habe. Und die Erinnerungen, die ich an das Leben im Dorf habe, sind so belastend, dass ich im Laufe der Zeit gelernt habe, sie zu verdrängen.

Von Anfang an war ich ein Außenseiter, im Dorf wie in der Familie meiner Tante. Ich hatte keine Freunde, und die einzigen Kinder, mit denen ich spielen durfte, waren die meiner Tante. Wobei spielen eher selten vorkam, ich musste auf die beiden Kleinen aufpassen. Wenn ich mich doch einmal davonstahl, um allein in den Bananenplantagen rund um das Dorf herumzutollen oder mit den zwei Kindern dort Verstecken zu spielen, musste ich mit einer saftigen Bestrafung rechnen. Vor allem, wenn sich einer der beiden beim Toben einen Kratzer oder eine Beule geholt hatte, hagelte es abends Schläge. Mal mit einem dicken Stock, mal mit der bloßen Hand, mit einem Schuh, einem hölzernen Kochlöffel oder einem x-beliebigen Gegenstand, der gerade in Reichweite war. Nach der Tracht Prügel schickte mich meine Tante ohne Abendessen ins Bett – wobei mein Bett nichts anderes war als eine dünne Strohmatte auf dem Fußboden.

Obwohl ich nur wenig älter war als die Kinder meiner Tante, war ich für sie verantwortlich. Wenn wir morgens aufstanden, musste ich ihnen beim Anziehen helfen und das Frühstück vorbereiten, das meist aus den Resten vom Vorabend bestand, dazu gab es schwarzen Tee. Anschließend verließ meine Tante mit dem jüngsten Sohn das Haus, den älteren nahm ich mit in die Schule. Während ich die Schulbank drücken durfte, verbrachte er den Vormittag in einer Art Vorschule. Mittags trafen wir uns wieder zu Hause, wo ich dafür zu sorgen hatte, dass das Mittagessen für alle auf dem Tisch stand. Natürlich konnte ich nicht einfach ein Tiefkühlgericht in die Mikrowelle schieben, den Knopf drücken und *pling,* alles fertig. Wir hatten nicht einmal eine richtige Küche. Die Hütte meiner Tante bestand nur aus Backsteinen, die mit Lehm zusammengehalten wurden. Das Dach war mit Stroh bedeckt. Nur reichere Dorfbewohner konnten sich Häuser aus Zement mit Blechdach leisten. Im Inneren gab es zwei provisorisch voneinander abgetrennte Räume. Der vordere war eine Art Wohnzimmer, in dem zwei alte Strohsessel und ein kleiner Tisch standen, auf dem eine weiße Spitzendecke lag. Hier hielten wir uns nur auf, wenn Besuch da war. Der hintere Raum war mit einem Vorhang abgetrennt und enthielt ein einfaches Bett, in dem meine Tante mit ihren beiden Söhnen schlief. Außerdem gab es einen Schrank und ein Regal, das mit all ihren Habseligkeiten vollgestopft war. In diesem Raum hatte auch ich mein Eckchen, in dem ich abends meine Schlafmatte auslegte, die ich am nächsten Morgen wieder sorgfältig zusammengerollt in eine Nische neben dem Schrank stellen musste. Als Bad dienten uns ein paar Plastikeimer und Gefäße hinter der Hütte, die wir mit Wasser aus dem Brunnen füllten, wenn wir uns waschen wollten. Das Plumpsklo – ein Loch im Boden – lag etwas abseits der Hütte hinter einem Gebüsch versteckt. Auch die Küche lag im Freien. Der Herd bestand aus drei großen, oben abgeflachten Steinen, in deren Mitte sich eine Feuerstelle befand. An dieser Kochstelle mühte ich mich jeden Mittag ab. Zuerst musste ich genügend Holz heranschaffen, dann das Feuer in Gang bringen und schließlich den verbeulten Topf mit dem Essen daraufstellen. Wenn ich einen Moment lang nicht aufpasste, verbrannte das Zeug und war ungenießbar. Für die beiden Kinder ein willkommener Anlass, mich bei meiner Tante anzukreiden. Überhaupt bereitete es ihnen großes Vergnügen, mich zu ärgern und in Schwierigkeiten zu bringen. Eines ihrer Lieblingsspiele war es zum Beispiel, die Gemüsebeete meiner Tante umzugraben und darauf kleine Straßen und Wege für ihre »Autos« anzulegen. Während sie ihren eigenen Kindern kein Haar krümmte, verpasste sie mir dafür Schläge, wenn sie die Bescherung entdeckte. Meine Tante war auf das Gemüse und die Zwiebeln, die sie hinter dem Haus zog, angewiesen, da sie ein kleines Gemischtwarengeschäft an der Hauptstraße des Ortes betrieb. Ich selbst durfte diesen Laden nur in Ausnahmefällen betreten. Das lag zum einen an der vielen Arbeit, die mich ans Haus fesselte, und zum anderen daran, dass meine Tante befürchtete, ich könnte Süßigkeiten im Geschäft stehlen, und mir deshalb verboten hatte, mich dort blicken zu lassen. Es waren seltene Gelegenheiten, an denen ich mich ins Zentrum des Dorfes begeben durfte. Nicht, dass es dort etwas Besonderes zu sehen gegeben hätte; aber mich ließen allein schon der etwas breitere Schotterweg – die Hauptstraße – und die wenigen Geschäfte mit ihren bunten Plakaten ins Staunen geraten. Sie warben für Softdrinks, Waschpulver und Zigaretten und zeigten eine verheißungsvolle Welt, die so ganz anders war als die, in der ich lebte. Strahlende, glückliche Menschen, dank Coca-Cola und Marlboro. Von der Hauptstraße aus konnte man in der Ferne sogar die berühmten Elgon-Berge sehen, und hier standen auch die größten Eukalyptusbäume des ganzen Ortes, auf die ich nur zu gern einmal hinaufgeklettert wäre.

Nach dem Mittagessen ging meine Tante allein zurück in ihr Geschäft, die beiden Kinder ließ sie in meiner Obhut. An manchen Tagen kam es vor, dass sie den Laden früher zumachte und in Begleitung wechselnder Männer nach Hause kam. Wenn ich heute daran zurückdenke, könnte es sein, dass sie ihr mickriges Einkommen hin und wieder durch Prostitution aufbesserte. Es sind nur vage Erinnerungen, die ich als Kind noch nicht deuten konnte, die mich aber im Nachhinein ins Grübeln bringen. Wenn wir uns im Haus aufhielten, stellte sie uns diese »Onkel« kurz vor und erklärte, dass sie ein wichtiges Gespräch zu führen habe, bei dem sie keinesfalls gestört werden dürfe. Wir sollten uns so lange nicht in die Nähe der Hütte wagen, bis sie uns herein holte. Das war erst, wenn der nette »Onkel« wieder weg war. Aber vielleicht war sie auch einfach nur allein und hoffte auf eine dauerhafte Beziehung zu einem Mann. Soweit ich mich erinnern kann, gab es nie einen, der länger geblieben wäre und sie unterstützt hätte.

Wir Kinder konnten in unserem Alter kaum etwas zur Versorgung der Familie beitragen. Den Ärger darüber bekam vor allem ich ab. Dass ich für meine Tante nichts weiter war als ein hungriges nutzloses Maul, das sie stopfen musste, ließ sie mich Tag für Tag spüren. Ich strich nicht nur regelmäßig saftige Prügel ein, sondern bekam auch nichts zu essen. Egal, was ich machte, irgendetwas war immer falsch. Selbst wenn ich mir keines Vergehens bewusst war, war ich das perfekte Ventil dafür, dass meine Tante ihren Frust, ihre Überforderung abbauen konnte.

Mein Leben war von klein auf geprägt von Kampf – um die elementarsten Dinge des Lebens. Um Nahrung, um Zuneigung und Aufmerksamkeit. Ich war ein kleiner Junge, dem auf schmerzhafte Weise klargemacht wurde, dass er nichts wert war. Dass er anders war und dass es niemanden gab, auf den er zählen konnte. Dass ich daran nicht zerbrochen bin, erstaunt mich bis heute. Ich hatte meiner Tante nicht nur körperlich kaum etwas entgegenzusetzen. Aber ich merkte im Laufe der Jahre, dass es nicht auf die körperliche Größe des Kämpfers ankommt, sondern auf seine Herzensgröße. Ich durfte mich nicht als Opfer betrachten. Mein Kampf wäre genau in dem Moment hoffnungslos verloren gewesen, wenn ich mich wehrlos in mein Schicksal gefügt hätte. Stattdessen suchte ich nach einer inneren Stärke, die mir dabei helfen konnte, die körperlichen Schmerzen auszuhalten. Das war natürlich kein bewusster Prozess, dazu war ich viel zu jung, sondern eher etwas Instinktives.

Dass ich diesen inneren Halt fand, habe ich überraschenderweise meiner Tante zu verdanken. Denn sie hat mir beigebracht, in der Bibel zu lesen, dem einzigen Buch, das wir überall kostenlos bekamen. Durch die Bibel lernte ich überhaupt erst zu lesen und später das Lesen zu lieben. Da wir keine anderen Bücher besaßen, tauchte ich, wann immer ich konnte, in die zahllosen Geschichten des Alten und Neuen Testaments ein. Ich identifizierte mich mit dem kleinen Joseph, der vom Verstoßenen zum Retter Ägyptens wurde, und ich verfolgte gebannt die Erzählungen über Davids Kampf gegen Goliath. Auch ein großer Kämpfer im Herzen – und ein verlässlicher Freund für Jonathan. Ich blätterte immer wieder durch die Bibel und entdeckte jedes Mal etwas Neues. Ein roter Faden zog sich durch all die Geschichten, die mich so sehr faszinierten: Sie handelten von Hoffnung trotz vermeintlich auswegloser Situationen.

Über die Lektüre kam ich in Kontakt mit dem Glauben, der mir fortan in jeder noch so aussichtslosen Lage Halt gab. Meistens zumindest. Wer weiß, wo ich sonst gelandet wäre, ohne diese Zuflucht, ohne die Zuversicht, dass es immer weitergeht. Ich bin vielen Menschen begegnet, die in einer ähnlichen Situation waren wie ich und die Halt in der Flucht aus der Realität suchten – durch Drogen, Alkohol oder das Einatmen von Klebstoff. Für sie war das der einzige Weg über den Tag zu kommen, der Hölle für ein paar Augenblicke zu entfliehen. Ich bin meiner Tante noch heute dankbar, dass sie mir indirekt einen anderen Weg aufgezeigt hat. Dabei war sie selbst nicht sonderlich religiös, zumindest nicht, wenn es um eine bestimmte kirchliche Institution ging. Sie war gläubig, und zwar auf eine ganz eigene Art und Weise, bei der afrikanische Traditionen und christliche Elemente verschmolzen. Am Abend kam manchmal eine ihrer Freundinnen vorbei. Dann versammelte man sich im Wohnzimmer, um gemeinsam zu singen, meistens christliche Lieder wie »Er kämpft an meiner Stelle« und »Alles wird gut«. Wenn Grace, eine der Frauen, an die ich mich noch erinnere, mit ihrer schönen Stimme losschmetterte, trommelte sie zur Begleitung rhythmisch auf einem alten gelben Plastikeimer herum. Als ich etwas älter war, übernahm ich das Trommeln. Noch heute ertappe ich mich dabei, dass ich automatisch zu trommeln beginne, sobald ich irgendeinen Resonanzkörper in die Finger bekomme. Während ich anfangs nur widerwillig an diesen Treffen teilnahm, verpasste ich mit der Zeit kein einziges mehr. Ich fühlte mich inzwischen als Leadsänger unserer kleinen Band und wagte mich ab und zu daran, selbst ein paar Geschichten aus der Bibel zu erzählen.

Diese Abende waren für mich das absolute Kontrastprogramm zu dem, was mich tagsüber erwartete. Da machte ich nie etwas richtig, selbst wenn ich mich noch so sehr anstrengte. Die Bestrafung war so sicher wie das Amen in der Kirche. Daran änderte sich erst etwas, als ich in die Schule kam. Das war keine Selbstverständlichkeit, zumal in einem armen Haushalt wie unserem. Dass meine Tante es schaffte, irgendwie das Schulgeld für mich zusammenzukratzen, lässt mich im Nachhinein die ganzen Prügel, die körperlichen und seelischen Schmerzen, die sie mir zugefügt hat, vergessen und vergeben. Der Schulbesuch war das größte Geschenk, das sie mir jemals gemacht hat. Wenn mein Zuhause die Hölle für mich war, dann war die Schule der absolute Himmel. Ich fühlte mich wie ein König, der vor einer unermesslich großen Schatzkammer steht. Ich musste nur hineingehen, nur ganz genau aufpassen und mir alles merken, dann würden mir all die Reichtümer der Welt zuteilwerden. Noch heute ist die Schule für mich eine Art heiliger Ort. Vielleicht kann man das nur schwer verstehen in Ländern wie Deutschland, in denen der Zugang zu Bildung etwas Selbstverständliches ist. Für mich war dieser Ort damals mein Mekka, aus dem ich nicht nur Wissen, sondern Kraft und Selbstbewusstsein schöpfen konnte.

Natürlich ist eine solche Dorfschule, wie ich sie besuchte, nicht vergleichbar mit modernen Schulen in Deutschland. Vom Gebäude einmal abgesehen, mag sie entfernt an Schulen erinnern, wie es sie im 19. Jahrhundert gab. Der Unterricht fand für alle Kinder gemeinsam statt, nur die ganz Großen wurden gesondert unterrichtet. Die Schule war in einem kleinen Gebäude untergebracht, in dem sich das Büro des Direktors und ein Aufenthaltsraum für die Lehrer befand. Hier gab es auch einen winzigen Klassenraum, der aber nur bei extrem schlechtem Wetter genutzt wurde. Ansonsten fand der Unterricht im Freien unter einem schattigen Baum statt. Dort gab es natürlich weder eine Tafel noch sonst irgendwelche Hilfsmittel, die die Lehrer für ihre Vorträge heranziehen konnten. Die etwas reicheren Kinder hatten richtige Schulhefte und Stifte, für die anderen gab es hin und wieder ein paar lose Blätter Papier, auf denen wir mit Bleistiftstummeln ein paar Notizen machen konnten. Ansonsten blieb uns nichts anderes übrig, als aufzupassen und uns alles zu merken. Wer im Unterricht nicht mitkam oder störte, bekam durchaus mal einen Hieb mit einem Stock; mich traf das aber so gut wie nie, zum Glück war ich ziemlich fix im Kopf, und die meisten Lehrer mochten mich. Aber auch bei den anderen Kindern war ich akzeptiert – eine völlig neue Erfahrung. In den Pausen tollten wir gemeinsam auf der großen Wiese vor der Schule herum, wachsam beäugt vom jeweiligen Lehrer, der Aufsicht hatte. Der Grund dafür war nicht etwa, dass Rangeleien oder allzu wildes Toben verhindert werden sollten, sondern ein Überbleibsel aus der Kolonialzeit. Unsere Lehrer waren in dem Geist erzogen worden, dass die eigene Muttersprache nichts wert, die Sprache der Kolonialherren aber alles war. In unserer Schule gab es eine eiserne Regel, deren Einhaltung mit rigiden Methoden durchgesetzt wurde: Niemand durfte auch nur ein Wort in seiner Muttersprache hören lassen, alle mussten Englisch sprechen. Nicht einmal Kiswahili, unsere eigentliche Nationalsprache, war akzeptiert. Als Druckmittel diente ein schwerer Knochen, wahrscheinlich aus dem Bein einer Kuh, an dem eine große Kette befestigt war. Derjenige, der ein Wort in seinem Dialekt sagte, musste sich diesen Knochen um den Hals hängen und durfte ihn erst wieder abnehmen, wenn er jemand anderen in flagranti beim Benutzen der Muttersprache erwischte. So wurde der Knochen im Laufe des Tages immer weitergereicht, und natürlich registrierten die Lehrer ganz genau, wer das entwürdigende Trumm um seinen mageren Hals hängen hatte. Das arme Schwein bekam Schläge mit dem Stock, auf dass es in Zukunft diese Regel besser beachten möge. Es war ein brutales, aber sehr wirksames Vorgehen, denn jeder versuchte, so schnell wie möglich Englisch zu lernen, und verdrängte die Sprache, die ihm bislang vertraut war. Bei den weniger Begabten führte diese Methode aber dazu, dass sie kaum noch ein Wort aus ihrer verschüchterten Kehle hervorbrachten. Ein Teufelskreis, denn vor lauter Angst, etwas Falsches zu sagen, machten sie natürlich Fehler, die umgehend bestraft wurden. Gleichzeitig wurde ihnen vermittelt, dass die eigene Sprache – und damit sie selbst – minderwertig seien. Die anderen Schüler taten ein Übriges; gnadenlose Hänseleien und das Verpetzen bei den Lehrern waren unsere Form des Mobbings.

Nach Unterrichtsschluss drückte ich mich, solange es ging, auf dem Schulgelände herum. Ich erledigte Kleinigkeiten für die Lehrer, was meine Beliebtheit bei ihnen sicher förderte, fegte den Hof oder räumte auf. Ich tat alles, nur um nicht nach Hause zu müssen. Jede Minute, die ich in der Schule verbrachte, war mir heilig, egal mit was sie ausgefüllt war.

Als meine Tante mir eines Tages erklärte, sie könne das Schulgeld nicht länger aufbringen, war ich schlagartig zurück in der Hölle. Aus dem König war von einem Moment auf den anderen wieder ein Sklave geworden. Ich versuchte, meine Wut und meine Verzweiflung vor meiner Tante zu verbergen, aber es gelang mir nicht. Die Tränen liefen mir über das Gesicht, und ich hätte am liebsten laut gebrüllt. Meine Tante versuchte, mich zu beruhigen, und redete in einer Tour auf mich ein. Ich hörte kaum hin, es waren ja doch nur die üblichen Geschichten, die ich aus dem Dorf kannte. »Nicht alle Kinder können ... ein paar Jahre reichen schon ... man muss arbeiten, damit die Familie überlebt ...« Erst als das Wort Nairobi fiel, wurde ich stutzig. Hatte sie gerade gesagt, sie wolle mit mir nach Nairobi fahren? Unsicher sah ich meine Tante an, aber die redete unverdrossen weiter. »Ist das nicht wunderbar? Dort gibt es eine Organisation, die sich um Kinder wie dich kümmert. Da hast du ein Dach über dem Kopf, immer was zu essen, und zur Schule kannst du auch gehen! Und weißt du, was das Beste ist? Wir fahren gleich morgen los. Morgen beginnt deine Zukunft, und es wird eine gute sein, das verspreche ich dir.« Dann drückte sie mir eine Plastiktüte in die Hand, auf der das Logo einer bekannten amerikanischen Zigarettenmarke prangte, und forderte mich auf, meine Sachen zu packen. Viel war es nicht. Ich weiß noch, dass ich immer wieder das Bild mit dem lässigen Cowboy auf der Tüte betrachtete. Sicher ein gutes Zeichen. Genauso wollte ich sein, frei und selbstbestimmt.

In der Nacht wälzte ich mich hin und her. Ich war aufgeregt, weil ich noch nie weiter als einen Tagesmarsch von Bungoma weg gewesen war. Und nun gleich Nairobi. Was das wohl für eine Organisation war, von der meine Tante gesprochen hatte? Ich hatte schon davon gehört, dass es engagierte Leute aus dem Ausland gab, die arme Kinder in Afrika unterstützten. Dass ich eines von diesen Kindern sein sollte, erschien mir wie ein Märchen. Meine Tante musste doch ein gutes Herz haben, wenn sie mir so etwas ermöglichen wollte. Ich malte mir aus, wie ich in einer Schuluniform mit Wappen die langen, hellen Gänge entlang zu meinem Klassenzimmer hüpfen würde. An den Wänden würden lustige Zeichnungen hängen, bunte Bilder von den Tieren Afrikas und den netten Menschen, die uns eine Zukunft gaben. Nach der Schule würde ich eine Universität besuchen und studieren. Ich würde ein berühmter Mann werden, vielleicht sogar Präsident, und dann würde ich dafür sorgen, dass alle Kinder zur Schule gehen konnten, auch die, die kein Geld hatten. Außerdem würde ich ... und darüber schlief ich ein.

Ich hatte wirre Träume. An einen erinnere ich mich noch heute ganz klar und deutlich: Ich war mit vielen anderen Kindern im Himmel. Dort gab es natürlich auch eine Schule. Wir standen alle mit glücklichen Gesichtern im Kreis auf dem Pausenhof herum, es hatte noch nicht zur nächsten Stunde geklingelt. Wir spielten ein Spiel. Zu jedem Kind gehörte ein bestimmter Buchstabe. Wenn sein Buchstabe aufgerufen wurde, ging das Kind in die Mitte des Kreises, es sang, lachte und tanzte, als gäbe es in seinem Leben nichts als Freude und Glück. Die anderen feuerten das Kind in der Mitte nach Kräften an, alle klatschten, jubelten und tanzten mit. Ich wartete sehnsüchtig darauf, dass auch ich endlich in den Kreis gerufen würde. Aber noch bevor mein Buchstabe – aus irgendeinem Grund »J« – dran war, wachte ich auf.

*

Die Zugfahrt von Bungoma nach Nairobi dauerte zwei Tage. Zwei Tage voller Hoffnung auf ein besseres Leben. Ich war so versunken in all die wunderschönen Zukunftsphantasien, dass ich keinen Blick für die überwältigenden Landschaften übrighatte, die vor dem Fenster vorbeizogen. Die Berge und Täler mit ihren Akazienbäumen, die Zebras, Elefanten, Paviane und Flamingos, die vor allem das Rift Valley bevölkern. Immer wieder drückte ich meine kleine Gideonsbibel an mich, die ich einmal als Geschenk auf einer christlichen Kundgebung erhalten hatte. Die große mit den beiden Testamenten hatte ich nicht mitnehmen dürfen. Aber wenigstens standen in der kleinen auch die Psalmen und Sprüche. Ich konnte viele von ihnen längst auswendig, aber dieses kleine Büchlein, das ich in meinen schwitzigen Händen hielt, gab mir Sicherheit.

Als der Zug langsam auf den Hauptbahnhof von Nairobi zurollte, starrte ich mit weit aufgerissenen Augen nach draußen. In der Ferne sah ich hohe Gebäude aufragen, die Menschen und Autos auf den Straßen bewegten sich in einer irrsinnigen Geschwindigkeit. Die Matatufahrer fuhren trotz des dichten Gewimmels noch schneller und rücksichtsloser als bei uns auf dem Land. Die Vorstellung, hier eine Straße überqueren zu müssen, kam für mich einem Alptraum gleich. Durch die geöffneten Zugfenster drang der gnadenlose Lärm der Großstadt. Ein wilder Asphaltdschungel. Ich hatte keine Ahnung, welche Gesetze hier galten, wie man sich hier zurechtfinden sollte. Im

Dorf wusste ich, wo ich hingehen musste, um Wasser zu finden, welche Pflanzen essbar waren oder heilende Kräfte hatten und um welche Tiere ich besser einen Bogen machte. Hier gab es keine Tiere, dafür endlose Slums, die sich in den Randbezirken der Metropole an der Eisenbahnlinie entlangdrängten. Dabei hatte man bei uns immer erzählt, die Stadt solle besonders sauber sein. Die Straßen würden ständig gefegt und mit Wasser gesäubert, so dass man bedenkenlos direkt vom Boden essen könne. In Nairobi gäbe es weniger Armut und größeren Reichtum. Und alle, die hier lebten, seien sehr kultiviert. Sie hätten die besten Manieren und könnten fabelhaft tanzen. Wie Michael Jackson oder MC Hammer. Im Dorf hatten wir sogar Lieder darüber gesungen:

»Ich such mir einen aus Nairobi,
ich such einen aus Nairobi,
ich such mir einen aus Nairobi,
der bringt mir das Tanzen bei.
Tadam tadam tadam. Tadam tadam tadam.
Tadam tadam tadam. Tadam tadam tadam.
Tadam tadam tadam. Tadam tadam tadam,
der wird mich zum Tanzen bringen …«

Aber das, was ich hier sah, wirkte alles andere als geordnet und kultiviert. Ein wildes Durcheinander von gigantischen Ausmaßen.

Als der Zug in der Nairobi-Railway-Station hielt und die Türen aufgingen, drang ein eisiger Luftzug in den stickigen Waggon. Ich war überrascht, wie kalt es im Juni in Nairobi war. Für jemanden aus dem Westen definitiv zu kalt. Die Menschen mit ihren Koffern und Bündeln drängten auf den ohnehin schon überfüllten Bahnsteig hinaus. Wir beide mittendrin. Meine Tante bahnte uns energisch einen Weg. Ich tappte, überfordert von den ganzen Eindrücken, hinterher.

Während der Fahrt hatte meine Tante mir erzählt, das Gebäude der Organisation, die sich von nun an um mich kümmern würde, sei nicht weit vom Hauptquartier der »Kenya Railways« entfernt. Dort würden wir mit wichtigen Leuten sprechen, die mir einen weiteren Schulbesuch ermöglichen würden. Ich hatte mir schon zurechtgelegt, was ich sagen würde, weil ich unbedingt einen guten Eindruck hinterlassen wollte. Umso überraschter war ich, als mir meine Tante vor dem Bahnhof eröffnete, sie wolle zunächst allein dorthin gehen. Ich solle so lange bei dem kleinen Straßenkiosk um die Ecke auf sie warten. Sie drückte mir noch einen gerösteten Maiskolben in die Hand, dann verschwand sie aus meinem Blickfeld.

Nach einer Stunde stand ich immer noch da. Warum dauerte das alles so lange? Ob sich meine Tante verlaufen hatte? Was, wenn sie nicht wiederkam? Wo sollte ich dann hin? Und was würde dann aus meinem Traum von der Schule werden? Am Tag unserer Abreise hatte ich mir geschworen, dass das ein Abschied für immer war. Mein Weg sollte nach vorne gehen, ich wollte weiterkommen und nicht in der Sackgasse Bungoma stecken bleiben. Außerdem hatte ich lange genug unter den Schlägen, dem Hunger, den Erniedrigungen und Beschimpfungen gelitten. Aber natürlich hatte ich auch nicht damit gerechnet, dass meine Tante mich einfach mitten auf der Straße stehenlassen könnte.

Ich wartete eine Stunde, dann noch eine und noch eine … Ich werde nie erfahren, ob sie später noch einmal an jenem Kiosk auftauchte, mich dort nicht mehr antraf und vor Kummer verzweifelte. Wer weiß, vielleicht hätte sie tatsächlich meine Eintrittskarte in eine bessere Welt in der Tasche gehabt. Vielleicht hätte ich mich einfach nicht von dort wegbewegen sollen, keinen Millimeter. Mein Fehler, dass ich irgendwann loslief, ohne zu wissen, wohin. Vielleicht hat sie mich aber doch einfach in der Großstadt abgegeben, entsorgt, weil sie mich nicht länger durchfüttern wollte oder konnte. Damals passierte so etwas vielen

Kindern, und auch heute noch werden Babys und kleine Kinder einfach am Straßenrand ausgesetzt. Diejenigen, die Glück haben, landen in einem Kinderheim. Diejenigen, die Pech haben oder schon etwas älter sind, enden auf der Straße. Wenn sie nicht zufällig aufgegabelt werden und irgendwo unterkommen, haben sie kaum eine andere Wahl, als kriminell zu werden, um ihr Überleben zu sichern. Die Straßen von Nairobi waren ihr Revier, streng unterteilt nach Bandenzugehörigkeit. Wer eine dieser unsichtbaren Grenzen übertrat, dem wurde schmerzhaft eingebläut, dass man so etwas nur ein einziges Mal tat.

Von alldem hatte ich keine Ahnung. Ich war nicht einmal zehn Jahre alt, als mein neues Leben begann – als eines der unzähligen Straßenkinder, die in den Großstädten Afrikas gestrandet sind.

Die Gefühle, die mich erfassten, als ich dort allein mit meiner Plastiktüte am Kiosk wartete, waren sehr widersprüchlich. Eine eigenartige Mischung aus Angst und Neugier, aus Verlorensein und einem Gefühl von Freiheit. Ich überlegte fieberhaft, was ich über Nairobi wusste. Hauptstadt von Kenia und riesengroß, aber das war es dann auch schon. Oder doch nicht? Mir fiel ein, dass einer unserer Lehrer immer wieder davon erzählt hatte, dass hier das höchste und schönste Gebäude von ganz Ostafrika stehen würde. Das Jomo Kenyatta International Conference Centre (KICC). Es sei so hoch, dass man den Eindruck habe, es würde auf einen fallen, wenn man an ihm hinaufblickte. Manchmal könne man selbst die Kuppel – sie erinnert an einen traditionellen ostafrikanischen Hut – nicht sehen, weil sie in den Wolken verschwunden sei. Ein Gebäude, so hoch, dass es vom Himmel verschluckt wird, das konnte ich mir nun wirklich nicht vorstellen. Und wo ich nun schon mal da war, wollte ich das auch mit eigenen Augen sehen.

Ich weiß nicht, ob es kindliche Neugier war oder einfach nur Naivität, jedenfalls setzte ich mich in Bewegung, ohne mir über die Konsequenzen klar zu sein. Meine ersten Schritte durch die Hauptstadt waren unsicher, jeder konnte in mir schon von weitem das Landei erkennen. Ich hatte Mühe, mich zu orientieren, stieß immer wieder mit Leuten zusammen, die hastig meinen Weg kreuzten, und wusste vor lauter neuen Eindrücken nicht, wo ich zuerst hinschauen sollte. Die Gebäude, die die Straßen säumten, waren alle größer als zu Hause, überall war ein Gewusel, schicke Geschäftsleute in teuren Anzügen drängten sich an Frauen mit unzähligen Einkaufstüten unter dem Arm vorbei, die Autos schoben sich Stoßstange an Stoßstange nur langsam vorwärts, dazwischen kurvten Motorroller herum, die mit mindestens zwei Personen besetzt waren. Diese Minitaxis wenigstens kannte ich schon aus meinem Heimatort. Hinter den Fahrern war ein dickes Kissen oder manchmal auch nur ein Brett befestigt, auf dem Mensch und Tier transportiert werden konnten. Aber in so großer Zahl wie hier hatte ich die Matatus noch nie gesehen; sie verursachten einen ohrenbetäubenden Lärm, und wenn sie an einem vorbeiknatterten, wurde man in eine Wolke aus Dreck und Gestank gehüllt. Überhaupt kam mir alles wahnsinnig laut und schmutzig vor, ganz anders, als ich mir das vorgestellt hatte. Die Häuser waren aus grauem Beton, kaum eine Pflanze oder ein Baum war auszumachen, und die geteerten Straßen machten einen ebenso verwahrlosten Eindruck wie die Schotterpiste in meinem Dorf. Dort musste man höchstens mal über einen Kuhfladen hüpfen, hier trat man ständig in Essensreste, jede Menge Plastikmüll und faulig riechende Pfützen. Ich versuchte, mich zum KICC durchzufragen, aber die meisten Leute, die ich mit schüchterner Stimme ansprach, liefen einfach weiter. Niemand schien sich dafür zu interessieren, dass hier ein Kind allein auf der Straße herumirrte. An Geschäftsleute wagte ich mich gar nicht erst heran, ich hielt mich eher an Frauen, die vor einem Schaufenster eine kurze Verschnaufpause einlegten. Endlich nahm sich eine von ihnen Zeit, mir die Richtung zu beschreiben, in der das Gebäude lag. Auf dem Weg dorthin musste ich mehrfach die Straßenseite wechseln – für mich eine ungeheure Herausforderung. Ich traute mich nicht hinüber und drückte mich so lange am Straßenrand herum, bis ich mich hinter eine Gruppe von möglichst vielen Leuten klemmen konnte. Trotzdem hatte ich jedes Mal das Gefühl, den Motorrollern nur um Haaresbreite entkommen zu sein.

Als ich endlich vor dem Gebäude stand, wusste ich, warum immer alle gesagt hatten, es würde einem auf den Kopf fallen. In meinem Heimatort gab es kein einziges mehrstöckiges Haus, das Höchste, was ich kannte, waren die mächtigen Eukalyptusbäume an der Dorfstraße. Auch wenn die Sache mit den Wolken etwas übertrieben war, fragte ich mich, wie man Steine und Glas so hoch auftürmen konnte, ohne dass das Ganze ins Wackeln geriet. Wahrscheinlich war es eher so, dass man sich in den Büros der oberen Stockwerke wie im Himmel vorkam, weil man von dort alles überblicken konnte. Ich stand staunend vor dem blank polierten Eingang des Kongresszentrums und konnte mich kaum sattsehen. Dann streckte ich die Hand vorsichtig aus und berührte die Fassade. Vorsichtshalber, schließlich hat Kenia eine große Tradition in Sachen Angeberei. Ich wollte sicherstellen, dass ich später damit prahlen konnte, das Gebäude nicht nur gesehen, sondern auch mit eigenen Händen berührt zu haben.

Als ich jedes Detail des KICC mit meinen Augen abgescannt hatte, stand ich vor der Frage, wie es nun weitergehen sollte. Ich hatte keinen weiteren Anhaltspunkt, und die Stadt mit ihren gewaltigen Ausmaßen, die mich eben noch so fasziniert hatte, wirkte plötzlich feindselig. Ratlos irrte ich durch die Straßen, ohne Ziel und mit dem nagenden Gedanken im Kopf, wo ich die Nacht verbringen konnte. Es dauerte nicht lange, bis ich mit meiner offensichtlichen Orientierungslosigkeit die Aufmerksamkeit von zwei Straßenkindern erregte. Sie waren mir schon eine Weile gefolgt, dann hatte ich sie aus den Augen verloren.

Wie aus dem Nichts tauchten sie an einer Ecke plötzlich wieder auf, versperrten mir den Weg und hielten mir drohend ein Messer vors Gesicht. Ich ließ vor Schreck meine Plastiktüte fallen und rannte los, als wäre der Teufel hinter mir her. Schläge kannte ich zur Genüge und wusste mit ihnen umzugehen, aber ein Messer direkt vor der Nase, das war eine andere Nummer.

Völlig außer Atem sank ich in einem Hauseingang auf den Boden. So hatte ich mir den Beginn meines neuen Lebens nicht vorgestellt. Das, was ich besessen hatte, war ohnehin nicht viel gewesen, nun hatte ich nicht mal mehr das. Am schlimmsten war, dass meine kleine Bibel weg war, mein einziges Buch, mein einziger Halt. Ich war hungrig und erschöpft und fühlte mich mit einem Mal von aller Welt verlassen. Heulend kauerte ich in der Ecke, den Kopf auf den angewinkelten Knien.

Ich weiß nicht, wie lange ich so dasaß, jedenfalls rüttelte mich plötzlich jemand an der Schulter. Als ich aufblickte, sah ich in das besorgte Gesicht eines Mannes. Ich erzählte ihm, dass ich meine Tante im Straßengewirr von Nairobi aus den Augen verloren hätte: »Und jetzt sitzt sie bestimmt schon im Zug nach Hause und macht sich schreckliche Sorgen.«

Der Mann schien verblüfft: »Aber wieso fährt sie denn ohne dich zurück?«

»Ich weiß nicht ... ich bin ja schon groß, und gleich morgen früh kaufe ich mir eine Fahrkarte nach Hause und dann ...«

Der Mann unterbrach mich: »Jetzt kommst du erst mal mit, hier kannst du die Nacht über nicht bleiben. Dann sehen wir weiter.«

Es mag naiv gewesen sein, dass ich ihm folgte, aber die Aussicht auf etwas zu essen und ein Dach über dem Kopf war zu verlockend. Außerdem schien sein Mitleid echt zu sein. So verbrachte ich meine erste Nacht in Nairobi im Stadtteil Kariokor, in der Wohnung einer streng muslimischen Familie. Überall im ansonsten eher karg eingerichteten Wohnzimmer hingen gerahmte Bilder, die ich neugierig betrachtete. Der Hausherr erklärte mir ihre Bedeutung: der Prophet Muhammed, die Kaaba von Mekka und Medina, die Stadt des Propheten. In meinem Dorf gab es keine Muslime, alles war neu für mich. Auch, dass der Freitag für die Gläubigen der wichtigste Gebetstag der Woche ist, hatte ich bis dahin nicht gewusst. An diesem Tag betrat ich zum ersten Mal in meinem Leben ein muslimisches Gotteshaus. Die Familie, die mich fürs Erste aufgenommen hatte, wies mich geduldig in die Regeln und Abläufe ein: das Ausziehen der Schuhe, die rituellen Waschungen, die streng voneinander getrennten Bereiche für Frauen und Männer, das rhythmische Auf und Nieder beim Gebet. Trotzdem war ich jedes Mal später dran als die anderen – es war offensichtlich, dass ich mich hier auf Neuland begab.

Am Abend gab es Pilau, ein Reisgericht mit Rindfleisch und Gemüse, das mit Kokosmilch und vielen verschiedenen Gewürzen zubereitet wird. Ich hatte seit der Zugfahrt bis auf den Maiskolben nichts mehr gegessen und stürzte mich regelrecht auf die Schüssel mit der dampfenden Speise. Nach dem Essen durfte ich mich auf einer geflochtenen Matte aus Palmblättern zusammenrollen, die mit zwei dicken Baumwolldecken gepolstert war. Im Vergleich zu dem dünnen Ding, auf dem ich bei meiner Tante nächtigen musste, kam ich mir vor wie der Prinz auf der Erbse.

Nach dem Frühstück am folgenden Morgen gab mir mein Retter etwas Geld für die Zugfahrt in mein Heimatdorf und erklärte mir, wie ich von Kariokor zum Bahnhof kam. Auf dem Weg dorthin tastete ich immer wieder nach den Münzen und Scheinen in meiner Hosentasche. Ich konnte kaum glauben, dass ich so viel Glück gehabt hatte. Dass ich mir von dem Geld eine Fahrkarte kaufen würde, war klar. Nur wohin? Ich wollte auf gar keinen Fall in Nairobi bleiben, aber auch nicht zurück nach Bungoma fahren. Was sollte ich dort auch? Meine Tante hatte mir deutlich genug gezeigt, dass sie keine Verwendung mehr für mich hatte. Wer weiß, vielleicht würde das Geld ja sogar reichen, um bis nach Kampala zu kommen. Ich wusste kaum etwas über Uganda, im Vergleich zu Kenia erschien es mir in diesem Augenblick aber wie das Gelobte Land. Vielleicht, weil meine Tante mir einmal erzählt hat, ich sei in Uganda geboren. Dass ich anders war als die anderen Kinder in meinem Dorf, sah man schon an meinen Gesichtszügen, und an meiner rechten Schulter prangte deutlich sichtbar die Narbe einer Impfung. Die Kenianer trugen dieses Mal für gewöhnlich am linken Unterarm. Allein daran, dass meine Unterarme unversehrt waren, erkannte man in mir einen Fremden.

Am Fahrkartenschalter reihte ich mein Geld sorgfältig auf, verlangte ein Ticket nach Kampala und blickte den Mann hinter der Scheibe erwartungsvoll an. Dass ich die Fahrkarte überhaupt bezahlte, zeigt, wie grün ich damals noch hinter den Ohren war. Meine Enttäuschung war riesengroß, als er mir sagte, ich könne nur eine Karte bis Malaba lösen. Nicht, weil mein Geld nicht gereicht hätte, sondern weil der Passagierzug nur bis zur Grenze fuhr.

Mit dem Zug reiste ich die gleiche Strecke wie ein paar Tage zuvor, nur in umgekehrter Richtung, als hätte jemand versehentlich »repeat« gedrückt. Als der Zug in Bungoma einrollte, dem letzten Zwischenstopp vor Malaba, geriet meine Entscheidung für einen Moment ins Wanken. Fast wäre ich ausgestiegen. Hier war mein Zuhause, das einzige, das ich je hatte. Aber hier hatte ich auch all die Zurückweisungen und Verletzungen erfahren, die ich nie wieder erleben wollte. Ich holte tief Luft und blieb sitzen.

Von der Endstation in Malaba ging ich zu Fuß weiter und mischte mich vor dem Grenzübergang unter die Wartenden. Dass ich nicht weiter kontrolliert wurde, mag daran gelegen haben, dass man die Frau neben mir in der Schlange für meine Mutter hielt. Die nächste Stadt mit Bahnhof in Uganda war Tororo, gut fünfzehn Kilometer von der Grenze entfernt. Weil ich die Strecke nicht zu Fuß gehen wollte, lief ich so lange bettelnd umher, bis ich die Summe für eine Fahrt mit dem Matatu zusammenhatte. Ich war überrascht, wie leicht mir das Betteln von der Hand ging und wie schnell ich mit meiner Masche Erfolg hatte. Ich hatte bei uns im Dorf hin und wieder Bettler beobachtet, die von Ort zu Ort zogen und manchmal auch an den Hütten klopften, um etwas zu essen zu erschnorren. Genau wie sie streckte ich nun einfach meine geöffnete Hand aus und sagte den üblichen Spruch auf: »Saidia mtoto wa Mungu na pesa kidogo« – »Hilf Gottes Kind mit etwas Geld«. Anfangs kam ich mir dabei etwas komisch vor, aber man bekommt sehr schnell einen Blick dafür, bei wem sich diese Masche lohnt und man nur hartnäckig bleiben muss. Die anfängliche Scheu ist schnell überwunden, wenn man sieht, wie rasch sich damit Geld »verdienen« lässt. Außerdem kannten mich die Leute hier nicht, ich musste also keine Angst haben, mein Gesicht zu verlieren. Die letzten Zweifel verschwinden in dem Moment, in dem man das Hungergefühl in seinem Bauch mit dem Gewicht der Münzen in der Hosentasche abgleicht. Bei mir ging diese Rechnung perfekt auf. Das Geld reichte nicht nur für das Matatu, sondern auch für etwas zu essen und zu trinken.

Mein Erfolg stimmte mich zuversichtlich. Mit etwas Glück würde ich mich auf diese Weise vielleicht auch in Kampala durchschlagen können. Auch wenn ich nicht den blassesten Schimmer hatte, was es wirklich bedeutete, als Chokora, als Straßenkind, zu überleben. Stolz bestieg ich in Tororo den Zug, der mich in die über zweihundert Kilometer entfernte Hauptstadt Ugandas brachte. Dort nennt man Straßenkinder Bayaye.

In den Straßen von Kampala

Im Nachhinein muss ich sagen: Ich hatte mich kolossal überschätzt. In den Straßen von Kampala zu überleben war weit schwieriger, als ich mir das hatte vorstellen können. Überall, wo ich hinkam, überschritt ich eine Grenze. Entweder die einer Jugendbande, die dort schon ihr Revier markiert hatte, oder die der Bewohner, die nicht gerade gut auf die Bayaye zu sprechen waren. Ich hatte Mühe, einen einigermaßen sicheren Platz für die Nacht zu finden, Angst und Hunger wurden meine ständigen Begleiter. Vor allem der Hunger ist ein Gefühl, das einen an nichts anderes mehr denken lässt, das alles überlagert. Wenn irgendwo nur der Geruch von Essen in der Luft hing, drehte ich fast durch. Man ist dann wie ein Tier, nur von Instinkten getrieben, und wenn es sein muss, gewaltbereit und skrupellos, anders überlebt man nicht. Die Situation war so elend, dass ich in dieser Zeit häufig daran dachte, mich umzubringen. Besser schnell als ein langsames Dahinvegetieren wie dieses, das einem den letzten Rest von Würde und Selbstachtung raubte.

Aber bevor ich mich so jung ins Jenseits verabschiedete, wollte ich einmal in meinem Leben ein Flugzeug aus der Nähe sehen. Diesen Floh hatte mir Simon ins Ohr gesetzt. Simon war ein Mischlingskind, viel hellhäutiger als wir anderen, fast wie ein Mzungu. Unter den Bayaye in dem Viertel, in dem ich mich damals aufhielt, kursierte das Gerücht, sein Papa sei einer jener Touristen gewesen, die in Afrika nicht nur Gefallen an Fotosafaris fanden, sondern auch an einheimischen Frauen. Schneller Sex mit Folgen, von denen die wenigsten der späteren Väter erfuhren. Simon hatte keine Ahnung, wer sein Vater war. Aber damit war er nicht allein. Auch afrikanische Männer machten sich nach der Geburt ihrer Kinder aus dem Staub. Der Krieg und die Aids-Pandemie hatten viele Kinder sogar zu Vollwaisen gemacht.

Simon hatte uns immer wieder davon erzählt, dass er schon einmal in einem Flugzeug gewesen sei. Niemand von uns hatte jemals einen solchen großen Vogel mit Motor gesehen, der Hunderte von Menschen auf einmal in Blitzgeschwindigkeit nach Europa oder Amerika befördern konnte. Aber weil Simon in null Komma nichts mit einem Stock »Flugzeuge« in allen Formen und Größen auf den Boden zeichnen konnte, glaubten wir ihm. »Hier vorne habe ich gesessen«, meinte er jedes Mal strahlend, wenn er wieder so ein Kunstwerk auf den Boden gezaubert hatte, »direkt neben dem Piloten«. Und wenn wir ihn dann ungläubig anstarrten, erklärte er uns geduldig, dass ein Pilot so etwas sei wie der Fahrer eines Matatu, nur eben in Großraumversion.

Simon wollte später selbst Pilot werden und mindestens einen dieser glänzenden Vögel besitzen. Ein Flugzeug, genau wie das, das er gerade gezeichnet hatte. Doch wenn man genauer hinschaute, sahen seine Flugzeuge jedes Mal völlig anders aus. Aber wehe, man sagte etwas. Die Flieger waren Simons Heiligtum. Wenn man aus Versehen auf seine Zeichnungen trat oder unser Fußball, den wir aus Plastiktüten und Gummibändern gebastelt hatten, darüberrollte, gab es Zunder. Als hätte man nicht nur eine kindliche Krakelei zerstört, sondern gleich seinen größten Traum, seine ganze Hoffnung. Der Junge konnte verdammt gut zuschlagen und beißen. Wenn er dabei vor lauter Wut rot anlief, war das für uns Schwarze ein befremdlicher Anblick und umso furchterregender.

Egal, ob Simon sich nur wichtig machen wollte oder nicht – ich würde mit eigenen Augen ein Flugzeug sehen, und wenn es das Letzte wäre, das ich in meinem Leben tat. Von Kampala bis zum Flughafen in Entebbe waren es etwa fünfzig Kilometer, zu weit, um zu Fuß zu gehen. Geld hatte ich natürlich keins, aber mein Glück ließ mich in diesem Moment nicht im Stich. Ein alter Mann nahm mich in seinem klapprigen Pick-up die halbe Strecke bis nach Kajansi mit. Dort vermittelte er mir sogar noch eine Mitfahrgelegenheit bis nach Kisubi. Die restlichen zehn Kilometer konnte ich problemlos zu Fuß schaffen.

Am frühen Abend kam ich in Entebbe an. Vom Stadtzentrum bis zum Flughafen waren es noch etwa vier Kilometer. Es wurde schon dunkel, so entschied ich mich, mir einen Platz für die Nacht zu suchen und mein Ziel am nächsten Tag weiterzuverfolgen. Da ich mich auch nach etwas mehr als zwei Monaten auf der Straße immer noch nicht sicher fühlte, wagte ich es nicht, in einem dunklen Gebüsch am Straßenrand zu übernachten, sondern zog es vor, an einer Stelle zu schlafen, wo es Licht und viele Leute gab. Bis es so weit war, wollte ich die Zeit in einer Bar überbrücken, in der Hoffnung, dass dort niemand Notiz von mir nehmen würde.

Bei meinem Streifzug durch die Straßen von Entebbe kam ich an einem grell erleuchteten Lokal vorbei, aus dem lautes Gegröle drang. Vorsichtig spähte ich durch die Tür. An den Wänden der Bar hingen bunte Reklametafeln, die für Bier, Cola und Zigaretten warben. Im Innern herrschte ziemliches Gedränge, über dem ganzen Raum hing eine üble Mischung aus Rauch, Alkohol und Schweiß. Die Wärme war trotzdem verlockend und ließ mich meinen anfänglichen Ekel überwinden. Ich wollte mich gerade durch das Gewühl an der Tür drängen, als mich einer der Wächter bemerkte. »Junge, du hast hier drinnen nichts verloren!«, meinte er und packte mich am Schlafittchen. Ich erzählte ihm mit treuherzigem Blick, dass meinem Vater das Bier ausgegangen sei und ich nur schnell ein paar Flaschen Nachschub holen solle. Damit ließ er mich ziehen. In der Bar suchte ich mir eine dunkle Ecke, wo ich es mir auf einer klebrigen Bank, auf der Bier verschüttet worden war, so gemütlich wie möglich machte. Bis die

Bar dichtmachte, scherte sich keiner der Gäste oder der Angestellten um mich. Die Wärme und die schwere Luft machten mich müde, ich legte mich auf die Bank, schloss die Augen – und schlief sofort ein. Als der letzte Besoffene nach draußen gewankt war, entdeckte mich einer der Mitarbeiter.

»Was machst du denn hier, Kind?«

Ich schreckte hoch und reagierte sofort, als hätte der Mann einen Knopf gedrückt, mit dem ich jede x-beliebige Geschichte abrufen konnte. Diesmal war es die Kneipengeschichte. »Mama? Wo bist du denn?« Scheinbar verstört blickte ich in der leeren Bar umher. »Wissen Sie, ich bin mit meiner Mama hergekommen, um meinen Papa abzuholen. Aber dann fing sie selbst zu trinken an. Da muss ich während des Wartens eingeschlafen sein. Und jetzt sind sie alle weg!«

Der Typ dürfte sich etwas gewundert haben, denn es war unüblich, dass hier Frauen einkehrten. Die einzigen weiblichen Wesen in Bars wie dieser waren in der Regel Bardamen. Dennoch schien er mir zu glauben, denn er bot mir nach einigem Hin und Her an, ich könne die Nacht bei ihm zu Hause verbringen. Leider wohnte er nicht in der Stadt, sondern außerhalb in Nkumba. Was nichts anderes bedeutete, als dass ich mich von meinem Ziel Flughafen ein Stück weit retour Richtung Kampala entfernte. Aber die Hoffnung auf ein Bett mit Matratze und Decke ließ mich vergessen, dass der Weg am nächsten Tag nur umso länger sein würde. Tatsächlich ließ mich der Mann in einem schmalen Bett in einem winzigen Zimmer gleich neben dem Eingang seines Lehmhauses übernachten. Und mehr noch: Bevor ich zu Bett ging, durfte ich mich sogar mit einem nagelneuen Stück Seife am ganzen Körper waschen. Es war eine Weile her, dass mir so viel Luxus widerfahren war. Mit einem glücklichen Grinsen im Gesicht schlief ich ein.

Am folgenden Tag wurde ich recht früh geweckt. Mein Gastgeber arbeitete nicht nur nachts als Barkeeper, sondern beackerte im Morgengrauen sein Grundstück, um mit selbstgezogenem Gemüse die Haushaltskasse zu entlasten. Als er vom Feld zurückkam, frühstückten wir gemeinsam mit seiner schwangeren Frau, dann begleitete er mich zur Matatu-Station. Leider achtete er haargenau darauf, dass ich in die richtige Richtung fuhr – zurück zu meinen »Eltern«. Genau die entgegengesetzte Richtung zu meinem eigentlichen Ziel, dem Flughafen. Zum Glück war der Manamba, der Schaffner, so beschäftigt, dass ich schon zwei Stationen später unbemerkt aussteigen konnte. Unter der immer heißer werdenden Vormittagssonne wanderte ich am staubigen Straßenrand zurück nach Entebbe. Jedes Mal, wenn ein Auto, ein Reisebus oder ein Lkw an mir vorbeirauschte, wurde ich von oben bis unten in eine Staubwolke gehüllt. Bis ich im Stadtzentrum ankam, war von Seifenduft und Sauberkeit nichts mehr übrig, ich sah so abgerissen und schmutzig aus wie zuvor. So dreckig, wie ich nach diesem wiederholten »Staubregen« aussah, hätte ich mich niemals in die Nähe des Flughafens getraut.

Am Ufer des Viktoriasees machte ich halt, um mich einigermaßen in Ordnung zu bringen. Eine Frau, die gerade ihre Wäsche im See wusch, bettelte ich um ein Stückchen Seife an. Damit schrubbte ich hinter einem Busch meine Hose und mein Hemd, peinlich darauf bedacht, dass mich die Frau in meiner Nacktheit nicht zu Gesicht bekam.

Gegen Mittag erreichte ich mit einigermaßen sauberen, aber noch feuchten Klamotten am Leib den Flughafen. Er bestand lediglich aus einem langgezogenen Gebäude mit einem Turm in der Mitte. Das hatte ich mir schon mal imposanter vorgestellt, vor allem in Anbetracht der gewaltigen Flieger, die laut Simon hier abhoben. In diese Stahlvögel würde das Gebäude ja mehrfach hineinpassen. Andererseits war so ein Flughafen vielleicht auch nicht mehr als ein überdachter Fahrkartenschalter, und wie klein die waren, wusste ich ja.

Aus sicherer Entfernung beobachtete ich das Treiben vor dem Terminal. Ich war überrascht, dass außer mir scheinbar niemand zu Fuß hier war. Auch die Gepäckstücke, die die Reisenden aus den Matatus oder dem eigenen Auto heraushoben, waren nicht zu vergleichen mit dem, was etwa an Bahnsteigen entlanggezerrt wurde. Und ich sah nirgends Tiere, nicht einmal ein einsames Huhn oder eine meckernde Ziege, die übliche Reisebegleitung, wenn Leute vom Land mit dem Bus oder dem Zug in die Stadt fuhren. Vor dem Eingang des Terminals waren Männer in Uniform postiert, die jeden, der hineinwollte, kontrollierten. Aber nach einer Weile hatte ich den Bogen raus, wie ich mir trotzdem Einlass verschaffen konnte. Ich musste nur so tun, als sei ich in Begleitung eines Erwachsenen. Wenn schon nicht als »Kind« der Familie, dann wenigstens als Kuli. Als eine schwerbepackte Frau aus einem Taxi ausstieg, bot ich ihr uneigennützig meine Hilfe an. Ich wuchtete ihr Gepäck auf einen Wagen und schob ihn an den Wachleuten vorbei ins Gebäude. Dass ich nach getaner Arbeit kein Trinkgeld bekam, noch nicht einmal ein Dankeschön, war egal. Ich war drin, und das war das Einzige, was zählte. Nun musste ich nur noch zusehen, dass ich irgendwie auf das Rollfeld kam oder zumindest so nahe dran, dass ich einen Blick auf die riesigen Vögel werfen konnte.

Während ich mit großen Augen durch diese fremde Welt tappte, bemüht, nicht weiter aufzufallen, vergaß ich mein eigentliches Ziel. Überall um mich herum standen oder saßen Weiße, und die hatten Geld, das wusste jedes Straßenkind. Es war wie ein Reflex, ich konnte gar nicht anders, als sie anzubetteln. Bewegende Geschichten sprudelten nur so aus mir heraus, und wie nützlich war es dabei, dass ich etwas Englisch sprach. Der Flughafen war ein richtig gutes Pflaster, viel einträglicher als das in der Stadt, zumal bei der ganzen Konkurrenz. Das Dumme war nur, dass ich hier viel stärker auffiel – auch und gerade denen, vor denen ich mich liebend gerne verborgen hätte. Als ich ein paar

Münzen eines großzügigen Spenders in meiner Hosentasche verschwinden ließ, packte mich eine kräftige, behaarte Hand am Nacken. Ehe ich reagieren konnte, zog mich ein Etwas in Uniform in einen Seitengang und prügelte drauflos, dass ich nicht mehr wusste, wo oben und unten ist. Bis ihn ein Kollege stoppte und mich zum Verhör in ein Kabuff schleppte. Kurz darauf fand ich mich in einem klapprigen Landrover wieder, auf direktem Weg in die Polizeistation in Entebbe. Ein Flugzeug hatte ich nicht zu Gesicht bekommen, und die paar erschnorrten Schillinge waren von meiner Hosentasche in die der Bullen gewandert.

Auf der Station wurden meine »Personalien« aufgenommen – aber mehr, als dass meine Eltern unbekannt seien und ich seit ein paar Wochen auf der Straße lebte, bekamen sie nicht aus mir raus. Im Anschluss an die Befragung wurde ich in eine Gemeinschaftszelle gebracht. Immerhin hatte ich ein Dach über dem Kopf, und zu essen gab es auch etwas: Ugali und eine viel zu wässrige dunkelbraune Soße, in der ein paar vereinzelte Kidneybohnen schwammen. Ich hatte weiß Gott schon schlechter gewohnt und gegessen.

Am nächsten Morgen passierte etwas, was ich bis heute nicht verstehen werde: Die Polizei tat alles dafür, uns Kinder oder auch erwachsene Bettler von der Straße zu holen und einzuknasten. Aber schon nach einer Nacht wurden wir von denselben Polizisten, die uns gerade eben gecasht hatten, postwendend wieder auf die Straße gesetzt. Wer weiß, vielleicht war das ihre Art der Arbeitssicherung, denn an Nachschub herrschte wahrlich kein Mangel! Jedenfalls fand ich mich am folgenden Morgen auf den Straßen von Entebbe wieder. Theoretisch wäre es möglich gewesen, sich jeden Abend von der Polizei einfangen zu lassen, um wenigstens etwas in den Magen zu bekommen und eine Nacht in Sicherheit zu verbringen – auch wenn man die versiffte Zelle unter Umständen mit Schwerverbrechern teilen musste. Aber dafür hätte ich viel skrupelloser sein und vor allem ein gewisses Grundvertrauen in die Staatsmacht haben müssen, das ich nicht hatte. Die Polizisten wussten ganz genau, wie sie ihre Macht missbrauchen konnten. Straßenkinder waren die dankbarsten Opfer, niemand würde sie vermissen. Wir Straßenkinder waren vogelfrei. Nach dem Gesetz war unsere Existenz illegal und strafrechtlich zu verfolgen. Ich muss immer an meine eigene Zeit auf der Straße zurückdenken, wenn ich die Maus sehe, die sich in einem Beet in unserem Garten in Hamburg eingenistet hat. Selbst wenn ich noch Meter von ihr entfernt bin, zittert sie schon am ganzen Körper. Zu jeder Zeit muss sie bereit sein, sich in Sicherheit zu bringen, ihr Leben zu retten. Manchmal habe ich versucht, sie mit etwas Brot oder Käse zu mir zu locken. Sie kam nie. Auch das Stück Käse, das ich ihr hin und wieder vor das Mauseloch gelegt habe, hat sie sich nie geholt, solange ich in der Nähe war. Aber am nächsten Morgen war es immer weg. Die Maus weiß nicht, dass ich ihr nie mit einer Falle zu Leibe rücken würde. Es liegt einfach in ihrer Natur, Menschen zu misstrauen. Und genau dieser Mechanismus greift, wenn man ein paar Wochen auf der Straße lebt. Man entwickelt automatisch eine Aversion gegen alles, was Uniform trägt. Selbst wenn man persönlich noch keine schlechten Erfahrungen gemacht hat, gibt es immer einen, der eine üble Geschichte erzählen kann. Als Straßenkind stehst du in der Hierarchie ganz unten. Und die Cops, die auch nicht gerade gut angesehen sind, hatten mit uns das beste Mittel in der Hand, ihr Image bei der Bevölkerung ein bisschen aufzupolieren. Die Schläge, mit denen sie uns nach Belieben traktierten, blieben manchmal nicht ohne Folgen. Kikani ist gelähmt, seit er von Polizisten zusammengeschlagen wurde. Einfach so, einfach weil er gerade da war. Ein Punchingball für frustrierte Bullen. Wenn uns ein Ladenbesitzer zu fassen kriegte, hatten wir normalerweise etwas ausgefressen, eine Milch geklaut oder ein Brot. Und wenn uns ein Manamba aus dem Bus oder dem Zug warf, hatte auch das einen guten Grund. Den Cops reichte hingegen unsere bloße Existenz.

*

Am Abend leerten sich die Straßen von Entebbe mit einem Schlag. Es wurde gespenstisch dunkel, denn es gab kaum Straßenlaternen. Die einzigen Lichtquellen waren die Bungalows in den besseren Vierteln. Ab und zu hörte man die Bewohner lachen oder singen, auch ein heftiges Streitgespräch drang durch die Wände nach draußen. Doch bald würden die Gespräche verstummen, würde das letzte Licht ausgehen. Mit der Stille kam die Dunkelheit, die Kälte. Dann würde die Straße den wilden Hunden gehören. Nachts hatten wir keine Chance gegen sie. Die meisten Straßenkinder, die sich wie ich weitgehend allein durchschlugen, suchten sich deshalb einen erhöhten oder mit Dornengestrüpp geschützten Schlafplatz. An einem Abend ein paar Tage nach meinem Ausflug zum Flughafen war ich spät dran. Alle Nischen, die ich kannte, waren bereits besetzt. Ich hatte das Gefühl, nirgendwohin zu gehören, gründlich satt. Pfeif auf die Flugzeuge, pfeif auf das Besondere im Leben, das war in meinem scheinbar nicht vorgesehen. Ich hatte keinen Wert, für niemanden, es fiel nicht weiter auf, ob ich da war oder nicht. Ohne darüber nachzudenken, lenkte ich meine Schritte Richtung Botanischer Garten. »Wenn ich einmal sterben werde, dann an diesem Ort«, das hatte ich mir vorgenommen. Es war ein Ort, an dem ich immer wieder Ruhe gefunden hatte, auch wenn Scharen von Touristen und Einheimischen durch das Gelände stromerten. Ich mochte die Stimmung, die etwas Romantisches hatte, die Familien, die zum Grillen auf das weitläufige Gelände kamen, die Fischer, die hier ihren Fang rösteten. An den Wochenenden bevölkerten ganze Gruppen den Botanischen

Garten. Die meisten waren bessergestellte Leute, einige kamen sogar mit dem eigenen Auto. Sie waren nicht wie wir. Sie hatten richtige Fußbälle aus Plastik oder Leder. Manchmal ließen sie uns mit ihren Kindern spielen, während sie selbst auf bunten Decken sitzend zusahen. Knirpse mit Turnschuhen gegen Barfüßler; Trikots und kurze Hosen gegen schmutzige Lumpen; die »Memmen« gegen die Harten, David gegen Goliath. Auch wenn wir manchmal besser waren, wussten wir, was von uns erwartet wurde. Es durfte nicht sein, dass wir die Weicheier vom Rasen putzten. Keiner von uns wollte sich die Chance vermasseln, am Ende des Spiels zum Trost wenigstens etwas zu essen zu bekommen.

Auf meinem Weg in den Botanischen Garten fiel mir ein Bibelspruch ein. »Und ob ich schon wanderte im finsteren Tal, fürchte ich kein Unglück, denn Du bist bei mir …« Wollte ich mein Leben wirklich wegwerfen? Ich nahm all meinen Mut zusammen und klopfte an der Tür eines Hauses. Als man mir öffnete, fragte ich höflich nach etwas zu essen. Ich bekam zwei Bananen, ein Stück Papaya und einen Becher mit Wasser, den ich gierig hinunterstürzte. Gerade als ich mich wieder auf den Weg machen wollte, bot man mir an, die Nacht in einem kleinen Verschlag neben dem Haus zu verbringen. Ich bekam sogar eine dunkelbraune Decke aus Sisal, damit ich mich zudecken konnte. Der letzte Gedanke, der mir durch den Kopf ging, bevor ich einschlief, war, dass Gott mich wohl doch noch nicht verlassen hatte.

Am nächsten Morgen wachte ich auf und hatte eine großartige Idee. Es musste doch möglich sein, Kindersoldat zu werden. Das Geld war mir egal. Was ich brauchte, war eine sichere Existenz. Ich müsste keine Angst mehr vor den einsamen Nächten auf der Straße haben, würde täglich eine Mahlzeit bekommen und müsste nicht mehr länger klauen oder betteln. Nur: Wie wurde man ein Kadogo? Ich nahm mir vor, das nächste Mal, wenn ich irgendwo einen Soldaten sah, danach zu fragen. Am Ende waren es keine Soldaten gewesen, sondern ein paar Fischer am Viktoriasee. Ihre Aussage, dass Kadogos heute nicht mehr in den Krieg zogen, sondern die Schulbank drückten, traf mich wie eine vergiftete Pfeilspitze mitten ins Herz. Kurz darauf fand ich mich auf jener Klippe wieder, von der ich mich in die Tiefe stürzen wollte.

*

»Gleich haben wir ihn!« Die Stimmen kamen immer näher. Aus meinem Versteck in einem Gebüsch hinter einem riesigen Termitenhügel konnte ich sehen, dass die Männer mit Rungus, Schlagstöcken, bewaffnet waren. Das Klopfen meines Herzens vermischte sich mit dem Klang der mächtigen Ngomas, die die Bewohner von Konzi jeden Sonntag zum Gottesdienst riefen. Ich hatte keine Kraft zu fliehen, meine Muskeln gehorchten mir nicht mehr. Seit Tagen hatte ich nichts zu essen gehabt, ich war müde, unendlich müde. Sollen sie doch mit mir machen, was sie wollen! Ich fürchtete mich nicht vor ihren Schlägen, ich war schon so oft geschlagen worden, dass ich auch das noch überstehen würde. Tränen zu vergießen hatte ich längst verlernt. Aber ich würde schreien. Ganz laut. Manchmal hörten sie dann auf.

»Da! Da ist er!« Ich sah den Schatten über mir, den Arm zum Schwung erhoben, und wartete nur darauf, dass der Schmerz meinen Körper durchfuhr.

Als ich aufwachte, war ich schweißgebadet und zitterte am ganzen Körper. Vor mir stand eine junge Frau, die mich entsetzt ansah, ihren Wasserkanister auf mich warf und wild gestikulierend davonlief. Sie muss einen ordentlichen Schreck bekommen haben, als sich das Gebüsch am Straßenrand plötzlich bewegte und meine dürre Gestalt darin zum Vorschein kam.

Mein Instinkt sagte mir, dass ich mich möglichst schnell vom

Acker machen sollte. Wer weiß, ob die junge Frau nicht mit Verstärkung zurückkam. Der Bezirk Nalukolongo am Rande von Kampala war berüchtigt dafür, dass sich hier wilde Hunde, die sogenannten Teenines, tummelten, die immer wieder Menschen angriffen. Nicht selten erkrankten ihre Opfer an Tollwut. Aber noch verhasster waren die unzähligen Straßenkinder, die zu einer regelrechten Plage geworden waren. Nichts war vor ihnen sicher, vor allem nichts, was man essen konnte. Mandazi, Milch, Brot, Kassava … Da die Polizei in solchen Fällen meist zu spät kam oder sich ohnehin nicht dafür interessierte, nahmen die Bewohner des Viertels das Recht selbst in die Hand. Als Straßenkind lebte man in der ständigen Gefahr, für den Diebstahl eines Stücks Schmalzgebäck gelyncht zu werden.

Genau das war mit Ssentongo passiert. Ssentongo war auf der Straße groß geworden und ein paar Jahre älter als ich. Er war einer der wenigen von den Größeren, die so nett waren, dass wir Jüngeren uns trauten, ihn auch mal um Rat zu fragen. An jenem Schicksalstag hatte er einen Mandazi und eine Orange von einem Straßenstand direkt neben einer Baustelle geklaut. Leider hatte die Verkäuferin den Diebstahl bemerkt und ganz laut »Mwizi!«, »Dieb!«, geschrien. Ssentongo suchte das Weite und floh in den Rohbau. Es war seine letzte und fatalste Entscheidung. Einer der Bauarbeiter ließ einen schweren Zementsack aus dem ersten Stock auf ihn fallen.

Bestimmt würde die junge Frau zu Hause Bescheid sagen, dass ein Straßenkind, nichtswürdiges Geschmeiß, in der Nachbarschaft herumlungerte. Sicher würden sie gleich zurückkommen, vielleicht sogar bewaffnet mit einem Panga, eine Art Machete, und das roch mächtig nach Ärger. Ich musste zusehen, dass ich Land gewann. Während ich mich aus meinem Schlafplatz herauswand, dachte ich über mein Leben in den letzten Wochen nach. Nach meinem Selbstmordversuch schien sich das Blatt zunächst zum Besseren gewendet zu haben. Ich hatte etwas Geld von den Asiaten bekommen, mit dem ich mir etwas zu essen kaufen konnte. Aber mit keinem Geld der Welt konnte ich mir eine Familie oder Freunde kaufen – und ein bisschen Geborgenheit. Das Gefühl der Einsamkeit war manchmal schwerer auszuhalten als der Hunger. Den konnte man überlisten, indem man seinen Bauch mit Süßwasser volltankte. Dass das Wasser aus dem Viktoriasee angeblich mit Bilharziose-Erregern verseucht war, störte uns nicht die Bohne. Was hatten wir schon zu verlieren? Wenn man beim Trinken versuchte, gleichzeitig viel Luft zu schlucken, stellte sich tatsächlich ein gewisses Sättigungsgefühl ein. Vorausgesetzt, man rülpste oder pupste die Luft nicht gleich wieder heraus. Diese Kunst musste man beherrschen lernen, aber das lohnte sich, schließlich waren Luft und Wasser kostenlos.

Der Kopf ließ sich nicht so leicht in die Irre führen. Schon gar nicht ließ er sich abschalten. Sicher, ich war frei, aber war der Preis, den ich zu zahlen hatte, weil ich nicht zu meiner Tante zurückgekehrt war, nicht zu hoch? Seit Nairobi hatte ich versucht, mit meiner Vergangenheit abzuschließen. Räumlich mochte mir das gelungen sein. Aber innerlich? Zu den Dämonen hatten sich ein paar neue dazugesellt. Der Klang der Ngomas von Konzi hallte dumpf in meinen Ohren nach. Seit Nairobi war ich ständig auf der Flucht. Vor der Polizei, weil das Vagabundendasein auf der Straße gesetzlich verboten war und als Straftat galt. Vor anderen Chokoras, deren Reviergrenze ich verletzt hatte. Vor aufgebrachten Leuten, die ich beklaut hatte. Meistens gelang es mir zu entwischen, aber nicht immer. Eines Abends hatte ich den Bogen überspannt. Der Ladenbesitzer fand schnell ein paar willige Helfer, die ihren Frust an mir auslassen wollten. Ich hatte gerade die ersten Schläge ins Gesicht bekommen, als ein Askari auftauchte. Doch auch der ließ es sich nicht nehmen, mir zwei, drei Ohrfeigen zu geben, bevor er mich von meinen Peinigern befreite und mit festem Griff packte. Ich sah, wie er mit der freien Hand umständlich an einem Strick herumnestelte, mit dem er mir vermutlich die Hände hinter meinem Rücken zusammenbinden wollte. Als er meine dürren Arme sah, entschied er sich, keinen Gebrauch davon zu machen. Ich hatte Mühe, mir meine Erleichterung nicht anmerken zu lassen.

Während er mich vor sich herschob, fragte er mich nach meinem Namen. »Philip!«, sagte ich, ohne zu zögern. Philip war der Name meines besten Freundes aus der Schule im Dorf meiner Tante gewesen. Wir gingen eine völlig vermüllte Straße entlang, die gesäumt war von allerlei Verkaufsständen. Um diese Tageszeit wurden sie fast alle von einer kleinen Öllaterne beleuchtet. Für mich wurde der Gang zu einem Spießrutenlauf. Von allen Seiten prasselten Schimpfwörter, Flüche und Gesten der Verachtung auf mich ein. Alle wussten natürlich, wen der Askari hier am Schlafittchen hatte und warum. Ein paar Straßen weiter traf mein Bewacher einen Kollegen, den er in den unterschiedlichsten Varianten überschwänglich begrüßte, bevor die beiden sich in ein Gespräch vertieften. Abgesehen von zwei, drei Sätzen, die er am Anfang über mich sagte – nicht ohne mir dabei mit der flachen Hand auf den Hinterkopf zu schlagen –, schien mein Askari meine Anwesenheit langsam zu vergessen. Längst hatte er seinen Schraubstockgriff gelockert und hielt mich nur noch an meinem rechten Handgelenk fest.

Jetzt oder nie! Ich riss meinen Arm so plötzlich aus seiner Hand, dass er fast das Gleichgewicht verlor. Dann lief ich, so schnell ich nur konnte, davon. Die beiden Askari tobten schreiend hinter mir her: »Mwizi huyo!« – »Haltet den Dieb!« Aber da war ich längst in den dunklen Gassen von Nalukolongo verschwunden. Seit jenem Tag heiße ich Philip.

*

Nalukolongo, diesen alten Stadtteil am Rande von Kampala, hatte ich während meiner ersten Monate als Bayaye aus ganz unterschiedlichen Gründen liebgewonnen. Während es hier tagsüber etwas gemächlicher und stiller war, ging abends die Post ab. Laute Musik dröhnte aus den Bars, vor denen sich junge Männer und Frauen auf der Suche nach etwas Vergnügen und Abwechslung tummelten, und über den staubigen Straßen hing der Duft von Mandazi, gegrilltem Fisch, Bratkassava und gebratenen Süßkartoffeln. Überall war Leben. Für Straßenkinder wie mich ein Geschenk. Denn die größte Angst hatten wir nicht vor der Polizei, sondern vor der Dunkelheit. Da Ostafrika am Äquator liegt, sind die Tage und Nächte immer gleich lang. Jahrein, jahraus dauert jeder Tag, jede Nacht ungefähr zwölf Stunden. Es gibt keine langen Sommertage und keine langen Winternächte. Die schnell hereinbrechende Dunkelheit in den schwach beleuchteten Straßen war einerseits ein Segen. Wenn wir etwas geklaut hatten, war sie auf unserer Seite. Wenn sich die Straßen dann aber leerten, war das Gefühl der Einsamkeit absolut. Es war, als würde die Dunkelheit nicht nur die Menschen, sondern auch alle Geräusche verschlucken. Mit der Stille kam die Kälte. Bald würden die Hunde zu ihren nächtlichen Streifzügen aufbrechen. Wenn man bis dahin keinen sicheren Platz für die Nacht gefunden hatte, einen Baum oder ein wirklich dichtes Gebüsch, hatte man schlechte Karten.

Jeden Morgen begrüßten wir erleichtert und voller Freude das Tageslicht und wussten doch schon von der nahenden nächsten Nacht. Am Tag schwärmten die Bayaye aus ihren Verstecken aus, ich sah an jeder Ecke ein Straßenkind, als würde ich ständig in einen Spiegel blicken. Tagsüber fiel man nicht allzu sehr auf, alle waren beschäftigt. Es gab Menschen auf der Straße, die man anbetteln konnte, und manchmal verdienten wir sogar auf legale Weise etwas Geld. Wir wuschen Autos, beförderten Gepäck von A nach B, sortierten Müll. Manchmal wurden wir dabei über den Tisch gezogen und hinterher ohne Lohn davongejagt. Andere gaben uns immerhin etwas zu essen. Am Tag ließ sich zur Not auch klauen. Die Leute, die im Gehen auf der Straße etwas in sich hineinschlangen, waren unsere Lieblingsopfer. Wie Greifvögel stürzten wir uns auf sie und entrissen ihnen, was immer sie in Händen hielten – geröstete Maiskolben, Mandazi, Bananen, Brot. Bevor sie begriffen hatten, was über sie gekommen war, hatten wir uns längst aus dem Staub gemacht.

Ja, Nalukolongo war wirklich ein gutes Pflaster. Trotzdem gab es Tage, an denen ich mit meinem Schicksal haderte. Weil die Demütigungen nicht aufgehört hatten, sondern mir nur von anderen zugefügt wurden. Weil die Schläge nicht aufgehört hatten und mein Traum von einem besseren Leben in weite Ferne gerückt war. Weil die Angst manchmal unerträglich wurde. Aber selbst an diesen Tagen war Nalukolongo ein guter Ort. Hier gab es einen großen Umschlagbahnhof. Ich stand oft an den Gleisen und betrachtete die ein- und ausfahrenden Züge. Wenn meine Verzweiflung überhandnahm, malte ich mir aus, auf welche Weise ich vor einen Zug springen könnte. Und wie mein Körper hinterher aussehen würde, zerquetscht und bis zur völligen Unkenntlichkeit zermahlen. Manchmal genügte das laute Kreischen der Bremsen eines einfahrenden Zuges, um mich aus meinen Gedanken hochschrecken zu lassen. Im tiefsten Inneren ahnte ich, dass ich meine Entscheidung wohl nur aufgeschoben hatte.

Aber inzwischen war Nalukolongo ein zu heißes Pflaster für mich geworden. Ich hatte eine junge Frau auf ihrem Weg zum Brunnen fast zu Tode erschreckt und einen Ladenbesitzer gegen mich aufgebracht. Ich hatte Angst, die Frau würde mich ebenso wiedererkennen wie die beiden Askari, deren Ehre durch meine Flucht auf offener Straße sicher angekratzt war. Wenn ich nicht ernsthaft in Schwierigkeiten kommen wollte, musste ich Nalukolongo so schnell wie möglich verlassen. Am besten mit dem Zug.

Und damit begann eine Odyssee, die mich über verschiedene Stationen entlang der 2000 Kilometer langen Eisenbahnlinie, die Mombasa an der Ostküste Kenias mit dem Westen Ugandas verbindet, bis an die Grenze zur Demokratischen Republik Kongo führen sollte.

Paul

Die legendäre »Uganda-Bahn« war 1896 im Auftrag der damaligen britischen Kolonialregierung gebaut worden. Die Strecke verbindet den kenianischen Hafenort Mombasa mit Kampala; Mitte des 20. Jahrhunderts wurde sie von dort nach Westen verlängert, bis zu den Kilembe-Kupferminen in Kasese nahe der ugandisch-kongolesischen Grenze. Da Uganda keine eigene Küstenlinie und damit auch keine Exporthäfen hat, wurden Kupfer und andere Rohstoffe per Eisenbahn auf dem Landweg nach Mombasa transportiert, wo man im Gegenzug britische Kolonialwaren auflud. Die Briten hatten gehofft, sich auf diese Weise Zugang zum ostafrikanischen Hinterland zu verschaffen. Winston Churchill bezeichnete Uganda einmal als die »Perle Afrikas«. Das Land ist reich an Rohstoffen, Wasser und fruchtbarem Boden. Es gibt dort große Gewässer wie den Viktoriasee, und zahlreiche Flüsse durchziehen die weiten Ebenen, in denen Baumwolle, Vanille, Kaffee, Tabak, Bananen und viele andere Pflanzen wachsen. Umso unverständlicher ist es, dass das Land bis heute von Armut und Hunger beherrscht ist. Jahrzehnte des Krieges und der politischen Misswirtschaft haben die einstige »Perle Afrikas« zeitweise zum »Orkus Afrikas« werden lassen. Seit der wenig glorreichen Kolonialzeit hatten immer wieder skrupellose Machthaber mit ihrer egoistischen Gier und Bestechlichkeit das Land heimgesucht. Idi Amin, Milton Obote und viele andere, die an der politischen Spitze standen, haben sich schamlos bereichert und die verschiedenen Bevölkerungsgruppen des Landes noch weiter auseinandergetrieben als unter britischer Kolonialherrschaft.

Von alldem hatte ich natürlich keine Ahnung, als ich ohne einen Schilling in der Tasche in den Zug Richtung Kasese stieg. In den Waggons der Uganda-Bahn herrscht eine strikte Klassentrennung: Es gab die erste Klasse, die für normale Bürger unbezahlbar und deshalb oft leer war. Hier saßen, wenn überhaupt, reiche Kaufleute oder Politiker mit ihren Familien. Letztere reisten selbstverständlich nur auf Staatskosten, Schlafkabinen inklusive. Die zweite Klasse war auch eher spärlich besetzt. Hier saßen etwas weniger wohlhabende Kaufleute und Staatsangestellte wie Lehrer und Beamte. In der zweiten Klasse gab es einigermaßen bequeme Sitze und Toiletten. Die Waggons der dritten Klasse hingegen waren immer brechend voll. In der Umgangssprache hießen sie Kayola, Sammelbecken. Tatsächlich waren sie ein Sammelbecken, in dem sich alles tummelte, was irgendwo hinwollte. Mensch und Tier reisten gemeinsam, jeder Zentimeter Raum wurde genutzt. Neben den vollbesetzten unbequemen Holzbänken fanden Ziegen, Kälber und Hühner ihren Platz. Sogar auf dem Dach des Zuges, auf dem die meisten Schwarzfahrer reisten, gab es manchmal kaum ein freies Fleckchen.

Ich hatte mich in ein Abteil der dritten Klasse gequetscht, aber schnell gemerkt, wie häufig die Kontrolleure auf ihrem Rundgang dort vorbeikamen. Die Schaffner müssen sich wohl gedacht haben: Wer weniger oder kaum etwas hat, der kommt auch leichter in Versuchung, sich etwas zu ergaunern. Ich hatte kein Ticket, keine Papiere, kein Geld und durfte auf keinen Fall auffliegen. Sonst wäre beim nächsten Halt schon Endstation für mich gewesen. Natürlich passierte genau das. Gerade als ich mich aus meinem Abteil herausgezwängt hatte, stand der Schaffner vor mir, ich hatte keine Chance mehr, mich zu verdrücken.

»Wo sind denn deine Eltern, mein Kind?«, sprach er mich überraschend freundlich an.

Ich musste schnell schalten und durfte bloß keinen Fehler machen. »Meine Mama ist vorne in der zweiten Klasse. Ich wollte mir nur mal angucken, wie es hier im Kayola ist«, sagte ich. Dann wandte ich mich ab und schlenderte betont lässig in Richtung zweiter Klasse. Der Schaffner schaute mir skeptisch hinterher, ließ mich aber ziehen.

In der zweiten Klasse war zwar mehr Platz, aber man fiel auch mehr auf. Hier musste ich ständig auf der Hut sein. Wann immer ich einen Schaffner heranschlurfen sah, sprang ich von meinem Sitz auf und sperrte mich so lange in der Toilette ein, bis die Luft wieder rein war. Doch während der langen Fahrt muss ich einmal eingeschlafen sein, jedenfalls schreckte ich davon hoch, dass mich jemand an der Schulter rüttelte. Der Schaffner klang deutlich ungeduldiger als bei unserer ersten Begegnung. »Kind, wo ist denn nun deine Mutter?«, blaffte er mich an.

»Mama!? Meine Mutter ist gerade noch hier gewesen. Ich weiß nicht, wo sie ist. Mama?« Ich blickte mich panisch um. Die Tränen, die mir sofort über die Wangen liefen, stimmten den Schaffner versöhnlich. Er bot mir sogar an, mir bei der Suche nach meiner Mutter zu helfen. Er ging in Richtung Kayola, ich in Richtung erster Klasse. Langsam wurde es eng für mich … Aber wenn es etwas gibt, auf das man sich bei der Uganda-Bahn verlassen konnte, dann waren es Pannen. Diese kam genau zur rechten Zeit. Wir blieben auf offener Strecke liegen, die Waggons leerten sich, und der Schaffner hatte anderes zu tun, als mich im Auge zu behalten oder meine verschollene Mutter zu suchen. Diese Pannen traten so regelmäßig auf, dass man als Reisender für eine Fahrt von zwölf Stunden Länge von vorneherein zwei Tage einplante. Ein solcher Zwischenstopp konnte gut und gerne bis zu sechs Stunden dauern, weil die Fachleute, die den Schaden beheben konnten, aus der nächstgrößeren Stadt mit dem Auto herangeholt werden mussten. Nicht selten blieb der Zug mitten in der Wildnis liegen, wo sich aus Angst vor wilden Tieren oder Räubern niemand aus dem Zug traute. Wir hatten Glück, weil in der Nähe ein Dorf lag, aus dem rasch fliegende Händler herbeieilten. Sie verkauften gegrilltes Ziegenfleisch, Mandasi, Chai, gebratene Süßkartoffeln, geröstete Bananen, gebratene Kassava, Erdnüsse und vieles mehr, was mein leerer Magen nur allzu gerne verdaut hätte.

Unser Zug stand seit drei Stunden still, die Hitze war unerträglich. Aus den Büschen in der nächsten Umgebung strömte inzwischen penetranter Gestank, da viele die Gelegenheit beim Schopf ergriffen und sich ihres großen und kleinen Geschäfts entledigten. Ich hatte auch gerade gepinkelt, als mir ein Junge auffiel. Er war etwas kleiner als ich, wahrscheinlich auch jünger. Er war anfangs im selben Kayola gewesen wie ich, und auf meinem Weg in die zweite Klasse war mir aufgefallen, dass er zwischendurch versteckt an der Außentür des Zuges hing. Auch das ist übrigens eine Technik, um schwarzzufahren. Ganz ungefährlich ist dieser Stunt natürlich nicht. Ich habe mir einmal dabei den linken Arm und den linken Oberschenkel so stark geprellt, dass ich mich ein paar verdammt lange Tage mit Schmerzen durch das Leben quälte.

Das nächste Mal hatte ich ihn kurz vor der Zugpanne bemerkt: Im Restaurant fiel mir auf, wie er sich geschickt den Augen der Aufsichtspersonen entzog. Er drückte sich immer in der Nähe einer großgewachsenen Frau herum, die man für seine Mutter halten konnte. In einem unbemerkten Moment griff er dann zu und verschwand mit etwas Essbarem in der Hand im Gewühl.

Nun saß er draußen neben dem Gleis, vertieft in ein Gespräch mit einem Mann, der mit seinen grauen Haaren wirkte wie ein Greis. Der Alte knabberte an einem halben gerösteten Maiskolben und erzählte irgendetwas. Ich sah, dass der Junge die andere Hälfte in der rechten Hand hielt, die linke hatte er artig auf den Knien liegen. Mehrmals nickte er zustimmend, dann wieder senkte er den Kopf und hörte zu. Ganz offensichtlich war er weniger hungrig als ich – oder er traute sich einfach nicht, an seinem Maiskolben zu nagen, während der Alte Reden schwang.

Ich trat langsam näher. Oh Schreck, wie peinlich! Gerade noch rechtzeitig merkte ich, dass mein Hosenschlitz nicht richtig zu war. Zum Glück waren keine Mädchen in der Nähe, die mich kichernd dabei beobachten konnten, wie ich die Lage unterhalb meines Bauchnabels schnell wieder in Ordnung brachte. Der Alte blickte mich freundlich an: »Na? Komm du auch zu uns, mein Enkel«, sagte er und musterte mich von oben bis unten. »Du kommst wohl nicht aus dieser Gegend, hm?« Wie hätte er es übersehen können? Schon im Zug war mir aufgefallen, dass die Leute, die weiter im Westen Ugandas zustiegen, spitzere Nasen hatten, während meine eher platt war. Viele waren auch hellhäutiger als ich. Ehe ich antworten konnte, hatte er schon die nächste Frage parat: »Bist du auch mit dem Zug gekommen?«

Langsam wurde mir seine Neugier unangenehm. Seit ich auf der Straße lebte, trieb mich ständig die Angst um, dass mich irgendjemand erkennen könnte, auch wenn das in Uganda ziemlich unwahrscheinlich war. Aber die Furcht, man könnte mich nach Bungoma und von dort in das Dorf meiner Tante zurückschicken, saß mir permanent im Nacken, das war etwas, das ich nicht abschütteln konnte. Ich glaube, er bemerkte meine Unsicherheit, denn plötzlich sagte er: »Du musst dir keine Sorgen machen, Paul und du, ihr seid von der gleichen Sorte.«

Mit einem schiefen Grinsen im Gesicht und unendlich erleichtert, hockte ich mich neben die beiden auf den Boden. Der Junge hatte mich bis dahin nicht eines Blickes gewürdigt.

*

Viele Dörfer Ostafrikas haben eine reiche und alte Erzählkultur. Das Wissen der Ahnen wurde über Jahrhunderte mündlich von einer Generation zur nächsten weitergegeben. Es gibt unzählige Märchen, Sagen und Fabeln, die sich von Stamm zu Stamm unterscheiden. Jeder weiß etwas anderes über Menschen, Tiere oder

Gegenstände zu erzählen. In einer Gesellschaft, in der nicht viele Kinder eine Schule besuchen und nur eine Minderheit, zu der ich zum Glück damals schon gehörte, überhaupt lesen und schreiben kann, waren diese Geschichten von unschätzbarem Wert. Afrika hat viele großartige Erzähler hervorgebracht, meist unbemerkt von der restlichen Welt. Der Alte war zweifelsohne einer von ihnen. Er freute sich, in mir einen weiteren Zuhörer gewonnen zu haben, bestellte mir einen gerösteten Maiskolben und legte los. Mit leuchtenden Augen gab er uns eine kleine Geographiestunde, unternahm hier und da einen Ausflug in die Vergangenheit, erzählte, wie die Menschen hier tickten, woher sie kamen, und, und, und … Die Zeit, bis der Zug nach etwa sieben Stunden weiterfuhr, verging wie im Flug.

Die restliche Zeit bis zur Ankunft in Kasese verkürzte er uns mit Geschichten zu jedem Ort, den wir passierten. Der alte Mann hatte Paul und mich in seine Obhut genommen. Wir waren jetzt für diejenigen, die eine dumme Frage stellen sollten, seine »Enkel«. Während sich am Fenster einsame Landstriche mit versprengten Dörfern und größere Siedlungen abwechselten, war er in seinem Redefluss kaum zu stoppen. Er kannte all diese Orte aus einer Zeit, als sie noch ihre ursprünglichen Namen trugen, die nichts mit den späteren europäischen Bezeichnungen seit der Kolonialzeit gemeinsam hatten. Er erzählte uns von den Göttern, die auf dem Rwenzori-Berg wohnen, und davon, weshalb für sie der Schnee, der manchmal auf dem Gipfel zu sehen ist, so wichtig ist. Er sei der Rauch aus der Himmelsküche der Götter. Wenn dort oben der Herd angeworfen wurde – selbst Götter müssen hin und wieder etwas essen –, dann war das für die Menschen ein Zeichen, dass auch sie nicht hungern mussten. Schnee auf den Rwenzori-Bergen ist etwas ganz Besonderes, denn dieses Gebirge liegt fast am Äquator. Er wusste auch, warum die Kühe in dieser Region besonders groß sind und die längsten, prächtigsten Hörner aller Kühe auf der ganzen Welt haben. Ich kann mich nicht mehr an alle seine Geschichten erinnern, denn irgendwann überkam mich eine große Müdigkeit. Ich wusste, ich musste keine Angst mehr haben, er würde auf mich aufpassen. Wir saßen nicht nur mit ihm in der zweiten Klasse des Zuges, er hatte für seine »Enkel« auch noch eine Fahrkarte für die restliche Fahrtstrecke bezahlt. Ein unglaubliches Gefühl! Wir mussten bis Kasese nicht mehr hektisch zur Toilette stürzen, um uns einzuschließen. Paul musste sich nicht mehr an die Zugtür hängen, keiner von uns beiden musste sich zwischen Taschen und Ziegen unter dem Sitz verstecken, wenn der neue Schaffner seine Runden drehte …

Ob der andere Junge wirklich Paul hieß, werde ich wohl nie erfahren. Es spielte letztlich auch keine Rolle, schließlich trug auch ich nur einen geliehenen Namen. Wichtig war nur, dass er von diesem Zeitpunkt an einfach da war. Unter uns Straßenkindern war es ein großes Tabu, über unsere Herkunft zu sprechen. Nur im äußersten Notfall tat man das, und auch dann nur gespickt mit allerlei Wendungen und Unwahrheiten, um alle Spuren möglichst gründlich zu verwischen. Aber Paul war einer, der ohnehin nur dann den Mund aufmachte, wenn es darum ging, ein bestimmtes Ziel zu erreichen. Lange genug beobachten, seine Schlüsse daraus ziehen und dann entsprechend handeln – das war so etwas wie sein Lebensmotto. Einfach so draufloszuschwafeln war ihm zuwider.

Paul hatte mich die ganze Zeit im Zug hartnäckig ignoriert, alle meine Annäherungsversuche waren kläglich gescheitert. Der Alte hatte jedem von uns zum Abschied noch ein Nyamachoma gekauft, gegrilltes Ziegenfleisch am Spieß, das wir schweigend in uns hineinmampften. »Haltet zusammen!«, hatte er uns noch zugerufen, bevor er in ein Matatu stieg. Bei einem Jungen wie Paul war das leichter gesagt als getan.

Als der Zug in Kasese hielt, dauerte es nicht lange, und wir waren die einzigen Menschen, die noch etwas unschlüssig am

Bahnsteig herumstanden. Ich holte tief Luft und sagte zu Paul: »Hey, ich weiß, wo wir noch mehr zu essen herbekommen.« Um ehrlich zu sein, ich hatte keine Ahnung. Aber Paul trottete tatsächlich hinter mir her. Ich nahm den nächstbesten Staubweg, der uns zum Queen Elizabeth National Park führte. Hier gab es viele Kioske, in denen man Tee, Essen, Zigaretten und Bier kaufen konnte, vorausgesetzt, man hatte das nötige Kleingeld.

Als es langsam dunkel wurde, ging ich mit Paul in ein Lokal. Wir suchten uns die unauffälligste Ecke im Raum und setzten uns auf den Boden. Nach etwa einer Stunde bemerkte uns der Besitzer: »Kinder, was sucht ihr hier?«, fragte er.

»Unsere Eltern sind aus Versehen ohne uns mit dem Zug nach Hause gefahren, und sie kommen erst in ... drei ... Tagen wieder.« Während ich redete, hatte Paul verstohlen drei Finger gehoben, was der Mann nicht bemerkte. Es war das erste Mal, dass er direkt Kontakt zu mir aufnahm. Jetzt war ich mir sicher, dass ich den unsichtbaren Kokon, den er um sich aufgebaut hatte, durchdringen konnte. Ja, diese Nussschale würde ich knacken können! »Mein kleiner Bruder und ich müssen so lange hier in Kasese auf sie warten. Leider haben unsere Eltern uns nichts zu essen dagelassen«, fuhr ich fort.

Heute frage ich mich schon manchmal, warum uns alle so leicht Glauben schenkten. Lag es an unseren unschuldigen Kindergesichtern, über die ab und zu auch eine Träne kullerte? Oder an der generellen Situation damals? Im krisengeschüttelten Uganda und seinen Nachbarländern wie der Demokratischen Republik Kongo, Ruanda und Burundi war es keine Seltenheit, dass sich Kinder alleine durchschlagen mussten. Weil sie zurückgelassen worden waren, keine Familie mehr hatten oder einfach von zu Hause abgehauen waren.

Auch der Besitzer des kleinen Lokals glaubte uns. Er bat uns zu warten und wandte sich wieder seinen Kunden zu, bis der letzte Gast verschwunden war. Währenddessen nutzte ich die

Gelegenheit, mit meinem neuen Bruder Paul ins Gespräch zu kommen. Es war nicht gerade einfach. Er ließ mich reden, zeigte selbst aber kaum Interesse, irgendetwas von sich preiszugeben. Und wenn er dann schon mal etwas sagte, konnte ich ihn kaum verstehen, denn aus dem Radio im Lokal plärrten unentwegt patriotische Lieder.

Nach einer Weile kam die Frau des Besitzers mit einem Tablett mit Speisen aus der Küche, die sie am Abend nicht hatten verkaufen können. Zu viert setzten wir uns im leeren Gastraum an einen Tisch und aßen. Mir fiel auf, dass Paul ein sehr guter Esser war. Als ich schon längst nicht mehr konnte, haute er immer noch rein. Die beiden ließen uns in den folgenden Nächten im Lokal auf dem Boden schlafen. Bevor wir uns dort hinlegten, verputzten wir aber erst noch die Essensreste vom Tag. Im Gegenzug mussten wir beim Abwasch helfen und Wasser aus einem etwa zwei Kilometer entfernten Brunnen holen. Den Rest des Tages haben wir einfach verbummelt, spielten und kletterten wie die Affen aus Spaß auf hohe Bäume, um die Perspektive von oben zu genießen.

Den zweiten Tag verbrachte ich überraschend getrennt von Paul. Der Besitzer des Lokals nahm mich mit nach Mweya; dort im Nationalpark nahm er hin und wieder kleinere Jobs an, um seine Haushaltskasse aufzubessern. Da er mitbekommen hatte, dass ich Englisch konnte, bot er mir an, ihn zu begleiten.

In diesem Nationalpark gibt es einen über dreißig Kilometer langen natürlichen Kanal namens Kazinga Channel, der den Edwardsee und den Georgesee miteinander verbindet. Entlang dieses Gewässers kann man jede Menge Tiere beobachten. Seltene gelbe Krokodile, Nilwarane, verschiedene Antilopenarten, zahllose Vögel und Giraffen. Berühmt ist der Park aber vor allem wegen der großen Zahl seiner Flusspferde und Elefanten.

Es wird erzählt, dass hier einmal ein zahmer, alter Elefant namens George gelebt haben soll. George war größer und dicker als alle anderen Elefanten aus seiner Herde. Aber er war auch zutraulicher und ließ sich gerne füttern. Alles, was man dafür tun musste, war, sich mit einer Banane in der Hand ans Ufer zu stellen und laut nach George zu rufen. Es dauerte nicht lange, und er trottete herbei, durchschwamm den Fluss und verdrückte die Banane.

Zu meiner Zeit existierte George allerdings nur noch in der Erinnerung. Eine Begegnung mit Elefanten hatte ich trotzdem – ohne Banane. Während ich darauf wartete, einen Hilfsjob zugeteilt zu bekommen, beobachtete ich zwei Elefanten auf einem Hügel. Offenbar hatten sie aus einem ganz bestimmten Grund etwas Privatsphäre haben wollen und sich von ihrer Herde entfernt. Nicht weit von mir verfolgte eine Gruppe Touristen gespannt das Geschehen, in der Hoffnung auf ein paar Schnappschüsse für das Urlaubsalbum.

Ich erspähte einige Mädchen in meinem Alter, die sich mit winzigen Kameras ohne vernünftige Zoomfunktion abmühten. So würde das nichts werden!

»Can I help you take better pictures?«, sprach ich eines der Mädchen an, das mich besonders faszinierte. Ich hatte bis dahin noch nie ein Mädchen mit so heller Haut, goldenen Haaren und blauen Augen gesehen.

»I can take very close snapshots for you.«

Sie sah mich ungläubig an, dann drückte sie mir mit einem Lächeln ihre Kamera in die Hand.

»Go ahead!«, sagte sie mit einer Stimme, die in meinen Ohren wie die eines Engels klang. Ich schwebte wie auf Wolken – über die Folgen meiner Fotosafari hatte ich nicht eine Sekunde nachgedacht.

Mit jedem Schritt, mit dem ich mich dem Elefantenpaar näherte, erhöhte sich mein Puls. Ein Zurück gab es nicht mehr, schließlich wollte ich mich nicht blamieren, indem ich plötzlich kniff, nachdem ich eben noch den todesmutigen Helden gegeben hatte. Zu allem Überfluss trat ich in die relativ frischen Hinterlassenschaften eines Löwen.

»Ach du Löwenkacke!«, entfuhr es mir, das fehlte gerade noch. Nur Mut und weiter!

Ich näherte mich dem liebestollen Dickhäuterpaar bis auf etwa zwanzig Meter, dann schoss ich mich zittrigen Fingern ein paar Fotos. Klick, klick, klick.

Den Apparat noch vor den Augen, bemerkte ich auf einmal, dass die beiden Riesen mich unverwandt anstarrten. Der Bulle stampfte auf den Boden, die Ohren bedrohlich nach vorne gestellt. Die Erde unter mir schien zu beben, gleich würde mich das Vieh zu Hackfleisch zertrampeln. Bloß weg hier. Aber ich blieb wie angewurzelt stehen. Meine Beine wollten mir nicht gehorchen, ich hatte das Gefühl, sie wären aus Pudding.

Dann bewegten sich die Elefanten ein paar Schritte auf mich zu. Ich konnte nichts tun, als sie mit schreckgeweiteten Augen anzustarren und mich in mein Schicksal zu fügen. Aber scheinbar hatte der alte Herr da oben noch etwas mit mir vor. Jedenfalls drehten die beiden Rüsseltiere unvermittelt ab, schlugen einen großen Bogen um mich und zogen sich zurück. Zum Abschied warfen sie mir einen verächtlichen Blick zu, als stänke ich penetrant und als sei meine Nähe nicht auszuhalten. Jedenfalls bildete ich mir das ein. Ob es tatsächlich mein Geruch war, der sie in die Flucht geschlagen hatte, weiß ich nicht. Falls ja, war ich froh, dass es sich doch mal lohnen konnte, nicht ganz so gut zu riechen. Paul mit seinem Reinlichkeitsfimmel hätte da vielleicht schlechtere Karten gehabt ...

Am Abend empfing er mich missmutig; den ganzen Tag hatte er langweilige Hausarbeiten im Lokal verrichten müssen, während ich meine Geschichte vom heldenhaften Elefantenbändiger zum Besten geben konnte ...

In den folgenden beiden Tagen lernte ich Paul kennen, so gut es bei seiner Verschlossenheit eben ging. Er sprach nur das Allernötigste, wirkte etwas altklug und hatte fast immer ein paar Lebensweisheiten auf Lager, die so gar nicht zu einem Jungen passen wollten. Ich wiederum irritierte ihn damit, wenn ich abends vor dem Schlafen kurz betete. Und ich erinnere mich auch noch daran, dass er es überhaupt nicht witzig fand, als ich ihn am zweiten Abend davon abhielt, während des Abwaschs die Gläser mit Alkoholresten auszutrinken.

»Du verstehst nichts vom Leben der Erwachsenen!«, hatte er mich angefahren, es dann aber doch gelassen. Wir respektierten uns irgendwie von Anfang an.

Am Ende der drei Tage überlegten wir, wie es weitergehen sollte. Ich schlug vor, unseren »Gastgebern« zu erzählen, dass unsere Eltern einfach nicht gekommen seien. Pauls Antwort war eindeutig, auch wenn ich nicht genau nachvollziehen konnte, warum: »Niemals so lange an einem Ort wie diesem bleiben.«

So machten wir uns nach vier Tagen aus dem Staub, einer mehr als vorgesehen. Wir verabschiedeten uns nicht einmal, Paul hatte davon abgeraten. »Das macht alles nur komplizierter«, behauptete er. Ich fand das ein wenig unfair, schließlich hatten uns die beiden gut behandelt. Ich hätte mir sogar vorstellen können, länger dort zu bleiben. Wir hätten dem Ehepaar viele kleinere Aufgaben abnehmen können, im Gegenzug hätten wir nicht länger auf der Straße leben müssen, hätten ein Dach über dem Kopf gehabt und zumindest einmal am Tag einen vollen Magen. Aber Paul ließ sich nicht umstimmen. Langsam ging er mir mit seinen Möchtegern-Weisheiten auf die Nerven. Dabei war ich doch der Ältere und damit automatisch in der Hierarchie höher stehend. In unserer Kultur ist es ein ungeschriebenes Gesetz, dass der Jüngere sich dem Älteren unterzuordnen und Entscheidungen nicht zu hinterfragen hat. Dennoch befolgte ich alle Anweisungen von Paul, selbst wenn ich innerlich kochte. Vielleicht, weil ich spürte, dass er im Vergleich zu mir ein alter Hase war, was das Leben auf der Straße anging.

Kein Ort des Friedens

Ich hätte nicht gedacht, dass ich so schnell wieder in Kampala landen würde. Aber Paul war überzeugt, dass diese Stadt der richtige Ort für uns war. Die Zugfahrt lief glatt, wir waren ein eingespieltes Team. Während einer sich ausruhte, hielt der andere Ausschau nach dem Schaffner. Wenn der Hunger sich meldete, gingen wir beide jeweils in unterschiedliche Richtungen auf Betteljagd. Die Beute teilten wir uns hinterher.

In Kampala wurde mir klar, dass es richtig gewesen war, auf Paul zu hören, Hierarchie hin oder her. Was ich höchstens vermuten konnte, waren für Paul längst goldene Regeln. Etwa, dass es sich nicht lohnt, sich im Stadtzentrum aufzuhalten. Dort gab es zu viel Konkurrenz durch andere Straßenkinder. Das führte häufig zu brutalen Revierkämpfen, bei denen manchmal auch Messer im Spiel waren. Außerdem waren die Leute aufmerksamer, weil im Gewusel der Innenstadt immer mit Dieben zu rechnen war. Sie hielten Taschen und andere Gepäckstücke gut fest und kontrollierten fast automatisch alle Augenblicke ihre Handgelenke, um zu sehen, ob die Uhr noch dran war. Man wurde im Stadtzentrum auch leicht beim Klauen erwischt, da zu viele Menschen den Raum zum Weglaufen verstellten. Nur echte Profis in gut organisierten Banden hatten hier Aussicht auf Erfolg. Sie gaben ihre Beute in einer solchen Geschwindigkeit weiter, dass der Bestohlene überhaupt nicht mehr wusste, wen er verfolgen sollte. Abgesehen davon, dass alles, was »im Flug« weitergereicht wird, sowieso schneller größere Distanzen überwinden kann als der einzelne Verfolger. Zu einer solchen Bande zu gehören war ein zweischneidiges Schwert. Natürlich brachte es Vorteile mit sich, für mich überwogen aber eher die Gefahren. Als Neuling stand man in der Hierarchie ganz unten und wurde nach Strich und Faden ausgenutzt. Bei den meisten Banden musste man üble Rituale durchlaufen, um überhaupt als Mitglied akzeptiert zu werden. Harte Drogen und Alkohol gehören zum Alltag. All das war schon damals nicht meine Welt.

Am meisten schreckte mich ab, dass Gangmitglieder nur sehr schwer wieder aus der Spirale von Gewalt und Kriminalität herauskamen. Weil sie keine Kraft dazu hatten, keine andere Perspektive sahen – oder weil sie gelyncht wurden, wenn sie versuchten, sich von ihrer Gruppe abzuwenden. Diesem Terror wollte ich mich nicht aussetzen, wohl auch weil die hohe Gewaltbereitschaft der Gangs nicht mit meinem Glauben und meiner inneren Einstellung unter einen Hut zu bringen war. Außerdem trug ich bei allen Schwierigkeiten und dunklen Momenten in mir immer noch einen winzigen Funken Hoffnung. Ich träumte nach wie vor davon, irgendwann wieder zur Schule zu gehen und etwas Besseres aus mir machen zu können. Das, was ich gerade durchmachte, sollte nicht zu einem Dauerzustand werden. Deswegen war für mich von Anfang an klar, dass ich mich allein durchschlagen würde. Das war zwar schwieriger, aber ich wusste, dass ich es schaffen würde. Und jetzt mit Paul als Verstärkung würde das Leben sowieso einfacher werden.

Paul schlug vor, es in Nalukolongo zu versuchen, wogegen ich mich ausnahmsweise unmissverständlich wehrte. Schließlich entschieden wir uns für die Gegend von Mengo und Namirembe, zwei Außenbezirke, etwa einen Kilometer von Kampalas Zentrum entfernt. Mengo und Namirembe sind zwei der sieben Viertel, die das alte Kampala bilden. Die sieben Stadthügel gehörten einst zu den Jagdgebieten der Könige von Buganda. Weil es hier so viele Impalas gab, nannte man die Gegend Kasozi ka Impala, »Hügel der Impala«. Die Herrscher aus dem Volk der Baganda regierten das größte der vielen Königreiche, die es damals im Gebiet des heutigen Uganda gab. Weil sie auch eine zentrale Rolle bei der kolonialen Eroberung des Landes spielten, wurde Uganda kurzerhand nach ihnen benannt.

Den Grundstein für das heutige Kampala legte der britische Kolonialist Captain Lugard, der 1890 eine Festung auf einem der sieben Hügel erbauen ließ. Mengo trägt den Namen des Hügels, auf dem sich der Palast des Königs von Buganda, der Gerichtshof und das Parlament befinden; Namirembe heißt der Hügel, auf dem sich britische Missionare lange vor der Ankunft der Kolonialisten niedergelassen hatten. Hier befindet sich die älteste Kathedrale Ugandas. Namirembe bedeutet »der Ort des Friedens«.

Am Eingang der alten Kathedrale ließ es sich für Paul und mich vor allem sonntags gut betteln. Und in Mengo hatten wir einen Ort gefunden, an dem wir beim Klauen eine perfekte Strategie anwenden konnten. Nicht weit entfernt von einem Wasserkanal wurden unter freiem Himmel Kabalagala (eine Art Pfannkuchen aus Maismehl und Bananen), Gonja (geröstete Bananen), Mandazi und Sambusa (Samosa) verkauft. Paul hatte die zündende Idee, wie wir vorzugehen hatten. Wegen seiner größeren Erfahrung als Straßenkind war er der Stratege hinter unseren Aktionen. Ich hingegen war kommunikativer und flinker und führte seine Ideen aus.

Wir gaben den Leuten zunächst Gelegenheit, nett zu uns zu sein. Wir schnorrten nur die an, die sich gerade etwas zu essen gekauft hatten. Wollten sie uns nichts abgeben, murmelten wir innerlich das Kommando: Auf die Plätze, fertig, los! Blitzartig rissen wir ihnen das Essen aus den Händen und rannten los. Da ich schneller als Paul war, übernahm in der Regel ich diese Aufgabe. Paul tat dann so, als würde er den Beklauten helfen, mich zu fangen. Dabei stellte er sich ihnen so ungeschickt in den Weg, dass ich mühelos entkommen konnte. Und falls die Sache doch einmal schiefging, lief ich einfach zum Wasserkanal, der etwa drei Meter breit war, und sprang aus vollem Lauf auf die andere

Seite. Spätestens dann war ich meine Verfolger los, denen nichts anderes blieb, als mir wilde Schimpftiraden hinterherzuschicken. Ich tat dann einfach so, als sei ich nicht gemeint, aber manchmal konnte ich es mir nicht verkneifen, ihnen voller Schadenfreude zuzuwinken. Wenn ich mich später mit Paul traf, um die Beute zu teilen, prusteten wir immer wieder laut los. Die verdutzten Gesichter unserer Opfer waren aber auch zu schön.

*

Unser Schlafquartier befand sich an einer Straßenecke in Mengo. Dort gab es eine kleine Unterführung, die uns bei schlechtem Wetter als Dach diente; bei gutem Wetter legten wir uns in ein Gebüsch, das uns vor neugierigen Blicken schützte. Ein paar alte Pappkartons nutzten wir dabei als Schlafunterlage, die wir tagsüber für andere Leute unsichtbar in ebenjenem Gebüsch versteckten. Unser restliches Hab und Gut passte in wenige Plastiktüten, die wir tagsüber immer mitnahmen und nie aus den Augen ließen. Wir hielten sie fest in der Hand oder knoteten sie bei etwas »sportlicheren Aktionen« einfach mit den Henkeln am Arm oder am Hosenbund fest. Nachts dienten sie uns als Kopfkissen, was nicht nur bequem war, sondern auch hieß, dass sie uns im Schlaf nicht geklaut werden konnten. Mit der Zeit gesellte sich eine grauweiße Wildkatze zu uns in den Unterschlupf. In der Kultur Ugandas gilt es als Tabu, etwas zu essen, während ein Tier einen dabei hungrig beobachtet. Gibt man ihm nichts ab, soll es Unglück bringen. Also teilten wir abends immer etwas von dem, was wir aßen, mit der Katze – wenn wir denn überhaupt etwas hatten. Pussy wuchs uns richtig ans Herz, und das nicht nur, weil sie nachts unsere Fußsohlen vor den schlitzohrigen, knabbernden Ratten beschützte. Wenn sie sich dann in der Früh ausgiebig ihrer Morgentoilette widmete, hatten wir manchmal das Gefühl, als würde sie uns hinterher missbilligend ansehen.

Ich denke, wir waren in ihren Augen alles andere als gepflegt, auch wenn wir uns Mühe gaben. Wobei Pauls Eitelkeit viel ausgeprägter war als meine. Ihm war es wahnsinnig wichtig, dass er trotz oder vielleicht gerade wegen unserer schwierigen Situation ordentlich aussah. Nach spätestens drei Tagen wusch er seinen dunkelblauen Trainingsanzug, den er bestimmt irgendwo geklaut hatte. Er wusste immer, wo die nächsten Seen oder Teiche zu finden waren. Einmal am Tag gingen wir dorthin zum Baden, und oft wuschen wir dann auch unsere Kleidung. Da wir nur das besaßen, was wir am Leib trugen, mussten wir einen abgeschiedenen Ort finden, um unsere Kleidung nackt waschen zu können. Dann legten wir uns in die Sonne und warteten darauf, dass unsere Sachen trockneten. Wenn wir dabei gestört wurden, konnte es vorkommen, dass wir auf unserer Flucht deutlich sichtbare Wasserspuren hinterließen. Pauls Sauberkeitsfimmel war so groß, dass er darüber auch schon mal seinen leeren Magen vergessen konnte. Einmal, als wir wahnsinnigen Hunger hatten, ging er in ein Geschäft, um etwas zu klauen. Aber alles, was er anschleppte, war ein Stück Seife und eine Schere für seine wild wachsenden Haare. Paul fand auch immer Zeit, eine Art Zahnbürste zu benutzen, die aus einem Stock bestand, den man am oberen Ende so zerkaute, dass eine weiche zerfaserte Fläche entstand. Mit der schrubbte man dann über die Zähne. Der Stock musste trocken sein, nicht mehr frisch und grün, sonst hätten sich dabei die Zähne verfärbt. Meistens ging das Zähneputzen ohne zusätzliche Hilfsmittel vonstatten. Manchmal trugen wir etwas Salz oder Seife auf die selbstkreierten Bürsten auf. Die Seife machte genauso viel Schaum im Mund wie richtige Zahnpasta und säuberte die Zähne auch nicht schlechter. Nur runterschlucken sollte man nichts davon, und hinterher musste man auch kräftig ausspülen, um den seifigen Geschmack loszuwerden.

*

Mit der Zeit wurde uns das Pflaster in Mengo und Namirembe zu heiß. Die Straßenverkäufer ließen uns nicht mehr aus den Augen, sobald wir nur in die Nähe ihrer Stände kamen. Auch vor der Kathedrale gab man uns immer weniger. Es musste schnell eine Alternative her. Wieder einmal war es Paul, der eine Idee aus dem Ärmel schüttelte. »An der Grenze zu Kenia gibt es sehr gute Möglichkeiten. Da müssen wir hin. Am besten nach Malaba. Mit dem Zug können wir bis zur Grenze fahren.«

Wem sagte er das? Genau aus dieser Gegend kam ich her. Von dort war ich weggelaufen und hatte mir geschworen, nie wieder dorthin zurückzukehren. Deswegen war ich immer weiter nach Westen gefahren, bis nach Kasese. Nur wegen Paul war ich überhaupt wieder nach Kampala gefahren. Und jetzt verlangte er von mir, zurück an den Ausgangspunkt meiner Odyssee zu gehen? Zurück in meine ganz persönliche Hölle? In Malaba würde mich möglicherweise jemand erkennen. Das konnte Paul doch nicht wollen. Verdammt! Wofür hielt er sich eigentlich? Je länger ich darüber nachdachte, umso wütender wurde ich. Hatte ich nicht frei sein wollen? Dabei war ich längst abhängig, noch dazu von einem Kerl, von dem ich kaum etwas wusste. Noch nicht einmal seinen richtigen Namen. Was mich damals besonders in Rage versetzte, war die Tatsache, dass die Dinge, die ich konnte und die mir immer so wichtig vorgekommen waren, auf der Straße bedeutungslos waren. Paul hätte eigentlich zu mir aufblicken müssen, weil ich lesen konnte. Und schreiben. Und Englisch. Und überhaupt. Aber er hatte die Fähigkeiten, die unser Überleben sicherten, nicht ich. Er kannte sich besser aus, er verstand die regionalen Dialekte besser und kannte die Tricks, auf die es ankam. Verglichen mit mir, kam sein Wissen dem eines Hundertjährigen gleich. Trotzdem. Mit seinem Vorschlag hatte er eine Grenze überschritten.

Für Paul lagen die Gründe, die für Malaba sprachen, auf der

Hand. Die Grenze zwischen Kenia und Uganda war aufgrund politischer Unstimmigkeiten zwischen beiden Ländern geschlossen. Da Uganda keinen Hafen besitzt, ist es bei der Ein- und Ausfuhr sämtlicher Überseegüter auf Kenia angewiesen. Deshalb sind gute politische und wirtschaftliche Beziehungen zwischen diesen beiden Ländern bis heute so wichtig.

Bereits 1967 hatten Kenia, Uganda und Tansania eine Wirtschaftsgemeinschaft ins Leben gerufen. Darüber hinaus hatte man sich dem Ziel verschrieben, Kiswahili als gemeinsame Sprache in allen drei Ländern zu fördern; nicht nur, weil das – bei all den verschiedenen Sprachen, die dort gesprochen wurden – eine bessere Verständigung ermöglichen würde, sondern auch, um eine Alternative zur englischen Sprache zu haben. Englisch galt als Erbe der Kolonialzeit und war deshalb als offizielle Sprache nicht ganz unumstritten. Politische Unstimmigkeiten, unter anderem verursacht durch den damaligen ugandischen Diktator Idi Amin, hatten 1977 allerdings dazu geführt, dass diese Gemeinschaft nach nur zehn Jahren zerbrach. Seitdem standen sich Kenia und Uganda weniger als Nachbarn denn als Feinde gegenüber. Lange Zeit war es äußerst schwierig, Waren von Uganda nach Kenia und umgekehrt zu überführen. Kein Wunder, dass bis in die 1990er Jahre das Schmuggeln ein lukratives Geschäft war. Für Straßenkinder war das die Gelegenheit schlechthin. Wir waren flink und agil. Wir waren ehrgeizig und geradezu überambitioniert. Und wir waren nicht nur effiziente Arbeitskräfte, sondern obendrein auch noch preiswert. Für einen Hungerlohn oder eine einfache Mahlzeit setzten wir unser Leben aufs Spiel. Unser größter Vorteil jedoch war, dass wir vor dem Gesetz noch nicht strafmündig waren und keine Pässe haben mussten. Wir waren in gewisser Weise staatenlos und konnten je nach Bedarf wahlweise die eine oder die andere Nationalität annehmen.

Ein verlorener Koffer
ist ein verlorenes Leben

Paul – und nur er war dazu in der Lage – hatte wieder einmal ein Wunder vollbracht. Er bewegte mich tatsächlich dazu, die über 250 Kilometer lange Reise von Kampala zurück an die ugandisch-kenianische Grenze anzutreten. Am letzten Abend vor unserer Abreise verabschiedete ich mich von Pussy. Wir hatten Nyama-choma geklaut, von dem ich ihr eine gehörige Portion abgab. Vor lauter Aufregung bekam ich kaum einen Bissen hinunter. Am nächsten Morgen fuhren wir mit dem Zug nach Tororo, der letzten Station auf ugandischer Seite. Die Stadt, in der ich Monate zuvor den Zug nach Westen bestiegen hatte, lag etwas mehr als fünfzehn Kilometer von Malaba entfernt. Aber diesmal nahm ich kein Matatu für den Weg, diesmal gingen wir zu Fuß. Um uns die Zeit zu verkürzen, jagten wir uns gegenseitig oder spielten mit Steinen oder Plastikbehältern Fußball. Man kickte den »Ball« einfach den ganzen Weg immer geradeaus, sang dabei das eine oder andere Kinderlied, und ehe wir's uns versahen, waren wir auch schon an der Grenze angekommen.

Es war früh am Nachmittag, als wir Malaba erreichten. Ich war einmal mehr überrascht, wie gut sich Paul zurechtfand. Instinktiv wusste er, wo es etwas zu holen gab. Wir hatten in einem Lokal einen Mann angeschnorrt, der uns scheinbar bereitwillig gedünstete Kochbananen und Süßkartoffeln mit Fleisch, Gemüse und Erdnusssoße bestellte – und eine Pepsi-Cola obendrauf. Paul hatte sofort durchschaut, dass die Gegenleistung, die der Mann für seine Großzügigkeit erwartete, etwas mit den Koffern zu tun hatte, die unter dem Tisch auf dem Boden standen. Zwei davon wurden zu unserem ersten Auftrag als Schmuggler.

Damit begann eine nervenaufreibende Zeit voller Abenteuer. Es gab kaum etwas, das damals nicht illegal über die Grenzen geschmuggelt wurde. Von Nahrungsmitteln über Zigaretten, Drogen und schwarzgebrannten Schnaps bis hin zu Öl und Munition. Sogar zerlegte Kalaschnikows haben wir in Koffern und Kisten über die Grenze gebracht. Während wir am Anfang manchmal ziemlich die Hosen voll hatten, wurden wir mit der Zeit immer dreister. Selbst wenn die Grenzbeamten Warnschüsse in die Luft feuerten, ließen wir uns nicht aufhalten. Die Brücke über dem Grenzfluss Amagoro galt als sogenanntes Niemandsland. Hier durfte uns weder die ugandische noch die kenianische Polizei anhalten. Wir nutzten das natürlich aus, um uns kurz auszuruhen und den nächsten Schritt zu planen. Wenn wir nur lang genug warteten, verloren die Grenzer das Interesse; dann noch ein kurzer Sprint durchs Unterholz, und schwupps!, waren wir drüben. Jenseits der Grenze trafen wir uns an einem unauffälligen Ort mit den Empfängern der geschmuggelten Güter. Oftmals haben wir ihnen Taschen und Koffer quasi aus dem Lauf in die Hand gedrückt, bevor diese in einer Art Staffellauf in ein sicheres Versteck gebracht wurden. Aufgrund der Schnelligkeit, mit der solche Übergaben über die Bühne gingen, war es für die Polizei schwierig, die Sache weiterzuverfolgen. Wobei wir manchmal den Eindruck hatten, dass sich ihr Interesse daran auch in Grenzen hielt. Wer weiß, vielleicht waren sie geschmiert und längst in dieses Katz-und-Maus-Spiel eingeweiht. Sobald wir die Waren abgegeben hatten, konnte man uns ohnehin nichts mehr nachweisen.

Wenn wir einen Auftrag erfolgreich ausgeführt hatten, kam für uns der wichtigste Teil des Geschäfts: die Bezahlung. Die Geldübergabe fand in der Regel in einem der vielen Restaurants oder Kioske der Grenzorte statt. Die Geldgeber erkannten wir an bestimmten Merkmalen. Das konnte ein farbiges Hemd sein, eine Sonnenbrille, ein dicker Fingerring oder ein Paar ungewöhnlicher Schuhe. Im Vorfeld jeder Aktion wurde uns gesagt, worauf wir zu achten hatten.

Wie heikel die von uns zu schmuggelnde Ware manchmal war, erkannten wir schon daran, welche Route wir nehmen sollten. Meistens trauten wir uns nicht, in die Koffer oder Taschen zu schauen. Wir wollten gar nicht erst wissen, was wir transportierten, denn das hätte uns vermutlich Angst eingejagt. Wenn wir doch einmal einen Blick riskierten, mussten wir feststellen, dass die Waren meist viel zu gut und professionell verpackt waren. Aber natürlich bekamen wir mit der Zeit ein ganz gutes Gespür dafür, welche gefährliche Fracht wir mit uns herumschleppten. Bei Gütern wie Drogen, Munition und Waffen schrieben uns die Vermittler vor, spezielle Wege durch den dichten Dschungel zu nehmen, damit wir nicht entdeckt wurden. Solche Lieferungen brachten zwar das meiste Geld, und ausnahmsweise gab es sogar einen Vorschuss als Motivation, aber die Routen waren auch sehr riskant. Besonders auf der ugandischen Seite patrouillierten oft bewaffnete Soldaten. Und wenn ich ehrlich bin, jagten mir auch Begegnungen mit Pavianen oder anderen Affenarten immer einen Schrecken ein. Ich wusste, dass sie sehr aufdringlich und gereizt sein konnten und vor allem einen Höllenlärm veranstalteten, wenn sie uns erspähten. Und den konnten wir auf unseren Schleichwegen überhaupt nicht brauchen. Jedes Mal, wenn wir in ein solches Spektakel hineingerieten, musste ich an eine der Anekdoten denken, die uns der Alte im Zug nach Kasese erzählt hatte: »Die einfachste Art, an reife Mangos heranzukommen, die auf einem hohen, von Pavianen oder anderen Affen besetzten Baum hängen, ist es, die Tiere mit Steinen zu bewerfen. Diese treffsicheren Biester bombardieren dich als Revanche mit sämtlichen reifen Mangos des Baumes. Die brauchst du dann nur noch aufzusammeln, falls du die Attacke glimpflich überstanden hast.« An Mangos dachten wir auf unseren »geheimen Missionen« allerdings am wenigsten ... Wir mussten ständig auf der Hut sein. Überall konnte eine giftige Kobra, eine Puffotter oder eine grüne Mamba lauern. Besonders die Kobras am Fluss Amagoro waren dafür bekannt, mit ihrem Gift selbst aus über vier Metern Entfernung zielsicher in die Augen ihres Opfers zu treffen. Man erzählte allerlei Schauergeschichten von Schmugglerkollegen, die dadurch blind geworden waren – wenn sie eine solche Begegnung überhaupt überlebt hatten. Beim Biss einer Puffotter standen die Chancen besonders schlecht.

Zum Glück blieben Paul und ich von solchen üblen Erfahrungen verschont. Nur einmal wurde es für uns richtig eng. Es war zur Regenzeit. Der Fluss war zu einem donnernden Gewässer angeschwollen, die Strömung riss alles mit sich, was ihr im Weg stand. Kaum jemand traute sich, den Fluss zu überqueren. Umso lukrativer war das Geschäft, da die Nachfrage an »Transporteuren« das Angebot überstieg. Paul hatte mich stundenlang bearbeiten müssen, bis ich bereit dazu war, zwei Koffer von Kenia nach Uganda zu schaffen. »Werd bloß nicht überheblich oder wählerisch, das können wir uns nicht leisten!« Mit diesem Satz hatte der kleine Klugscheißer mit einem Grinsen im Gesicht die Diskussion beendet.

Es war ein richtiges Himmelfahrtskommando. Die ohnehin schmalen Wege waren zur Regenzeit vollkommen zugewuchert und kaum zu erkennen. Wir konnten uns nur mit Hilfe von Stöcken durch das grüne Dickicht schlagen. Es gab kaum etwas, mit dem wir die Aufmerksamkeit der Grenzer mehr auf uns ziehen konnten. Das ständige Rascheln und Knacken – wir waren schon von weitem bestens zu hören. Der Boden war ein einziger Morast, ständig rutschten wir aus, vor allem die Böschung am Fluss war mörderisch. Wir waren tropfnass und von oben bis unten voll Dreck, aber wir schafften es tatsächlich, das andere Ufer zu erreichen. Ich ließ mich völlig erschöpft auf den Boden fallen. Paul, der ein Stück hinter mir war, stieß plötzlich einen lauten

Fluch aus. Ich blickte auf und sah, wie sein Koffer in die Fluten stürzte. Paul war auf einem Stein ausgerutscht, hatte das Gleichgewicht verloren und reflexartig den Koffer fallen lassen. Das kam einem Todesurteil gleich. »Einen verlorenen Koffer trägt nur ein verlorener Träger«, das hatten uns unsere Auftraggeber immer wieder eingebläut.

Wir konnten beide nicht schwimmen. Wenn der Koffer abtrieb, was wahrscheinlich war, würden wir uns in Malaba nie wieder blicken lassen können. Aber wir hatten Glück. Der Koffer war so schwer, dass er absank und sich zwischen Ästen und Geröllbrocken nur wenig unter der Wasseroberfläche verfing. Wir hangelten uns über die Steine, die Paul zum Verhängnis geworden waren, zurück ins Wasser und fischten das Ding mit vereinten Kräften wieder heraus.

Geschafft! Klitschnass, aber heil und mit beiden Koffern kletterten wir die Böschung auf der ugandischen Seite hoch. Es war mühsam und zeitaufwendig, durch das Dickicht nach oben zu krabbeln. Aber im Nachhinein war das unsere Rettung. Denn plötzlich sahen wir zwei Soldaten, jeweils mit einer AK-47 bewaffnet, keine zwanzig Meter vor uns stehen. Sie waren alarmiert, hatten offenbar etwas gehört und spähten angestrengt in den dichten Blätterwald. Mein Herz klopfte wie wild. Nicht einmal die mächtige Trommel am Hof des Kabakas in Mengo war mir so laut vorgekommen. Ich hatte das Gefühl, dem Leibhaftigen gegenüberzustehen.

Ich blickte hinüber zu Paul und sah dieselbe Angst in seinen geröteten Augen. Am einfachsten wäre es gewesen, die Koffer an Ort und Stelle liegen zu lassen und zurück in Richtung Kenia zu fliehen. Aber das kam nicht in Frage, weil wir dann vom Regen in die Traufe gekommen wären. Was hätten die Vermittler wohl mit uns gemacht, wenn sie davon erfuhren? Ich wollte verdammt noch mal mein Leben nicht wegen eines blöden Koffers verlieren.

Während wir kaum zu atmen wagten, sah ich aus den Augenwinkeln, wie Paul einen mittelgroßen Stein aufhob. »Du kannst doch viel weiter werfen als ich«, flüsterte er. Ich verstand nicht, worauf er hinauswollte. Wie blöd konnte er sein? Er erwartete doch wohl nicht, dass ich aus dieser Entfernung zwei Soldaten auf einmal treffen und gleich erschlagen würde? Doch noch während mir dieser Gedanke durch den Kopf schoss, wurde mir klar, was er damit bezwecken wollte. Ich nahm den Stein und schickte ein Stoßgebet zum Himmel. Dann warf ich ihn mit aller Kraft, so weit ich konnte, von uns weg. Er flog und flog. Bevor er mit einem lauten Schlag zu Boden fiel, war er durch hohes Elefantengras gezischt. Die Stille danach war kaum auszuhalten. Wir warteten gespannt, was passierte. Tatsächlich ging Pauls Plan auf. Nach einem Moment der Irritation setzten sich die Soldaten zunächst langsam, dann immer schneller in Richtung Stein in Bewegung. Dabei verursachten sie selbst einen solchen Lärm, dass wir unbemerkt mit unseren Koffern das Weite suchen konnten. Die Schüsse, die sie uns hinterherschickten, krachten ins Leere ...

*

Da wir relativ gut verdienten, ließ es sich für uns in Malaba nicht schlecht leben. Zumal wir immer neue einträgliche Quellen auftaten. Die meisten Menschen in dieser Grenzregion gehörten zur Ethnie der Teso, die in den umliegenden Dörfern Viehzucht und Ackerbau betrieben. Viele, die ursprünglich als Nomaden gelebt hatten und mit ihren Kuhherden über die Berge und Ebenen gezogen waren, führten inzwischen ein sesshaftes Leben. Als kleine Abwechslung zum Schmuggeln machten wir regelmäßig nahegelegene größere Farmen unsicher. Wir klauten auf abenteuerliche Weise Tomaten und Orangen, um unseren Vitaminbedarf zu decken. Die Chancen, dabei ertappt zu werden, waren in der Regel sehr gering, denn die Farmen waren weitläufig und so gut wie nie bewacht.

Am aufregendsten war das Klauen der Jackfrüchte. Ein Jackfruchtbaum kann bis zu zwanzig Meter hoch werden. Dabei entwickelt er eine sehr dichte Baumkrone und einen relativ kurzen Stamm, auf dem man leicht hinaufklettern kann. Die unterschiedlich großen Früchte wachsen in Bündeln am Stamm und können bis zu vierzig Kilo wiegen. Eine Jackfrucht ist grün und eierförmig, mit großen markanten Noppen auf der Schale. Wenn sie reif ist, hat das gelbe Fruchtfleisch einen unglaublichen Geschmack, irgendwo zwischen Honig und Zitrone. Oft haben wir in unserer Not aber auch den faserigen, weißbraunen Fruchtmantel gegessen, der direkt unter der Schale sitzt.

Jackfrüchte gehörten neben Mangos zu unseren absoluten Favoriten. Allerdings befanden sich die reifen Früchte meist besonders weit oben im Baum, weshalb es riskant war, sie zu pflücken. Es war unmöglich, die Früchte im Alleingang zu klauen, denn man saß ja noch im Baum, wenn die riesige Frucht hinunterfiel. Der Aufprall war so laut, dass man damit potentielle Bewacher auf sich aufmerksam machte. Man hatte keine Chance, rechtzeitig wieder vom Baum herunterzuklettern und wegzulaufen. Mit einem beherzten Satz herunterzuspringen ging auch nicht, es sei denn, man nahm das Risiko von Knochenbrüchen in Kauf. Es blieb einem also nur übrig, still in der dichten Baumkrone zu verharren und zu hoffen, dass der Aufseher dachte, ein besonders großer Vogel oder ein Affe habe den Lärm verursacht. Aber am besten war es, wenn man zu zweit war. Da man die schweren Jackfrüchte nicht allein vom Baum heruntertragen konnte, ohne das Gleichgewicht zu verlieren, war das die beste Methode. Der andere konnte mit etwas Glück und Geschick nicht nur die Frucht auffangen und so den lauten Aufprall verhindern, sondern auch Wache halten und zur Not den Besitzer der Farm so lange ablenken, bis man vom Baum geklettert war und sich in

Sicherheit gebracht hatte. Wenn das alles geklappt hatte, musste man nur noch ein Luxusproblem lösen: Nach dem Essen dieser köstlichen Frucht waren Finger und Unterarme vom triefenden Fruchtsaft so stark verklebt, dass man sie mit Wasser allein nicht wieder sauber bekam. Nur etwas Öl konnte dabei helfen.

Die Teso »lieferten« uns mit ihren Farmen nicht nur Vitamine, sondern auch Milch. Vor allem an den Wasserstellen ließen sie ihre Kühe häufig unbeaufsichtigt. Mittlerweile hatten wir einen ganz guten Blick dafür entwickelt, welche Kühe gerade Milch gaben. Um beim Melken keine Tritte abzubekommen, banden wir der Kuh schnell mit einem Sisalseil die Hinterbeine zusammen. Wir fingen die Milch in einfachen Plastiktüten auf, die überall am Straßenrand herumlagen, und tranken sie an Ort und Stelle, wenn sie noch wohlschmeckend warm war.

Bei einer bestimmten Herde stand uns regelmäßig ein mächtiger Bulle im Weg. Er war ein großartiger Beschützer seiner Herde, denn wann immer wir uns näherten, schnaubte er wild und versuchte, uns zu vertreiben. Wir wussten nicht, ob seine Aggressivität tatsächlich auf seinen männlichen Beschützerinstinkt zurückzuführen war oder ob er einfach nur frustriert war. Seine Hoden waren nämlich gerade abgebunden worden. Man nimmt ein stabiles Seil und bindet es sehr fest am oberen Ende um die Hoden, genau an der Stelle, an der sie mit dem Körper des Tieres verwachsen sind. Die Blutzufuhr wird so unterbunden, und über die folgenden Wochen und Monate sterben die Hoden ab, bis sie irgendwann von selbst abfallen. Kastration auf Ostafrikanisch. Irgendwie tat uns dieser Bulle leid!

Wenn uns die Milch als Proteinquelle nicht reichte, holten wir uns rohe Eier, auch wenn das bedeutete, dass wir dichter an die Wohnhäuser heranrücken mussten. Zu dieser Zeit war es ziemlich angesagt, exotische Hühner aus dem Ausland und aus Übersee zu halten, die mehr und größere Eier legten als die einheimischen Rassen. In meinen Augen waren die Viecher richtige Weicheier. Nicht nur, dass die Eier schlechter schmeckten, die Tiere waren auch krankheitsanfälliger. Sie wurden deshalb meist in Käfigen gehalten, was es für uns natürlich einfacher machte, ihre Eier zu stehlen. Wir brauchten lediglich in einem unbeobachteten Moment aufkreuzen und konnten sie direkt an Ort und Stelle einsammeln, ohne viel suchen zu müssen. Manchmal hatten wir das Glück, dass uns eine Henne ein Ei direkt in die Hand legte. Was gab es Schöneres, als ein warmes, frisches, rohes Hühnerei aufzuschlagen und direkt die Kehle hinunterlaufen zu lassen?

*

In Malaba verbrachte ich die längste Zeit meiner Karriere als Straßenkind – fast ein ganzes Jahr. Wir waren frei, hatten das, was wir zum Leben brauchten, und fühlten uns inzwischen wie echte Brüder. Umso verständnisloser reagierte ich, als Paul eines Tages vorschlug, eine Auszeit von Malaba zu nehmen. Nicht nur war die Schmugglerkonkurrenz größer geworden, es war mit der Zeit auch Schritt für Schritt einfacher geworden, Güter legal von einem Land ins andere zu transportieren. Nur die wirklich illegalen Sachen waren noch ein Geschäft für uns. Gleichzeitig bekam man den Eindruck, als gäbe es inzwischen dreimal so viele Straßenkinder an der Grenze als noch ein Jahr zuvor. Natürlich bekamen auch wir das zu spüren, zumal ein paar Gangs entstanden waren, die versuchten, das Geschäft zu kontrollieren. Die Konkurrenz führte dazu, dass manche Vermittler die Schmuggler gegeneinander ausspielten und um die Bezahlung prellten. Auch uns war das schon passiert. Trotzdem fand ich, dass es uns hier immer noch ziemlich gutging.

Paul wollte versuchen, eine »reguläre Arbeit« zu finden. In Ostafrika ist Kinderarbeit nichts Ungewöhnliches. Für viele Familien ist es die einzige Chance, überhaupt ihren Lebensunterhalt zu verdienen. Kinder sind Kapital, auch wenn sie unter sklavenähnlichen Bedingungen schuften müssen. Deshalb schicken viele Familien auf dem Land ihre Kinder als billige Arbeitskräfte in die Stadt. Der Lohn wird nicht direkt ausbezahlt, sondern an die Eltern im Dorf geschickt. Wenn alles gutgeht. Das Ganze war ein boomendes Geschäft, überall schossen professionelle »Vermittlungsbüros« aus dem Boden. Die Nachfrage war enorm, denn billigere Arbeitskräfte als wehrlose Kinder findet man kaum. Man muss ihnen nur so viel Essen geben, dass sie bei Kräften bleiben und ihre Aufgaben erfüllen können. Vor allem Mädchen, die man als »house girls« ausbeuten konnte, waren sehr gefragt. Für Jungen gab es eher Jobs als Kuhhirten oder im Ackerbau. Paul war natürlich auch darüber bestens informiert und so eines Tages auf die Idee gekommen, wir sollten uns einen »ordentlichen« Job suchen.

»Philip, es gibt viele Vermittler in dieser Gegend. Wir lassen uns für eine Weile als Kuhhirten einstellen. Was hältst du davon?« Eine rhetorische Frage, denn er hatte sich längst entschieden. Typisch Paul! Mich von ihm zu trennen war das Allerletzte, was ich zulassen wollte, aber genau das sollte seine Entscheidung, wenn auch unbeabsichtigt, zur Folge haben. Unser Vermittler trickste uns nämlich einfach aus. Er brachte Paul weg und ließ mich in dem Glauben, es wäre nur für ein kurzes »Vorstellungsgespräch«. Doch Paul kam nie wieder. Ich hatte mich nicht einmal von ihm verabschiedet.

Ohne ihn gab es auch für mich keine Zukunft in Malaba. Ich konnte mir längst nicht mehr vorstellen, ohne ihn, ohne seine Ideen und Tricks als Straßenkind zu überleben. Mir blieb nichts anderes übrig, als mich ebenfalls als Kuhhirte vermitteln zu lassen.

Mambo sawa sawa – alles wird gut, trotz allem

»I don't feel no ways tired, I've come too far from where I started from.
Nobody told me, that the road would be easy.
I don't believe He brought me this far to leave me.«

Diese Zeilen aus einem Lied von James Cleveland begleiteten mich ständig während der folgenden Tage, Wochen und Jahre. Ich war so weit gekommen und hatte so oft unter Beweis gestellt, dass ich es trotz aller Schwierigkeiten schaffen konnte. Aber mit der Trennung von Paul hatte ich ein Stück des Bodens verloren, von dem ich glaubte, ich könne sicher darauf stehen. Drei Tage war das jetzt her. Drei Tage, in denen ich meinen Tränen freien Lauf ließ, wann immer ich mich unbeobachtet fühlte. Die ungewisse Zukunft starrte mich mit weit aufgerissenen Augen an, rot unterlaufen, gefährlich und beängstigend. Paul war weg, einfach weg. Ich hatte das Gefühl, als wäre ein lebenswichtiger Teil von mir abgehackt worden. Mein Leben würde nie wieder vollständig sein ohne ihn.

Das Einzige, was mir in diesen Tagen Halt gab, war Clevelands Lied, das ich irgendwo im Radio gehört hatte, und der Glauben daran, dass ein Sinn hinter all dem steckte, auch wenn ich ihn noch nicht erkennen konnte. »Mambo sawa sawa«, sagte ich immer wieder zu mir, das heißt umgangssprachlich auf Kiswahili: »Alles wird gut, trotz allem.« Es konnte nicht sein, dass ich so weit gekommen war, nur um an diesem Punkt aufzuhören. Wir … ich … hatte zu oft einen Ausweg gefunden, selbst an den Stellen, an denen ich keinen gesehen hatte. Das stand auch in der

Bibelgeschichte, die ich früher so gerne gelesen hatte. Der kleine Joseph, dem seine Brüder etwas Schlimmes antun wollten, war ungefähr so alt wie ich am Anfang meiner langen Reise. Und auch er hatte die Hoffnung nicht aufgegeben. Selbst die Auserwählten Gottes hatten vierzig Jahre lang die Wüste durchqueren müssen, bevor sie in das Land des großen Versprechens kamen. Es gab Tage, an denen mich dieses Wissen beruhigte. Und Tage, an denen ich eben daran verzweifelte ...

Der Mann, bei dem ich gelandet war, betätigte sich als Zwischenvermittler. Ich konnte so lange bei ihm bleiben, bis er jemanden gefunden hatte, der mich einstellte. Ich war froh, dass mir noch eine kleine Galgenfrist blieb. Zu viele Geschichten von anderen Straßenkindern hatte ich gehört, die unter Ausbeutung, übelsten Arbeitsbedingungen und ständigen Misshandlungen litten. Ich hatte Glück: Der Mann war sehr nett, frisch verheiratet und nahm mich wie ein Familienmitglied auf. Tagsüber packte ich auf dem Feld mit an, abends hatte ich ein Dach über dem Kopf, und auch zu essen gab es reichlich. Meistens aßen wir Atapa und Gemüse, manchmal gab es Omena, kleine Fische, die ziemlich bitter schmecken, aber sehr gut sein sollen gegen Krankheiten. Einmal gab es sogar Fleisch. Wir setzten uns zu dritt um die Schale mit den Speisen und aßen wie allgemein üblich mit den Fingern. Ab und zu durfte ich das Paar in die nächstgelegene Kleinstadt zum Einkaufen begleiten. So hätte es weitergehen können, ein nettes, ruhiges und friedvolles Leben in einem typischen ostafrikanischen Teso-Dorf. Aber eines Abends sagte mir der Mann beim Abendessen, dass meine Zeit bei ihm abgelaufen sei. Er hätte eine sehr gute Stelle für mich gefunden bei einem Herrn namens Wycliffe Oprong.

Herr Oprong war in der Gegend bekannt. Er hatte eine sehr dunkle Hautfarbe, fast so schwarz wie Ruß, war groß und athletisch gebaut und sehr gepflegt. Wo immer dieser Herr auftauchte, er war nicht zu übersehen. Er war Schulleiter einer

Grundschule, der letzten auf dem Weg von Kenia über Malaba nach Uganda, und wohnte in der Nähe der Stadt Amagoro. Als Schulleiter war er nicht nur mächtig und einflussreich, sondern galt gemeinhin als reicher Mann. Während die meisten Leute zu Fuß gingen oder mit dem Fahrrad fuhren – die etwas Wohlhabenderen benutzten ein Matatu –, hatte er ein eigenes Motorrad. Während andere noch in Hütten, ähnlich denen ihrer Urahnen, wohnten, besaß Herr Oprong bereits einen Bungalow mit vier Zimmern; im Wohnzimmer stand ein Sofa statt der üblichen Holzhocker und Matten aus Palmblättern. Und als Einziger im Ort besaß er einen Fernseher, der mit einer Autobatterie betrieben wurde. Doch der diente mehr der Dekoration, denn Herr Oprong war so beschäftigt, dass er für derlei Vergnügungen höchstens mal am Sonntagnachmittag Zeit hatte. Sein Haus hatte ein Dach aus Blech und war aus Zement und Ziegelsteinen. Es war nicht zu übersehen, zumal ein breiter Weg zur Haustür führte.

Natürlich hatte Herr Oprong auch die meisten Kühe in der Gegend und besaß das größte Stück Land. Mit seiner Frau, die Lehrerin an »seiner« Grundschule war, hatte er zwei Töchter und einen Sohn. Das ältere der beiden Mädchen war damals etwa neun Jahre alt, großgewachsen und mit einem üppigen Haarschopf, den sie fein säuberlich zu kleinen Zöpfen geflochten trug. Sie war sehr freundlich, verspielt und hatte immer ein nettes Lächeln auf ihren Lippen. Die Kleinere war sieben Jahre alt und ebenso groß und hübsch wie ihre Schwester. Obwohl sie sehr dickköpfig war und immer wusste, was sie wollte, war sie Fremden gegenüber zunächst sehr schüchtern. Der Junge mit seinen großen Kulleraugen war der jüngste Spross der Familie, hielt sich aber für den Oberhäuptling unter den Geschwistern und konnte ziemlich arrogant sein. Mit fünf Jahren stolzierte er schon mit der Gewissheit herum, dass sein Papa der König von Amagoro war und er natürlich der Kronprinz. Frau Oprong war eine auffallende Erscheinung. Anders als die meisten Frauen in der Gegend, die sich nur um Haus und Hof kümmerten und barfuß zum Feld, zum Wasserholen oder in die Kirche gingen, hatte sie einen anspruchsvollen Beruf und verließ das Haus immer wie aus dem Ei gepellt. Sie hatte besonders im Gesicht eine etwas hellere Hautfarbe, und man munkelte, dass teure Cremes aus Übersee die Ursache dafür waren. Sie glättete ihre Haare mit einem heißen Eisen, um ihnen einen europäischeren Touch zu verleihen.

Als Herr Oprong erfuhr, dass ein Kuhhirte im Angebot war, der auch noch etwas Englisch sprechen konnte, fand er das höchst interessant und passend. Den wollte er haben, komme, was wolle. Herr Oprong wusste sich in seinem Ort durchzusetzen. Auch wenn ich hauptsächlich als Hirte eingestellt werden sollte, schien ich geeignet für einen größeren Aufgabenbereich. Tatsächlich entdeckten mich seine Kinder, für die die vielbeschäftigten Eltern kaum Zeit hatten, schnell als guten Freund, der nicht nur mit ihnen spielte, sondern ihnen auch bei ihren Hausaufgaben half. Ich durfte mit den Kleinen nur Englisch sprechen. Für meine Arbeit sollte ich pro Monat etwa 150 kenianische Schillinge bekommen, umgerechnet sind das etwa ein Euro und fünfzig Cent. Von diesem Betrag wurden mir allerdings nur 100 Schillinge ausgezahlt, 50 Schillinge flossen in die Tasche des Zwischenhändlers, der mich vermittelt hatte. Aber wenigstens waren Kost und Logis frei.

Anfangs wohnte ich im Bungalow der Familie und schlief in einem richtigen Bett, das mir unglaublich herrschaftlich vorkam. Dass ich nach ein paar Wochen aus dem Haus geworfen wurde, hatte ich mir selbst zuzuschreiben. Obwohl ich damals schon elf Jahre alt war, passierte es mir trotzdem immer noch ab und zu, dass ich nachts ins Bett nässte. Das war äußerst peinlich und ließ sich natürlich nicht lange verheimlichen. Als die Sache aufgeflogen war, verbreitete sich die Nachricht vom pieselnden

Kuhhirten im Hause Oprong im Ort schneller als ein Buschfeuer. Wenn ich bei den Teso-Mädchen aus der Nachbarschaft, die mich bis dahin eigentlich ganz süß und interessant gefunden hatten, je eine Chance gehabt hatte, so hatte ich die jetzt gründlich vermasselt. Als Bettnässer war ich unten durch, da konnte ich noch so viel im Kopf haben, wie ich wollte.

Statt in der luxuriösen Herberge musste ich von nun an bei einem Nachbarn, der für Herrn Oprong arbeitete, in einer Lehmhütte auf dem Fußboden schlafen. Etwas Stroh diente als Unterlage. Ich stand jeden Morgen gegen sechs Uhr auf und brachte die Kühe in den Melkstall. Das war eine Art schmaler Unterstand aus schweren Holzbalken, der seitlich mit Brettern verkleidet war. Hatte man die Kuh dort hineinbugsiert, war sie darin so eingequetscht, dass sie sich beim Melken kaum wehren konnte. Nun musste ich noch warmes Wasser herbeischaffen, Melkfett bereitstellen und natürlich den Eimer für die Milch. Für das Melken selbst war der Mann zuständig, bei dem ich inzwischen wohnte. Ich sah, dass der »Milchmann« täglich über einen halben Liter für seine eigene Familie abzwackte, traute mich aber nicht zu petzen. Wenn Herr Oprong mir nicht glaubte, würde ich nicht nur meine Schlafmöglichkeit verlieren, sondern wahrscheinlich gleich meinen Job.

Nach dem Melken versorgte uns die Frau des Nachbarn mit Tee, den wir mit einem kräftigen Schuss der geklauten Milch verfeinerten. Dann frühstückte ich mit den Kindern und ging hinüber zum Haus der Oprongs. Dort kümmerte ich mich um den Abwasch, während im Haus langsam Ruhe einkehrte. Als Erster knatterte Herr Oprong mit seinem Motorrad los, auf dem Sozius meist der verwöhnte Sohn. Etwas später bestiegen Frau und Töchter ein Matatu, um in die Schule zu fahren. Wenn ich im Haus alles fertig hatte, zog ich mit den 21 Kühen und drei Kälbern der Familie auf die nahegelegenen Weiden. Das war für mich die schönste Zeit des Tages. Ich traf mich mit den anderen

Kuhhirten, wir spielten Fußball, tanzten, sangen, liefen um die Wette, kletterten auf Bäume und machten allerlei Blödsinn. Am liebsten spielten wir Szenen aus Filmen nach. Als Straßenkind hatte ich manchmal meine Nase an den Fenstern wohlhabender Leute platt gedrückt, um heimlich fernzusehen. Auch in improvisierten Straßenkinos und sogenannten Videozimmern, die hin und wieder in den Kneipen der Dörfer eingerichtet wurden, konnte man für ein paar Schillinge Filme sehen. Am beliebtesten waren Wrestling-, Karate- und Kung-Fu-Filme. Auf dem Feld spielten wir Eddie Murphy, Bruce Lee, Jackie Chan, John Rambo, Schwarzenegger, Hulk Hogan, Undertaker und all die anderen nach. Wir fühlten uns wie echte Cowboys und probierten unsere Reitkünste auf den Kühen aus. Dafür fertigten wir extra Peitschen aus Sisal, um die störrischen Viecher auf Spur zu halten. Mit mäßigem Erfolg.

Unser Getobe blieb natürlich nicht ohne Folgen. Eigentlich sollten wir aufpassen, dass die Kühe nicht in die umliegenden Reis- und Maisplantagen gelangten, doch oft waren wir so in unser Spiel versunken, dass wir das nicht rechtzeitig bemerkten. Wenn wir anschließend den Schaden begutachteten, hieß es nur noch zusammenhalten. Es durfte auf keinen Fall herauskommen, wessen Kühe die Pflanzen zertrampelt hatten.

Zum Tränken der Tiere gingen wir an den Fluss Amagoro, der mich täglich an meine Schmugglerzeit mit Paul erinnerte. Oft badeten wir nackt im Fluss, während sich die Kühe nach dem Trinken am Ufer ein schattiges Plätzchen zum Wiederkäuen suchten. Dabei musste immer einer Wache halten, um die anderen zu warnen, falls eine Frau oder ein Mädchen aufkreuzte. Hätten sie uns unbekleidet gesehen, hätte uns das nicht nur ordentlich in Verlegenheit gebracht; so etwas kam fast einem bösen Omen gleich.

Wenn wir Hunger hatten, hielten wir uns an zum Teil wildwachsende Kassava, Guaven, Maracujas und Avocados. Die Guaven und Maracujas schmeckten zwar fantastisch, waren aber auch sehr tückisch, weil der Magen die vielen kleinen Kerne im Fruchtfleisch nicht verdauen kann. In großen Mengen verdrückt, wirken sie abführend, und man wurde nach dem großen Geschäft immer daran erinnert, dass man sie vernascht hatte. Außerdem standen Maracujas auch auf der Speisekarte von allerlei Schlangen. Wenn man beim Aufklauben der Früchte versehentlich eines der gut getarnten, teils hochgiftigen Gleitviecher aufschreckte, konnte man nur noch beten.

Wenn wir genug Obst intus hatten, lockten wir vor allem Tauben und andere Vogelarten in eine Falle, um sie anschließend auf offenem Feuer zu grillen. Man brauchte nur eine lange Schnur, die man an einen Stock band, und einen etwas breiteren Deckel aus Blech. Dann musste man ein Loch in den Boden graben, in den man etwas Reis, Nüsse oder Speisereste streute. Den Deckel stützten wir über der Vertiefung mit dem Stock ab. Nun legten wir uns mit dem anderen Ende der Schnur in der Hand auf die Lauer. Sobald ein Vogel in das Loch hüpfte, zogen wir ruckartig am Strick, so dass der Stock umkippte und der Deckel blitzartig nach unten fiel. Schon saß der Vogel in der Falle! Aber natürlich sind die Tierchen nicht dumm, wir brauchten eine Menge Geduld. Die einfachsten Opfer waren Tauben, weil sie verfressener und weniger scheu sind.

Am frühen Nachmittag begann ich, Feuerholz für die Familie meines Chefs zu sammeln. Pünktlich um 15 Uhr hatte ich damit zu erscheinen, denn dann waren alle wieder aus der Schule zurück. Nach dem Nachmittagstee machte ich mit den Kindern, die nach Meinung ihres Vaters in der Schule schon genug gespielt hatten, Hausaufgaben und brachte ihnen Englisch bei. Aber kaum hatten die Eltern das Haus verlassen – sie nahmen oft bis zum Abend an kirchlichen oder Gemeindeveranstaltungen teil –, klappten wir die Bücher zu und tobten miteinander. Je nachdem, wie die Stimmung zwischen den Geschwistern gerade war, konnte das nach hinten losgehen. Vor allem der Sohn schwärzte uns immer wieder bei der Mutter an. Es reichte schon, wenn er glaubte, die Schwestern hätten ihn böse angeguckt oder, noch schlimmer, überhaupt nicht wahrgenommen. Dann krabbelte er auf den Schoß seiner Mutter, beklagte sich bitter und verpetzte mit funkelnden Augen den Übeltäter. Und der war in der Regel schnell gefunden. Für die Nichteinhaltung meines Arbeitsauftrags wurde ich jedes Mal beschimpft, und man drohte mir, Geld vom Lohn abzuziehen. Um mich weiter zu demütigen, erinnerten mich die Oprongs bei dieser Gelegenheit gerne an mein Bettnässen, was vor allem dem Sohn jedes Mal großes Vergnügen bereitete. Gerade halb so alt wie ich, hatte er dieses unangemessene Verhalten längst abgelegt.

Trotz dieser manchmal unschönen Vorfälle ging es mir bei den Oprongs gut. Vor allem, als ich schwer an Malaria erkrankte, halfen sie mir nach Kräften und besorgten Medikamente für mich. Dass sie mir die Kosten von meinem Gehalt abzogen, stellte ich erst später fest. Hätte ich es vorher gewusst, hätte ich die teuren Medikamente wohl abgelehnt und stattdessen die Blätter eines bestimmten Busches gekaut oder mich mit ihrem Saft abgewaschen, was angeblich gegen Malaria helfen sollte.

Nach etwa vier Tagen war die Phase des Schwitzens und des Schüttelfrosts wieder vorbei. Ich kam schnell einigermaßen zu Kräften und freute mich darauf, meine Arbeit wieder aufzunehmen. Doch von einem Tag auf den anderen war nichts mehr so, wie es gewesen war. Ich durfte nicht länger auf die Kühe aufpassen, stattdessen musste ich nun die Orangen aus der Plantage von Herrn Oprong auf der Straße verkaufen. Die Früchte waren nicht orange wie die aus dem Mittelmeerraum, sondern grün. Sie sehen ein wenig aus wie unreife Zitronen und werden höchstens grüngelb, wenn sie reif sind. Mir schmecken sie besser als die Orangen, die man in Deutschland bekommt; vielleicht, weil ich ihren Geschmack in der Erinnerung verkläre. Ich war ein guter Verkäufer, aber was die Pflege der Orangenplantage anging, war ich eine ziemliche Niete. »Gut reden und verkaufen, darin bist du der Größte«, pflegte Herr Oprong immer zu sagen, »aber für den Ackerbau bist du nicht zu gebrauchen.« Ich hasste es, die Plantage mit einer Hacke vom Unkraut zu befreien. Die Sonne brannte unerbittlich, und nach ein paar Stunden hatte ich das Gefühl, ich würde in der Mitte durchbrechen. Mir fehlten meine Freunde, die anderen Kuhhirten, und selbst der quengelige Bengel ging mir ab. Auch wenn die neue Arbeit immer noch besser war, als sich wieder auf der Straße durchschlagen zu müssen.

Doch nach ein paar Wochen kam das Aus. Während ich krank war, hatte sich Herr Oprong klammheimlich um einen Ersatz für mich bemüht. Ich weiß nicht, ob er befürchtete, ich könne trotz der Medikamente abkratzen, oder ob er die Gelegenheit einfach nur beim Schopf packen wollte. Der Junge, der plötzlich bei den Oprongs aufkreuzte, war älter als ich. Er spielte weniger mit den Kindern, war ernster und weniger kindisch und sprach Teso. Er war pünktlicher, muskulöser und konnte sogar eigenhändig mit der Hacke eine ganze Orangenplantage von Unkraut befreien. Und er war kein Bettnässer. Dazu kam, dass für ihn keine fünfzig Schillinge an einen Mittelsmann gezahlt werden mussten. Er war also auch noch billiger als ich. Es kam, wie es kommen musste: Der geschäftstüchtige Herr Oprong setzte mich an die Luft!

Als ich ihm an einem Nachmittag die Einnahmen aus dem Orangenverkauf übergab – natürlich wie so oft erst nach 15 Uhr –, hielt er mir einen Vortrag, der mit folgenden Worten endete: »Philip, du musst das verstehen. Du bist noch jung und vor allem sehr klug. Ich muss jeden Tag ein schlechtes Gewissen ertragen, weil ich dich davon abhalte, in die Schule zu gehen. Du hast Talent, und du gehörst einfach in die Schule. Hier vergeudest du nur deine wertvolle Zeit. Ich kann und will dich deshalb nicht länger bei mir behalten.«

Dann drückte er mir ein Bündel Geld in die Hand, verabschiedete sich kurz und schmerzlos und verschwand zu einer Sitzung im Gemeindehaus.

*

Mit hängenden Schultern ging ich zur Hütte des Nachbarn, um meine Sachen zu packen. Ich hatte zwei Hemden, ein langärmeliges und ein kurzärmeliges. Wenn es kälter wurde, trug ich einfach beide übereinander. Dann war da noch ein T-Shirt, das mir Herr Oprong einmal geschenkt hatte. Auf der Brust stand ein Aufdruck, der vor Aids warnte:«Jikinge kwa ukimwi!« – »Schütze dich vor Aids!« Zudem besaß ich zwei lange Hosen, eine schwarze und eine graue. Die graue hatte ich gerade an. Beim Spielen hatte ich meine Hose immer so hochgekrempelt, dass sie wie eine kurze aussah. Eine Unterhose hatte ich auch noch. Jeden Abend wusch ich sie sorgfältig aus und hängte sie zum Trocknen auf. Inzwischen war sie so verschlissen, dass sie ausgerechnet an der wichtigsten Stelle, weswegen man sie überhaupt trägt, Löcher hatte. Einen Schlafanzug besaß ich nicht, nachts schlief ich immer splitterfasernackt. Zu meinen weiteren Habseligkeiten zählte noch ein rosa Kamm, der eigentlich Paul gehörte.

Ich verstaute die Sachen in einer Plastiktüte und machte mich auf den Weg. Vor dem Haus der Oprongs standen die Kinder aufgereiht wie die Orgelpfeifen. Selbst der Junge heulte. Ich war gerührt und bemühte mich, nicht ebenfalls in Tränen auszubrechen. Als dann auch noch Rose um die Ecke kam, ein Mädchen, das ein bisschen älter war als ich und mit dem ich mich immer sehr gut verstanden hatte, musste ich mich wirklich zusammenreißen. Sie hatte gehört, dass ich wegging, und versteckte ihre Trauer darüber nicht. Zum Abschied gab sie mir sogar die Hand – für ein Iteso-Mädchen keine Selbstverständlichkeit, zumal wenn das Gegenüber nur ein einfacher Kuhhirte ist und einer anderen Ethnie angehört.

Als ich außer Sichtweite war, begann ich zu flennen. Die drei Kilometer bis Amagoro stolperte ich beinahe im Blindflug vor mich hin. Am Ortsrand hockte ich mich an einen Baum und versuchte, mich zu beruhigen. »Der Herr ist mein Hirte, mir wird nichts mangeln. Er weidet mich auf einer grünen Aue und führt mich zum frischen Wasser. Er erquicket meine Seele. Er führt mich auf rechter Straße um seines Namens willen.« Ich hatte keine Ahnung, wohin diese Straße mich führen würde. Trotzdem gaben mir diese Worte Trost. Ich würde als Erstes nach Malaba gehen, dann wollte ich weitersehen. Schließlich hatte ich etwas Geld, das mir über die erste Zeit hinweghelfen konnte. Ich griff in meine Tüte und holte das zusammengerollte Bündel heraus, um es zu zählen. Es waren nur dreihundert Schillinge, obwohl ich Anspruch auf vierhundert gehabt hätte. Ob die Medikamente wirklich so teuer gewesen waren? Sei's drum, ich war erschöpft, zu erschöpft, um mich aufzuregen oder gar zurückzugehen, um das fehlende Geld einzufordern. Ich hätte es höchstwahrscheinlich ohnehin nicht bekommen.

Bevor ich mich auf den Weg nach Malaba machte, musste ich mein sauer verdientes Geld sicher verstecken. Auf keinen Fall durfte ich es in meine Hosentasche tun, denn da hätte es jeder Dieb sofort vermutet. Hätte ich Socken und Schuhe gehabt, wäre darin wohl das beste Versteck gewesen. Schließlich entschied ich mich, das Geld in meine Unterhose zu stecken. Allerdings erst, nachdem ich sichergestellt hatte, dass es nicht aus einem der Löcher herausfallen konnte.

Die Sonne war längst untergegangen, als ich in Malaba ankam. Den ganzen Weg dorthin hatte ich über einen Satz nachgedacht, den Herr Oprong mir bei seiner kurzen Abschiedsrede gesagt hatte. Dieser Satz hat mich am Ende sogar davon abgehalten, sofort den nächsten Arbeitsvermittler aufzusuchen. Ich wusste nicht, ob Herr Oprong tatsächlich ein schlechtes Gewissen hatte, weil ich eigentlich in die Schule gehörte. Wahrscheinlich hatte er nur etwas Nettes sagen wollen, und dahinter steckte nichts anderes, als dass er mit meiner Arbeit unzufrieden war. Trotzdem bohrten sich seine Sätze in mein Hirn und setzten sich dort fest. Hatte nicht auch der Bruder von Herrn Oprong bei seinen Besuchen immer wieder zu mir gesagt: »Du hast Talent, junger Mann. Du gehörst in die Schule, in die beste Schule dieses Landes.« Mit seinem Gerede hatte er mich immer in größte Verlegenheit gebracht, auch wenn ich wusste, dass Übertreiben und Angeben zur hiesigen Kultur gehörten. Einmal hatte er sogar versprochen, er würde sich höchstpersönlich darum kümmern, mit seinem Einfluss sei das kein Problem. Er arbeitete als Regierungsvertreter für die Region um Malaba und war mächtig stolz darauf. Hätte ich gewusst, wo er wohnte, ich hätte ihn schnurstracks aufgesucht und ihn an sein Versprechen erinnert.

»In Nairobi gibt es eine Organisation, die dir helfen könnte, die Schule zu besuchen.« Dieser Satz meiner Tante, der alles erst ins Rollen gebracht hatte, kam mir wieder in den Sinn, als ich durch die Straßen von Malaba schlenderte. Ausgerechnet Nairobi. Dieser Moloch, aus dem ich nach einem einzigen Tag schon geflohen war. Aber ich hatte mich verändert seitdem. Und vielleicht war die Zeit nun reif. Reif für Nairobi!

In der Hölle von Nairobi

An diesem Abend fuhr kein Zug mehr in die kenianische Hauptstadt, Busse waren viel teurer, und man fiel dort als Kind ohne Begleitung viel schneller auf. Ich hatte keine Lust auf die ganze Fragerei, die mit einer Meldung bei der nächsten Polizeistation enden konnte, wenn es dumm lief. Also verbrachte ich die Nacht in Malaba. Ich kaufte mir ein 500 Gramm schweres Weißbrot und einen halben Liter Maziwa Mala, fermentierte Milch. An einer Straßenecke nicht weit weg vom Bahnhof setzte ich mich hin und stopfte mir den Bauch voll, bis ich beinahe platzte. Wer wusste schon, wann ich das nächste Mal so ungestört etwas essen konnte und ob ich überhaupt etwas zu essen haben würde.

Die Nacht war kalt. Ich fror und zog meine Arme aus den langen Ärmeln meines Hemdes und schlang sie um meinen Körper, um mich warm zu halten. Das sah dann so aus, als hätte ich keine Arme mehr. Mit dem Kopf zwischen den Beinen verbrachte ich die Nacht in Hockstellung. Mein Hab und Gut in der Plastiktüte diente mir dabei als Sitzpolster. Sehnsüchtig wartete ich auf den nächsten Morgen.

Die Fahrt nach Nairobi wollte ich ausnahmsweise »legal« antreten. Am Fahrkartenschalter erfuhr ich, dass die etwa 550 Kilometer lange Reise 150 Schillinge kosten sollte. Verdammt viel Geld. Ich entschied mich spontan, fürs Erste nur ein Ticket von Malaba bis nach Eldoret zu lösen, 150 Kilometer für 60 Schillinge. Ich weiß nicht, warum ich mich ausgerechnet für Eldoret entschied. Mein Unterbewusstsein vielleicht, denn man hatte mir immer erzählt, dass meine Eltern dort ums Leben gekommen seien. In meinem tiefsten Inneren hatte ich mir immer gewünscht, diese Stadt einmal kennenzulernen. Heute ist Eldoret die viertgrößte Stadt Kenias. Daniel arap Moi, bis 2002 Präsident des Landes, hatte dafür gesorgt, dass die Stadt nach allen Regeln der Kunst gefördert wurde. Sie liegt nicht weit von seinem Geburtsort entfernt, die Bevölkerung setzt sich weitgehend aus Kalenjins zusammen, dem Stamm, dem auch Moi angehört. In keiner anderen Region des Landes war der Zuspruch für die umstrittene Politik des Präsidenten größer – in Kenia hängt das leider nicht vom Profil oder Programm der Partei ab, sondern davon, welcher Bevölkerungsgruppe die Parteispitze entstammt. Moi revanchierte sich großzügig: Fast alle größeren Straßen, Krankenhäuser, Schulen und Sportzentren sind nach ihm benannt, selbstverständlich auch der Flughafen.

Der Zug fuhr noch am Vormittag von Malaba ab. Als er Bungoma passierte, musste ich an meine Tante denken. Was wohl in ihr vorgegangen war, als sie ohne mich zurückfuhr? Wie ging es ihren Kindern? Und Grace? Ob sie noch zusammen sangen und trommelten? Ein alter Ohrwurm auf Luganda schoss mir spontan durch den Kopf.

»Obudde nga bunatela okuchaa ...
Ng'oteganga amatu n'owulila,
Nyonyi z'okunsii,
Nga bweziyimba
Nga zitendeleza
Oyoo, oyoo ... Oy'aliwagulu

Wenn der Tag anbricht,
horche mit den Ohren genau hin.
Du wirst hören, wie die Vögel dieser Erde singen.
Sie preisen den, der oben im Himmel wohnt ...«

Es ist erstaunlich, welche Streiche einem die Erinnerung spielt. Ich war so froh gewesen, dieser Hölle entronnen zu sein, doch in diesem Moment kehrten nur die wenigen schönen Erlebnisse zurück. Vielleicht besser so.

Der Zug erreichte Eldoret noch bei Tageslicht. Als ich auf den Bahnsteig trat, packte mich der Wind mit seiner eiskalten Hand. Eldoret liegt im kenianischen Hochland, das Klima war gewöhnungsbedürftig für mich. Auf den belebten Straßen bemerkte ich sofort die Kalenjin: große, schlanke Leute mit langen und dünnen Beinen und einer Nase, die etwas schmaler ist als die der Luhya und Teso. Aber wenigstens fiel ich hier mit meiner Hautfarbe nicht zu sehr auf. Die Kalenjin sind sehr dunkelhäutig. Trotzdem musste ich bald feststellen, dass ich hier nichts zu suchen hatte. Es war nicht nur kalt, ich verstand auch die Menschen kaum. Die Sprachen der Kalenjin sind für mich heute noch ein Rätsel. Selbst das Kiswahili, das eigentlich überall in Kenia als Lingua franca gesprochen wird, war hier so stark von Klang und Sprachmelodie beeinflusst, dass ich es nur mit Mühe verstehen konnte. Und auch von der naiven Idee, ich könne hier etwas über den Unfalltod meiner Eltern erfahren, musste ich mich schnell verabschieden. Die Einzigen, die mir vielleicht hätten Auskunft geben können, waren die Behörden. In deren Fänge zu geraten brauchte ich so dringend wie ein Loch im Kopf.

Ich verbrachte eine fürchterliche Nacht unter einem Karton, den ich in einem Hinterhof gefunden hatte, und machte mich am nächsten Morgen umgehend auf den Weg zum Bahnhof. Diesmal kaufte ich mir kein Ticket, da ich mein restliches Geld für den Start in Nairobi aufheben wollte. Während ich im Zug meine üblichen Tricks anwandte, um nicht aufzufliegen, musste ich immerzu an Paul denken. Mit ihm wäre die Reise leichter, lustiger und um einiges entspannter gewesen.

*

Nun hatte mich Nairobi wieder! Zum zweiten Mal in meinem Leben tauchte ich ins Chaos dieser Großstadt ein. Auch knapp zwei Jahre nach meinem ersten Aufenthalt dort überwältigte mich der ganze Lärm, der Verkehr, die vielen Menschen. Aber diesmal hatte ich mir fest vorgenommen, nicht wieder davonzulaufen. Ich war hierhergekommen, um zu bleiben. Und ich hatte ein Ziel: Ich wollte wieder in die Schule gehen!

Nairobi ist nicht nur die größte Stadt Kenias, sondern zweifelsohne die wichtigste Stadt Ostafrikas. Selbst die Vereinten Nationen unterhalten hier eines ihrer weltweit vier Büros. Es gibt breite Straßen, protzige Kolonialbauten und beeindruckende Hochhäuser. Trotzdem lebt hier jeder zweite Bewohner in einem der riesigen Slums. Schon deshalb war man als Straßenkind eigentlich gut beraten, einen großen Bogen um Nairobi zu machen. Bei den Armen gab es nicht viel zu holen, und das Stadtzentrum, in dem sich tagsüber die Geschäftsleute in ihren Anzügen tummelten, war fest in der Hand verschiedener Gangs, die notfalls mit Gewalt ihr Revier verteidigten. Das Leben hier war so hart, dass die meisten Straßenkinder Klebstoff schnüffelten oder Drogen nahmen. Sie lebten in einem ständigen Rausch, um die brutale Realität überhaupt aushalten zu können. Alle waren in der Hoffnung auf ein besseres Leben in die Hauptstadt gekommen. Doch einmal hier in den Slums gelandet, schaffte kaum einer wieder den Absprung. Und mit leeren Händen in die ehemalige Dorfgemeinschaft zurückzukehren wäre eine zu große Schmach gewesen. Stattdessen blieb man lieber und litt, als in der Heimat mit Spott und Hohn überzogen zu werden, weil man es nicht geschafft hatte.

Ich wollte es schaffen, unbedingt. »Irgendwo hier liegt der Schlüssel zu meiner Zukunft«, sagte ich mir. Ich musste ihn nur noch finden. Die Vorzeichen für einen guten Start in mein neues Leben in Nairobi waren günstig. Es war Ramadan, der Fastenmonat der Muslime. Für die Straßenkinder war der Ramadan ein Wonnemonat. Vier Wochen lang konnte man mindestens einmal am Tag eine gute Mahlzeit abstauben. Man musste nur so tun, als wäre man selbst Moslem. Viele Muslime geben vor allem während des Ramadan großzügige Almosen an die Armen; die Zakat oder Almosensteuer gehört zu den fünf Säulen des Islam. Zum Fastenbrechen nach Sonnenuntergang strömen ganze Heerscharen von Straßenkindern zu den Moscheen. Während des Gottesdienstes fällt man zwar als Fremdling auf, weil man beim rituellen Bücken, Hinknien, Aufstehen und wieder Hinknien meist zu spät dran ist; ich hatte einen kleinen Vorteil, weil ich die Abläufe schon kannte. Hinterher gibt es ein sehr leckeres Essen, das die Frauen zubereitet haben. Diese Mahlzeit heißt Futari. Wir »Gäste« brachten es immer wieder mit »Daku« durcheinander, einer leichteren Mahlzeit, die erst nach Mitternacht serviert wird. Zu einem Futari wurde immer ein Pilau gereicht. Das heißt, jeden Abend konnte ich mir den Bauch so vollschlagen, dass ich den nächsten Tag problemlos durchstehen konnte. Viele Straßenkinder nahmen während des Ramadan zu, manche wurden sogar richtig pummelig.

Auf die Idee, während des Ramadan abends Moscheen zu besuchen, hatte mich Paul in Kampala gebracht. Da ich bei meinem ersten Besuch in Nairobi in der Moschee von Kariokor gewesen war, machte ich mich auf den Weg in diesen Stadtteil.

*

Für einen Einzelgänger wie mich war das Überleben in Nairobi noch einen Zacken schwieriger als anderswo. Die Gefahren waren vielfältig. Ständig musste ich fürchten, von anderen Straßenkindern verprügelt oder ausgeraubt zu werden. Dann waren da noch die Polizisten, die sich einen Spaß daraus machten, uns zu quälen. Wenn sie uns nicht gleich einsperrten, verlangten sie das erbettelte Geld und gaben uns zum Dank noch einen kräftigen Schlag mit dem Schaft ihrer Kalaschnikow auf den Weg. Dazu kam, dass man selbst auf die einfachsten Dinge des Überlebens in Nairobi nicht zählen konnte. In Kleinstädten oder auf dem Land konnte man immerhin noch auf relativ sauberes Wasser aus Flüssen und Seen hoffen, das man trinken oder in dem man baden konnte. In Nairobi musste man dafür bezahlen. Direkt neben den öffentlichen Wasserquellen standen Leute, die Geld für ein paar Tropfen einer trüben Brühe verlangten, die zahlreiche Bakterien und Krankheitserreger enthielt. Auch wenn mein Magen ziemlich abgehärtet war, litt ich immer wieder an heftigen Durchfällen. An das Mineralwasser wiederum, das in Plastikflaschen abgefüllt in den Kiosken am Straßenrand angeboten wurde, konnte ich mit etwas Geschick umsonst herankommen. Man musste dafür nur einen geeigneten Augenblick abwarten und schnelle Beine haben …

Der Nairobi-Fluss, der für uns Straßenkinder als natürliche Trinkwasserquelle hätte dienen können, war schon damals der dreckigste Strom Kenias. In Nairobi fließt er durch den berühmtberüchtigten Stadtteil Kibera, Afrikas größtes Slumgebiet. Hier in Kibera, wo es weder eine Müllentsorgung noch richtige Toiletten gibt, löst der Fluss diese beiden Probleme. Wer nicht direkt zum Fluss gehen mag, verrichtet sein Geschäft in sogenannten fliegenden Toiletten. Plastiktüten, die zugeknotet entweder in den Fluss oder zu den ungeliebten Nachbarn hinübergeworfen werden. So reicht oft ein einziger Schluck Wasser aus dem Nairobi-Fluss, um sich Typhus oder andere Krankheiten einzufangen, die selbst für jemanden mit einem starken Immunsystem tödlich verlaufen können.

Die größte Gefahr für einzelne Straßenkinder ging in Nairobi von den Gangs aus. Sie waren berüchtigt für ihre Brutalität und taten alles, um ihr Revier vor Eindringlingen zu schützen. Sie verdienten ihr Geld mit Raubüberfällen und dem Dealen von Drogen. Es war praktisch unmöglich, als Gangmitglied nicht mit Drogen in Berührung zu kommen. Vor allem der Konsum von Marihuana, dort auch Bhangi genannt, gehörte zum Alltag. Solchermaßen enthemmt wurden die Straßenkinder zu willigen Werkzeugen der Bosse, die kaum mehr tun mussten, als Befehle zu erteilen. Nirgendwo anders habe ich das Gesetz des Stärkeren in einer so reinen Form erlebt wie hier.

Innerhalb der Gangs konnte man sich interessanterweise einigermaßen geschützt vor der Polizei fühlen. Die Bandenchefs hatten nicht selten einen direkten Draht zur Polizei, die gegen Geld – oder Drogen – ein Auge zudrückte. In der Bevölkerung war das bekannt, aber kaum jemand wagte es, dagegen vorzugehen. In den Augen der Wohlhabenderen waren Straßenkinder ein Schandfleck, der nicht zu ihrem Bild der glanzvollen Hauptstadt passen wollte. Und die Armen wussten nur allzu gut, dass viele Wege in den Slum hinein-, aber nur wenige wieder hinausführen.

Man sagt, dass Menschen, die im Sternzeichen Löwe geboren wurden, dazu neigen, Einzelgänger zu sein. Ich war ein echter Löwe, denn trotz aller Gefahren konnte mich nichts dazu bewegen, einer Gang beizutreten. Das tat ich rückblickend sicher nicht nur, weil es meiner Natur nicht entsprach, sondern vor allem wegen meiner extremen Abneigung gegenüber Drogen aller Art. Ich hatte schon als kleines Kind erlebt, wie Drogen Menschen zerstören können. Im Dorf meiner Tante lebten einige Frauen, die mehrere Kinder allein zu versorgen hatten. Sie waren fleißig und bemühten sich, trotz aller Schwierigkeiten die Familie zusammenzuhalten. Ihre Männer verprassten das wenige Geld, das die Frauen beiseiteschaffen konnten, im Bordell, betranken sich bis zur Besinnungslosigkeit oder lungerten völlig bedröhnt im Drogenrausch mit Gleichgesinnten herum. Als Kind kam es mir manchmal so vor, als seien die einzigen einigermaßen vernünftigen Männer im Dorf diejenigen, die jeder Versuchung konsequent aus dem Weg gingen. Egal, ob sie einen Rock trug oder einen Rausch versprach.

Ich kannte auch einen Mann, der sehr gebildet und weit gereist war. Sogar in Amerika war er gewesen, in einem Ort namens Pittsburgh. Dank seiner Ausbildung hatte er als eine Art Distriktleiter gearbeitet und war so zu einem der mächtigsten und reichsten Männer der Umgebung geworden. Es war mir ein großes Rätsel, warum er sich ständig betrank, bis er seinen lukrativen Job verlor und so tief ins Bodenlose fiel, dass er quasi zum Bettler wurde. Er hatte Haus und Hof versoffen und seine Frauen nach Strich und Faden betrogen. Die Schande, die er über sie gebracht hatte, war so groß, dass sie mit den Kindern das Dorf verließen.

Ich hatte ihn oft dabei beobachtet, wie er die Leute anschnorrte, damit er sich Alkohol und vor allem Kippen kaufen konnte. Seit seinem Aufenthalt in Amerika rauchte er Kette, immer nur ausländische Zigaretten der Marke Marlboro. Eines Tages wurde dieser Mann, zu dem einst alle aufgeblickt hatten, jämmerlich im eigenen Erbrochenen liegend in einem Straßengraben gefunden. Als man ihn ins Krankenhaus einlieferte, war er bereits ins Koma gefallen. Ein paar Stunden später war er tot. Für mich als Kind war das Schicksal dieses Mannes der Beweis dafür, dass Alkohol, Drogen und Polygamie den Verstand benebeln, und ich schwor mir, mich mein Leben lang von diesen drei Dingen fernzuhalten. Heute wünsche ich, ich hätte Paul von meinem Schwur erzählt ...

*

Es waren nur noch vier Tage bis zum großen Fest Idi el Fitri, mit dem das Ende des Ramadan eingeläutet wurde. Ich war unsicher, wie ich mich in Nairobi durchschlagen sollte ohne das tägliche Abendessen in der Moschee. In den langen Nächten spielte ich immer wieder mit dem Gedanken, das harte Pflaster der Hauptstadt zu verlassen und zurück nach Malaba zu fahren, wo man immerhin noch Arbeit als Schmuggler oder Kuhhirte finden konnte. Es gab Momente, in denen ich so verzweifelt war, dass mir kein Psalm, kein Gott, kein gar nichts Mut machen konnte. Momente, in denen ich wie betäubt so dicht am Straßenrand stand, als würde ich nur darauf warten, dass mich eines der Fahrzeuge erfasste. Wenn mir dann das Versprechen in den Sinn kam, das ich mir auf der Klippe am Viktoriasee gegeben hatte, sprang ich erschrocken über meine dunklen Gedanken zurück. Es gibt immer einen Ausweg.

Am letzten Tag des Ramadan wollte ich mich noch einmal richtig satt essen. Schon während des Gebets, das einfach nicht enden wollte, war mir das Wasser im Mund zusammengelaufen. Endlich gingen alle nach draußen, wo allerlei Speisen aufgereiht auf langen Tischen standen. In diesem denkbar ungünstigen Moment musste ich plötzlich pinkeln. Ich machte mich eilig auf den Weg zum stillen Örtchen in einem Nebengebäude der Moschee, als eine Gruppe Straßenkinder unmittelbar vor mir in einer Seitenstraße verschwand. Das, was ich zu sehen glaubte, brachte mich so aus dem Takt, dass ich meine volle Blase vergaß. Ich ging ihnen nach und spähte vorsichtig um die Ecke. Dort vorne standen sie. Sechs Kinder, verdreckt und abgerissen – und eines davon war Paul. Von einer Sekunde auf die nächste verlor ich die Kontrolle über mich. Die Tränen schossen mir aus den Augen, wie aus dem Brunnen von Bungoma zur Regenzeit. Ich merkte kaum, dass sich ein feuchter, warmer Fleck auf meiner Hose abzeichnete. Ich hatte Paul gesehen! Das war das Einzige, was zählte.

Im Traum war er mir oft begegnet. Es waren immer die gleichen Bilder gewesen: Überwältigt vor Freude über unser Wiedersehen strecke ich meine Hand nach ihm aus. Obwohl er direkt vor mir steht, kann ich ihn nicht berühren. Mein Arm wird länger und länger, meine Hand riesengroß. Aber je länger mein Arm wird, desto kürzer wird Pauls Arm. Bis er so winzig ist, dass man ihn kaum noch erkennen kann. In diesem Augenblick wachte ich jedes Mal schweißgebadet auf. Es dauerte oft eine Ewigkeit, bis ich danach wieder einschlafen konnte.

Diesmal hatte ich keinen Traum. Nur ein paar Meter entfernt von mir stand Paul, lebendig, aus Fleisch und Blut. Ich wollte auf der Stelle platzen vor Glück. Trotzdem zögerte ich einen Moment. Er war nicht allein. Und er hatte sich verändert. Seine Augen waren rot unterlaufen und quer über sein Gesicht verlief eine deutlich sichtbare Narbe. Er trug zwar immer noch den alten blauen Jogginganzug, doch dessen ursprüngliche Farbe konnte man bei den ganzen Flecken kaum noch erkennen. Sein dichter Haarschopf war vollkommen verfilzt, dazwischen schimmerten einige kahle Stellen auf. Das wäre ihm früher nie passiert!

Ich holte tief Luft und rief: »Paul! Paul! Ich bin's!«

Paul sah auf und blickte in meine Richtung. Er hatte dabei diesen Gesichtsausdruck, der mich an unsere allererste Begegnung erinnerte. »Paul, ich bin's, Philip.« Ich hatte Mühe, gegen den Kloß in meinem Hals anzukämpfen, als ich ein paar Schritte auf ihn zuging. Für einen Moment starrte er mich an, als sähe er ein Gespenst. Dann wurde sein Blick leer und träge, es schien, als könne er kaum die Augen offen halten. Auf einmal bekam ich Angst. Ich wollte etwas sagen, aber ich brachte kein Wort mehr heraus. Die anderen aus der Gruppe musterten mich feindselig. Den Größten von ihnen kannte ich vom Sehen. Er war einer der Chefs einer Straßengang, zu der etwa dreißig Kinder gehörten. Die Kinder waren je nach Alter auf verschiedene Untergruppen aufgeteilt. Nicht selten fielen gerade die kleineren durch besondere Brutalität auf, um ihre Akzeptanz in der Gruppe zu festigen und möglichst schnell aufzusteigen. Eines Abends, ich war noch sehr frisch auf den Straßen Nairobis, wurde ich von einer dieser Banden für ein Mitglied einer gegnerischen Gang gehalten. Anscheinend war ich in ihr Revier eingedrungen. Drei der Jungs, die weitaus kleiner waren als ich, griffen mich sofort an; der

Größte von ihnen sah unbeteiligt zu. Ich musste all meine Kampfkünste zum Einsatz bringen und hielt wacker dagegen. Zwei von ihnen hatte ich außer Gefecht gesetzt, da blitzte in der Hand des Dritten ein Messer auf. Es ging so schnell, dass ich nicht mehr ausweichen konnte. Ich spürte plötzlich einen stechenden Schmerz rechts unter meinem Bauchnabel. Als ich an mir herunterblickte, sah ich, wie sich mein Hemd langsam rot färbte. Ich weiß nicht, wer von uns beiden erschrockener war. Der Junge stand wie angewurzelt vor mir und starrte gebannt auf meinen Bauch. Weg hier, bloß weg, bevor Verstärkung kam oder er noch einmal zustach. Ich rannte los, so schnell ich konnte. Mein Herz raste und in meinem Kopf hämmerte es wild, als ich völlig außer Atem in einem Hinterhof anhielt. Vorsichtig schob ich mein Hemd nach oben. Ich hatte verdammtes Glück gehabt. Die Wunde war zwar groß, aber nicht so tief, wie ich befürchtet hatte. Nur ein langer Schnitt, der eine unschöne Narbe hinterlassen würde.

Ich war mir nicht sicher, ob der Typ aus Pauls Gruppe mich wiedererkannt hatte. Er war etwa so groß wie ich, wirkte aber deutlich kräftiger. Es war offensichtlich, dass er der Anführer war. Alle sahen aus, als kämen sie aus dem Volk der Luhya oder Luo. Sie waren dunkelhäutig und hatten breite Nasen. Die Zugehörigkeit zu den verschiedenen Bevölkerungsgruppen spielt in Kenia eine so große Rolle, dass sich selbst Straßenkinder-Gangs selten mischen. Es gab reine Luhya-Gangs, Kikuyu-Gangs, Luo-Gangs und so weiter, die Angehörige anderer Volksgruppen gar nicht erst aufnahmen und sich vehement untereinander bekämpften.

Hatte ich einen Fehler gemacht, indem ich die Aufmerksamkeit der Gruppe auf mich gelenkt hatte? Minutenlang passierte gar nichts, es kam mir vor wie eine Ewigkeit. Dann sagte der Chef der Bande: »Los! Wir müssen weiter!« Dabei packte er Paul an der Schulter. Das schien ihn wachzurütteln. Er wandte den

Blick von mir ab und verschwand mit den anderen im Straßengewirr von Nairobi.

Während ich zurück zur Moschee ging, haderte ich mit meinem Schicksal. Warum mussten wir uns ausgerechnet hier wiederbegegnen? Hätte unser Wiedersehen doch bloß auf einem Terrain stattgefunden, wo ich mich sicherer fühlte! Dann hätte ich mich nicht so leicht abschütteln lassen. Aber hier in Nairobi lief ich Gefahr, jeden weiteren Versuch, in Kontakt mit Paul zu treten, mit dem Leben zu bezahlen. Ich war nicht gerade erpicht darauf, erneut in eine Messerstecherei zu geraten. Andererseits widersprach es meiner Natur, so schnell aufzugeben. Ich nahm mir vor, das nächste Mal an der Gruppe dranzubleiben. Wenn es überhaupt ein nächstes Mal gab.

Die Gelegenheit ergab sich früher, als ich mir hätte träumen lassen. Ein paar Tage später beobachtete ich ein paar aus der Gruppe in der Dämmerung beim Klauen. Ich schaffte es, mich vorsichtig und in gebührender Distanz an ihre Fersen zu heften. Nach einer Weile stießen sie zu einer größeren Gruppe, die in der Nähe der Busstation Machakos am Rande einer Müllkippe um ein Lagerfeuer saß. Schon von weitem sah ich im Schein des Feuers, dass fast alle eine Klebstoffflasche bei sich hatten. Paul war einer von ihnen.

Was war bloß aus ihm geworden? So hatten wir uns das Leben damals nicht ausgemalt! Paul sah so kaputt aus, dass es mich innerlich fast zerriss. Paul, der mir so nah gewesen war, mit dem ich alles geteilt hatte. Der mich mit seinen altklugen Weisheiten in Rage gebracht hatte, uns mit seinen Tricks aber immer wieder den Hintern gerettet hatte. Der in seinem Sauberkeitsfimmel lieber ein Stück Seife geklaut hatte als ein Stück Brot. Wir hatten gemeinsam gelacht, gemeinsam geweint. Er hatte mit mir sogar über seine Ängste gesprochen, auch wenn er mir nie verriet, wo er eigentlich herkam. Paul konnte sich meiner Hilfe immer sicher sein. Das wusste er doch! Das konnte er unmöglich vergessen haben. Ich war sicher, dass diese Gang etwas Sektenartiges sein musste. Bestimmt hatten ihre Mitglieder einen Eid schwören müssen. Wie sonst hatte es passieren können, dass Paul mir, seinem einzigen Bruder, den Rücken kehrte – ohne ein Wort?

In dieser Nacht blieb ich lange in meinem Versteck sitzen und beobachtete die Gruppe. Ab und an wurden meine Augen schwer, aber immer, wenn der Lichtschein des Feuers über Pauls Gesicht glitt, war ich wieder hellwach. Irgendwann muss ich doch eingeschlafen sein, denn als die Stadt langsam erwachte, war Pauls Gruppe längst aufgebrochen. Ich fühlte mich wie gerädert, kraftlos, hilflos, leer. Ich sah keinen Sinn darin aufzustehen und dämmerte noch eine ganze Weile vor mich hin. Erst ein bohrendes Hungergefühl erinnerte mich daran, dass ich noch lebte.

*

In einer Seitenstraße wurden gerade Waren für einen Supermarkt angeliefert. Der Inder, der das Kommando hatte, sprang sehr unfreundlich mit seinen Arbeitern um. Er nutzte jede Gelegenheit, sie anzubrüllen und wüst zu beschimpfen. Die Arbeiter schluckten alles ohne Widerrede. Ich fragte ihn, ob ich für etwas Brot und Milch beim Abladen mithelfen dürfe.

»Kuma ya mama yako, chokora!«, schimpfte er los und hob drohend den Arm. Aber so leicht ließ ich mich nicht verscheuchen. Ich gab vor, mich zu trollen, duckte mich hinter ein Auto am Straßenrand und wartete. Als einer der Arbeiter mehr Kisten mit Milch und Brot vom Laster geladen hatte, als er tragen konnte, spurtete ich los. Während er verzweifelt bemüht war, nicht das Gleichgewicht zu verlieren, rempelte ich ihn an und riss zwei Brote und eine Tüte Milch an mich. Ein Fußtritt erwischte mich gerade noch so am Hintern, ich geriet ins Stolpern und ließ eines der Brote fallen. Dann hörte ich hinter mir ein kräftiges

Scheppern, und ein Wortschwall ergoss sich über den armen Mann. Der Inder war vollkommen außer sich, beschimpfte wahlweise seinen Mitarbeiter oder überzog mich mit Verwünschungen, wie ich sie in dieser Heftigkeit noch nie gehört hatte. Ich musste beinahe lachen, während ich zusah, dass ich Land gewann.

Kaum um die Ecke und noch völlig außer Puste, bemerkte ich, dass ein anderes Straßenkind direkt auf mich zuhielt. Der Kerl hatte es auf meine Beute abgesehen. Als er näher kam, fiel mir auf, dass er zu Pauls Gruppe gehörte. Und da kam mir eine Idee ...

»Du hast bestimmt Hunger«, machte ich den ersten Schritt auf ihn zu. Ich konnte an seinem Blick sehen, dass ihn meine Freundlichkeit überraschte, doch er sagte nichts. Ich hielt ihm die Hälfte meines Brotes hin, das er mir zögernd und mit einem kurzen Lächeln aus der Hand nahm. In diesem Moment tauchte noch ein weiteres Straßenkind auf. Ich bekam langsam das Gefühl, dass die Jungs den Instinkt und Geruchssinn einer Hyäne oder eines Geiers hatten. Sie waren einfach überall, zumal wenn es etwas zu essen gab. Der Junge, dem ich das Brot gegeben hatte, zögerte nicht eine Sekunde. Er zerrupfte das Brot, spuckte das größte Stück an und schob sich den Rest blitzschnell in den Mund. Auch ich ließ einen dicken Tropfen Speichel auf mein Brot fallen. Die Methode zeigte Wirkung – mit angewidertem Gesichtsausdruck zog der andere ab. Wir konnten in aller Ruhe weitermampfen und grinsten uns mit vollem Mund an.

Bevor der Junge sich wieder aus dem Staub machen konnte, fragte ich ihn nach Paul: »Erzähl mir etwas über ihn. Geht's ihm gut?«

Er fing tatsächlich an zu reden, schließlich ging es ja nicht um ihn. Dennoch fielen seine Antworten ziemlich knapp aus. »Der ist jetzt seit zwei Monaten dabei, kommt vermutlich aus dem Westen von Kenia. Keine Ahnung, wie's ihm geht. Ist mir auch egal. Er nimmt viel zu viele Drogen.« Damit drehte er sich um und verschwand.

»Er nimmt viel zu viele Drogen.« Diese Worte trafen mich wie ein Massai-Speer. Auch wenn sie letztlich nur das bestätigten, was ich am Abend vorher ohnehin schon gesehen hatte. Ich fühlte mich wie ein Verräter. Warum hatte ich damals in Malaba nicht sofort versucht, ihn zu finden? Es wäre bestimmt nicht schwer gewesen. Aber nein, ich war ja viel zu sehr damit beschäftigt gewesen, meinen eigenen Hintern ins Trockene zu bringen. Der Gedanke, dass ich ihn aufgegeben hatte und damit Schuld an dem trug, was mit ihm passiert war, ließ mich nicht mehr los. Ich musste Paul retten, irgendwie. Vielleicht war es ja noch nicht zu spät.

Jeden Abend ging ich von nun an zur Müllkippe. Ich wollte ihn da rausholen, wenigstens mit ihm reden. Mit der Zeit wagte ich mich immer näher an die Gruppe heran. Vom Lagerfeuer dröhnte laute Musik herüber. »You can't touch this! Tu dum dum dum … Hammer time! …« Einige der Jungs tanzten so gut den »Running man«, als seien sie MC Hammer höchstpersönlich. Sie waren so bedröhnt und in die Musik versunken, dass ich einen Vorstoß wagte. Bedacht darauf, keinen Lärm zu verursachen, hätte ich beinahe laut aufgeschrien, als Paul plötzlich wie aus dem Nichts vor mir stand. Jetzt oder nie. »Hey, Paul, erkennst du mich nicht? Ich bin's. Philip.« Er sah mich verstört an. Seine Pupillen waren riesig, er roch nach Alkohol und Marihuana. Sein Blick war leer und schien direkt durch mich hindurchzugehen. Ich packte ihn an der Schulter und rüttelte ihn. »Paul! Du musst mitkommen. Sofort. Ich weiß, dass wir es schaffen können!« Er glotzte mich unverwandt an, aber er reagierte nicht.

»Paul! Verdammt noch mal, sag was!«

Meine Stimme hallte durch die Dunkelheit. Plötzlich schrie einer aus der Gruppe: »Adui! Feind!« Dann stürzten sie in unsere Richtung.

Ich holte sämtliche Kraftreserven aus meinen Oberschenkeln und sprintete um mein Leben. Ich hatte weiß Gott keine Lust, gelyncht zu werden. Dass ich im Gegensatz zu meinen Verfolgern nüchtern war, dürfte mir in diesem Moment das Leben gerettet haben. Ich hatte eine Grenze überschritten, indem ich mich einem aus ihrer Gruppe genähert hatte. Und was noch schlimmer war: Ich hatte das Allerheiligste betreten, den Platz, an dem sie die Nacht verbrachten und sich sicher fühlten.

*

Ich hatte meine Lektion gelernt. Die beiden folgenden Abende beschränkte ich mich darauf, die Gruppe aus sicherer Entfernung zu beobachten. Es schien feste Regeln zu geben. Die einzelnen Untergruppen strömten um eine bestimmte Uhrzeit aus verschiedenen Richtungen auf den Platz an der Müllkippe. Die Anführer übergaben die Beute des Tages an den obersten Boss, als Belohnung gab es etwas zu essen. Danach hockten sie um das Feuer und ließen Joints und Klebstoffflaschen kreisen.

Eines Abends konnte ich Paul nirgends unter ihnen entdecken. Als er zwei Tage später immer noch nicht aufgetaucht war, packte mich kalte Angst. In meinem Kopf wirbelte alles durcheinander. Paul ist tot. Nein, ist er nicht. Er sucht mich bestimmt. Er kommt zurück zu mir. Wir schaffen es, wie früher. Wir gehören zusammen, wir sind doch ein Team. Tot. In der Gosse, am Straßenrand, wie der Mann aus meinem Dorf.

Wie im Wahn irrte ich tagsüber durch die Straßen. Ich hatte das Gefühl, als würden die Häuser über mir zusammenstürzen, als würde mich diese Stadt mit ihren gewaltigen Ausmaßen verschlucken. Ein Strudel, der mich nach unten zog und gegen den ich mich nicht wehren konnte. Ich aß nichts mehr und schlief kaum noch. Zukunft war nur noch ein Wort ohne Bedeutung.

Eines Morgens sah ich den Jungen, dem ich etwas von meinem Brot abgegeben hatte, auf der anderen Straßenseite vor dem Hauptbahnhof stehen. Ich drängte mich durch das Gewühl, panisch, ihn aus den Augen zu verlieren.

»Wo ist er?«, sprudelte ich los, als ich ihn erreichte. Er wusste sofort, um wen es ging.

»Er hat angefangen, von den vielen Drogen zu halluzinieren.« Der Junge sah mich bedeutungsvoll an, als wisse ich bereits, was das hieß.

Nach einer kurzen Pause fuhr er fort. »Vor drei Tagen ist er vor ein Auto gelaufen. Den Aufprall kann er nicht überlebt haben. Sie haben ihn zwar noch ins Krankenhaus gebracht, aber ...«

Mehr brauchte er nicht zu erzählen. »Wo ist das gewesen?« Ich brachte die Frage nur mühsam heraus.

»In Kariokor.«

Ich bat den Jungen, mich zur Unglücksstelle zu bringen. Obwohl er sich nicht mit mir zusammen sehen lassen durfte, tat er mir den Gefallen. Er forderte mich auf, ihm mit einem Abstand von etwa zehn Metern zu folgen. Wir gingen an der Moschee vorbei und näherten uns dem großen Freiluftmarkt von Kariokor. An einer Kreuzung blieb der Junge stehen. Auf der Straße konnte ich Blutspuren erkennen. Ich sah Pauls Gesicht vor mir, seine großen dunklen Augen, und ich hörte ihn lachen.

Ich weiß nicht, wie lange ich dort stehenblieb und auf den dunklen Fleck auf dem Boden starrte. Als ich aufsah, war der Junge, der mich hierhergebracht hatte, längst weg. Die Straßen leerten sich, vom Markt drangen die Stimmen der Budenbesitzer herüber, die ihre Stände abbauten. An jedem anderen Tag wäre ich zu ihnen hinübergegangen, um zu fragen, ob ich ihnen dabei helfen könnte. Für etwas Geld oder eine Mahlzeit. Heute war mir das gleichgültig.

Die Bewohner Kariokors verschwanden einer nach dem anderen hinter den schützenden Mauern der Hochhäuser. Immer mehr Lichter gingen hinter den Fensterscheiben an. In einem dieser Häuser hatte ich zwei Jahre zuvor Zuflucht gefunden. Wo Paul wohl jetzt war? Ich kniete mich auf die menschenleere Straße und fragte Gott, warum er so etwas zugelassen hatte. Ich heulte und bat ihn, wenigstens dafür zu sorgen, dass Paul zu ihm gehen konnte. Auf Erden hatte er schließlich schon genug Kummer gehabt, wenigstens im Jenseits sollte es ihm besser gehen. Das musste mir Gott einfach versprechen.

Ganz unten

Zwei Wochen waren vergangen, seit ich von Pauls Tod erfahren hatte. Immer wieder fragte ich mich, wo sie seine Leiche hingebracht hatten. Ich wusste nicht einmal, wie das Krankenhaus hieß, in das er angeblich eingeliefert worden war. Dass irgendwo ein Straßenkind starb, gehörte in Nairobi zum Alltag. Es stand weder in der Zeitung, noch gab es Listen, die Auskunft geben konnten. Was hätte dort auch drinstehen sollen? Verwahrlostes Kind unbekannter Herkunft, Alter geschätzt, Verwandte unbekannt. Als Straßenkind hat man keine Familie mehr. Die Familie ist die Gang, aber auch nur so lange, wie man ihr von Nutzen ist. Ein Toter hatte keinen Nutzen mehr.

Paul war der erste Mensch in meinem Leben, um den ich wirklich trauerte. An meine Eltern hatte ich keine Erinnerung, richtige Geschwister hatte ich nie. Und meiner Ersatzfamilie weinte ich im Grunde keine Träne nach. Sicher, ich hatte auch schöne Erinnerungen an die Zeit im Dorf meiner Tante, aber die konnte ich an einer Hand abzählen. So etwas wie Geborgenheit oder gar Liebe habe ich dort nie erfahren. Auch wenn wir sehr unterschiedlich waren und uns nicht lange gekannt hatten, war die Zeit mit Paul sehr intensiv gewesen. Von ihm hatte ich viel von dem gelernt, was ich zum Überleben auf der Straße brauchte. Nun erschien mir dieses Wissen nutzlos. Ich weinte oft und hatte kaum noch Appetit. Ich war abgemagert, schwach und ließ mich gehen. Manchmal dachte ich, leg dich irgendwohin und warte darauf, dass es endlich zu Ende geht. Aber man stirbt nicht einfach so aus Kummer. Irgendwann rebelliert der Körper, und der Hunger zwingt dich aufzustehen. Auch wenn du gerade noch geglaubt hast, du könntest nie wieder einen Fuß vor den anderen setzen. Es kostete mich unendliche Kraft, etwas zu essen zu klauen oder mir einen sicheren Platz für die Nacht zu suchen. Auf einen Baum im Park zu klettern schaffte ich kaum noch. Oft rollte ich mich irgendwo in einem Gebüsch zusammen. Manchmal hatte ich aber auch Glück und fand unverhofft einen erhöhten Schlafplatz.

Am Ende jedes Semesters wird an der Universität von Nairobi eine große Feier veranstaltet. Alle frischgebackenen Akademiker tragen majestätische Roben, deren Farben jeweils den akademischen Grad und die Fakultät anzeigen, an der sie studiert haben. Der Präsident höchstpersönlich überreicht ihnen die Urkunden, die Zeremonie wird sogar im Fernsehen übertragen. Die Feier findet meist unter freiem Himmel in einem Park nahe der Uni statt. Dafür wird extra ein großes Zelt aufgebaut. Hinterher wird die Plane zusammengefaltet und im Park zwischengelagert, bis sie für die nächsten Monate in einer Lagerhalle verschwindet.

Ich war in der Dämmerung im Park unterwegs, als ich das Paket mit der Plane entdeckte. Ein perfekter Platz. Nicht so hoch wie ein Baum, aber doch sicherer als der blanke Erdboden. Ich vergewisserte mich, dass ich unbeobachtet war, dann zog ich mich vorsichtig in die Höhe. Die Plane gab etwas nach, als ich mich auf ihr ausstreckte. Aber so bequem hatte ich seit langem nicht mehr gelegen. Fast so schön wie in meinem herrschaftlichen Bett im Hause Oprong. Ich vergaß, meine Antennen auf scharf zu stellen, und schlief sofort ein. Ich träumte, dass ich gerade die Kühe am Fluss getränkt hatte. Sie waren alle zufrieden. Einige bestiegen sich gegenseitig. Die anderen verweilten im Schatten, um in Ruhe wiederzukäuen. Zusammen mit den anderen Kuhhirten wartete ich ab, bis sich das Wasser im Fluss wieder so weit klärte, dass wir darin planschen konnten. Anschließend machten wir uns hungrig über die Mangos, Papayas und Avocados her, die wir gesammelt hatten. Plötzlich sah ich Paul am anderen Ufer. Ich wollte zu ihm, aber ich konnte nicht schwimmen, und einen Steg hinüber gab es nicht. Im nächsten Moment änderte sich das Bild. Der Fluss war nun kein Fluss mehr, sondern eine unüberwindbare Schlucht, die man nicht überspringen konnte. Und fliegen konnte ich schließlich auch nicht. Dann wieder versuchte ich, mich an Ästen über den Strom zu hangeln, die unter meinem Gewicht zerbrachen. Mein Körper plumpste ins Wasser, in dem es vor Krokodilen nur so wimmelte.

In diesem Moment packte mich etwas und zog mich nach oben. »Aufwachen, Kind! Was machst du hier?« Ich schreckte hoch und blickte in das grimmige Gesicht eines Mannes, der einen Rungu in der Hand hielt. Das war kein Traum mehr, sondern der Nachtwächter des Parks, der mein Versteck entdeckt hatte. Er ließ seinen Rungu sinken und musterte mich im Schein seiner Taschenlampe. Dann setzte er sich unvermittelt neben mich und zog ein dickes Stück Weißbrot und etwas Maziwa Mala aus seiner Tasche. Brot und Milch, die ihm wahrscheinlich seine Frau als Abendessen eingepackt hatte. Ich stopfte alles in mich hinein und blickte immer wieder unsicher zu ihm hinüber, als wartete ich nur darauf, dass er seinen Fehler bemerkte. Aber nichts passierte, er sah mir einfach nur schweigend zu.

Als ich den letzten Bissen hinuntergeschluckt hatte, fragte er mich, wo ich herkäme. Ich weiß nicht, warum, aber ich erzählte ihm meine ganze Geschichte. Von meiner Tante, die mich auf der Straße ausgesetzt hatte. Von meiner Zeit als Kuhhirte, von Paul, von meinem Leben auf der Straße. Und ich erzählte ihm von meinem größten Wunsch, wieder die Schule zu besuchen. Nur von dem Dorf, in dem ich aufgewachsen war, und von meiner Arbeit als Schmuggler sagte ich wie immer nichts. Man konnte nie wissen.

Hinterher fühlte ich mich wie von einer Last befreit. Nairobi kam mir wie Lichtjahre entfernt vor, für einen Moment war ich ganz bei mir. Die Zeit schien stillzustehen, die Leere und Ruhe des Parks legten sich wie ein Schutzmantel um mich. Egal, was nun passieren würde, ich fühlte mich vorbereitet. Sollte er mich doch der Polizei übergeben oder mich ohrfeigen und mit einem Tritt in den Allerwertesten davonjagen. Ich würde es klaglos ertragen. Es war ohnehin erstaunlich genug, dass er sich meine Geschichte überhaupt angehört hatte. Ich hatte keine Lust mehr davonzulaufen, ich blieb einfach reglos sitzen.

Nach einer Weile stemmte sich der Mann in die Höhe und ergriff meine rechte Hand. »Komm!« Ich folgte ihm widerstandslos in Richtung Universitätsgebäude. Als wir an einer der wenigen Straßenlaternen vorbeigingen, konnte ich ihn zum ersten Mal richtig sehen. Er hatte einen sehr dunklen Teint, war mittelgroß, schlank, aber dennoch breitschultrig. Seine flache Nase verriet, dass er aus dem Westen Kenias kam. Seine Augen waren etwas gerötet und strahlten Wärme und Mitgefühl aus. Während wir nebeneinander hergingen, redete er auf mich ein. Dass ich keine Angst haben solle und dass er mich jetzt zur Central Police Station bringen würde. Normalerweise hätte allein dieser Satz ausgereicht, mich in Panik von ihm loszureißen.

Die Central Police Station von Nairobi hatte den schlechtesten Ruf von allen. Sie galt als Ort der Grausamkeit und Inbegriff polizeilicher Willkür. Geriet ein Straßenkind in ihre Fänge, konnte es von Glück sagen, wenn es nur zum Toilettenputzen genötigt und nicht gleich bis zur Besinnungslosigkeit verprügelt wurde. Für den Fall, dass es das überlebte, fand es sich mit anderen zusammengepfercht in einer verdreckten Zelle wieder. Zwar sind nach kenianischem Gesetz höchstens 24 Stunden Haft ohne Grund zulässig, aber wen scherte das schon, wenn es um einen von uns ging. Es waren eher die normalen Bürger, die für die Polizei von Interesse waren. Besonders nachts konnte es vorkommen, dass Leute einfach verhaftet wurden, angeblich wegen allgemeiner Ruhestörung oder wegen Herumlungerns. Sie mussten jede Menge Schmiergelder hinblättern, um wieder freigelassen zu werden. Immer wieder hatte ich gehört, dass Polizisten einem sogar Marihuana in die Hosentasche steckten, um ihn im nächsten Moment wegen Drogenbesitzes verhaften zu können. Wenn man dann genug Kleingeld in der Tasche hatte, kam man mit viel Glück vielleicht um einen Arrest herum. Es sei denn, man war ein Straßenkind. In solchen Fällen konnten einen nur noch die Verbindungen des Bandenbosses retten. Ich hatte nicht einmal die.

Trotzdem riss ich mich nicht los. Ich war vollkommen ruhig, als mich der Mann in das Gebäude der Central Police Station brachte. Vielleicht, weil er so nett zu mir gewesen war, sich meine Geschichte angehört hatte, sein Abendessen mit mir geteilt hatte und nun sogar ein gutes Wort bei den Polizisten für mich einlegte. Vielleicht, weil ich wollte, dass mein Leben auf der Straße zu Ende ging. Und sei es in einer Zelle.

Als der Mann sich zum Gehen wandte, bedankte ich mich bei ihm, lächelte ihn an und wünschte ihm Gottes Segen. »Kwaheri Mzee. Asante sana na Mungu akubariki!«

Die diensthabenden Polizisten musterten mich mit einer Mischung aus Gleichgültigkeit und Verachtung. Ich wurde unsicher, die ganzen Geschichten über Misshandlungen schossen mir durch den Kopf. Niemand würde mich vermissen. Ich blickte mich um. Für eine Flucht war es zu spät, ich musste sie mit etwas überraschen, das den üblichen Ablauf durchbrach. Ich entschied mich, ihre Fragen nur auf Englisch zu beantworten. Wie sich herausstellte, war diese Entscheidung goldrichtig. Ein Englisch sprechendes Straßenkind, das auch noch höflich war, kannten die Polizisten nicht. Sie begegneten mir mit einer gewissen Bewunderung und Sympathie. Dennoch musste ich auf der Hut sein. Als sie meine Personalien aufnahmen, zögerte ich nur unmerklich. Dann nannte ich mit fester Stimme meine Namen: »Ich heiße Oprong, Philip Oprong.«

Dass ich mir den Nachnamen Oprong gab, lag nicht etwa daran, dass ich meinen ehemaligen Arbeitgeber so sehr bewundert hätte. Ich hatte einfach keine bessere Antwort parat. Die mitleiderregendste Version meiner Geschichte erzählte ich ihnen dann ohne zu stottern oder zu stammeln. Dabei ließ ich alle Details meiner Herkunft aus, die für mich hätten gefährlich werden können. Sie hörten mir zu, ohne mich zu unterbrechen, was vielleicht auch daran gelegen haben mochte, dass nicht alle der fünf anwesenden Cops Englisch verstanden. Jedenfalls schien ich die richtige Mimik und Gestik gewählt zu haben, um meiner Erzählung die nötige Dramatik zu verleihen. Ich kam mir vor wie bei einer Märchenstunde für Erwachsene, auch wenn ich ihnen beileibe keine Märchen auftischte. Nach einer Weile gesellte sich sogar ein hochrangiger Polizist zu uns, der gerade auf dem Weg in sein Büro gewesen war und sich gerne ablenken ließ. Später stellte sich heraus, dass es sich dabei um den stellvertretenden Chef einer der wichtigsten Sonderkommissionen Nairobis handelte.

Nach der Befragung wurde ich in eine Zelle gebracht. Der Trakt, in dem die Gefangenen untergebracht waren, bestand aus einem Gang mit etwa sechs Zellen. Jede war mit einem abschließbaren Gitter aus Stahl versehen. In den Zellen standen Eimer zum Urinieren. Für größere Geschäfte musste man ein Eck am Ende des Zellentrakts aufsuchen, in dem sich ein Loch im Boden befand. Der Gestank, der durch den Gang waberte, war ein deutlicher Beleg dafür, dass diese »Toilette« nur selten gereinigt wurde und nicht alle Insassen die Vertiefung trafen. Eigentlich hätte immer ein Polizist den Gang überwachen sollen, um den Häftlingen, wenn nötig, die Gittertür aufzuschließen, damit sie die Toilette aufsuchen konnten. Doch weit und breit war niemand zu sehen, weshalb die Eimer in den Zellen für sämtliche Ausscheidungen benutzt wurden.

Die Zellen selbst waren alle etwa acht Quadratmeter groß

und hatten rechts oben ein kleines vergittertes Fenster, das aber so schmal war, dass nicht einmal ein Kinderkopf durchpasste. Diese Luke war die einzige Lichtquelle, die es gab. Die ursprünglich weißen Wände waren überzogen mit anzüglichen Schmierereien und Resten von Fäkalien. Statt auf Pritschen kauerten die Gefangenen auf dem harten Zementboden, in jeder Zelle mindestens acht Leute. In Zeiten der Überbelegung konnten es bis zu zwanzig sein.

Mir wurde eine Zelle mit sieben Männern zugewiesen. Sie war am weitesten von der »Toilette« entfernt und nächstgelegen zu den Büroräumen, ein Vorteil, falls man in Not geriet und um Hilfe schreien musste. In meiner Zelle saß ein Mann, der des schweren Raubes verdächtigt wurde, ein anderer war wegen gefährlicher Körperverletzung angeklagt. Dazu kamen ein Totschläger und ein Autoknacker. Die anderen drei schwiegen sich über ihre kriminellen Karrieren aus. Ich wollte auch gar nicht erst wissen, weswegen sie einsaßen. In jedem Fall war ich bei weitem der Jüngste und bestimmt der Unschuldigste.

Wir verbrachten die Nacht mehr oder weniger reglos auf dem Boden hockend, bis uns ein Lichtstrahl, der durch das kleine Fenster drang, verriet, dass der nächste Tag angebrochen war. Kurz darauf wurde die Gittertür aufgesperrt, und einer der Wachhabenden schob uns das Frühstück herein. Immerhin gab es für jeden einen halben Liter Chai und eine dicke Scheibe Brot. Auf der Straße hatte ich mit weniger klarkommen müssen. Manchmal kam ich sogar in den Genuss eines zweiten Frühstücks, indem die Polizisten so taten, als hätten sie mich beim ersten Durchgang vergessen. Scheinbar hatte ich mit meiner Geschichte erfolgreich an ihr Gewissen appelliert. Ich nutzte das, um mich bei den anderen Häftlingen in meiner Zelle beliebt zu machen, indem ich ihnen etwas abgab. Und es gab weitere Privilegien. So durfte ich als Einziger nach dem Frühstück meine Zelle verlassen, angeblich, weil bei mir nicht die Gefahr bestünde, dass ich weglief. Im Nachhinein denke ich mir, dass die Polizisten mir vielleicht genau das ermöglichen wollten. Gegen mich lag nichts vor, und wenn ich blieb, hatten sie nur zusätzlich Arbeit mit mir. Aber den Gefallen tat ich ihnen nicht. Ich war ganz froh, mal wieder ein Dach über dem Kopf zu haben, selbst wenn es sich dabei um ein Gefängnis handelte. Ich bekam täglich zu essen, ohne dass ich dafür betteln, jemanden beklauen oder Kinderarbeit verrichten musste. Und ich musste – zumindest tagsüber – noch nicht einmal auf frische Luft verzichten, sondern konnte mich im gesicherten Innenhof des Areals frei bewegen. Warum um Himmels willen sollte ich auf die Idee kommen abzuhauen?

Ich verbrachte die Nächte in der Zelle und die Tage draußen. Ich quatschte mit den Polizisten und riskierte hier und da einen Witz. Die Polizisten mochten mich irgendwie und versprachen, mir zu helfen. Der Vize der Soko ließ sich sogar zu der Zusage hinreißen, mich seiner Verwandtschaft auf dem Dorf als Kuhhirte zu vermitteln. Auch die Insassen meiner Zelle versprachen mir immer wieder das Blaue vom Himmel, wenn sie eines Tages frei sein würden. Der Autoknacker zum Beispiel schwadronierte ständig davon, wie viel Geld wir gemeinsam verdienen könnten, wenn ihn ein Anwalt endlich aus diesem Loch herausholte. Aber das sei nur eine Frage der Zeit, schließlich habe er so viel auf der hohen Kante, dass er die Schmiergelder locker aus der Portokasse bezahlen könne. Und dann könne er die Dienste eines so cleveren Burschen wie mir sicher gut brauchen. »So ist das nun mal hier in Kenia, Kleiner. Ich habe die Kohle, und bald bin ich wieder draußen und kann mich an die Arbeit machen.« Ich war nicht der Einzige, den dieser Angeber zu rekrutieren versuchte. Immer wieder erzählte er, er könne ohne weiteres das Geld für eine Freilassung bereitstellen, sobald man bereit sei, hinterher einen Job bei seiner »Firma« anzunehmen.

*

Es war Samstagabend, eine sehr geschäftige Zeit auf der Polizeistation. Wir hatten gerade die zweite und letzte Mahlzeit des Tages, das Abendessen, zu uns genommen – Ugali und Sukuma wiki, ein spinatähnliches Gemüse. Ein Gericht, das nicht sonderlich beliebt war, so dass ich mir keinen Nachschlag holen musste, um mich bei irgendjemandem einzuschmeicheln. Vor allem die Neuankömmlinge hatten Probleme mit dem Fraß. An diesem Abend hatte sich die Anzahl meiner »Mitbewohner« in der Zelle auf dreizehn erhöht. Drei von ihnen waren völlig betrunken eingeliefert worden, der Gestank nach Changaa, einem illegal destillierten Schnaps, hing in der Luft. Auch die anderen Zellen waren überfüllt. Aus einer der hinteren drangen immer wieder Schreie. Eine Frauenstimme kreischte über den Gang um Hilfe. Dazwischen hörten wir die Stimme eines Mannes, der brüllend verlangte, dass man ihm die Tür zum Frauenbereich öffnen sollte. Die Schlampen sollten sich endlich ausziehen, damit er es ihnen besorgen konnte.

Die Polizisten, die heraneilten, standen einem durchgeknallten Mann gegenüber, der seinen Toilettengang dazu genutzt hatte, Fäkalien einzusammeln. Aus seinem Hemd, das er als Bündel vor sich hielt, quoll eine stinkende Brühe. Ich verrenkte mir schier den Kopf, bis ich sehen konnte, was nun passierte. Kaum hatten die Polizisten den Gang betreten, wurden sie mit einem Bombardement aus Fäkalien zum Rückzug gezwungen. Dann wandte der Typ sich wieder den armen Frauen zu. Er überzog sie mit Obszönitäten, ließ seine Hose herunter und rieb sich in eindeutiger Pose an der Gittertür. Es dauerte eine Ewigkeit, bis die Polizisten mit Verstärkung zurückkamen. Ein starker Wasserstrahl aus einem Feuerwehrschlauch streckte den Mann schließlich zu Boden, den Rest erledigten Fäuste und Fußtritte der Beamten.

Die Aktion hatte Folgen für uns alle. Es war so viel Wasser aus dem Schlauch geschossen, dass alle Zellen knöchelhoch mit einem Gemisch aus Wasser, Exkrementen und Speiseresten überflutet waren. Wir verbrachten die Nacht im Stehen, es stank erbärmlich. Daran änderte selbst eine gründliche Reinigung am nächsten Morgen kaum etwas. Niemand wollte das Frühstück im Sitzen einnehmen.

Nach diesem Vorfall erwog ich ernsthaft, meine Herberge beim nächsten Hofgang zu verlassen. Hätte nicht ein Beamter durchblicken lassen, dass man bis zum folgenden Montag eine »Lösung« für mich finden würde. Was auch immer das bedeuten mochte.

*

Die Nacht von Sonntag auf Montag musste ich nicht in der Zelle verbringen. Stattdessen durfte ich auf einer Bank in einer Ecke des Eingangsbereichs schlafen. Das war zwar komfortabler, doch ich vermisste die Gespräche und Geschichten der anderen Insassen. Mit einigen meiner Zellennachbarn hatte ich mich inzwischen richtig angefreundet.

Ich bekam lange kein Auge zu und dachte die ganze Zeit darüber nach, was wohl am nächsten Tag passieren würde. Hatte der Vize seine Verwandtschaft doch erfolgreich beschwatzt? Oder würde der Anwalt des Autoknackers in einer dicken Limo vorfahren, um mich abzuholen? Und wie war das noch mit der Geschichte gewesen, dass unser Zellenältester Kontakte zur Schulbehörde hatte? Ganz bestimmt, das musste es sein …

Der nächste Morgen kündigte sich mit lautem Vogelgezwitscher an. Die Sonne schimmerte durch die Fenster des Vorraums, Nairobi erwachte. Die Matatus hupten, und die Manambas schrien, so laut sie konnten, um von möglichen Passagieren erhört zu werden. Ich dehnte mich auf meiner Bank und schüttelte mir den Schlaf aus den Gliedern. Heute war ein Tag der Hoffnung. Heute war mein Tag.

Ich aß ein letztes Frühstück und verabschiedete mich beim

Schichtwechsel von dem leitenden Beamten. »Bleib ein guter Junge«, sagte er. Dann wartete ich gespannt, wie es nun weitergehen würde.

Der Juvenile Court in Nairobi ist das einzige Jugendgericht in Kenia. Über Kinder, die in anderen Orten zu einer Gerichtsanhörung gebracht werden, urteilen dieselben Richter wie bei erwachsenen Straftätern. Nicht selten passiert es, dass sie dort auch wie Erwachsene bestraft werden. Wer also als Kind das Glück hat, beim Juvenile Court vorgeladen zu werden, darf sich zunächst als vom Schicksal auserwählt fühlen, auch wenn hier wie am Fließband ein Fall nach dem anderen verhandelt wird. Um Zeit zu sparen, werden nicht selten Gruppen von bis zu zwanzig Kindern gleichzeitig durchgeschleust, bevor sie in einer Besserungsanstalt oder wieder auf der Straße landen.

Bis zum Alter von vierzehn Jahren gilt man in Kenia als nicht strafmündig, aber welches Straßenkind weiß schon so genau, wie alt es ist. Meist schätzten die Polizisten das Alter anhand des Aussehens. Und wenn man partout verurteilt werden soll, kann man auch durch Schläge dazu gebracht werden, sich als älter als vierzehn auszugeben. Die Kinder erscheinen ohne jeglichen Rechtsbeistand oder Begleitung vor Gericht. Viele verstehen die Sprache der Richter, Englisch oder Kiswahili, nicht. Denn auf der Straße spricht man vor allem Sheng, eine wilde Mischung aus verschiedenen kenianischen Sprachen und Englisch, durchsetzt mit erfundenen Phantasiewörtern, die das Ganze zu einer Art Code machen. Wer von klein auf als Straßenkind gelebt hat, kann sich in der Regel nur auf Sheng verständigen.

Nach dem Frühstück wurde ich in den Gefängnisbus gebracht, einen Lkw, dessen hinterer Teil zu einer Zelle umgebaut worden war. Der alte graue Kasten der Marke TATA war bestens gefüllt. Wir wurden gut durchgeschüttelt und stießen vor allem in den Kurven immer wieder gegeneinander, während der Wagen über die holprigen Straßen von Nairobi rumpelte. Die Atmosphäre war erfüllt von Angst und Ungewissheit. Hier und da durchbrach ein kindliches Wimmern die Stille. Die Luft war stickig, denn es gab kein Fenster, und im Inneren war es stockdunkel.

Es war nicht einmal eine halbe Stunde her, dass mir der Beamte alles Gute gewünscht hatte und ich voller Hoffnung in die Zukunft geblickt hatte. Wie zynisch, mir zu empfehlen, ich solle ein guter Junge bleiben. All meine Hoffnung war wie ein Glas in tausend Scherben zersprungen, als ich unter Androhung von Gewalt unmissverständlich aufgefordert worden war, in den Lkw zu steigen. Der Gefängnisbus hatte seine Runde über die anderen Polizeistationen schon beendet, die Central Police kam als Letztes dran. Sie lag dem Juvenile Court am nächsten. Deshalb war der Kasten auch so überfüllt. Aber wo es hinging, wusste ich nicht. Das erfuhr ich erst, nachdem der Wagen ruckartig angehalten hatte. Als ich aus dem Wagen geklettert war, konnte ich einen Schriftzug über dem Eingang des Gebäudes lesen, vor dem der Lkw gestoppt hatte: Nairobi Juvenile Court of Justice.

Man wies uns an, rasch in das Justizgebäude hineinzugehen. Diejenigen, die zu langsam waren, wurden mit Stockschlägen zur Eile angetrieben. Kurze Zeit später saßen wir alle zusammengequetscht in einem Gerichtssaal auf dunklen hölzernen Bänken. Ein Justizbeamter bewachte uns, während wir darauf warteten, dass der etwas erhöht stehende, mächtige Richterstuhl besetzt wurde.

Meine Überraschung war groß, als eine Frau darauf Platz nahm. In Kenia damals keine Selbstverständlichkeit. Es mag ein Klischee sein, aber ich hatte die leise Hoffnung, dass eine Frau, die vielleicht selbst Kinder hatte, uns gegenüber milder gestimmt sein könnte. Ich war Männern gegenüber grundsätzlich eher skeptisch eingestellt. Die meisten, die ich kannte, waren entweder Schürzenjäger, Alkoholiker, Schmuggler oder eine Mischung aus allem. Männliche Vorbilder, denen ich hätte nacheifern können, waren in meinem Leben bisher dünn gesät. Ich bettelte in der Regel auch fast ausschließlich Frauen an, die schneller Mitleid hatten und für gewöhnlich nicht mit Gewalt auf Straßenkinder reagierten. Von Männern hagelte es gerne mal Ohrfeigen oder Fußtritte, sie konnten einem auch schneller hinterherrennen. Aus diesem Grund zog ich – und tue das bis heute, wenn ich die Wahl habe – die Gesellschaft von Frauen Männern vor.

In den Gesprächen mit meinen Zellengenossen auf der Polizeistelle hatte ich erfahren, worauf es vor Gericht ankommt, um glaubwürdig rüberzukommen. Man musste cool bleiben und durfte nicht das kleinste Anzeichen von Aufregung zeigen. Man sollte möglichst wenig stottern, seine Geschichte fließend und zusammenhängend vortragen, damit sie nicht ausgedacht klang. Schnelle Einsicht, Dankbarkeit und Reue zu zeigen – oder zu inszenieren – waren das A und O, damit man auf mildernde Umstände hoffen konnte. Es kam darauf an, dass man sich möglichst klein und hilflos wie ein Wurm präsentierte, um den Beschützerinstinkt bei den Richtern zu wecken oder ihnen die Bestätigung zu geben, dass sie in ihrer Entscheidungsmacht überlegen sind. Was mir alle immer wieder eingebläut hatten, war Folgendes: Unter keinen Umständen dürfe ich meine wahre Herkunft preisgeben. Denn dann würde man ohne Zwischenstation sofort wieder dorthin zurückgebracht, egal weshalb man von dort geflohen war. Man hatte schon von vielen Fällen gehört, in denen sich die Leute lieber das Leben nahmen, als das Schicksal in der alten Heimat noch einmal zu durchleiden. Auch bei mir war die Angst, wieder zurück ins Dorf meiner Tante geschickt zu werden, sehr viel größer als die, allein auf mich selbst gestellt auf der Straße überleben zu müssen.

Man sollte, man sollte, man sollte ... Schöne Theorie, aber gar nicht so einfach, all diese gutgemeinten Tipps in einem solchen Moment zu beachten. Ich versuchte, mich auf das Wesentliche zu konzentrieren und, so gut es ging, auf meinen »Auftritt« vorzubereiten. Wie war das noch mit der Religion gewesen? Auch so ein todsicherer Tipp. Wenn man irgendwie herausbekam, welchen Vornamen der Richter hatte, konnte man mit etwas Glück seine Religionszugehörigkeit erraten. Es konnte also durchaus helfen, wenn man hin und wieder ein »Gott sei Dank«, »Halleluja« und »Amen« oder »Allah huakbar«, »Salaam hualeikum« und »Inshallah!« in seine Ausführungen einfließen ließ. Aber damit konnte man auch richtig danebenlangen; was sagte schon der Vorname eines Menschen darüber aus, welche Wege er in seinem Leben beschritten hat.

Während ich noch darüber nachdachte, wie ich all das unter einen Hut kriegen sollte, wurde ich bereits aufgerufen. Allein. Hatten die Polizisten der Central Police Station doch irgendetwas gedreht? Ich stand auf, zupfte mein Hemd zurecht und setzte zu meiner Geschichte an: »Mein Name ist Philip Oprong. Wo ich herkomme, weiß ich nicht, denn ich habe meine Eltern nie bewusst kennengelernt. Sie starben, als ich noch sehr klein war. (…) Ich weiß nur, dass ich ein paar Jahre bei meiner Tante gelebt habe, aber wo das war, daran habe ich keine Erinnerung. Mit ihr bin ich irgendwann nach Nairobi gefahren. Sie konnte sich das Schulgeld nicht mehr leisten und brachte mich deshalb mit dem Versprechen hierher, dass man mir eine Schulausbildung ermöglichen würde. Doch kaum waren wir in Nairobi angekommen, setzte sie mich auf der Straße aus. Seitdem muss ich mich mit Betteln und Gelegenheitsarbeiten über Wasser halten (…) Ich trinke nicht und nehme keine Drogen (…) Ich habe niemandem etwas angetan, habe mir nichts zuschulden kommen lassen und würde das auch niemals tun. Ich wünsche mir nur, dass ich wieder zur Schule gehen kann.«

Als ich fertig war, hing Stille über dem Gerichtssaal. Alle hatten gebannt und interessiert zugehört. Ich klopfte mir innerlich auf die Schulter, dass ich meine Geschichte so cool und hier und da mit dem richtigen Quäntchen Verzweiflung garniert losgeworden war. Ich habe weder gestottert, noch geriet ich an irgendeiner Stelle ins Stocken. Es war einfach perfekt gewesen! Aber noch war nichts gewonnen, erst musste ich die bohrenden Nachfragen der Richterin überstehen. Ich bildete mir ein, dass sie während meines Vortrags an manchen Stellen mit den Tränen gekämpft hatte. Ganz sicher war ich mir allerdings nicht.

Je länger ich vor ihr stand, umso zuversichtlicher wurde ich. Für mich ging es vielleicht nicht gerade um Leben oder Tod, aber die Einschätzung der Richterin war eine Weichenstellung, die letzte, vor der ich womöglich für lange Zeit stand: Schule oder Straßenkind. Bildung oder Kampf. So nah war ich meinem Lebenstraum in den vergangenen Monaten nie gewesen. Und ich unterschied mich ja auch von den anderen Kindern, also hoffte ich auf ein anderes Urteil: Ich hatte bereits ein paar Jahre Schulbildung genossen, sprach sogar Englisch und hatte eigentlich nichts auf dem Kerbholz. Weil sie mich nie erwischt hatten.

Nach meiner Anhörung musste ich mich wieder setzen. Im Unterschied zu mir wurde das Urteil über die anderen Kinder gleich an Ort und Stelle gefällt, einer nach dem anderen verließ den Gerichtssaal. Am Ende des Verhandlungsmarathons forderte mich die Richterin auf, sie in ihr Büro zu begleiten. Magistrate Maloba wies einen der Beamten an, mir als Allererstes einen Laib Brot und eine Flasche Cola zu bringen. Ich konnte mich kaum erinnern, wann ich das letzte Mal diese für uns schier unbezahlbare und wohlschmeckende Brause getrunken hatte. Auch das Brot schmeckte irgendwie besser. Binnen weniger Minuten hatte ich beides weggeputzt. Belustigt beobachtete Frau Maloba mich dabei, denn es fiel mir sichtlich schwer, der Richterin nicht den Eindruck zu vermitteln, ich wäre gierig und stünde fast vor dem Hungertod. Als ich den letzten Bissen verschlungen hatte, hielt sie mir einen langen Vortrag, der mit einem Versprechen für die Zukunft endete.

*

Zu den »Rettungsmaßnahmen«, die man in Kenia für Straßenkinder vorsieht, gehören die sogenannten Remand Homes, eine Art Untersuchungsgefängnis für Minderjährige. In diesen Übergangsheimen beobachtet man sie so lange, bis sie vom Gericht entweder einem Waisenheim oder einer Approved School zugewiesen werden, je nachdem, wie alt und/oder rehabilitierbar sie sind. Im Idealfall werden sie aus den Waisen- oder Kinderheimen in ein dauerhaftes Zuhause weitervermittelt. Den Approved Schools wiederum fällt die Aufgabe zu, den Wissensstand der etwas älteren Kinder zu überprüfen und sie so weit zu fördern, dass sie wieder in die normale Gesellschaft integriert werden können. Damals blieb dies leider oft blanke Theorie, denn die Schulen galten eher als Verwahranstalten, in denen die Kinder von den Verantwortlichen gequält und misshandelt wurden. Wenn sie nicht schon vorher auf die schiefe Bahn geraten waren, führte spätestens der Aufenthalt dort dazu, dass sie erst recht kriminell wurden. Die Kinder, die in Waisenheimen landeten, lebten dort quasi auf Abruf. Entweder man fand eine Familie, die das Kind aufnahm – gerne als Arbeitssklave –, oder man bekam mit der Zeit oder durch einen dummen Zufall spitz, dass es doch irgendwelche Verwandten gab, zu denen man die arme Wurst zurückschicken konnte.

Das Nairobi Children's Remand Home in Kabete war ein Ort, der sämtliche Höllen auf Erden in sich vereinte. Eigentlich hatte die Richterin versucht, mich so schnell wie möglich direkt an ein normales Kinderheim zu vermitteln, was aber nicht klappte. Am Ende brachte sie mich persönlich nach Kabete in das geschlossene Wohnheim für kriminelle Jugendliche. Ich sollte hier nur vorübergehend wohnen, bis Magistrate Maloba eine bessere Lösung für mich finden würde.

Zu meinen schlimmsten Erinnerungen an meine Übergangszeit in Kabete gehören die unzumutbaren Zustände im Wohnheim. Das Gebäude platzte aus allen Nähten. Da es nicht genügend Personal gab, legte man einen Teil der Verantwortung in die Hände älterer Jugendlicher. Die wussten das trefflich zu missbrauchen, indem sie die Kleineren bedrohten, erpressten und für den kleinsten Fehler psychisch, physisch und manchmal auch sexuell misshandelten.

Die Schlafsäle waren nach Geschlechtern getrennt. Es waren mehr als doppelt so viele Jungen wie Mädchen im Heim untergebracht. Während die Mädchen in einen Schlafsaal passten, gab es für die Jungen unterschiedliche Räume, je nach Alter. Allen Schlafsälen war gemein, dass sie nur miserabel belüftet werden konnten und ein Gestank aus einer Mischung von Schweiß, Urin und Blähungen über allem hing. Die »Betten«, die ohnehin nicht für alle reichten, waren nichts weiter als schmale Bänke, auf denen völlig verlauste und verwanzte dünne Matten lagen. Für die Jungs, die sich durchsetzen konnten, gab es ab und zu mal eine Decke. Die Schlafsäle waren um einen relativ kleinen Hof gruppiert, der sowohl als Speisezimmer als auch als Spielplatz diente. Die Zustände der Sanitäranlagen waren schlimmer als in der Polizeistation. Ständig litt eines der Kinder an Durchfall, und dass die anderen davon Verstopfung bekamen, erklärte sich beim Blick auf den Abort sofort. Kein Mensch auf dieser Erde wäre jemals freiwillig auf diese Toiletten gegangen. Aber wehe, man traute sich, auch nur woanders zu pinkeln! Dann hätte man nicht nur die unmenschlich dreckigen Toiletten säubern müssen, sondern auch zur weiteren Bestrafung einige Stunden in einem sehr dunklen Raum zubringen müssen. Auch Schläge mit dem Stock waren in dieser Situation nicht auszuschließen. Ich habe in meiner Zeit in Kabete Kinder kennengelernt, die dieses Heim, in dem sie sich eigentlich bessern sollten, noch barbarischer verlassen haben, als sie gekommen waren.

Dass mich die Richterin höchstpersönlich hierhergebracht hatte, verschaffte mir sowohl bei den anderen Kindern als auch bei der Heimleitung großen Respekt. Mir blieb dadurch viel

Ärger erspart, denn alle dachten, ich sei in irgendeiner Weise näher mit ihr verbunden. Die Leitung versuchte also, mich nach Kräften zu unterstützen, weil sie Angst vor dem langen Arm der Justiz hatte. Ich bekam sogar eine Schlafbank für mich allein. Ich möchte nicht wissen, wer in dem völlig überfüllten Schlafsaal deswegen auf sein »Bett« verzichten musste. Viele meiner Leidensgenossen entwickelten geradezu Ehrfurcht vor mir. Selbst die verantwortlichen Erwachsenen versuchten, bei mir Eindruck zu schinden, damit ich vielleicht ein nettes Wörtchen bei der Frau Richterin für sie einlegen könnte. Natürlich war ich nicht so blöd, dass ich sie über ihren Irrglauben aufgeklärt hätte.

Zum Glück fand Frau Maloba nach ein paar Tagen tatsächlich eine Alternative für mich, ein richtiges Heim, in dem die Kinder medizinisch betreut wurden, zur Schule gehen konnten und eine Art von Erziehung genossen: kein Kinderknast oder Zwangsaufbewahrungsort mehr; keine Besserungsanstalt für Straffällige, sondern ein Ort, der als Zuhause dienen konnte. Das erzählte mir die Magistrate zumindest, bevor sie mich in ein Haus mit dem wunderbaren Namen »Mama Ngina Kenyatta Children's Home« in Nairobi South C brachte.

Heimkind

Es gab sie beinahe an jeder Ecke, überall in den größeren Städten Kenias schossen damals Kinderheime wie Pilze aus dem Boden. Manche dieser Heime in Nairobi, Kisumu, Mombasa, Eldoret oder Nakuru waren von merkwürdigen Geschäftsleuten gegründet worden, die sich eher an den Spenden bereichern wollten, als eherne Ziele zu verfolgen. Manche zogen sogar in großem Stil einen schwunghaften Kinderhandel auf. Auch wenn es unter den Betreibern bis heute jede Menge schwarze Schafe gibt, gilt eines nach wie vor: Angesichts der enormen Zahl wirklich notleidender Kinder in Kenia, in Ostafrika, überhaupt in Afrika und an vielen anderen Orten der Welt kann es gar nicht genug von diesen Kinderheimen geben. Zumal, wenn sie zu ihrem eigentlichen Zweck geführt werden.

Das Mama Ngina Children's Home in Nairobi untersteht der Dachorganisation der Child Welfare Society of Kenya. Es ist eines von über zwanzig Instituten, die von dieser Organisation im ganzen Land betrieben werden. Die Kinderheime arbeiten eng mit den jeweiligen Bezirksbehörden vor Ort zusammen. Kinder, die Schutz oder Hilfe bedürfen, werden bei der zuständigen Behörde registriert, bevor sie von einem Heim der Dachorganisation aufgenommen werden. Meist finden verlassene Kinder im Babyalter dort Zuflucht, die von ihren Eltern oder Verwandten ausgesetzt wurden. Manche von ihnen sind sogenannte Tabu-Kinder, die durch Inzest oder Vergewaltigung gezeugt wurden oder an psychischen oder körperlichen Behinderungen leiden. Entsprechend der Tradition werden solche Kinder als schlechtes Omen betrachtet und im besten Fall ausgesetzt. Im schlimmsten

Fall werden sie getötet. Einige der Heimkinder sind ehemalige Straßenkinder, die hier ein neues Zuhause finden, weg von dem harten Leben auf der Straße. Andere haben keinen anderen Ausweg gesehen, den Zuständen der Gewalt, Misshandlung und Vernachlässigung im Elternhaus zu entkommen, als die Flucht. Weitere Gründe, die dazu führen, dass ein Kind in einem solchen Heim endet, sind pure Armut und Verzweiflung. Viele Eltern sind finanziell oder emotional nicht in der Lage, für ihre Kinder zu sorgen, auch wenn sie das gerne tun würden. Ein weiteres gravierendes Problem ist die Pandemie Aids, die viele Kinder in Afrika bis heute zu Halb- oder Vollwaisen macht.

Das Children's Home, in das ich kam, ist nach der Ehefrau des ersten kenianischen Präsidenten Jomo Kenyatta benannt, einer Kikuyu. Jomo Kenyatta war Kikuyu, Nairobi war eine Hochburg der Kikuyu, und auch das Kinderheim wurde von Kikuyu geleitet. Für die Kinder aus anderen Ethnien hieß das, sich anzupassen und ihre eigene Sprache zu vergessen. Wir waren damals etwa siebzig Kinder, rund fünfzig waren Kikuyu, ein paar gehörten zum Volk der Meru und Embu, die aus den Nachbarregionen der Kikuyu stammten und die Sprache zumindest verstanden. Außerdem gab es noch zwei Luo und drei Luhya, die ständig von den anderen Kindern, den Hausmüttern und zum Teil auch von der Heimleitung wegen ihrer Herkunft gehänselt wurden. Mit mir kam einer dazu, der nicht einmal eindeutig als Kenianer zu identifizieren war …

Es war ein Nachmittag im November des Jahres 1991, als ich mit dem Landrover des Jugendamtes in das Kinderheim gebracht wurde. Auf dem Hof herrschte reges Treiben, die meisten Kinder kamen gerade von der Schule zurück. Neugierig betrachteten sie den Neuankömmling. Ich war mir nicht sicher, ob ihre Blicke eher freundlich und offen waren oder doch feindselig. Nachdem die Justizbeamten mich in der Eingangshalle abgegeben hatten, ließ man mich auf einer Bank sitzend warten, während der Papierkram bearbeitet wurde. Ich war nervös, was man auch daran merken konnte, dass ich mich andauernd kratzte. Seit meinem Aufenthalt in der Polizeizelle gehörten Bettwanzen, Flöhe oder Läuse zu meinen ständigen Begleitern. Inzwischen hatte ich gelernt, den permanenten Juckreiz weitgehend zu ignorieren. In Situationen, in denen ich angespannt war, hätte ich mir allerdings die Haut vom Leib ziehen können.

Typisch, dass mir der Mist ausgerechnet jetzt wieder auffällt, dachte ich verärgert und versuchte vergeblich, meine Hände stillzuhalten. Während ich immer wieder über verschiedene Körperteile schabte, blieb mein Blick an meinem linken Arm hängen. Von der Achselhöhle bis zum Ellenbogen war die ganze Haut überzogen mit einem juckenden Ekzem. Das waren keine Flohbisse, genau so etwas hatte ich bei vielen Kindern im Heim von Kabete schon einmal gesehen. Mist, Krätze! Milbenbefall, bei dem der Juckreiz dadurch ausgelöst wird, dass die weiblichen Milben Kot und Eier unter die oberste Hautschicht legen. Ich hatte Monate unter auch nicht gerade appetitlichen Bedingungen auf der Straße überstanden, aber so etwas hatte ich mir bislang noch nicht eingefangen. Das war nicht unbedingt der Einstand, den ich mir vorgestellt hatte, und schnell zog ich mein Hemd über den Arm, um die eindeutigen Spuren zu verstecken.

Es war schon dunkel, als ich endlich in das Büro der Heimleiterin gerufen wurde. Sie war eine etwas hellhäutigere Frau, die wusste, wie man sich zurechtmacht. Ihre Haare wirkten auf eine künstliche Weise schön, und ihr Gesicht war so hell gepudert, dass es einem richtig ins Auge stach. Ihre Lippen waren stark geschminkt, ihre Augen hatte sie mit einem hellen Lidschatten betont. Sie trug einen etwas zu kurz geratenen Rock und gab mir nicht einmal die Hand.

Unsicher, wie ich mich verhalten sollte, ließ ich meinen Blick durch den Raum schweifen. Auf einem Tisch in der Ecke standen kleine Flaschen mit Cola und Sirup der Marken Quencher und Tree Top; dazu noch teure Kekse und Süßigkeiten, die ich bis dahin nur in sehr noblen und westlich orientierten Geschäften gesehen hatte oder gar nicht kannte. Bei diesem Anblick lief mir das Wasser im Mund zusammen, ich konnte meine Augen kaum davon losreißen.

Die Stimme der Frau erinnerte mich daran, wo ich war. Ich war nicht in einem Feinkostgeschäft gelandet, hier ging es auch nicht darum, was ich als Nächstes in mich hineinstopfen könnte. Der erste Satz, den sie an mich richtete, zerschnitt die Stille und traf mich völlig unvorbereitet: »Du wirst so lange hier bei uns bleiben, bis wir deine Herkunft festgestellt haben. Dann werden wir dich dorthin zurückschicken, bis dahin bist du hier nur geduldet. Also halte dich an die Regeln.«

Das war alles, was ich an diesem Tag von ihr hörte, denn im nächsten Augenblick klopfte es an der Tür. Eine mittelgroße Frau kam herein, die anscheinend schon erwartet wurde. Sie hatte einen normalen afrikanischen Teint, weder zu hell noch zu dunkel. Und sie war kaum geschminkt, nur ihre Haare hatte sie etwas geglättet. Die beiden tauschten einige Sätze auf Kikuyu aus, die ich nicht verstand. Erst hinterher erfuhr ich, dass sie die oberste Hausmutter des Kinderheims war, die Matron. Ich schätzte sie auf etwas über vierzig Jahre, womit ich aber auch völlig danebenliegen konnte. Sie hatte ein Gesicht mit kleinen, verkniffenen Augen und nach unten hängenden Mundwinkeln, das sie vielleicht einfach nur älter aussehen ließ, als sie war. So, als würde sie sich seit Jahren verzweifelt bemühen, möglichst grimmig und ernst aus der Wäsche zu schauen. Ganz nach dem Motto: Versuch erst gar nicht, dich unartig zu benehmen, du unerzogener Bengel, ich krieg's ja doch raus! Und dann gnade dir Gott!

Diese Frau war Mama Wambui. In allen Heimen Kenias nennen die Kinder ihre Betreuerinnen »Mama« oder »Baba«. Das hat nichts damit zu tun, dass die Frauen eine Art Mutterrolle bekleideten, sondern betonte schlicht deren Stellung als Respektsperson. Die Matron hatte mich angewiesen, auf dem Gang zu warten, bis sie ihr Gespräch mit Mama Wambui beendet hatte. Nach ein paar Minuten kam sie aus dem Büro heraus und verschwand für einige Zeit irgendwo im Haus. Als sie zurückkam, hatte sie eine sehr streng riechende flüssige Seife in einem Plastikbehälter in der einen Hand, eine Plastiktüte mit Kleidungsstücken in der anderen. Auf der Packung der Flüssigseife stand: »Dettol antiseptic disinfectant«. Dann forderte sie mich auf, ihr zum Waschraum zu folgen. Auf der kleinen Ablage über dem Becken lag ein Karton mit einem Stück Seife, auf dem zu lesen war: »Protex. Kills germs and protects your skin«. Ich zuppelte an meinem Ärmel herum, damit sie das Ekzem nicht bemerkte. Aber Mama Wambui kannte ihre Pappenheimer. »Du gibst zwei volle Verschlusskappen von der flüssigen Seife in einen Eimer mit Wasser und reinigst dich damit. Erst danach schrubbst du dich mit der Seife gründlich ab. Dann trocknest du dich überall sorgfältig ab und schmierst dich mit dieser Creme am ganzen Körper ein. Das machst du jeden Tag zweimal, bis deine Haut verheilt ist.« Mit Nachdruck stellte sie den Topf mit der Creme auf die Ablage: »Treatment against scabies« – zur Behandlung gegen Krätze. Das war deutlich. Mit bohrendem Blick ermahnte sie mich, ihre Anweisungen genauestens auszuführen. Dann ließ sie mich allein.

Der Waschraum war verhältnismäßig groß. In einer Ecke gab es sogar eine Duschkabine, deren Wände mit bräunlich-grünen Stockflecken überzogen waren. Der Boden des Raums war ungefliest und nur mit Zement ausgegossen, mit einem kleinen Loch in der linken Ecke, damit das Wasser abfließen konnte. Hin und wieder sah man eine Kakerlake darin verschwinden. Doch im Vergleich zu den Waschräumen, die ich in Kabete erlebt hatte, wirkte der hier blitzblank.

Das Wasser, das mir die Matron in einem Eimer bereitgestellt hatte, war eiskalt. Ich schöpfte es mit den Händen heraus, ließ es mir über Kopf und Rücken laufen und tauchte anschließend meine Arme hinein. Es ist in vielen Teilen Kenias und Ugandas üblich, sich auf diese Art zu waschen, weil es in den meisten Häusern keine Duschen gibt, von einer Badewanne ganz zu schweigen. Außerdem ist das Wasser viel zu kostbar, um es für ein Vollbad zu verschwenden. Die Eimer oder Plastikschüsseln, die man zum »Duschen« verwendet, fassen meist fünf, selten zehn Liter Wasser. Es ist gar nicht so einfach, mit dieser Menge auszukommen. Das Wasser wird immer seifiger, und vor allem aus den Haaren lassen sich die Reste nur schlecht herausspülen. Zumal immer wieder ein Schwall danebengeht, wenn man die Schüssel über dem Kopf balanciert, um in den Genuss eines Wasserstrahls von oben zu kommen.

Das kalte Wasser störte mich nicht im Geringsten; die Flüssigseife allerdings fand ich komisch. Sie schäumte kaum und hinterließ einen schmierigen Film auf der Haut, den ich nur schwer abbekam. Der Geruch war unangenehm scharf, aber das musste wohl so sein, schließlich sollte ich gründlich desinfiziert werden. Nach dem Abtrocknen stopfte ich meine alte Kleidung, meinen einzigen Besitz, in eine Plastiktüte, die ich fest verknotete. Die Matron warf den Beutel noch am gleichen Abend auf den Müll.

In den neuen Klamotten, die sie mir gegeben hatte, fühlte ich mich wie neugeboren. Ich bekam ein farbenfrohes langärmeliges Hemd, eine Unterhose ohne Löcher und eine graue Hose. Die Sachen hatten deutliche Gebrauchsspuren, die Unterhose war auch etwas zu eng, aber im Vergleich zu meinen alten wirkten sie wie frisch von der Stange, und ich war glücklich damit.

Als Mama Wambui mich später in den Speisesaal brachte, hatten die anderen Kinder schon gegessen. Ich setzte mich allein an einen der Tische und verschlang eine Portion Ugali mit gekochtem Kohl. Dazu bekam ich noch einen halben Liter Milch.

Was für ein Luxus! Nach dem Essen wurde ich einem Schlafsaal zugeteilt, in dem die Jungen schliefen, die bereits auf die Grundschule gingen. Der Raum war etwa vierzig Quadratmeter groß. Durch die Mitte verlief ein Gang, der zu kleineren, mit Bretterwänden voneinander abgetrennten Schlafbereichen führte, in denen jeweils vier Stockbetten standen. Die Matratzen waren mit einem Laken überzogen, obendrauf lagen Bettdecken. Dank der Fenster an der Außenwand wirkten die Abteile wie richtige Schlafzimmer – es gab sogar für jedes Kind ein kleines Ablagefach neben dem Bett. Das Fach, das von nun an mir gehören sollte, war noch leer.

Der Platz, der mir zugewiesen wurde, war die obere Etage des Stockbettes, das ganz hinten rechts stand. Müde und erschöpft kletterte ich hinauf. Als ich die Zimmerdecke über mir sah und die Wärme der Bettdecke spürte, durchfuhr mich ein großes Glücksgefühl. Ab sofort würde mir ein eigenes, bequemes Bett gehören. Ab sofort durfte ich mich satt essen, ab sofort würde ich einen einigermaßen geregelten Alltag haben. Ich war dankbar, dass ich einen Ort gefunden hatte, den ich »mein Zuhause« nennen konnte. Ich zog mir die Bettdecke über das Gesicht, damit niemand mitbekam, dass ich unkontrolliert weinte.

*

Gegen halb sechs Uhr am Morgen wurden wir geweckt. Ich war so aufgewühlt gewesen, dass ich kaum ein Auge zugetan hatte. In meinem Kopf waren die Gedanken Achterbahn gefahren. Bilder aus der Vergangenheit waren aufgetaucht und hatten sich aneinandergereiht wie Perlen auf einer Kette. In Nairobi schloss sich der Kreis. War ich jetzt endlich an dem Ort angekommen, an dem mein großer Traum Wirklichkeit werden konnte? Oder würde es nur wieder eine kurze Zwischenstation werden auf dem Weg zurück auf die Straße? Niemand hatte mir bisher gesagt, ob ich tatsächlich zur Schule gehen durfte. Ich wollte darum kämpfen wie ein Löwe.

Entschlossen schob ich die Decke zur Seite und kletterte aus dem Bett. Im Schlafsaal herrschte schon munteres Treiben. Vor dem Frühstück mussten verschiedene Aufgaben erledigt werden. Während die größeren Mädchen die kleinen Kinder wuschen, mussten wir Jungs dreckige Kleidung und die Stoffwindeln der Jüngsten reinigen. Es war immer eine der Mamas dabei, um zu kontrollieren, ob wir auch alles richtig und ordentlich machten. Erst danach durften wir in den Speisesaal. Das Frühstück bestand in der Regel aus einem Teller Milch-Porridge und Bananen oder Brot. Ich liebte dieses Frühstück.

Es war mein erster Morgen in Mama Ngina Children's Home. Ich hatte mir vorgenommen, brav, höflich und rücksichtsvoll zu sein. Genau das Gegenteil von dem, was man von einem Straßenkind erwartete. Während der morgendlichen »Arbeitsschicht« hatte ich mir besonders viel Mühe gegeben. Ich hatte weit mehr Kleidungsstücke gewaschen, als nötig gewesen wäre. Ich hatte alle sehr freundlich gegrüßt und angelächelt und mich für jeden Pieps bedankt. Später sollte ich diese übertriebene Höflichkeit noch bereuen müssen.

Nach dem Frühstück war das Kinderheim auf einmal wie leergefegt; bis auf die Allerkleinsten waren alle entweder zu den umliegenden Schulen oder in den Kindergarten nebenan gegangen. Nur ich blieb zurück. Man erklärte mir, ich sei noch nicht offiziell als Neuzugang im Kinderheim registriert und könne daher vorerst keiner Schule zugeteilt werden. Bis die Behörden grünes Licht gaben, würde ich als Hilfskraft in der Küche eingesetzt werden. Als Erstes musste ich das Frühstücksgeschirr im Speisesaal abräumen, dann die zwölf großen Tische abwischen, den Boden fegen und schließlich das ganze Geschirr abwaschen. Bis ich das alles hinter mich gebracht hatte, war es weit nach neun.

Der nächste Programmpunkt hieß Gartenarbeit. Das Kinderheim stand auf einem relativ großen Grundstück, zu dem auch ein Garten gehörte. Hier wurden Ziegen, Schafe, Kaninchen und Hühner gehalten. Für die Bepflanzung des Gartens und die Pflege der Tiere war ein Mann namens Baba Wachira zuständig, der die Aufgabe nicht allein bewältigen konnte. An manchen Vormittagen wurden deshalb ein paar Häftlinge mit einem Gefängnisbus ins Gewerbegebiet von Nairobi gekarrt, in Handschellen und von bewaffneten Justizbeamten überwacht. Ihre Uniformen erinnerten mich immer an meine eigene Zeit im Gefängnis. Dort hatten wir die gleichen tragen müssen. Im Heim erzählte man sich allerlei Schauergeschichten von missglückten Fluchtversuchen. Einer habe es einmal geschafft, über den hohen Zaun des Gartens zu klettern und ein paar Meter davonzulaufen, bis ihn ein regelrechter Kugelhagel aus einer AK-47 durchlöcherte. Es muss ausgesehen haben wie auf dem Schlachtfeld. Die anderen Gefangenen seien zur Strafe niedergeknüppelt worden, weil sie ihren Knastbruder nicht verraten und am Fluchtversuch gehindert hatten. Für die Kinder, die die Szene beobachtet hatten, muss das Ganze wie ein Alptraum gewesen sein.

Ich hatte gerade die letzte Tasse des Frühstücksgeschirrs abgewaschen, als ein relativ kleiner Mann mit hellem Teint, lauter Rasierpickeln auf den Wangen und geröteten Augen zu mir kam. Er stank nach kaltem Zigarettenrauch und forderte mich energisch auf, ihm zu folgen. »Mein Name ist Wachira«, brummte er auf Kiswahili mit einem starken Kikuyu-Akzent. »Du kommst jetzt mit mir. Und zwar gleich.«

Wachira brachte mich zu den Schafen und Ziegen, die auf dem Grundstück des Kinderheims frei grasen durften. Nur, wenn sie dem Gemüsegarten zu nahe kamen, musste man dazwischengehen. Als Erstes misteten wir den Stall aus. Danach gingen wir zu den Hühnern. Auch hier musste ausgemistet werden, anschließend sammelten wir die Eier ein. Die Kaninchen kamen meist erst am Nachmittag dran. Nachdem die Tiere versorgt waren, mussten die Pflanzen bewässert werden. Es gab natürlich keinen Gartenschlauch, das Wasser musste mühsam, Eimer für Eimer, aus dem dreckigen Fluss herangeschleppt werden, der hinter dem Zaun des Heims vorbeifloss. Im Garten wurden hauptsächlich Sukuma wiki, Tomaten, Spinat und Kohl angebaut. Es war eine Knochenarbeit, alle Beete zu bewässern, der schwere Eimer schlug bei jedem Schritt gegen die Beine, und vom herausschwappenden Wasser hatte ich schnell eine nasse Hose. Zum Glück war Wachira ein fleißiger Mann und ließ mich nicht die ganze Arbeit allein machen. Da gab es im Heim ganz andere, die für ihren Job Geld einstrichen und letztlich die Kinder schuften ließen.

Zum Mittagessen durfte ich meine erste Pause machen. Auf dem Speiseplan stand Githeri, ein einfaches Gericht aus Mais und roten Bohnen. Simba, die Heimköchin, warf mir einen strengen Blick zu, als sie mir eine große Portion auf den Teller gab. »Du warst auf einmal weg. Ich hätte dich noch gebraucht, es gab einiges zu tun.«

Simba war eine echte Luo-Mama, eine Löwin, ganz der Bedeutung ihres Namens auf Kiswahili entsprechend. Sie war die einzige Luo, die im Kinderheim arbeitete. Sie war breit und großgewachsen, mit einer dunklen Haut und strahlend weißen Zähnen. Sie hatte eine enorme Präsenz und eine freundliche, aber bestimmte Ausstrahlung. Aus ihrer kräftigen lauten Stimme klangen Selbstbewusstsein, Durchsetzungskraft und Stolz. Eine echte Luo eben. Selbst die pubertierenden Jungs, die manchen anderen Mamas das Leben schwermachten, kuschten vor ihr. Sie wussten, dass sie allerspätestens bei der Vergabe der Essensportionen ihre Strafe bekommen würden.

»Wachira hat mich abgeholt, ich habe bis eben bei ihm gearbeitet«, antwortete ich höflich und fast ein wenig ängstlich.

Simba und Wachira waren Konkurrenten, wenn es darum ging, mögliche Arbeitskräfte zu rekrutieren. Sowohl in der Küche als auch im Garten war ständig Not am Mann. Simba musste jeden Tag gut hundert hungrige Mäuler stopfen, Angestellte inklusive. Frühstück, Mittagessen, Abendbrot. Dazu kamen die Zubereitung von Tee oder kleinen Snacks für Mitarbeiter und Gäste, der Abwasch und das Saubermachen von Küche und Speisesaal. Eine Person allein, selbst eine von Simbas Kaliber, konnte das unmöglich schaffen.

Wachira wiederum war nicht nur für den ganzen Garten und die Tiere zuständig, sondern arbeitete auch als Hausmeister. Er musste das gesamte etwa zehntausend Quadratmeter große Grundstück in Schuss halten, hier und da etwas am Gebäude ausbessern und die technischen Geräte warten. Mit anderen Worten: Die beiden waren ständig überlastet und vergaßen dabei gerne, dass die Kinder, die sie mit einspannten, auch mal eine Pause zum Ausruhen oder Spielen brauchten. Wenn es um die Zuteilung von Aushilfskräften ging, hatte Wachira meist die Nase vorn. Das lag nicht daran, dass er ein Mann war, sondern daran, dass seine Arbeit als härter und oft dringlicher empfunden wurde. Für uns Kinder war es allerdings lohnender, bei Simba mitzuhelfen. In der Küche gab es ständig etwas zum Naschen, und wenn man seinen Job gut erledigt hatte, bekam man bei der Essensverteilung einen Nachschlag.

Nach dem Mittagessen gingen die größeren Kinder zurück in den Nachmittagsunterricht; erst um fünf würden sie wieder ins Heim kommen. Ich war gerade dabei, die Tische abzuwischen und zu fegen, als Wachira wieder auftauchte. Eine Menge Unkraut auf den Spinatfeldern würde auf mich warten. Und das mitten in der glühenden Nachmittagssonne.

Wachiras Arbeitstag endete um 16 Uhr. Erst dann durfte auch ich meine Jembe, eine kleine Hacke, aus der Hand legen. Ich war hundemüde und hätte mich am liebsten in mein Bett gelegt. Aber bis zur Nachtruhe hatten wir dort nichts zu suchen. Weil ich nicht von Simba oder einer der anderen Mamas gleich den nächsten Job aufgebrummt bekommen wollte, beschloss ich, mich etwas auf dem Gelände umzusehen.

Auf dem Grundstück standen überwiegend ebenerdige Gebäude. Man betrat es durch ein großes Tor, den einzigen legalen Zugang zu dem komplett umzäunten Areal. Der hohe Drahtzaun war mit dichtem Efeu und anderen Pflanzen bewachsen, die meist Dornen hatten. Zum Hauptgebäude führte ein breiter, etwa zehn Meter langer Asphaltstreifen, der auch als Parkplatz diente. Rechts davon befand sich eine Rasenfläche mit ein paar Bäumen und einer etwa anderthalb Meter hohen Säule. Auf allen vier Seiten der Säule war in unterschiedlichen Sprachen ein Satz eingraviert. Erst als ich die englische Version las, wurde mir klar, worum es ging: »Peace be on earth«. An das Ende der Rasenfläche grenzte ein Spielplatz für die Kleinen mit einem Karussell, einer Schaukel und einem Klettergerüst.

Links der »Zufahrtsstraße« befand sich die Hauptwasserstelle, die das Heim auch in Zeiten der Dürre mit Trinkwasser versorgte. Das gesamte Hauptgebäude hatte eine Länge von etwa sechzig Metern. Während im mittleren Block die Büros der Verwaltung untergebracht waren, wurde der linke Flügel von den Jungs, der rechte von den Mädchen bewohnt. Der linke Trakt war nachträglich um einen Kindergarten erweitert worden, bei den Mädchen hatte man einen Raum für die Babys ergänzt. Man konnte durch das gesamte Gebäude in einem Rutsch durchrennen, auf dem Gang gab es manche wilde Toberei, bis irgendwo im Verwaltungstrakt eine Tür aufflog und wir zur Räson gebracht wurden.

Im mittleren Gebäudeteil, dem einzigen mit einem Obergeschoss, befanden sich fünf Büros. Rechts von der Eingangstür aus Holz und Glas war das Zimmer der Hausmütter. Wenn man die Eingangshalle durchquerte, gelangte man in den Speisesaal, an den sich Simbas Reich anschloss. Bog man links in den langen Gang ein, kam man an der Bibliothek vorbei; rechts gab es noch einen großen Lagerraum.

Die gesamte Fläche hinter dem Gebäude durfte als Spielwiese genutzt werden; hier standen auch Fußballtore. An der linken Zaunseite standen zwei kleine Häuserblocks, in denen einige der Mitarbeiter wohnten, darunter auch die mächtige Simba. An der Stirnseite des Zauns lag der Kaninchenstall, daneben das große breite Kompostloch. Der Gemüsegarten und die Stallungen der anderen Tiere waren entlang der rechten Seite errichtet worden. Der Zaun hinter den Ställen war ziemlich durchlöchert und diente den größeren Kinder als Schlupfloch, wenn sie das Gelände ohne Erlaubnis verlassen wollten. Für die größeren Jungs, die schon die Sekundarschule besuchten, gab es hinter dem Babybereich ein kleines Häuschen, das aussah wie ein Container. Hier konnten sie ungehört ihre Marihuana-Partys feiern und laut Reggae-Musik hören, da sich kaum eine der Mamas in dieses »Haus der Männer« traute.

Gerald, einer der beiden Luhya im Heim, begleitete mich auf meiner Besichtigungstour. Immer wieder mussten wir uns verstecken, wenn eine der Mamas um die Ecke bog. Unser Rundgang endete im Babysaal, wo mir beim Anblick der armen Würmer wirklich anders wurde. Alle waren Fundbabys. Manche waren erst ein paar Tage alt, andere wirkten krank und sahen ausgemergelt aus. Ein kleines Mädchen, das vielleicht ein Jahr alt war, blickte mich mit großen Augen neugierig an. Ich traute mich nicht, sie hochzunehmen, und begnügte mich damit, alle möglichen Faxen zu machen. Das Mädchen quiekte vergnügt. Ich war so vertieft, dass ich nicht bemerkte, wie sich Gerald aus dem Staub machte. Gefahr im Verzug, in Person von Mama Gathigo.

»So, das ist Baby Joyce. Sie möchte von dir gefüttert werden«, sagte sie und hielt mir das winzige Bündel hin. Aber als sie den

Ausschlag auf meinen Armen entdeckte, forderte sie mich unmissverständlich auf, den Babysaal sofort zu verlassen.

*

Am späten Nachmittag hatte ich erstmals die Gelegenheit, einige der anderen Kinder in meinem Alter kennenzulernen. Nach der Schule mussten sich die Jungs um die Kaninchen kümmern, dann war Fußball angesagt. Die Mädels suchten sich eher ein ruhiges Eckchen, in dem sie quatschen konnten. Ich war völlig überfordert mit den ganzen Namen, die ich mir merken sollte. Kang'ethe, Nganga, Njenga, Kihara, Isaac, Muthee, Kimani, Mutua, Murage, Maina, Kagi, Thiong'o, Mbogo, Mungai, Kio, Njiru, Ngugi, Macharia, Karioki, Mwangi, Kamau, Moses, Karanja, Kareithi. Und das waren nur ein paar der Jungs! Die Mädchen hießen Schiro, Schiko, Njoki, Wamaitha, Wanjugu, Gathoni, Muthiora ... Viel zu viele Namen an diesem Tag, an dem ohnehin schon so viele Eindrücke auf mich eingeprasselt waren.

Die Klingel rief uns zum Abendbrot in den großen Saal. Allerdings durften wir uns nicht gleich zur Essensvergabe stürzen, sondern wurden aufgefordert, uns still an die Tische zu setzen. Kurz darauf betrat die Heimleiterin, Frau Njoroge, mit einem Inder den Raum, den sie in einer kleinen Ansprache als Wohltäter pries. Er hatte – offenbar nicht zum ersten Mal – indisches Essen für das Heim gespendet. Denn während ich nur langsam kaute und völlig hin und weg von Geruch und Geschmack der Speisen war, meinten die anderen Kinder an meinem Tisch nur: »Lecker, oder?«, bevor sie aufsprangen, um sich einen Nachschlag zu holen, in der Hoffnung, dass Simba ein Auge zudrückte.

Nach dem Abendessen war es für die anderen Kinder an der Zeit, ihre Hausaufgaben zu machen. Ich war der einzige der Älteren, der nicht über irgendwelchen Heften und Büchern hocken musste. Ich war ein wenig neidisch, bis ich merkte, dass manche von ihnen vor allem in Englisch weniger wussten als ich. Sie nahmen meine Hilfe gerne an, was meine Akzeptanz in der Gruppe festigte.

Gegen 22 Uhr kam ich endlich ins Bett. Ich war todmüde und spürte jeden einzelnen Muskel. An den Innenflächen meiner Hände hatten sich brennende Blasen gebildet, vermutlich durch die Arbeit mit der Forke und das Tragen der Wassereimer. Meine Schultern fühlten sich an, als könnten meine dünnen Ärmchen jeden Moment abfallen. Und auch das Fußballspielen war nicht ganz ohne gewesen, das gaben mir meine Beine deutlich zu verstehen. Auch wenn jede Faser meines Körpers schmerzte – das alles zeigte mir schließlich, dass ich lebte.

*

Endlich kam das Wochenende, mein erstes im Mama Ngina Children's Home. Ich liebte die Wochenenden im Heim, denn da gab es nicht nur mich als zusätzliche Arbeitskraft, sondern auch die ganzen anderen Kinder. Außerdem durften wir an den Wochenenden immer etwas länger schlafen. Zum Frühstück gab es meistens Chai mit extra viel Milch und genug Zucker, für uns der Inbegriff von Luxus. Ab und zu, meist an Sonntagen, bekamen wir ein opulentes Frühstück mit Eiern und manchmal sogar Milchreis. Die Speisen wurden gespendet, hauptsächlich von reichen Indern. Fleisch gab es eher selten, da viele unserer Wohltäter Hindus waren und kein Fleisch aßen. Was es hingegen im Überfluss gab, war frisches Obst. In Limuru, Thika, Machakos und anderen Orten rund um Nairobi gibt es große Plantagen. Wir bekamen Pflaumen, Birnen, Mangos, Orangen, Ananas und Bananen, ab und zu sogar Erdbeeren, Äpfel und Trauben aus den Regionen um den Mount Kenya, wo eher mediterranes Klima herrscht. Die Kinderheime in Nairobi profitierten davon, dass viele Händler ihre Waren illegal am Straßenrand verkauften, um Standmieten und Steuern zu sparen. Wurden sie dabei von der Polizei erwischt, fand die beschlagnahmte Ware meist ihren Weg in Kinderheime, wo wir dann regelrechte Obstpartys feierten. Auch wenn die Heimleitung und die Mamas – und wahrscheinlich die Polizisten – vorab das Beste für sich aussortierten, blieb noch mehr als genug für uns übrig.

Natürlich hatten Wachira, Simba und die anderen Mamas auch am Wochenende eine Menge Arbeit für uns; aber an diesen Tagen wurden wir dabei häufig von Freiwilligen aus christlichen und anderen Jugendgruppen der Umgebung unterstützt. Ein weiterer Vorteil war, dass die Mamas vor diesen Besuchern immer Eindruck machen wollten. Deshalb ließen sie uns eher spielen und erledigten ihre Aufgaben selbst, zumindest solange Fremde im Haus waren. Die besten Besucher waren für uns aber immer noch diejenigen, die Süßigkeiten, etwas zu essen, Kleidung oder irgendwelche anderen Geschenke für uns dabeihatten. Nur wenn sie ihre Gaben an Ort und Stelle an uns verteilten, hatten wir eine Chance, dass wir wirklich etwas davon abbekamen. Das meiste von dem, das sie bei den Mitarbeitern abgaben, wurde nicht selten unter den Heimleitern und Mamas aufgeteilt. Es gab sogar Gerüchte, dass einige der leitenden Mitarbeiter einen schwunghaften Handel mit gespendeten Sachen unterhielten, um ihr Einkommen aufzubessern.

In den folgenden Wochen bemerkte ich, dass mein Name immer ganz oben stand, wenn es um die Arbeitsverteilung an den Wochenenden ging. Kaum benötigte eine der Mamas Hilfe, hörte ich schon nach mir rufen. Dabei hätten sie mir am Wochenende auch einmal eine Pause gönnen müssen, da ich ihnen im Gegensatz zu den anderen Kindern ja auch während der Woche stets zu Diensten war. Es gab Situationen, da hätte ich mich vierteilen müssen, um allen gerecht zu werden, während andere

Kinder nie einen Finger krumm machen mussten. Anfangs hatte ich mich noch geschmeichelt gefühlt. Der Moment der Ernüchterung kam, als ich einmal hörte, wie sich einige Kinder weigerten, eine zusätzliche Arbeit zu verrichten. Sie forderten vehement Pausen und Spielzeiten ein – und setzten sich damit durch. Sie schienen ihre Rechte zu kennen. Aber welche Rechte hatte ich denn hier? Während die meisten anderen bereits als dauerhafte Bewohner aufgenommen worden waren, war ich nur einer, der übergangsweise hier sein durfte. Ich hatte keine Familie, und sei sie noch so arm, und war nur einer dieser umherziehenden marodierenden Kleinkriminellen von der Straße. Außerdem machte mich allein schon mein Aussehen zum Außenseiter. Aus all diesen Gründen hatte ich mich bemüht, besonders nett, höflich und willig zu sein. Die Erwachsenen, die hier arbeiteten und zum Teil stark überlastet waren, verstanden sich leider schnell darauf, das auszunutzen. Ich hatte ihnen den kleinen Finger gegeben, und sie nahmen gleich die ganze Hand. Immer öfter erlebte ich, dass ich schuften musste, während die anderen Kinder spielten oder sich ausruhten. Dafür bekam ich nicht einmal ein Dankeschön. Und wenn die Mamas irgendwelche netten Sachen zu verteilen hatten, kam ich noch immer als Letzter an die Reihe.

Wenn es nicht gerade um die Arbeitsverteilung ging, ließ man mich spüren, dass ich nicht dazugehörte, dass ich anders war. Ein Nichts, ein Kind, das man jederzeit wieder loswerden konnte, falls es Probleme machte. Das fing schon bei meinem Nachnamen an, den sie bei jeder Gelegenheit verhunzten. Aus Oprong wurde Otorongo (klingt lustiger und fremder in afrikanischen Ohren), Orongo (der Falsche), Oconical (Eierkopf), usw. Manche nannten mich sogar Okonkwo, in Anlehnung an Chinua Achebes grausame Figur in seinem Roman »Things fall apart«. Der Mann ist im Buch ein Kindsmörder.

Die Missachtung, mit der mir einige Mitarbeiter begegneten, führte dazu, dass ich auch bei den Kindern unter Beschuss geriet. Vor allem die älteren hänselten mich, und einmal bespuckte mich Nganga sogar, einer der Jungs, der im Heim als Platzhirsch galt und gegen den niemand aufmuckte. Vor einer Gruppe von Kindern machte er sich über meinen Akzent lustig und forderte mich auf, meinen linken Arm herzuzeigen. Ich wusste, worauf er hinauswollte, und weigerte mich standhaft.

Als sie endlich von mir abließen, suchte ich mir ein sicheres Versteck im Garten, nahm eine alte Dose aus Metall und ritzte meine Haut genau an der Stelle auf, an der die Kenianer ihre Impfnarbe trugen. Ich versteckte die verkrustete Wunde so lange, bis sie nach etwa zwei Wochen verheilt war. Leider musste ich feststellen, dass ich mich mit der Stelle der Narbe um ein paar Zentimeter vertan hatte. Ich hatte meine Haut zu weit oben aufgeritzt und musste noch mal ran. Diesmal aber richtig. Sollte noch einmal einer kommen und behaupten, ich sei kein richtiger Kenianer. Ich war genau genommen sogar ein doppelter!

Den Hänseleien hatte ich durch meine Ritzerei zwar ein Ende bereitet; was meine Arbeitssituation anging, hatte ich das noch vor mir. Aber mit der Zeit lernte ich, wie ich die Mamas und Wachira gegeneinander ausspielen konnte. Wenn ich Lust hatte, im Freien zu arbeiten, drückte ich mich so lange im Garten herum, bis Wachira mich entdeckte. Inzwischen bekam ich keine Blasen mehr an den Händen, weil sich längst Hornhaut gebildet hatte. Meine Muskeln kamen zurück, und das war schließlich auch nicht verkehrt. Vor den Arbeiten im Haus oder bei Simba in der Küche konnte ich mich am besten drücken, wenn ich vorgab, im Kindergarten helfen zu müssen. Das war eine leichte Arbeit, die mir – und vor allem den Kleinen – sogar Spaß machte. Ich musste kaum mehr tun, als Faxen zu machen, hin und wieder eine Geschichte zu erzählen oder ein Lied zu singen. Die Kindergärtner mochten mich und luden mich in den Pausen manchmal zu einer Tasse Tee ein. Das Beste war, wenn ich mit ihnen gemeinsam zu Mittag essen durfte. Es schmeckte nicht nur besser, sondern es gab auch viel öfter Fleisch. Am Nachmittag verdrückte ich mich schnellstmöglich zu den Babys, bevor mich Wachira oder Simba am Schlafittchen packen konnte. Aber das klappte natürlich nicht immer.

*

Inzwischen waren über zwei Monate vergangen. Ich hatte zugelegt, war fast ein wenig pummelig, aber auch muskulöser geworden und hatte mich mit meiner Situation arrangiert. Mein Ablagefach hatte sich mit einigen wenigen persönlichen Dingen gefüllt, und dank einer wohltätigen Spende besaß ich mittlerweile auch ein paar Kleidungsstücke zum Wechseln. Nur die Schuhe fehlten noch. Ein untrügliches Zeichen dafür, dass ich immer noch nicht zur Schule ging. In Nairobi war es Pflicht, dass alle Schulkinder Schuhe trugen.

Fürs Erste sollte sich daran auch nichts ändern, denn die Ferienzeit stand an. Das bedeutete, dass ich mich tagsüber nicht mehr einsam fühlen musste, denn alle blieben im Heim. Auch die Älteren, die eine internatähnliche Einrichtung besuchten und nur während der Ferien im Heim schliefen. Die meisten von ihnen gingen auf eine Sekundarschule namens Athi River Academy, einer besuchte sogar das renommierte Starehe Boys Centre, damals eine der besten Schulen im ganzen Land.

Während der Ferien wurden wir von einem Sponsor zu einer großen Feier in die sogenannten Bomas of Kenya eingeladen. Dort liefen nicht nur sehr coole Shows mit professionellen Komikern, wir durften auch selbst die Bühne stürmen, um zu tanzen. Und was das anging, hatten wir Übung. Aus dem »Herrenhaus« der größeren Jungs dudelte ständig Reggae-Musik von Bob Marley, Gregory Isaacs, Yellowman, Lucky Dube und anderen. Wenn wir uns unbeobachtet fühlten, hüpften wir wie die Irren um den Container herum. Und manchmal lieh uns Mama Wambui für ein paar Stunden ihren Kassettenrekorder. Mit den Songs von Bobbie Brown, MC Hammer oder TLC fühlten wir uns wie die allercoolsten Rapper überhaupt. Sie hatten es echt drauf, und wir eiferten ihnen nach, so gut es eben ging. Die anderen Jungs rappten auf Kiswahili, für die englischen Raps war ich meistens zuständig. Einige habe ich sogar selbst geschrieben.

Aber dass die Ferien ein einziges Zuckerschlecken gewesen wären, konnte man auch nicht gerade sagen. Vor allem auf uns ältere Jungs wartete eine harte Prüfung ...

*

Bei den Kikuyu ist es Tradition, die Jungs mit etwa zwölf Jahren zu beschneiden. Erst nach diesem Ritual werden sie als richtige Männer anerkannt. Ich war schon knapp dreizehn, lebte vornehmlich mit Kikuyu und hatte keine Wahl. Aus dem Kinderheim waren in diesem Jahr Isaac, Njenga, Nganga, Kagi, Kathigo, Kimani, Karanja, Kihara, Kareithi und ich dran. Kurz nach Beginn der großen Ferien im November wurden wir eines Morgens ganz früh aus den Federn geholt und ins Krankenhaus von Kiambuu gefahren. Der Ort im Umland von Nairobi gilt als Kikuyu-Hochburg schlechthin. Wenn es Beschneidungsspezialisten gab, dann dort.

Uns allen stand die blanke Angst ins Gesicht geschrieben, aber als zukünftige »Männer« durften wir das natürlich nicht zugeben. Es galt, während der Beschneidung weder zu weinen noch zu schreien. Egal, wie stark die Schmerzen sein würden, es wurde von uns erwartet, dass wir die Prozedur klaglos über uns ergehen ließen.

Als wir das Krankenhaus betraten, war schon alles vorbereitet. Nganga, der unumstrittene Wortführer unserer Gruppe, stand ganz vorne, ich war der Letzte in der Schlange. Aber das sollte mir auch nicht helfen. Die Männer wiesen uns zehn provisorische Operationsstühle zu, dann ging es los. Selbstverständlich streng hierarchisch. Der Beschneider mit der größten Erfahrung widmete sich Nganga, ich bekam den Azubi zugeteilt.

Es waren höllische Schmerzen, als dieser Kerl mit einer Art Schere meine Vorhaut abschnitt. Ich hatte das Gefühl, als hätte die Lokalanästhesie überhaupt nicht gewirkt. Zu allem Überfluss hielt er ständig inne, um seine Kollegen zu beobachten. Wahrscheinlich war ich der Erste, der in die Hände dieses Stümpers geraten war. Es blutete wahnsinnig, und es tat so weh, dass ich es kaum aushalten konnte. Am Ende musste ein anderer die Arbeit an mir vollenden. Die anderen Jungs waren schon längst fertig, während der Ersatzmann noch an mir herumflickte. Es wundert mich bis heute, dass ich während der Aktion tatsächlich weder geschrien noch geweint habe.

In der darauffolgenden Zeit der Regeneration und Wundheilung wurde uns im Heim nicht nur besondere Fürsorge zuteil, wir bekam auch anderes Essen. Wachira und Kibe, eigentlich der Chauffeur der Heimleitung, wurden beauftragt, sich um uns zu kümmern. Sie waren die einzigen männlichen Mitarbeiter, den Kontakt zu Frauen hatten wir in dieser Zeit zu meiden. Es hieß, dass allein die Nähe zu einem weiblichen Wesen, ja selbst der Gedanke daran, die Schmerzen verschlimmern und eine Heilung verzögern würde. Bei mir dauerte die Wundheilung natürlich am längsten. Sicher nicht, weil ich ständig an Frauen gedacht hätte, sondern weil ich den Azubi-Beschneider abbekommen hatte. Ich weiß nicht, was er anders gemacht hatte.

Nach zwei Wochen war dann aber doch alles grob verheilt. Es schmerzte zwar noch ein bisschen, wenn ich für kleine Jungs musste oder an Mädchen dachte, aber es war auszuhalten. Leider bedeutete das auch, dass wir wieder mit den anderen essen mussten. Vorbei war die Zeit der Frühstückseier und der Fleischgerichte, der Alltag hatte uns wieder. Wenigstens verschonten uns Wachira und die Mamas noch mit Arbeitsaufträgen. Das Beste aber war, dass wir ab sofort einen anderen Status hatten – aus uns waren endlich richtige Männer geworden.

Während das im traditionellen Stammesgefüge Folgen hat, auch was die Arbeit im Dorf angeht, blieb für mich allerdings alles beim Alten. Ich arbeitete morgens in der Küche des Heims, dann ging es in den Garten oder zu den Tieren.

Zu den Schafen und Ziegen, die ich hütete, während die anderen in der Schule waren, hatte ich eine besondere Beziehung entwickelt. Es waren echte Rabauken, und man durfte sie nie aus den Augen lassen, sonst hätten sie den Gemüsegarten innerhalb kürzester Zeit weggeputzt. Es gab zwar genug Gras, Sträuche und Büsche, aber das frische, zarte Gemüse schmeckte ihnen natürlich viel besser. Besonders der Ziegenbock Horse machte sehr viel Ärger, wenngleich wir Kinder ihn besonders ins Herz geschlossen hatten. Er war der größte Ziegenbock, den ich bis zum heutigen Tag je gesehen habe. Man nannte ihn nicht nur Horse, weil er so groß wie ein Pony war, sondern auch die Stärke eines Pferdes hatte. Keine Ahnung, ob unsere japanischen Spender das Tier irgendwie genmanipuliert hatten, jedenfalls war Horse kaum zu bändigen. Sämtliche Seile aus Sisal, mit denen man ihn angebunden hatte, riss er im Nu und ohne jegliche Mühe durch. Doch bei all seiner Kraft war er gutmütig und hätte uns Kindern nie ein Haar gekrümmt. Wir liebten es, heimlich auf ihm zu reiten, wenn Wachira gerade nicht in der Nähe war. Horse stand immer im Mittelpunkt, die anderen Schafe und Ziegen waren nur von Interesse, wenn sie für eine besondere Feier geschlachtet werden sollten oder sich zum zigsten Mal in das Hauptgebäude verirrt hatten und gegen die große Glasscheibe donnerten. Ich muss aber zugeben, dass ich trotz der unzähligen Stunden, die ich mit den Tieren zubrachte, nicht als begnadeter Tierhüter galt. Dieser Titel gebührte unbestritten Kang'ethe. Er war im Vergleich zu mir ein wahrer Tierflüsterer, auch wenn er nur ab und zu zum Hüten verdonnert wurde.

*

Pünktlich zum Ende der Ferienzeit im Januar bekamen wir Besuch von einer gutbetuchten indischen Kaufmannsfamilie. Zu Ehren einer der vielen indischen Götter hatten sie sich im hinduistischen Tempel in South C, dem Stadtteil, in dem sich auch das Kinderheim befand, zu einem großen Fest eingefunden. Den feierlichen Abschluss bildete ein Besuch bei Bedürftigen, denen man etwas Gutes tun wollte. Einige aus der Großfamilie waren extra aus England, Amerika und Kanada angereist und sprachen kein Kiswahili. Also musste ich herhalten. In diesem Moment zählten ausnahmsweise meine Sprachkenntnisse mehr als meine Herkunft. Die Familie hatte einen Ausflug für uns organisiert. Wir fuhren mit einem extra gemieteten Bus in den Uhuru-Park, um dort auf Booten über den Teich zu schippern. Als »Übersetzer« durfte ich im Hauptboot mitfahren, in dem auch das Familienoberhaupt saß. Und als wir später in einem noblen Hotel zu Mittag aßen, durfte ich nicht nur mit den ganz Großen und Wichtigen am Haupttisch sitzen, sondern auch mit ihnen essen. Es gab Reis, Pommes, Geflügel, mehrere Sorten Gemüse, von denen ich einige bis dahin nicht kannte, Fisch und, und … Alles, was das Herz begehrt. Ich unterhielt mich, lachte und machte Witze, als wäre ich einer von ihnen. Nach dem opulenten Essen gingen wir alle in den Zoo und in den Nairobi-Nationalpark. Auch dort saß ich sozusagen in der ersten Reihe, im bequemsten Safari-Wagen, und hatte die bestmögliche Sicht auf Löwen, Elefanten, Geparden und andere Wildtiere.

Das war ein Tag! Ich genoss es, dass mich die Heimleiterin immer wieder mit einem neidischen Blick bedachte. Denn sie wurde von der Familie weitgehend ignoriert, da ja die Kinder im Mittelpunkt stehen sollten. Wer hätte ihnen besser von unserem Alltag erzählen können als ich? Das Blatt hatte sich zugunsten des Außenseiters gewendet, wenn auch nur für die Dauer eines Tages. Wow!, dachte ich noch, als ich mein Abendgebet gemurmelt hatte und mir mit feuchten Augen die Decke über den Kopf zog ...

Mary

Mary war ein junges, hübsches irisches Mädchen. Eher klein, aber fein, äußerlich wie innerlich. Nach ihrem Lehramtsstudium am berühmten Trinity College in Dublin hatte sie sich dafür entschieden, nicht direkt ins Berufsleben einzusteigen, sondern zunächst für ein Jahr nach Afrika zu gehen, um sich sozial zu engagieren. Dafür setzte sie sogar die Liebe zu einem jungen Milchbauern aufs Spiel, der sie heiraten wollte. Er konnte nicht mitkommen, denn sein Vater war schon alt und klapprig, und die Farm würde ohne seine Hilfe nicht laufen. Das Paar hoffte, dass die Liebe das Jahr der Trennung überstehen würde. Mary landete eher zufällig in Kenia, wo sie eine Stelle als Lehrerin an der Internationalen Schule von Limuru annahm. Sie wohnte und arbeitete auf dem Gelände der »Green Acres International School«, einem Internat mitten im Grünen, das vor allem Diplomatenkinder besuchten, deren Eltern in Kenia arbeiteten. Die Schüler des Internats waren privilegiert, und sie wussten es. Ihr geschliffenes Englisch, ihre Kleidung, einfach alles an ihnen verriet ihren gutbetuchten Status und ihre Herkunft. Für das Schulgeld mussten die Eltern richtig in die Tasche greifen, aber das konnten sie auch. Zum Glück für uns wurde an der Schule soziales Engagement großgeschrieben. Die Schüler kamen häufig ins Mama Ngina Children's Home, um mit uns zu spielen, zu lernen, Musik zu machen oder zu tanzen. Im Vergleich zu uns waren sie richtige Partymäuse, die sich fantastisch bewegen konnten. Vor allem die Mädchen verdrehten uns den Kopf, wenn sie ihre Hüften kreisen ließen. Mein absoluter Lieblingstanz war der Lingala, ein kongolesischer Tanz, der mich nicht selten auf verbotene Gedanken brachte.

Mary, die selbst nur eine Grundschulklasse betreute, begleitete des Öfteren ihre Kollegin Ruth, die mit den älteren Schülern zu uns kam. Ruth stammte aus einer nordenglischen anglikanischen Pfarrersfamilie, in der Nächstenliebe noch gelebt wurde. Aber es war vor allem Mary, die gerne ein paar Stunden länger blieb, wenn die anderen längst wieder in ihre privilegierte Welt zurückgekehrt waren. Sie nahm sich Zeit, um mit uns Schreiben zu üben, zu malen und überhaupt kreativ tätig zu sein. Sie sagte einmal, dass sie selbst mit uns gesungen hätte, wenn sie nur einen geraden Ton herausbringen könnte. Ich mochte ihr das nicht so recht glauben, aber sie bewies uns nie das Gegenteil. So blieb mir nichts anderes übrig, als ihre Malstunden zu besuchen, auch wenn ich kaum etwas Nennenswertes aufs Papier brachte. Isaac und ich waren die einzigen der »Männer«, die inmitten der Kleinkinder mit Pinseln und Stiften herumkleckten, einfach nur, damit wir in ihrer Nähe sein konnten.

Schon bald kam Mary auch allein zu uns ins Kinderheim. Sie war überrascht, dass sie mich immer dort antraf, und fragte mich eines Tages: »Warum gehst du eigentlich nicht wie die anderen zur Schule?«

Ich konnte ihr keine plausible Erklärung dafür geben. Spontan entschied sie sich, mich im Rahmen ihrer Möglichkeiten privat zu unterrichten. Zuallererst wollte sie mein schriftliches Englisch verbessern. Ich schrieb Aufsätze, die sie korrigierte, später wagte ich mich an Gedichte. »Du bist sehr talentiert«, beteuerte sie immer wieder. Ich tat das als pure Schmeichelei ab.

Doch Mary sorgte dafür, dass einige meiner Aufsätze und Gedichte im *Sasa Magazine* erschienen, der damaligen Zeitschrift der Dachorganisation, die das Kinderheim betreute. In meinen Texten schilderte ich das Leben und die Alltagsprobleme notleidender Kinder. Ich wollte die Gesellschaft an die Verantwortung erinnern, die sie für diese verlorenen Kinder trug. Es konnte nicht sein, dass Spenden nur von ausländischen Gästen oder reichen Indern kamen. Jeder konnte einen Beitrag leisten, auch wenn er noch so klein war. Ich habe in meinen Artikeln und Gedichten auch immer wieder klargemacht, dass jedes Kind eine Chance auf ein Leben in Würde verdient und entsprechend seiner Begabungen gefördert werden müsse, egal in welcher Lebenssituation es stecke.

Natürlich durfte ich nicht darüber schreiben, dass manche der Heimleiter oder bei der Dachorganisation Gelder und Sachspenden, die für die Kinder bestimmt waren, für den eigenen Bedarf abzwackten. Falls das publik wurde, würde der Spendenfluss insgesamt zurückgehen, und damit käme noch weniger bei uns an. Ich sprach mit Mary darüber, und sie ermunterte mich, einen Artikel über die Rechte der Spender zu schreiben. Es gab die Möglichkeit, selbst darüber zu bestimmen, wofür Spenden eingesetzt wurden, und ihren Weg zu verfolgen. Zu spenden allein reichte nicht, die Geber sollten zusätzlich Auskunft darüber verlangen, für welchen Zweck ihre Gelder und Waren eingesetzt wurden. Denn nur so konnte notfalls Druck ausgeübt werden, damit sich nicht einige wenige daran bereicherten.

Meine Texte im *Sasa Magazine* erregten einige Aufmerksamkeit. Frau Njoroge musste von nun an immer häufiger erklären, warum ich nicht zur Schule ging, sondern stattdessen im Heim schuften musste. Besonders Mary saß ihr ständig im Nacken, wütend darüber, dass mein Potential im Garten an Ziegen und Schafe verschwendet wurde. Doch bei aller Empörung durfte sie den Finger nicht zu penetrant auf die Wunde legen – der Verlierer wäre in jedem Fall ich gewesen.

*

Am 16. Juni 1992 wurde der internationale Tag des afrikanischen Kindes gefeiert. An diesem Tag kamen die Kinder aus den verschiedenen Heimen von Nairobi zu einem großen Fest zusammen – über alle konfessionellen und ideologischen Grenzen hinweg. Sie kamen aus dem Thomas Barnardos Haus in Langata, dem muslimischen Kinderheim Mama Fatuma, dem SOS-Kinderdorf und aus vielen anderen Heimen. Auch viele Schüler aus der Green Acres International School sowie dem Starehe Boys Centre waren anwesend. Der Gründer dieses erfolgreichen Projekts, das vielen Bedürftigen und ehemaligen Straßenkindern eine Schullaufbahn und spätere Kariere in Kenia ermöglicht hatte, war an diesem Tag der Hauptsprecher. Der sympathische alte Herr war uns allen als Baba Watoto, »Vater der Kinder«, bekannt. Er eröffnete die Feier mit einem witzigen Lied, über das wir uns königlich amüsierten.

Die Veranstaltung, bei der auch Presse und Politik zahlreich vertreten waren, fand im großen Nyayo-Stadion statt. Für uns zählte aber weniger, welche Minister auf der Tribüne saßen, sondern dass es viele kostenlose Snacks und Getränke gab, die unter anderem von der Japanischen Botschaft gesponsert worden waren. Der Botschafter des Landes war natürlich auch dabei. Ich hatte im Vorfeld der Feier mit meinem Gedicht »Child of Africa« den Gedicht- und Redenwettbewerb gewonnen, der unter den verschiedenen Kinderheimen Nairobis ausgeschrieben worden war. Nun sollte ich dieses Gedicht hier im Stadion vor den über 2000 Anwesenden vortragen und eine kleine Rede halten. Außerdem sollte ich mit drei Mädchen – Njoki, Shiro und Wanjugu – ein Lied singen: Michael Jacksons Hymne »We are the world«, die für uns so etwas wie eine internationale Kinderhymne war. Eigentlich hätte unser Chor viel größer sein sollen, doch die anderen Kinder kniffen. Sie trauten sich nicht, vor einem so großen Publikum aufzutreten. Als Njoki und ich das Lied anstimmten, fiel das ganze Stadion mit ein. Es war ein unglaubliches Erlebnis, alle sangen, alle jubelten. Dieses Lied war wie ein Versprechen für uns. »We are the world, we are the children, we are the ones who make a brighter day ...« Für uns Heimkinder mochte das zutreffen, wir bekamen – vielleicht – die Chance auf eine bessere Zukunft. Doch viele andere zwang das harte Leben auf der Straße in einen Teufelskreis aus Kriminalität, Drogen und Gewalt. Ich kannte Kinder, die ein paar Monate in einem Heim gelebt hatten, aber schon so runter waren, dass sie den Weg zurück in ein normales Leben nicht mehr finden konnten und wieder abhauten. »There are people dying and it's time to lend a hand to life, the greatest gift of all.« Ich musste in diesem Moment an Paul denken.

Begleitet vom Blitzlichtgewitter der Presse begrüßten wir vier anschließend Baba Watoto, den japanischen Botschafter und den Minister persönlich. Sie alle erkundigten sich nach unseren schulischen Leistungen. Doch nur die Mädchen konnten dazu etwas sagen. Ich nicht.

In den kommenden Wochen kamen viele Besucher in das Kinderheim. Einige wollten mich sehen, um mir zu meinem Auftritt zu gratulieren. So viel Aufmerksamkeit war ich gar nicht gewöhnt. Normalerweise wurden nur Kikuyu-Jungen vorgezeigt, falls irgendwer der Besucher den Wunsch äußerte, mit einem der Kinder persönlich zu sprechen. Nur in Ausnahmesituationen, wenn gerade kein anderes Kind greifbar war oder meine Englischkenntnisse gefragt waren, dachte man an mich. Aber nun stand ich plötzlich im Mittelpunkt. Selbst Wachira musste in dieser Woche weitgehend auf meine Mitarbeit im Garten verzichten. Seit meinem Auftritt durfte ich sogar hin und wieder mit einem der Sozialarbeiter sprechen, einem Inder, der ehrenamtlich im Heim arbeitete und uns als Ansprechpartner bei Problemen zur Seite stehen sollte. Er führte gerne philosophische Gespräche mit uns über Gott und die Welt, das Wesen der Menschen und das Kindsein in einer Welt, in der die Chancen so ungleich verteilt waren. Während die wenigsten Kinder im Heim an diesen Gesprächen interessiert waren, hatte ich ihn meistens verpasst, weil ich zur Arbeit in den Garten, in die Küche oder sonst irgendwohin gerufen worden war.

In den Wochen nach dem Tag des Kindes passte mich der Sozialarbeiter gezielt ab. Immer wieder brachte er mir heimlich ein kleines Geschenk mit, mal war es ein Bonbon, mal Obst oder eine andere Kleinigkeit zu essen. Ich werde diesen Mann mein Leben lang nicht vergessen; neben Mary war er der Einzige, der sich vorbehaltlos für mich einsetzte. Auch deshalb geriet die Heimleitung stärker unter Druck. Zwar hatte das Gericht meine Unterbringung im Heim als »vorübergehende Maßnahme« verfügt, doch inzwischen waren über sieben Monate vergangen. Sollte ich noch länger im Kinderheim rumhocken, ohne in die Schule zu gehen? Die Leitung argumentierte, dass man bei den angeblich knappen Kassen nicht extra Schulgeld für mich bezahlen wolle, nur um dann zu erfahren, dass ich am nächsten Tag das Kinderheim verlassen würde. Vermutlich würde ich ohnehin wieder auf der Straße landen und dann sei das Geld ja sinnlos verschwendet worden. Mary fand diese Argumentation nicht im Geringsten überzeugend. Sie selbst hatte zwar auch nicht genug Geld, um das Schulgeld für mich aufzubringen, aber sie kannte einen katholischen Orden, der eine sehr gute Grundschule in der Gegend führte: Our Lady of Mercy Primary School.

»Schreib einen Brief an Sister Doreen und erzähl ihr, warum du so gerne wieder zur Schule gehen möchtest. Ich werde ihr den Brief persönlich bringen und die Ernsthaftigkeit der Sache erklären, denn die hier in diesem Kinderheim vergeuden wirklich dein Talent, Philip«, sagte Mary eines Tages während einer unserer privaten Lernstunden zu mir. Sie gab mir einen nagelneuen Stift und ein glattes, strahlend weißes Blatt Papier. Am nächsten Tag bat ich Mary um einen neuen Briefbogen, auf den ich die Zeilen in meiner Sonntagsschrift und ohne Fehler übertrug. Vorder- und Rückseite hatte ich bereits beschrieben und Mary beinahe um noch mehr Papier gebeten, wenn sie mir nicht gesagt hätte, dass ich nicht ganz so viel zu schreiben bräuchte ...

Die katholische Privatschule, der Sister Doreen vorstand, lag im Bezirk South B und galt als die beste Grundschule in dieser Gegend. Auch einige Kinder unseres Heims besuchten dort den Unterricht. Sister Doreen war zugleich die Leiterin des hiesigen katholischen Ordens. Sie war nicht nur einflussreich und eine Respektsperson, sondern aufgrund ihrer Hilfsbereitschaft, Bescheidenheit und Bodenständigkeit auch sehr beliebt. Seit Mary ihr meinen Brief übergeben hatte, war ich wahnsinnig nervös und konnte mich kaum auf meine Arbeit konzentrieren. Doch kaum 24 Stunden später hörte ich, wie Isaac auf dem Hof rief: »Sister Doreen kommt!« Ich stürzte zum Fenster und sah eine ältere kleine weiße Frau mit freundlichem Gesicht und selbstbewusstem Gang durch das Tor gehen. Sie hatte eine große Tasche dabei und trug das hellblaue Gewand der katholischen Schwestern. Hier und da blieb sie stehen, um mit einigen Kindern zu plaudern, dann verschwand sie im Verwaltungstrakt.

Mein Herz raste, als würde es jeden Moment aus meiner Brust herausspringen.

Nach einer Weile, die sich für mich wie eine Ewigkeit anfühlte, wurde ich ins Büro der Heimleiterin gerufen. Mit wackligen Knien ging ich durch den langen Gang. Als ich das Büro betrat, stand Sister Doreen auf und gab mir herzlich lächelnd ihre Hand. »I am sister Doreen. Thank you for your lovely letter ...«

Das ist alles, was ich mitbekam, denn ich konnte meine Augen kaum von einem Stapel Kleider auf dem Fußboden lösen. Sorgfältig aufgereiht lagen dort drei Schuluniformen in unterschiedlicher Größe, dazu je ein Paar nagelneuer schwarzer Lederschuhe. Daneben stand ein schöner Rucksack. Die Stimme der Heimleiterin drang von ganz weit weg an mein Ohr, als sie sagte: »Ab morgen darfst du in die Schule gehen!«

Die Tränen liefen mir über die Wangen, als ich die Kleider vorsichtig anprobierte. Die Schuluniform bestand aus einem bordeauxroten Pullover, einem weißen kurzärmeligen Hemd und beigen kurzen Hosen. Dass die Schuhe drückten, war mir völlig egal. Ich wollte nichts sagen, da ich mir nicht sicher war, ob ich jemals wieder so schöne bekommen würde, falls diese ausgetauscht wurden.

Nach ein paar Minuten gab mir die Heimleiterin das unmissverständliche Zeichen, dass ich ihr Büro verlassen sollte. So konnte ich mich nicht noch ein weiteres Million Mal unter Tränen bei Sister Doreen bedanken. Ich wusste nicht, ob ich tanzend, singend, heulend, springend oder einfach schreiend vor Freude auf mein Zimmer gehen sollte.

Die Nachricht verbreitete sich schnell im ganzen Heim. Philip war ab sofort ein Schüler wie alle anderen auch.

In Kenia umfasst die Grundschulzeit acht Jahre. Ein Schüler, der es ohne Nachsitzen schafft, ist normalerweise dreizehn Jahre alt, wenn er die achte Klasse besucht. Ich war bereits ein halbes Jahr älter. Weil ich seit längerem keine Schule mehr von innen gesehen hatte, musste ich einen Einstufungstest absolvieren. Mary hatte ganze Arbeit geleistet, denn der Test bestätigte, dass ich das Zeug dazu hatte, gleich in die letzte Klasse einzusteigen. Nach einigem Hin und Her wurde entschieden, dass ich trotzdem zunächst die siebte Klasse besuchen sollte. Alles andere wäre auch fatal für mich gewesen. Am Ende der achten Klasse mussten alle Schüler eine große Prüfung ablegen. Die Ergebnisse, die man beim KCPE (Kenya Certificate of Primary Education) erzielte, waren entscheidend für die Zukunft. Die Zulassung zu einer Sekundarschule hing in der Regel von den Leistungen ab, die man bei diesem Test erreicht hatte. Es gab einige sehr gute Sekundarschulen, deren Besuch einem den Weg an die Universität ebnen konnte. Um einen der begehrten Plätze an diesen staatlich geförderten National Secondary Schools zu ergattern, musste man beim KCPE hervorragend abschneiden. Das besagten zumindest die Aufnahmeregeln. Die Realität war aber, dass Kinder aus reichen oder mächtigen Familien es dank Schmiergeldern dennoch schafften, trotz mangelhafter Ergebnisse an diese guten Schulen zu gelangen. Kinder aus Heimen oder unteren Gesellschaftsschichten mussten den harten und ehrlichen Weg gehen. Ich brauchte unbedingt ein gutes Ergebnis, und das hieß, ich brauchte mehr Zeit zur Vorbereitung. Aus diesem Grund war es goldrichtig, mit der siebten Klasse zu beginnen.

Im Vergleich zu manchen anderen Grundschulen in Nairobi war Our Lady of Mercy nicht nur von außen in einem sehr guten Zustand. Im ganzen Gebäude herrschte eine Atmosphäre aus Freundlichkeit und Zielstrebigkeit. Obwohl sie unter katholischer Leitung stand, war sie offen für Schüler aller Glaubensrichtungen. Sister Doreen war die einzige Nonne im Schulbetrieb, die anderen Lehrer waren »Weltliche«.

Ich gehörte von nun an zur Klasse 7a. An meinem ersten Schultag sprang ich lange vor den anderen aus dem Bett. Ich war viel zu aufgeregt, um weiterschlafen zu können. Nach den üblichen morgendlichen Aufgaben und dem Frühstück konnte ich kaum glauben, dass nicht der Abwasch und sonstige Arbeiten auf mich warteten, sondern Schulunterricht. Ich musste mich fortan nicht weiter mit meckernden Ziegen oder Schafen beschäftigen, sondern mit Mathe, Englisch, Kiswahili, Kunst und Handwerk, Gesellschaftskunde, Naturwissenschaft, Hauswirtschaft, Wirtschaft, Politik, Religion und Sport. Als ich meine blitzblanken neuen Schuhe noch einmal gründlich abwischte, musste ich an mein letztes Paar »Schuhe« denken. Ob der Latschen aus dem alten Autoreifen immer noch an dem Ast über dem Felsen am Viktoriasee hing? Es war inzwischen über zwei Jahre her, dass ich mir dort das Leben nehmen wollte.

Stolz machte ich mich in meiner neuen Uniform mit Maina und Mwangi, zwei Brüdern, sowie Isaac auf den etwa drei Kilometer langen Fußweg zur Schule. Dort erwartete mich bereits meine neue Klassenlehrerin. Sie hieß mich sehr nett willkommen und nahm mich mit ins Klassenzimmer der 7a. Dort setzte ich mich auf den einzigen freien Platz ganz hinten in der Mitte. Die Schulbank teilte ich mit einem sehr hübschen und großgewachsenen Kalenjin-Mädchen. Sie hieß Skolastika und war, soweit ich mich erinnere, Muslimin. Sie war wie die meisten Kalenjins in Kenia eine sehr gute Läuferin. In den anderen Fächern lief es dagegen gerade nicht so gut für sie. Skolastika war froh, endlich einen Sitznachbarn zu haben; und bei meinem fast übertriebenen Ehrgeiz und meiner Strebsamkeit ergänzten wir uns gut und verstanden uns auch sonst hervorragend.

Ich hatte so lange auf diese Chance gewartet, dass ich mich richtig reinhängte und wie ein totaler Streber aufpasste und mitarbeitete. Nach zwei Monaten gehörte ich bereits zu den Leistungsstärksten meines Jahrgangs. Das entging natürlich auch Sister Doreen nicht, die sich in ihrer Entscheidung, mich zu fördern, bestätigt sah. Immer wenn ich ihr begegnete, nickte sie mir freundlich zu und meinte: »Sag mir bitte Bescheid, wann immer es etwas gibt, bei dem ich dir weiterhelfen kann.« Auch meine Lehrer waren angetan von meiner Wissbegier und meinem Ehrgeiz. Am glücklichsten aber war Mary, die die ganze Sache schließlich ins Rollen gebracht hatte.

Meine beiden ersten Monate an der Schule vergingen wie im Flug. Ich war so glücklich, dass ich die ganze Welt hätte umarmen können. Dann aber kamen die Ferien, die ich nie in meinem Leben vergessen werde.

*

Das Kinderheim war rappelvoll, alle waren da. Auch die großen Jungs wie Kamau, Njiru, Murage, Mbogo, Maina, Kio und Wafula. Selbst Dude und Ramah, die inzwischen bei Familien außerhalb des Heims untergebracht waren, kamen häufiger vorbei. Dude, ein richtiger Fußballkünstler, war die beste Verstärkung für unser Team, mit dem wir gegen Mannschaften aus anderen Kinderheimen antraten. Für uns waren solche Treffen nicht nur wichtig, um uns mit den anderen auf dem Spielfeld zu messen. Es ging auch um andere Vergleiche: Wie waren die anderen untergebracht, wie sah das Heim aus, was gab es zu essen? Vor allem die Kinder aus dem SOS-Kinderdorf und dem Thomas Barnardos Haus, die unter europäischer Leitung standen, schienen besser gefördert zu werden als wir. Sie trugen bessere Klamotten und gute Schuhe, und im Heim gab es sogar ein Musikzimmer mit richtigen Instrumenten, während wir mit irgendwelchen selbstgebastelten Ratschen herumlärmten. Vom Unterricht gar nicht zu reden. Es kam sogar vor, dass sich Kinder aus solchen wohlhabenden Heimen für uns Bedürftige einsetzten, indem sie etwa Spielsachen für uns sammelten.

Das einzige Kinderheim, das auch so arm dran war wie unseres, war das muslimische Mama Fatuma Children's Home, unser größter Konkurrent auf dem Fußballfeld.

Die meisten Turniere wurden von der Internationalen Schule und der Japanischen Botschaft gesponsert. Es lief immer nach dem gleichen Schema ab: Zunächst fegten wir die Mannschaften aus den nobleren Kinderheimen vom Feld. Im Finale standen wir dann dem Team von Mama Fatuma gegenüber. Meist gewannen unsere Gegner, wenn auch knapp. Das ärgerte uns sehr, denn sie bekamen neben dem Pokal manchmal auch Fußballschuhe als Siegprämie, während wir weiterhin barfuß antreten mussten. Auch diesmal zerplatzte unser Traum von Stollenschuhen gleich zu Beginn der Schulferien. Wenn das mal der einzige Rückschlag geblieben wäre ...

Für meinen Schutzengel Mary ging das freiwillige soziale Jahr zu Ende. Seit sie mich »entdeckt« hatte, genoss ich eine bessere Stellung im Kinderheim, und dank ihrer Unterstützung konnte ich nun endlich die Schule besuchen. Die anderen Mamas witzelten schon herum, dass wir sicher ein Paar wären, gäbe es da nicht diesen Altersunterschied. In Mary hatte ich zum ersten Mal in meinem bis dahin miesen Leben jemanden gefunden, dem ich nicht egal war, eine große Schwester.

Ich habe den Tag ihres Abschieds noch genau in Erinnerung. Mary hatte mich und ein paar andere Kinder aus dem Heim gefragt, ob wir sie nicht zum Flughafen begleiten wollten. Was für eine Frage, natürlich wollten wir. Als wir das Gebäude des Nairobi Airport betraten, waren die Eindrücke überwältigend, es war spannend und aufregend. Bis der British-Airways-Flug aufgerufen wurde. Schlagartig erfasste mich eine tiefe Traurigkeit. Mary flog weg, gleich, in ein paar Minuten, weit weg. Ich flennte auf dem ganzen Rückweg, völlig egal, was die anderen davon hielten.

*

Das Jahr 1992 brachte weitreichende politische Veränderungen mit sich, die Kenia bis heute prägen. Seit dem Ende der Kolonialzeit hatte Afrika einerseits eine Welle der Demokratisierung erfahren, gleichzeitig wurden Länder von Bürgerkriegen erschüttert, die vorher als stabil und befriedet gegolten hatten. Kenias Zeit als britische Kronkolonie endete am 12. Dezember 1963, ein Jahr später wurde Jomo Kenyatta erster Präsident. Seitdem war die Kenya African National Union (KANU) an der Macht, es gab ein Einparteiensystem. Durch internationalen Druck, unter anderem von der Weltbank, sollten in Kenia nun erstmals andere Parteien bei Wahlen zugelassen werden. Doch die Parteien hatten weniger politische Ambitionen, als dass sie Angehörige einer bestimmten Bevölkerungsgruppe an die Macht bringen wollten. KANU war stark besetzt mit Kalenjin, DP mit Kikuyu und FORD mit Luo und Luhya. Alte Wunden zwischen den verschiedenen

Gruppen rissen auf. Streitigkeiten um Landbesitz führten zu immer größeren gewalttätigen Auseinandersetzungen zwischen den unterschiedlichen Ethnien. Diese politisch motivierten Unruhen, die bis heute in Kenia regelmäßig aufflammen, wenn Wahlen anstehen, nahmen ihren Anfang in den neunziger Jahren. Kenia befand sich am Rande eines Bürgerkriegs, über tausend Menschen waren bei den Unruhen bereits ums Leben gekommen.

Überall kam es zu Panikkäufen, vor allem die Wohlhabenden und ausländische Organisationen bunkerten Vorräte. So auch die internationale katholische Mission im Stadtteil Langata. Die Mönche und Pater – viele von ihnen stammten aus Tansania oder anderen Nachbarländern Kenias – kamen oft zu uns ins Heim, um mit uns zu spielen oder uns bei schulischen und hauswirtschaftlichen Aufgaben zu helfen. Als allmählich klar wurde, dass ein landesweiter Bürgerkrieg abgewendet werden konnte, musste die Bruderschaft zusehen, dass sie ihre Essensvorräte abbaute. Unser Heim erhielt nicht nur eine großzügige Warenlieferung, die Jungs wurden sogar eingeladen, einen Teil ihrer Ferien bei den Mönchen in kulinarischem Überfluss zu verbringen.

Nur drei von uns waren nicht auserwählt worden: Zadok, der erst vor kurzem ins Kinderheim gekommen war, Gerald, einer der Jüngeren – und ich. Wir drei hatten eines gemeinsam: Wir waren keine Kikuyu. Zwar hatten wir nun die ungeteilte Aufmerksamkeit der Mamas für uns, gleichzeitig waren wir aber die einzig verbleibenden Jungs, die sie zum Arbeiten einspannen konnten. Und davon machten sie reichlich Gebrauch.

Da die Matron Mama Wambui in dieser Zeit nicht auf ihre Lieblinge zurückgreifen konnte, geriet ich in ihr Visier. Eines Tages überreichte sie mir einen Sack mit drei Kilo Zucker, der sicherlich wieder einmal aus dem Vorrat des Kinderheims stammte, und bat mich, diesen in ihre Wohnung zu bringen. Ich führte den Befehl brav und fast ein wenig geschmeichelt aus und lief quer über das Gelände zum Wohnhaus der Mitarbeiter. Es war das erste Mal, dass ich ihr Allerheiligstes betreten durfte.

Ich stellte den Zucker auf dem Tisch ab und wandte mich schon zum Gehen, als ich einen großen Teller voll mit frischen Chapatis entdeckte. Das Wasser lief mir im Mund zusammen, und ich bemerkte, wie mein Magen knurrte. Ohne zu überlegen, schnappte ich mir zwei davon und verbrannte mir prompt die Finger. Die Dinger waren wirklich ganz frisch und mussten noch etwas abkühlen, bevor ich sie mir genüsslich in den Mund stecken konnte. Just in diesem Moment hörte ich ein Geräusch. Ich stopfte mein gestohlenes Gut hastig in meine Hose. Da sie leider keine Taschen hatte, musste die Unterhose herhalten. Aber da tauchte auch schon der Mann unserer Matron auf. Erst tat er so, als ob er nichts gesehen hätte, und verwickelte mich in ein belangloses Gespräch. Dabei wartete dieser Sadist nur darauf, dass sich das fettige Zeug langsam in meine Männlichkeit brannte. Er musste nicht lange warten. Ich hielt es kaum noch aus und wollte am liebsten laut losbrüllen. Stattdessen entfuhr mir nur ein gepresstes »Autsch«, für ihn das Signal, mir zwei Schläge mit der flachen Hand ins Gesicht zu verpassen. Dann packte er mich und schüttelte mich so lange, bis die Chapatis aus meiner Hose rutschten. Dabei brüllte er immer wieder: »Mwizi!« Als ich endlich wieder festen Boden unter den Füßen hatte, rannte ich ins Freie, als wäre der Teufel hinter mir her.

Die Geschichte verbreitete sich mit rasender Geschwindigkeit im Heim. Schon am nächsten Tag fragten mich Gathoni und Shiro, zwei der älteren Mädchen: »Stimmt es, dass du bei Mama Wambui Chapatis geklaut hast?« Ich hätte im Boden versinken können, weil mir die ganze Sache so peinlich war. Vor allem, weil ich noch nicht einmal Erfolg damit gehabt hatte. Und das war nun wirklich nicht besonders männlich und heldenhaft. Dabei wäre ich nichts lieber gewesen als das, vor allem vor Gathoni. Sie war damals nicht nur das älteste Mädchen im Kinderheim, sondern eines der hübschesten. Und das wusste sie auch. Alle Mamas machten sich Sorgen um sie, denn sie hatte eine sehr helle Haut, was die meisten Männer in Kenia nicht nur auffallend, sondern besonders anziehend finden. Vermutlich war sie ein Mischlingskind, da ihre Nase eher spitz war und ihre großen Mandelaugen, je nach Lichteinfall, fast blau wirkten. Von der afrikanischen Seite hatte sie die langen und nach oben gebogenen Wimpern geerbt, ihre vollen Lippen und den wohlgeformten Hintern. Gathoni war den meisten Kindern ihres Alters meilenweit voraus, vor allem den Jungs. Ich weiß noch, dass sie nach einer meiner Tanz- und Rapeinlagen einmal auf mich zukam und vor versammelter Mannschaft sagte, sie wolle sich jetzt gerne nackt auf mich fallen lassen. Ich wurde puterrot, auch wenn ich nicht genau wusste, was sie damit meinte. Seitdem begegnete ich ihr immer mit einer gewissen Nervosität und Angst und bewunderte sie lieber aus der Ferne.

Mit Shiro war ich eher auf Augenhöhe. Wir hatten denselben Musikgeschmack, und sie liebte es, mit mir zu singen oder mir zuzuhören, wenn ich höchstpersönlich nur für sie rappte. Die anderen Jungs zogen mich schon damit auf, dass ich in sie verknallt sei. Auch Shiro war sehr hübsch, wenn auch etwas kleiner und ein bisschen rundlicher als Gathoni. Ausgerechnet diese beiden mussten auf mich zusteuern, während ich ein paar der kleineren Kinder auf dem Karussell im Garten herumwirbelte, und die Geschichte mit den Chapatis ausbreiten. Blöder ging es kaum.

Nach zwei Wochen kehrten die Auserwählten wieder aus ihrem Schlaraffenland ins Heim zurück. Sie alle hatten gut zugelegt, und die Geschichten, die sie aus ihrem Urlaub erzählten, ließen einen neidisch werden. Wenigstens hatte ihre Fitness etwas gelitten, denn beim Fußballspielen am Nachmittag flitzte ich den anderen regelmäßig davon. Ich hatte meinem Gegenspieler gerade zum wiederholten Mal den Ball abgeluchst und steuerte damit geradewegs aufs Tor zu, als ich von Kibe, dem

Chauffeur, barsch unterbrochen wurde. Ich solle sofort zur Heimleitung gehen!

Auf dem Weg ins Büro klopfte ich mein Sündenregister ab. Außer der Sache mit den Chapatis hatte ich mir nichts zuschulden kommen lassen. Und auch das war inzwischen eine Weile her. Wahrscheinlich wieder einer von der Presse oder ein Besucher, der mich sprechen will, dachte ich, bevor ich an die Tür zum Büro der Heimleitung klopfte.

Die Matron saß hinter ihrem Schreibtisch und sagte nur einen einzigen Satz: »Pack deine Sachen, morgen fährst du mit Mama Leah ins Kakamega Children's Home.«

Es war, als würde mir in diesem Moment der Boden unter den Füßen weggezogen. In meinem Kopf flog alles durcheinander. Aus, vorbei, die Schule, mein Leben als Heimkind. Kakamega war die Hauptstadt der Western Province, keine fünfzig Kilometer von Bungoma entfernt, einen Steinwurf weg von meiner ganz persönlichen Hölle.

Ich weiß nicht, wie ich es schaffte, in meinen Schlafsaal zu kommen und meine Sachen zu packen. Das Nächste, an das ich mich erinnere, ist, dass ich auf dem Bett lag und an die Decke starrte. Immer wieder hämmerte mir ein Satz in den Ohren. Sie wollen dich zurückbringen! Die Angst, dass damit wieder alles von vorne beginnen würde, lähmte mich. Dann doch lieber zurück auf die Straße. Sicher würde es eine Möglichkeit geben, Mama Leah zu entwischen. Sie war einfach zu gutmütig. Wie oft hatten wir sie gefoppt und es ausgenutzt, dass sie als Putzfrau in der Hierarchie der Mamas ganz unten stand. Dabei war sie eine der wenigen, die uns nicht zu irgendwelchen Arbeiten abkommandierte, um sich selbst einen faulen Lenz zu machen. Das Einzige, das mir Probleme machen konnte, war Mama Leahs Ortskenntnis. Sie stammte aus der Western Province und kannte dort sicher jede Menge Leute, die sie auf ein flüchtiges Heimkind ansetzen konnte. Trotzdem, ich wollte es versuchen.

Im nächsten Moment kamen mir Zweifel. Was würde Mary dazu sagen? Ich durfte sie doch nicht so enttäuschen! Überhaupt wäre all das nicht passiert, wenn sie noch da gewesen wäre. Kaum hielt keiner mehr seine schützende Hand über mich, sorgten sie sofort dafür, dass ich wegkam. Und zwar so schnell, dass mir nicht mal genügend Zeit blieb, um mich wenigstens von Sister Doreen zu verabschieden.

Beim Abendessen bekam ich keinen Bissen herunter. Die Nachricht hatte offenbar bereits die Runde gemacht, denn niemand traute sich, etwas zu mir zu sagen. Aber alle starrten mich an. Nur Muthiora, ein psychisch behindertes Mädchen, weinte laut und beklagte sich sogar bei der Heimleitung darüber, dass sie so etwas Gemeines tun würde. Wenigstens eine wird mich vermissen, dachte ich traurig.

Es war noch dunkel, als ich am folgenden Morgen von Mama Leah abgeholt wurde. Für die lange Fahrt gab mir die Matron ein Weißbrot und einen Tetrapak mit haltbarer Milch mit. Meine Sachen hatte ich in dem Rucksack verstaut, den mir Sister Doreen geschenkt hatte. Die schwarzen Schuhe, die zwar immer noch drückten, aber immer noch wie neu aussahen, hatte ich an. Meine Schuluniform hatte ich verbotenerweise eingepackt. Mama Leah und ich verließen das Kinderheim durch das große schwarze Gittertor. Zehn ganze Monate hatte ich hier gelebt, zwei davon als Schüler. Noch einmal blickte ich zurück auf das blankpolierte Schild am Tor, dessen Inschrift für mich der Inbegriff von Hoffnung gewesen war: Child Welfare Society of Kenya, Nairobi branch. Mama Ngina Kenyatta Children's Home.

»Deine Tore sind Tore der Hoffnung«

Ich reagiere heute noch relativ empfindlich darauf, wenn ich nicht rechtzeitig über eine Sache informiert und vor vollendete Tatsachen gestellt werde. Ich kann nicht behaupten, dass ich immer und überall perfekt organisiert wäre oder mein Leben völlig durchgetaktet planen würde, auch wenn sich meine Frau hin und wieder darüber beklagt, dass ich nach zehn Jahren in Deutschland in manchen Dingen deutscher sei als sie selbst. Sie meint dann, mir würde jede Spontaneität abgehen. Ich denke, dass meine Schwierigkeiten eher damit zusammenhängen, dass ich unbedingt die Kontrolle behalten will. Alle Entscheidungen, alle Weichenstellungen, die in Afrika vorgenommen worden sind, wurden entweder absichtlich oder ungewollt über meinen Kopf hinweg entschieden. Ich hatte nie die Zeit, Abschied von den Menschen zu nehmen, die ich liebgewonnen hatte. Ich hatte nie Zeit, mich auf neue Situationen vorzubereiten. Friss oder stirb, mehr gab es nicht. Aber von diesen neuen Situationen gab es damals verdammt viele.

Der Bus, der uns aus Nairobi brachte, war brechend voll. Zwar nicht nur mit Menschen, sondern auch mit einigen Ziegen, Hühnern und anderen Tieren. Dementsprechend streng war der Geruch. Ich saß schweigend neben Mama Leah, stierte aus dem Fenster oder ließ meinen Blick ziellos durch den Bus schweifen. Auf dem Sitz vor mir saß eine Frau mit einem kleinen Kind auf dem Arm, das immer wieder über ihre Schulter nach hinten zu mir sah und Grimassen schnitt. Obwohl mir überhaupt nicht danach zumute war, konnte ich diesem noch ziemlich zahnlosen Kinderlächeln nicht widerstehen und machte die Faxen mit.

Ganz vorne im Bus war ein etwas älterer und sehr dicker Herr, der den Busfahrer zu kennen schien. Lautstark unterhielten sie sich über die neuesten Sportergebnisse, über Frauen, Politik und über allerlei Leute, deren Verhalten sie ungeheuerlich fanden. Selbst wenn man es gewollt hätte, das Geschwätz ließ sich nicht ignorieren. Einige Fahrgäste waren genervt, da sie die lange Fahrt für ein Nickerchen nutzen wollten. Aber da der Busfahrer letztendlich der Boss war, traute sich niemand, sich zu beschweren. Ebenfalls etwas weiter vor mir saßen zwei traditionell gekleidete Massai. Sie waren in leuchtende Tücher gehüllt, mit zahlreichen bunten Ketten behängt und hatten so große Löcher in den Ohren, dass sogar dicke Türschlösser hindurchgepasst hätten. An ihren Füßen konnte ich Sandalen aus alten Autoreifen erkennen. Ich hätte sie gerne noch genauer betrachtet, aber ihre Ziege, die im Gang stand, versperrte mir immer wieder die Sicht auf die beiden. Wahrscheinlich reiste das Tier mit ihnen, weil sie einen Tauschhandel vorhatten oder auf dem Weg zu einem Fest waren. Das Tier blökte unentwegt und stand wahrscheinlich Todesängste aus, bei dem Geruckel und der Enge des Ganges. Aber es machte den Geräuschmix aus dudelnder Radiomusik, dem unablässigen Gequatsche des Fahrers und dem Klappern des alten Busses noch nervtötender.

Der Bus hielt mehrfach auf der Strecke, um weitere Leute aufzunehmen, was die Situation nicht besser machte. Als eine hochschwangere Frau zustieg und keinen Sitzplatz mehr fand, schlug meine Höflichkeit durch, und ich überließ ihr meinen Platz. So verbrachte ich eine Weile stehend, was keine leichte Übung war, da der Busfahrer rücksichtslos über jedes Schlagloch raste – und davon gab es jede Menge, da viele Straßenabschnitte überhaupt nicht geteert waren oder dringend auf einen Ausbesserungstrupp warteten. Als endlich wieder ein Sitzplatz frei wurde, fand ich mich neben einer älteren Frau wieder. Schräg vor mir saß ein junger Mann mit einem zappelnden Huhn auf dem Schoß. Das

Huhn starrte mich mit seinen glasigen Augen an, als hätte es genauso Mitleid mit mir wie ich mit ihm. Zweimal entwischte es und flatterte in Panik durch den Bus. Der Busfahrer brach jedes Mal in Schimpftiraden aus und drohte, den Mann samt Huhn an die Luft zu setzen, sollte es sich noch einmal losreißen.

Je länger die Fahrt dauerte, umso weniger konnte ich mich ablenken. Ich stierte durch das schmutzige Busfenster auf die vorbeirauschende Landschaft, ohne sie wirklich wahrzunehmen. Die Angst kehrte zurück – Angst um meine Zukunft, Angst vor dem, was mich erwartete. Ich betete, dass sie nicht herausgefunden hatten, woher ich tatsächlich kam. Dass es nur ein dummer Zufall war, dass ich mich ausgerechnet in einem Bus befand, der mich in die Nähe meiner alten Heimat brachte. Ganz glauben mochte ich das nicht, denn Mama Leah hatte auf dem Weg zum Bus auf eine penetrante Art, die so gar nicht zu ihr passte, Fragen über den Ort gestellt, an dem ich aufgewachsen war. Ich hatte hartnäckig geschwiegen. Zum Teil, weil ich die Antworten nicht wusste, aber hauptsächlich, weil ich unter keinen Umständen etwas preisgeben wollte, das mich zurück in die Hölle katapultierte.

Nach etwa acht Stunden Fahrt kamen wir am späten Nachmittag in Kakamega an. Mama Leah lieferte mich bei der Heimleitung des neuen Kinderheims ab und verabschiedete sich. Sie hatte ihre Pflicht erfüllt. Ich hatte es ihr auch nicht schwergemacht, denn ich hatte nicht einmal versucht wegzulaufen.

*

Kinderheime in Großstädten wie Nairobi oder Mombasa mögen zwar wirtschaftlich gesehen arm dran sein, dennoch haben sie einen gigantischen Vorteil gegenüber Heimen auf dem Land. Zwar sind alle Kinderheime auf Spenden angewiesen, doch in den Hauptstädten gibt es mehr Leute, mehr reichere Leute. Es gibt auch mehr Touristen und mehr Firmen, für die soziales Engagement Teil des Geschäfts ist. Nicht zuletzt ist die Infrastruktur in Großstädten viel besser. Kurzum, Kinderheime in den Ballungszentren erhalten weit mehr Spenden und Unterstützung aus der Bevölkerung als im Rest des Landes. Das merkt man nicht nur am Zustand der Gebäude, sondern an allen Ecken und Enden. Während im Heim in Nairobi manchmal täglich Spenden eintrafen, geschah das in Kakamega höchstens einmal in der Woche, wenn überhaupt. Auch hier war es ein Inder, der etwas zu essen ins Heim brachte.

Das Kinderheim war viel kleiner als die Anlage in Nairobi. Es bestand aus einem einzigen Gebäude, in dem alles untergebracht war: Schlafsäle, Büros, Esszimmer, Küche und ein kleiner Sitzungssaal. Dazu kam eine winzige Spielfläche im Freien, der Rest des Grundstücks wurde als Maisplantage genutzt. Im Heim lebten damals fünfzehn Kinder, mit meinen dreizehn Jahren war ich mit Abstand der Älteste. Das Einzige, was mir positiv in Erinnerung geblieben ist, war die Matron. Sie war viel netter als Mama Wambui aus dem Kinderheim in Nairobi.

Während ich versuchte, mich einzuleben, lief hinter den Kulissen die Maschinerie »Heimkehr« auf Hochtouren. Ich weiß nicht, ob sie es in meinen Unterlagen irgendwo entdeckt hatten oder ob ich mich doch einmal verplappert hatte und der Name Bungoma gefallen war. Jedenfalls ging meine Reise schon nach einer Woche weiter. In Bungoma gab es ebenfalls ein Kinderheim, das unter der Dachorganisation CWSK geführt wurde. Da es nur einen größeren Katzensprung entfernt lag, war es naheliegend, mich dort unterzubringen. Fortan war ich eines der Kinder im Kanduyi Children's Home.

Eigentlich wäre ich dort genau richtig gewesen, hätte ich nicht vor mehr als zehn Monaten einen entscheidenden Fehler gemacht. Auf der Polizeistation hatte ich mir, ohne groß zu überlegen, den Nachnamen Oprong zugelegt. Keine gute Idee, wenn man in einer Hochburg der Luhya bestehen wollte. Der Name, unter dem ich nun in allen offiziellen Listen geführt wurde, war typisch für die Iteso, eine Bevölkerungsgruppe, die auf beiden Seiten der Grenze zwischen Kenia und Uganda heimisch war. Bei den Iteso konnte man sich niemals sicher sein, ob es sich bei ihnen um Kenianer oder Ugander handelte ...

Es war zur Mittagszeit am 21. August 1992, als ich im Kanduyi Children's Home in Bungoma ankam. Nicht einmal zwei Wochen zuvor war ich noch in Nairobi gewesen. Nach dem kurzen Zwischenstopp in Kakamega war dies nun das dritte Heim, in dem ich unterkam. Ich wusste, dass es in jedem Fall mein letztes sein würde. Entweder, weil ich es hier schaffen würde oder weil sie mich zurück zur Familie meiner Tante bringen würden. Ich war fest entschlossen, niemals in dieser Sache mit der Heimleitung zusammenzuarbeiten, denn das hätte zwangsläufig in mein Verderben geführt. Dieses Kinderheim war für mich der letzte Grashalm, an den ich mich klammern konnte. Als ich durch das Tor ging, ergänzte ich den Namen des Heims um einen wichtigen Zusatz: »Kanduyi Children's Home: Deine Tore sind Tore der Hoffnung.«

Noch am gleichen Tag wurde ich bei Mama Mgeni, der Heimleiterin, vorgestellt. Da die meisten hier Bukusu-Dialekt sprachen, wurden die Hausmütter in der Regel mit Mai angeredet, dem Pendant zu Mama. Eigentlich hieß die Heimleiterin Tafroza, aber da sie erst seit einem guten Jahr die Leitung übernommen hatte, nannte man sie Mai Mgeni, was so viel wie »neue Mama« bedeutet.

Mai Mgeni war für kenianische Verhältnisse mit 1,76 Metern eine großgewachsene Frau. Sie hatte eine breite Nase und einen dunkleren Teint, wie er für die Luhya typisch ist. Ihr Körperbau und ihre Größe erinnerten dagegen eher an eine Kalenjin. Sie war elegant, fast konservativ gekleidet und kaum geschminkt. Durch ihr Haar zogen sich hier und da ein paar graue Strähnen.

Sie wirkte sympathisch, fast mütterlich, aber gleichzeitig distanziert. Für mich hatte sie an diesem Tag kaum Zeit. Schnell hieß sie mich willkommen und schickte mich dann postwendend zu den anderen Kindern in den Speisesaal, um mit dem Heimleiter aus Kakamega, der mich gebracht hatte, ein Gespräch unter vier Augen zu führen.

Der Speisesaal war etwa zwanzig Quadratmeter groß und eher karg eingerichtet. Der Raum hatte auf der einen Seite zwei große Fenster, denen die Verglasung jedoch längst abhandengekommen war. Die Wände hatten Risse, und der Zementboden war fast durchweg durchlöchert. Überall schwirrten Fliegen herum, Fliegen in allen Größen: Hausfliegen, Schmeißfliegen, Obstfliegen und, und, und, und. Es war einfach ekelhaft. Ich entdeckte ein paar kleine Kinderstühle, aber nirgends einen Tisch. Die Kinder, die fast alle jünger waren als ich, hockten auf dem Boden und aßen Githeri. Man konnte deutlich sehen, dass die Mischung aus Mais und roten Bohnen ohne jegliches Fett zubereitet worden war. Die sonst glänzenden Bohnen schwammen matt in einer trüben Brühe. Wenn ich sah, wie die Kinder darauf herumkauten, konnte das Ganze auch nicht richtig durchgekocht sein.

Nur widerwillig ging ich zur Essensausgabe und setzte mich anschließend neben drei Jungs – Mwangi, Kimani und Patrick – auf den Boden. Ihnen schien es zu schmecken, denn im Eiltempo hatten sie alles weggeputzt. Nur in Mwangis Schüssel waren noch ein, zwei Hände Githeri, auf das sich die anderen beiden regelrecht stürzten. Mwangi bemühte sich, den kläglichen Rest, so schnell es ging, in den Mund zu stopfen, aber er bekam kaum noch etwas davon ab. Hinterher erfuhr ich, dass beim Essen immer das gleiche »Spiel« ablief: Derjenige, der am schnellsten aufgegessen hatte, durfte im Anschluss den anderen »helfen«, wieder Boden gutzumachen. Ich kann mich nicht daran erinnern, dass die Langsamen diese »Hilfe« jemals gerne und dankend in Anspruch genommen hätten. Im Gegenteil! Nun waren sie alle drei fertig und fixierten mit ihren Augen mein Essen, das ich kaum angerührt hatte. Gut, dass dieser Kerl aus Nairobi so verwöhnt ist, müssen sie sich gedacht haben. Ich teilte meine Portion bereitwillig unter ihnen auf.

Die Mamas nahmen ihr Essen in der Eingangshalle zu sich, wir konnten hören, wie sie sich lautstark unterhielten und dabei kicherten. Sie saßen auf Stühlen und an einem schön gedeckten Tisch. Anders als die Kinder, die mit den Fingern essen mussten, hielt jede von ihnen einen Esslöffel in der Hand. Das Githeri, das sie verspeisten, war natürlich auch anders zubereitet. Es war mit etwas Zwiebeln und Tomaten angebraten, enthielt ein paar Fleischstückchen und roch nach Royko Mchuzi Mix, einer beliebten Gewürzmischung. So ein Githeri hätte ich auch gerne gegessen. Dazu tranken sie Chai.

Unter den Damen, die in der Eingangshalle um den großen Tisch versammelt waren, war auch die Matron des Kinderheims, Mai Phylis. Sie war etwas kleiner als Mai Mgeni, und man sah, dass sie einmal sehr hübsch gewesen sein musste, auch wenn sie inzwischen kräftig zugelegt hatte. Ihr Gesicht, mit einer für Luhya-Verhältnisse sehr wohlgeformten Nase, war auf beiden Seiten von dicken Backen umrahmt. Ihr ursprünglich krauses Haar war sehr stark geglättet und braun gefärbt. Mai Phylis hatte einen Ruf wie Donnerhall. Die Kinder, aber auch die anderen Mamas hatten ordentlich Respekt vor ihr. An jenem Tag saß Mai Anna neben ihr, die etwas sympathischer wirkte, aber ebenfalls sehr streng dreinschaute. Der einzige Mann am Tisch war Baba Philip, sozusagen der Wachira des Heims von Bungoma und als solcher für den Garten zuständig. Er war sehr klein und verschwand beinahe zwischen seinen Kolleginnen. Das Auffälligste an ihm aber waren seine Zähne, die in seinem schmalen Gesicht riesig wirkten. Neben ihm saß Mai Mary mkubwa, die Sozialarbeiterin. Sie war fast zu dunkelhäutig für eine Luhya, hatte sehr schlechte Zähne und trug immer die schrillsten und geschmacklosesten Kleider. Da es noch eine andere Mary im Haus gab, wurde sie »mkubwa« genannt, »die größere«. Dementsprechend wurde die zweite Mary »mdogo« gerufen, »die kleinere«.

Die Mais kümmerten sich offiziell um 22 Kinder, doch die Anzahl derer, die sie darüber hinaus auf der Straße unterstützten, dürfte weit höher gewesen sein. Die Zahlen der Heimbewohner wurden jedoch gerne nach oben korrigiert, wenn irgendein Spender Auskunft darüber verlangte. Je mehr Kinder, umso höher die Spende. Als ich als Dreiundzwanzigster dazukam, lebten im Heim vier Säuglinge, sieben Mädchen und elf Jungs. Etwa ein Drittel der Kinder litt unter einer physischen oder psychischen Behinderung oder an beidem.

Ich war zwar vom Körperbau her der Größte, aber nur der Viertälteste. Älter als ich waren Wambasi, Richard und Christine. Richard und Christine waren Geschwister. Ihre Mutter, eine psychisch kranke Frau, hatte die Kinder, deren Väter als unbekannt galten, auf der Straße zur Welt gebracht. Da sie nicht in der Lage gewesen war, für die Babys zu sorgen, durfte sie sie im Heim abgeben. Inzwischen waren sie groß, sechzehn und achtzehn Jahre alt.

Patrick und Kimani hatte ich durch meine großzügige Aktion mit dem Essen gleich als neue Freunde gewonnen. Obwohl sie eigentlich mit dem Hüten der Kühe dran gewesen wären, nahmen sie sich an meinem ersten Tag Zeit, mir zu erklären, wo sich alles befand. Das Hauptgebäude war ebenerdig gebaut; hinter der länglichen Eingangshalle befanden sich die verschiedenen Zimmer. Links das der größten Jungs, dann das der kleineren Jungs. In der Mitte der Speisesaal, der auch als Aufenthaltsraum diente. Rechts folgte das Zimmer der Mädchen, ein winziger Raum von vielleicht zehn Quadratmetern Größe. Hinter dem Hauptgebäude erreichte man über eine zementierte offene Fläche die Küche, den Geräte- und den Waschraum. Die Toilettenhäuschen lagen etwas abseits, da es sich ausschließlich um Plumpsklos handelte, auch »Lochlatrinen« genannt. Man gräbt ein etwa ein Quadratmeter breites Loch ungefähr fünf Meter tief in die Erde. Anschließend bedeckt man das große Loch bis auf eine kleine Lücke in der Mitte, fertig ist die Laube. Im Idealfall wird noch ein einfaches Bretterhäuschen drum herum gezimmert. Ein stilles Örtchen wird daraus deswegen aber noch lange nicht. Nicht nur »Außenstehende« werden durch die Geräusche der in die Tiefe fallenden Ausscheidungsprodukte daran erinnert, dass es die Schwerkraft tatsächlich gibt und so etwas wie ein Echo wirklich existiert. Deswegen war vor allem für die ganz kleinen Kinder der Besuch dieses Örtchens eher unheimlich.

Beim Bauen solcher Latrinen wird nicht viel Wert auf irgendwelche Schutzmaßnahmen gelegt. In Dörfern auf dem Land, in denen sich alle Bewohner eine Toilette teilten, kam es immer wieder vor, dass Leute im Dunkeln versehentlich in das Loch stürzten und sich sämtliche Knochen brachen. Auch für die, die unversehrt davonkamen, dürfte das Ganze eine eher unschöne Erfahrung gewesen sein. Bei uns im Kanduyi Children's Home war das Mamai passiert. Die Aushubarbeiten für eine neue Lochlatrine waren noch nicht ganz beendet, als er in das Loch hineinfiel. Seitdem war er gelähmt und hatte eine große Wunde am Bein, die nie zu heilen schien.

Die Lochlatrinen werden in der Regel so lange genutzt, bis nichts mehr hineingeht. Das alte Loch wird dann abgesperrt oder zugedeckt und ein neues ausgehoben. Es gab Ecken rund um Bungoma, da war der ganze Boden schon durchlöchert. Man mag gar nicht daran denken, was das für die Grundwasserbrunnen bedeutete, für viele Menschen und Tiere die einzige Trinkwasserquelle weit und breit.

Das Büro der Heimleitung war in einem Zweizimmerhäuschen untergebracht, das links neben dem Hauptgebäude stand.

Im vorderen Raum saßen die Sozialarbeiterin und die Sekretärin, Mai Ludwina, die immer nur dann zu sehen war, wenn es etwas zu essen oder zu lästern gab. Im hinteren Zimmer residierte Mai Mgeni. Ebenfalls auf dem Gelände befanden sich noch ein Kindergarten und sieben kleinere Mietshäuser. Zwei waren normale kleine Bungalows, die links und rechts von der langen Sandauffahrt errichtet worden waren. Die anderen fünf Häuser waren über das großzügige Gelände verteilt, wobei die Bezeichnung »Häuser« nicht ganz zutrifft. Es waren eher winzige Hütten mit zwei kleinen Zimmern, die nicht größer als zehn Quadratmeter waren. In einem kleinen Verschlag dahinter wurde gekocht. Ursprünglich waren diese Hütten als weitere Schlafzimmer für die Heimkinder gedacht. Aber obwohl sich vor allem die Mädchen in ihrem engen Zimmer in vier Hochbetten quetschen mussten, wurden sie vermietet.

Bei unserem Rundgang kamen wir auch durch eines der Zimmer der Jungs. Ich merkte sofort, dass vier von ihnen – Wekesa, Saul, Godfrey und Joseph – gerade beschnitten worden waren. Ähnlich wie bei den Kikuyu markierte die Beschneidung auch bei den Luhya den Übergang zwischen Kindheit und Erwachsenwerden. Bei den Bukusu, einer Untergruppe der Luhya, wird die Zeremonie mit einem über mehrere Tage gehenden Fest groß gefeiert. Da das einiges kostet, müssen die Kandidaten vorher Geld und Geschenke bei ihren vielen Verwandten einsammeln. Oben ohne, mit Glocken behängt und von mehreren, meist jüngeren Familienangehörigen oder anderen Jugendlichen begleitet, statten die Beschneidungskandidaten ihrer weit verstreut lebenden Verwandtschaft einen Besuch ab, um vor ihnen zu tanzen. Damit laden sie diese nicht nur offiziell zur Feier ein, sondern fordern sie auch auf, ihnen mit Sach- oder Geldspenden »Mut« zu machen.

Die offizielle Feier beginnt am Vorabend der Beschneidung. Es wird gegessen, getrunken und getanzt, allen voran der Beschneidungskandidat mit seinen Glocken. Es werden traditionelle Lieder gesungen, die ihm entweder weiteren Mut zusprechen sollen oder ihn an das erinnern, was von ihm als »richtigem Mann« in Zukunft erwartet wird. Manche dieser Lieder sind deshalb nicht ganz jugendfrei. In der Nacht vor der Beschneidung dürfen die angehenden Männer weder essen noch sich ausruhen. Halbnackt tanzen sie bis zum Morgengrauen durch, während die anderen Busaa, das heimische Bier, in sich hineinschütten und sich mit Nyama choma und Ähnlichem den Bauch vollschlagen.

Gegen fünf Uhr morgens geht die Hauptzeremonie los. Alle folgen singend und tanzend den Jungen zum Fluss. Das Licht des frühen Morgens verleiht dem Ganzen noch mehr Magie und Mystik. Am Fluss werden die Jungs, die beschnitten werden sollen, nur noch im Adamskostüm ins kalte Wasser getaucht, eine Art ritueller Waschung. Danach wird ihr ganzer Körper mit Schlamm bedeckt, den Kopf ziert am Ende ein kleiner Ast eines bestimmten Baumes.

Danach kehrt die ganze Prozession wieder zurück ins Dorf, nimmt dabei aber einen anderen Weg, um böse Geister auszutricksen. Anschließend wird in aller Öffentlichkeit von einem speziell unterwiesenen Beschneider die Vorhaut der Jungen in einer dramatisch anmutenden Zeremonie mit einem heiligen Messer abgetrennt. Die Jungen beweisen ihre Männlichkeit dadurch, dass sie sich während des ganzen Akts weder rühren noch schreien oder auf andere Art ihren Schmerzen Ausdruck verleihen. Ansonsten würden sie Fluch und Schande auf ihre gesamte Familie ziehen.

Bei den Jungen im Kinderheim war man glücklicherweise nicht so traditionell vorgegangen. Sie waren wie ich in einem Krankenhaus und unter Betäubung beschnitten worden. Als ich sie im Schlafsaal auf ihren Betten liegen sah, wusste ich ganz genau, was sie durchmachten …

Am Abend sah ich auch zum ersten Mal die großen Kinder. Es schien, als würden sie erst aus ihrem Kokon herauskriechen, wenn die Mamas verschwunden waren. Just als die letzte gegen 18 Uhr das Hauptgebäude verlassen hatte, sah ich Richard zum ersten Mal. Er war kleiner als ich, auch wenn es nicht zu übersehen war, dass er um einiges älter war. Richard war achtzehn, begrüßte mich freundlich und sagte gleich, dass Gott mich hierhergeführt habe, weil er noch Großes mit mir vorhabe. Er forderte mich auf, ihn in die Küche zu begleiten. Ich war überrascht, dort keine Köchin zu sehen, sondern Kinder, die an den Töpfen hantierten. Wambasi, der Zweitälteste, kochte gerade Ugali. Christine widmete sich dem Gemüse, während Wambui und Nanjala die Teller für die Kleineren auf dem Boden aufreihten. Ich war aus den anderen Heimen gewöhnt, dass das Kochen und Verteilen der Speisen von den Mamas übernommen wurde. Hier mussten die Kinder für alles selbst sorgen, die größeren standen in der Pflicht. Nur wenn Gäste von außerhalb da waren, taten die Mamas so, als würden sie das Kochen, das Wäschewaschen, das Baden der kleinen Kinder und das Saubermachen erledigen. Als Fremder mochte man das nicht bemerken, aber in diesen Fällen waren die Kinder, denen man sonst mit großer Selbstverständlichkeit alles aufbürdete, ziemlich irritiert. Es war nicht nur die Heuchelei, die dahintersteckte, sie wussten schlicht nicht, wie sie sich verhalten sollten.

An jenem Abend saßen wir alle auf dem Boden und aßen gemeinsam das Ugali und das Gemüse. Abermals stellte ich fest, dass alles fast fettfrei zubereitet worden war. Und das Maismehl, aus dem das Ugali gemacht wurde, war weder gesiebt noch fein gemahlen worden. Immer wieder biss ich auf kleine Steine und entdeckte Mehlwürmer, die sich in der Pampe kringelten. Egal, ich hatte mittlerweile einen Bärenhunger, und die Gemeinschaft mit den anderen tat mir gut. Sie hauten alle rein, und schließlich wollte ich beim Essensspiel nicht dauerhaft als Loser abgestempelt werden. Nur das Wasser, das vor mir in einer alten Blechdose stand, mochte ich nicht anrühren. Später ging ich hinaus zum Tank, benutzte mein Hemd als Filter und betete, dass mein inzwischen offenbar verwöhnter Magen die Brühe verkraften würde.

Spät am Abend kroch ich in meine Koje. Ich war überrascht, dass ich mich im Zimmer der Großen wiederfand, mit Richard und Wambasi. Ich durfte den oberen Teil des Hochbetts nehmen, in dem auch Richard schlief. In meinem Bett lag eine kaum fünf Zentimeter dicke, fleckige Matratze mit einer dünnen und löchrigen Bettdecke. Einen Bezug oder ein Laken gab es nicht. Aber bevor ich mir noch Gedanken darüber machen konnte, war ich schon eingeschlafen.

*

Der Alltag im Kanduyi Children's Home wurde fast in jeder Hinsicht von uns Kindern selbst gestaltet. Es gab zwar eine Heimleitung, aber deren Aufgabe bestand im Wesentlichen darin, so zu tun, als würde sie arbeiten. Vor allem dann, wenn Gäste da waren. Ansonsten kommandierten die Mamas oder Mais hauptsächlich die Kinder herum und teilten ihnen die Aufgaben zu, für die eigentlich sie bezahlt wurden. Gut waren sie auch darin, die Kinder hart zu bestrafen, wenn sie irgendetwas nicht richtig ausführten. Dann standen Prügel mit dem Stock auf der Tagesordnung. Teilweise bestraften sie uns sogar, weil wir spielten, weil es ja immer irgendeine wichtige Arbeit gab, die wir stattdessen hätten übernehmen können. So spielten wir meistens heimlich. Am besten ging es uns, wenn die Mamas nicht da waren. Wir kannten unsere Aufgaben, jeder wusste, was zu tun war. Wir Größeren mussten nicht nur das Kochen, Putzen, Waschen und die Gartenarbeit übernehmen, sondern auch dafür sorgen, dass die Kleineren beschäftigt waren und zum Beispiel das Vieh hüteten. Weil die Mamas so ein schlechtes Vorbild abgaben, konnte es schon mal vorkommen, dass wir mit Schlägen oder lautem Brüllen etwas nachhalfen.

Für mich war es etwas völlig Neues, diese Rolle zu übernehmen. Ich war ein Kind und sollte plötzlich »Erwachsener spielen«. Im Kinderheim von Nairobi hatte ich auch viel arbeiten müssen, aber dabei war ich den Erwachsenen zur Hand gegangen, sie hatten das Sagen gehabt. Nun musste ich die volle Verantwortung übernehmen. Mit knapp dreizehn Jahren wurde von mir auf einmal erwartet, so aufzutreten, als wäre ich schon über dreißig. Ich musste nicht nur schnell lernen, mich selbst zu organisieren und meine Aufgaben eigenverantwortlich zu übernehmen, sondern ich musste gleichzeitig die Kleinen darin unterweisen, ihrerseits ihren Beitrag zu leisten. Ich war vor allem am Anfang heillos überfordert. Von Richard und Wambasi lernte ich, für über zwanzig Kinder zu kochen. Ich lernte, mit der Axt große Holzbrocken kleinzuhacken und Mais, Gemüse, Bananen, Kassava und Süßkartoffeln anzubauen und große Kühe zu melken; und das mit meinen noch recht kleinen Händen. Während ich all dies in rasender Geschwindigkeit lernen musste, fragte ich mich oft, was eigentlich die Mamas in dieser Zeit taten. Sicher, es gab immer wieder Gerüchte, dass die Dachorganisation CWSK trotz aller Spenden so pleite war, dass sie ihre Mitarbeiter nicht rechtzeitig oder gar nicht bezahlte. Sie hatte keinen besonders guten Ruf, schon gar nicht, wenn es um Geldangelegenheiten ging. Es konnte also durchaus vorkommen, dass die Mamas und Babas in den Kinderheimen keine Kohle für ihre Arbeit sahen. Aber das rechtfertigte noch lange nicht das, was sie den ohnehin schon traumatisierten Kindern in ihrer Obhut an weiteren seelischen und körperlichen Schmerzen zufügten.

*

Als die Schule nach den Ferien wieder begann, waren Richard, Wambasi und ich die Einzigen, die tagsüber im Heim zurückblieben. Wenigstens wurde ich nicht mit den üblichen Ausreden hingehalten, dass ich nur übergangsweise hier sei, meine Unterlagen noch nicht fertig seien, und so weiter. Die einzige Ausrede, die keine war, sondern die Wahrheit, lautete, dass vorläufig kein Geld vorhanden sei, um das Schulgeld für mich zu bezahlen. Also durfte ich noch hoffen. Richard hatte gerade die Sekundarschule beendet. Weil seine Resultate nicht für einen Platz an einer staatlich geförderten Universität reichten und Colleges oder andere weiterführende Institute Geld kosteten, hockte er im Heim herum. Er war ein exzellenter Handwerker. Fast alles, was im Kinderheim kaputtging, wurde von ihm repariert. Als wir dank einer Spende der Rotarier aus Webuye, der Nachbarstadt von Bungoma, endlich einen Stromanschluss bekamen, verlegte er die Leitungen und Steckdosen wie ein Profi. Nur selten ergatterte er einen Gelegenheitsjob, der auch bezahlt wurde. Etwa als eine chinesische Firma die Straße von Mombasa über Nairobi nach Uganda wieder in Schuss brachte. Da sie auch über Bungoma führte, war Richard einer der Glücklichen, die beim Bau mit anpacken durften. Hin und wieder konnte er an der Tankstelle eines sehr netten Inders namens Bhatia aushelfen, ansonsten Fehlanzeige. Aber im Heim gab es ja genug zu tun …

Wambasi war siebzehn und hatte die Schule ohne Abschluss verlassen. Er war kleinwüchsig, litt manchmal unter motorischen Störungen, und es hieß, er sei »nicht ganz richtig im Kopf«. Das Schulsystem im damaligen Kenia war auf Fälle wie ihn nicht eingestellt. Er durfte zwar zum Unterricht gehen, aber an Prüfungen teilnehmen konnte er nicht, daran war nicht zu denken. Ich war verblüfft, was für eine enorme Kraft in dem kleinen Kerl steckte. Nicht einmal die Hälfte dessen schaffte ich, was er in einer Stunde an Holz kleinhackte, obwohl ich um einiges größer war. Was Gartenarbeit und auch das Kochen anging, konnte ich mir bei ihm noch eine Scheibe abschneiden. Wegen dieser Fähigkeiten genoss er den Respekt aller Kinder und auch der Heimleitung.

Obwohl wir nicht zur Schule gingen, mussten wir jeden Tag mit den anderen Kindern um sechs Uhr morgens aufstehen. Nur bei Richard machten sie hin und wieder eine Ausnahme, wenn er die Nachtschicht in der Tankstelle übernommen hatte. Wambasi und ich waren abwechselnd mit der Vorbereitung des Frühstücks beauftragt. Da Christine auf ein Mädcheninternat ging, rückten Nanjala und Wambui, die nächstälteren Mädchen im Heim, auf. Die beiden Elfjährigen mussten nicht nur die kleineren Kinder aufwecken und ihnen beim Waschen helfen, sondern auch das Babyzimmer säubern. Beim Füttern der Babys halfen alle mit. Ich weiß noch, wie ungeschickt ich mich am Anfang anstellte, weil ich nicht wusste, wie ich sie richtig halten sollte. Einmal hätte ich beinahe eines fallen lassen. Ich saß mit nacktem Oberkörper in der Küche und hatte einen der winzigen Würmer auf dem Arm. Und der hatte nichts Eiligeres zu tun, als an meiner linken Brustwarze anzudocken. Ich bin ziemlich kitzlig und bekam einen Lachkrampf, weswegen er mir fast unter dem Arm durchrutschte.

Wenn alles so weit fertig war, gab es gegen sieben Uhr Frühstück; meistens Porridge, der aber anders als im Heim in Nairobi nicht mit Milch und Flocken, sondern mit Wasser und Maismehl zubereitet wurde.

Nachdem Wambasi und ich die Kinder zur Schule oder in den Kindergarten geschickt hatten, schafften wir vor allem im Zimmer der kleinen Jungs etwas Ordnung, bevor Baba Philip, der Gärtner, kam. Von dem Moment an war für uns Gartenarbeit angesagt. Wir schufteten den ganzen Vormittag bis zum Mittagessen durch. Zwar wurde die Anbaufläche des Kanduyi Children's Home längst nicht so gut genutzt wie die im Heim von Nairobi, aber das Areal an sich war etwa viermal größer. Als Erstes mussten wir die Tiere versorgen. Danach ging es mit dem Jembe auf die Felder. Wir befreiten die Beete von Unkraut, setzten neue Pflanzen, bewässerten alles und besserten die Zäune aus. Alles per Hand, eine richtige Knochenarbeit. Erst zum Mittagessen hatten wir die einzige, etwa eineinhalbstündige Pause des Tages.

Das Mittagessen bereitete hin und wieder ein Koch zu. Baba Zacharia war ein älterer Herr mit Glatze, den wir nicht recht einzuschätzen wussten. Er konnte sehr nett sein und mit den Kindern spielen, aber im nächsten Moment mit dem Stock hinter ihnen herjagen. Er war einer der Ersten, der zuschlug, wenn jemand etwas Schlimmes getan hatte. Das lag nicht nur an seiner etwas cholerischen Art, sondern auch daran, dass Mai Phylis Strafaktionen gerne an ihn delegierte. Angeblich, damit sich seine Stellung im Heim als Mann und Respektsperson festigte. Ich kann mich noch sehr gut daran erinnern, wie Baba Zacharia einmal ein regelrechtes Stockfeuerwerk auf mich niedergehen ließ – unter den wohlwollenden Blicken von Mai Phylis und Mai Mgeni. Ich hatte mich bei der Gartenarbeit über Wekesa, einen kleineren Jungen, geärgert und ihm wütend eine Ladung Sand ins Gesicht geworfen. Natürlich fing er sofort an zu plärren; dass er mich vorher bis aufs Messer gereizt hatte, interessierte niemanden. Vor allem Mai Phylis ging es bei diesem Vorfall nicht um eine »gerechte« Strafe für mein Fehlverhalten; es war ein reines Machtspiel, bei dem sie mir auf äußerst schmerzhafte Weise zeigen konnte, dass ich ein Nichts war – trotz der Verantwortung, die sie mir im Alltag übertrug.

Wenn Baba Zacharia nicht auftauchte, was nicht selten der Fall war, musste einer von uns Größeren seine wohlverdiente Pause damit verbringen, für die Kinder zu kochen. Gerade mittags war das keine leichte Aufgabe, da die Mitarbeiter ebenfalls bekocht werden mussten. Das hieß, es mussten zwei verschiedene Gerichte zubereitet werden: ein schlechteres und weniger schmackhaftes Essen für die Kinder und ein besseres für die Mamas, Babas und die Heimleitung. Nach dem Abwasch verbrachten Wambasi und ich die Nachmittage damit, Holz zu sammeln und kleinzuhacken. Man musste Unmengen heranschaffen, denn die Küche, in der noch über offenem Feuer gekocht wurde, verbrauchte sehr viel Holz. Mein Job war dabei, auf hohe Bäume zu klettern, um die trockenen Äste abzuhacken, was nicht ganz ungefährlich war. Wenn ein Baum auf dem Grundstück gefällt wurde, mussten wir den Stamm mit der Axt auseinanderhauen, was mich eines Tages fast meinen rechten Zeigefinger kostete. Die Axt, die nicht sonderlich scharf, dafür aber höllenschwer war, sauste schräg auf den Stamm und rutschte ab. Alles ging so schnell, dass ich nicht mehr reagieren konnte. Ehe ich mich's versah, steckte sie in meiner Hand. Mein Zeigefinger hing unter dem mittleren Gelenk nur noch in Fetzen, das Blut spritzte, und ich stand völlig unter Schock. Ich versuchte die Hand mehr recht als schlecht mit einem alten T-Shirt zu verbinden, das zum Trocknen an der Wäscheleine hing.

Meine ganze Hand pochte, immer wieder sickerte Blut durch den provisorischen Verband. Rücksicht nahm darauf niemand. Gegen Abend musste ich wie jeden Tag in den Stall, um die Kühe zu melken. Eine absolute Qual. Heulend zerrte ich an den Tieren herum, die ihr Missfallen über meine Behandlung lautstark und mit Tritten zeigten. Ich fühlte mich alleingelassen, hilflos und überfordert. Die Erwachsenen scherte das wenig; wie an den meisten Tagen hatten sie sich längst zurückgezogen. Ich schleppte die Milch in die Küche und machte Abendessen, so gut es eben ging. Ich zog mir noch viele ähnliche Verletzungen zu, aber diese traf mich am härtesten. Die dicke Narbe an meinem rechten Zeigefinger erinnert mich bis heute an jenen Tag.

Nach dem Abendessen mussten wir die Kleinen ins Bett und anschließend die Tiere in den Stall bringen. Das Kinderheim hatte damals fünf Kühe, zwei Ziegen, mehrere Hühner, zwei Puten und ein paar Enten. Am wichtigsten waren die beiden Jersey-Kühe Mrembo und Queen, die zusammen bis zu zwölf Liter Milch am Tag produzierten. Von dieser Milch bekamen leider nur die Babys etwas ab, den Rest nahmen die Mamas und Babas mit nach Hause. Wer dagegen aufmuckte, dem wurde unmissverständlich klargemacht, dass ein Waisenkind keine Ansprüche zu haben hatte.

Besonders die Kuh Mrembo wuchs mir schnell ans Herz. Mrembo heißt »die Schöne«, und das passte haargenau. Sie war eine Exotin unter den heimischen Kühen, braun, mit ein paar weißen Flecken und mit einem etwas dunkler abgesetzten Gesicht. Sie war freundlich und pflegeleicht, und sie gab am meisten Milch. Im Gegensatz zu Queen, die mit ihrem rötlichen Fell zwar auch sehr schön, aber zugleich sehr zickig war, war Mrembo auch weniger krankheitsanfällig. Beide hatten schon Kälber zur Welt gebracht, das von Queen hatte es aber nicht geschafft.

Das männliche Kalb von Mrembo wird mir immer in Erinnerung bleiben. Als es noch klein war, kuschelte es sich an uns und wollte gekrault werden. Wir tauften es Ndume, was auf Kiswahili »männlich« heißt, aber für uns gleichzeitig so viel wie »Macho« bedeutete. Kaum in die Pubertät gekommen, machte er seinem Namen alle Ehre. Nur Mwangi, Patrick oder Kimani, die am häufigsten mit ihm herumgetollt hatten, ließ er noch an sich ran. Alle anderen verjagte er schnaubend und verpasste ihnen manchen Stoß mit seinen zum Glück noch ziemlich kleinen Hörnern. Vor allem auf die Erwachsenen hatte er es abgesehen. Ich könnte mich heute noch kaputtlachen, wenn ich daran denke, wie Ndume einmal zwei der Mamas quer durch den Garten jagte. Wir liebten solche Szenen – Ndume, der Rächer der Entrechteten. Tatsächlich provozierten wir manchmal extra eine Situation, um eine der Mamas oder Babas in eine unschöne Auseinandersetzung mit Ndume geraten zu lassen. Eines Morgens nach dem Melken wollte Baba Philip gerade die Milch zwischen sich und Mai Mgeni aufteilen. Wir waren sauer, weil wir wie immer nichts davon abbekommen würden; aber dann hatten Mwangi, Kimani und Patrick eine Idee: Sie scheuchten Ndume zurück in den Stall. Baba Philip bemerkte ihn zu spät. Noch bevor er sich vom Fleck rühren konnte, fand er sich samt Milcheimer auf dem Boden wieder. Ndume machte kehrt und setzte gerade zu einem zweiten Stoß an, als ich mich mit einem Stock bewaffnet heldenhaft dazwischenwarf und Baba Philip »rettete«. Mit einem dicken Grinsen im Gesicht trieb ich den Jungbullen nach draußen. Nachdem Baba Philip fluchend das Weite gesucht hatte, konnten wir uns vor lauter Lachen kaum mehr einkriegen. Ich liebte dieses Rabauken-Trio einfach! Ein besser eingespieltes Team konnte man in diesem Kinderheim nicht finden.

Leider mussten Mwangi, Kimani und Patrick eines Tages das Heim verlassen. Angeblich, weil man endlich ihre Verwandten gefunden hatte, mit denen sie nun wieder glücklich vereint werden sollten. Genau wie ich legten sie nicht den geringsten Wert auf ein Wiedersehen. Mwangi traf ich kurze Zeit später als Straßenkind in Bungoma wieder. Kimani hatte es besser getroffen und war nach einigem Hin und Her bei einer Familie in Kimilili untergekommen, einer Stadt etwa vierzig Minuten von Bungoma entfernt. Patrick, der mittlerweile bei den Iteso nahe Malaba lebte und uns ab und zu besuchte, machte während seiner Stippvisiten kein Hehl daraus, dass er uns sehr vermisste. Wenn er dann zurückmusste, heulte er jedes Mal.

Mit der Zeit entwickelte sich Ndume zum stärksten und größten Bullen weit und breit. Viele Bauern aus den umliegenden Dörfern brachten ihre Kühe zu uns und gaben dem Heim etwas Geld dafür, dass Ndume für Nachwuchs sorgte. Er hatte seinen Spaß dabei – und wir beim Zuschauen auch.

Die anderen Kühe spielten bei der aufregenden Konkurrenz kaum eine Rolle. Es waren heimische Zebus, die außer Fressen und Saufen die meiste Zeit damit zubrachten, mit ihrem großen Buckel herumzustolzieren. Solange ich da war, brachte nie eine von ihnen Kälber zur Welt, dementsprechend gaben sie auch keine Milch. Die Ziegen galten kaum als Nutztiere, sie gehörten einfach zur Menagerie dazu und fielen nur auf, wenn sie sich unbeaufsichtigt in den Gemüsegarten begaben.

Auf die Enten, Puten und Hühner mussten wir immer besonders achtgeben. Vor allem die armen Küken wurden schnell Opfer von Habichten und anderen Greifvögeln, die sie im Tiefflug mit ihren großen Krallen packten. Die Hühner- und Entenmütter konnten nichts dagegen tun, die Räuber mit ihren Flugkünsten waren eindeutig im Vorteil. Eines Tages schaffte ich es aber doch, ein Entenküken zu retten. Der Habicht hielt es in den Krallen und setzte bereits zum Abflug an, als ich ihm eine Rasensichel hinterherwarf und ihn fast getroffen hätte. Erschrocken ließ er das Küken aus etwa zehn Metern Höhe fallen. Es überlebte zwar, war aber seitdem etwas gelähmt. Aufgrund meiner spektakulären Rettungsaktion wurde das Küken nach mir benannt – bis wir irgendwann feststellten, dass es sich um ein Weibchen handelte.

Die Greifvögel waren nicht die einzige Gefahr für unser Federvieh. Ein Nachbar des Kinderheims, Herr Wekesa, hatte mehrere Hunde. Tagsüber wurden sie in einen Zwinger gesperrt und nachts herausgelassen, damit sie sein Grundstück bewachten. Leider beschränkten sich diese Biester nicht nur auf das Grundstück von Herrn Wekesa. Wenn wir im Dunkeln über das Heimgelände gingen, jagten sie uns regelmäßig einen großen Schreck ein. Es kommt einem Wunder gleich, dass nie ein Kind gebissen wurde. Dafür löschten die Hunde einmal fast den gesamten Vogelbestand des Heims aus. Es muss eine wilde Hetzjagd gewesen sein. Am nächsten Morgen entdeckten wir die kläglichen Überreste unserer Vögel. Mal waren es ein paar Knochen, mal zerrupftes Gefieder oder ein abgebissener Kopf.

Es sah aus wie in einem Horrorfilm. Wir Kinder hassten diese Köter, und ihr Besitzer war uns nicht nur deswegen unsympathisch. Er war so einflussreich, dass niemand es wagte, gegen ihn vorzugehen. Seine ungezogenen Hunde griffen auch in anderen Ställen regelmäßig zu, was Herrn Wekesa und seine Familie nicht im Geringsten zu stören schien.

Die Hunde unseres Nachbarn waren nicht der einzige nächtliche Schrecken, dem man in der Nähe des Kinderheims begegnen konnte. Wie in allen Bantukulturen gab es auch hier nachtaktive Zauberer oder Nachttänzer. Die Baganda nannten sie Basezi, bei den Luhya in Bungoma hießen sie Balosi. Es handelt sich um Mondsüchtige, die angeblich wie Werwölfe agieren. Tagsüber sind es normale Menschen, die niemals jemandem etwas antun würden. Doch bei Nacht und besonders bei Vollmond verwandeln sie sich in nackte Feuertänzer, die in der Luft herumschweben und Feuerflammen zwischen ihren Händen tragen. Man sagt ihnen in diesem Zustand übermenschliche Kräfte nach, weshalb man ihnen besser aus dem Weg gehen sollte. Manche von ihnen sollen sogar zu Kannibalen werden, die Tote auf wundersame Weise wieder zum Leben erwecken – um sie hinterher zu verspeisen. Diese Schauergeschichten waren für uns Kinder so furchterregend, dass wir es kaum wagten, nachts rauszugehen. Wenn wir etwa vergessen hatten, eines der Gatter zu schließen, und das erst nach Einbruch der Dunkelheit bemerkten, rannten wir jedes Mal panisch ins Haus zurück. Es hieß, dass allein der Anblick eines solchen Balosi ausreichen würde, um auf der Stelle tot umzufallen. Das mag auch einer der Gründe dafür sein, dass es kaum Zeugen für die Existenz dieser unheimlichen Kreaturen gibt. Aber allein die Vorstellung, die Balosi könnten tatsächlich da draußen irgendwo lauern, versetzte uns in Angst und Schrecken.

Ich war da keine Ausnahme, obwohl ich ja mit meiner Beschneidung bereits die erste Stufe auf dem Weg zum »richtigen«

Mann erklommen hatte. Bei den Bukusu in Bungoma war es Tradition, dass die Jungen sich weiteren Prüfungen unterziehen mussten, um ihren potentiellen zukünftigen Bräuten zu beweisen, dass sie nach ihrer Heirat den Schutz eines echten Mannes genießen würden. Da ich schon dreimal relativ große und giftige Schlangen getötet und damit die kleineren, völlig verängstigten Kinder des Heims vor dem sicher geglaubten Tod bewahrt hatte, hatte ich bereits die nächste Stufe in der Rangordnung der Männlichkeit erklommen. Den traditionellen Kampf mit einem Löwen, der inzwischen glücklicherweise in Kenia verboten worden ist, überließen wir lieber den Massai. Bei den Bukusu gilt es als ultimativer Beweis der Männlichkeit, einen der berüchtigten Balosi einzufangen. Man sagt ihnen nach, dass sie nachts Tiere nachahmen. Wenn also während der Paarungszeit die Frösche besonders laut waren, hatten angeblich die Balosi etwas damit zu tun. Wenn die Grillen abends laut zirpten oder manche Schlangen nachts zischten, hatten die Balosi ihre Finger im Spiel. Und auch manches laute Hundegebell in der Nacht sei auf sie zurückzuführen. Richard, Wambasi und ich machten uns gegenseitig Mut, bevor wir mit selbstgebastelten Speeren und Rungus bewaffnet auf die Pirsch gingen. Trotz unseres furchtlosen Einsatzes, bei dem wir nicht mehr als unser Leben aufs Spiel setzten, gelang es uns nie, einen Balosi einzufangen. Wir erwischten noch nicht einmal einen fetten Frosch. Wahrscheinlich, weil das Wesen so schnell seine Gestalt ändern konnte.

Als ich älter wurde, war mir klar, dass die Balosi nichts als Hirngespinste waren, Sündenböcke, die für all das verantwortlich gemacht wurden, was man sich nicht erklären konnte. Ich kenne niemanden, der es jemals schaffte, auf diese allerhöchste Stufe der Männlichkeit zu gelangen; die Jagd nach den Balosi konnte nicht gelingen, weil es sie schlicht nicht gab. Ihren Zweck erfüllten die Schauergeschichten trotzdem. Die Kinder blieben nachts schön im Haus, und die Erwachsenen hatten jemanden,

den sie verfluchen konnten, wenn etwas Unvorhergesehenes passierte.

*

Das neue Jahr – und damit auch das neue Schuljahr – hatte begonnen. Ich schuftete im Garten und im Haus und blickte jeden Morgen wehmütig den anderen Kindern hinterher, die sich auf den Weg in die Schule machten. Eines Vormittags wurde ich überraschend ins Büro der Heimleitung gerufen. Richard, Wambasi und ich waren gerade dabei, einen Baum von seinen Ästen zu befreien, um damit den Zaun zu reparieren.

Auf dem Weg zum Haupthaus zermarterte ich mir das Hirn darüber, was ich wohl angestellt haben könnte. Man wurde nämlich nur einbestellt, wenn Ärger in der Luft lag. Kaum hatte ich die Eingangshalle betreten, forderte mich Mai Mary mdogo auf, mich zu waschen und bessere Kleider anzuziehen. Das war ja wieder typisch! Wahrscheinlich erwarteten sie irgendeinen hohen Besuch, vor dem sie eine Show abziehen wollten. Missmutig ging ich zum Waschraum und schrubbte mir die Hände. Dann zog ich mir ein T-Shirt und eine saubere Hose an und machte mich auf den Weg zum Büro der Heimleitung.

Als ich die Tür öffnete, traf mich fast der Schlag. Ich traute meinen Augen kaum, als ich im Büro Mary Walsh und Ruth Bowers entdeckte. Ich hätte vor Glück sterben können. Mary stand auf und umarmte mich. Sie hatte Tränen in den Augen. Ich wollte sie überhaupt nicht mehr loslassen und drückte sie, bis sie kaum noch Luft bekam. Erst dann begrüßte ich auch Ruth. Mai Mgeni kam hinter ihrem Schreibtisch hervor, gab mir kurz die Hand und ließ ein mütterliches Lächeln über ihr sonst so strenges Gesicht huschen. Ich durfte mich setzen, und obwohl mir Mai Mgeni keine Redeerlaubnis erteilt hatte, sprudelte ich sofort los und bestürmte Mary mit Fragen. Ich hatte keine Ahnung, wie sie mich gefunden hatte und warum sie überhaupt hier war. Lächelnd erinnerte sie mich an meinen traurigen Brief ...

Ich hatte längst vergessen, dass ich ihr nach meinem Weggang aus Nairobi geschrieben hatte. Ich kannte ihre Adresse nur ungefähr, es ist ein Wunder, dass der Brief sie überhaupt erreicht hatte. Die Briefmarke hatte ich dem Chauffeur mit einem tränenreichen Auftritt abgeluchst, er hatte mir auch hoch und heilig versprechen müssen, dass er ihn abschickte. Offenbar hatte er Wort gehalten.

Mary reagierte prompt. Als klar war, dass sie von Irland nichts ausrichten konnte, buchte sie einen Flug nach Nairobi. Die Heimleitung hielt sich bedeckt, man wisse nicht genau, wo ich abgeblieben sei. Erst Kibe, der Chauffeur des Kinderheims, erzählte ihr, dass ich inzwischen in Kakamega sei. Dort wiederum erfuhr sie, dass ich längst in Kanduyi war. Ich konnte kaum glauben, wie viel Energie und Zeit die beiden aufgebracht hatten, um mich zu finden.

Am Ende ihrer Erzählung bat Mary um die Erlaubnis, mit mir einen Ausflug zu unternehmen. Da Mai Mgeni es nicht gewohnt war, Besuch von Weißen oder Mzungu zu bekommen, behandelte sie die beiden Frauen so, als seien sie direkt vom Himmel gefallen, und gewährte ihnen, was sie wollten.

Die folgenden Tage zählen bis heute zu den glücklichsten in meinem Leben. Mary und Ruth wohnten in einem Touristenhotel in Bungoma. Jeden Morgen holten sie mich vom Kinderheim ab, manchmal nahmen wir auch Richard mit, der den irischen Akzent von Mary einigermaßen gut verstand. Richard, der sich in Bungoma bestens auskannte, machte den Fremdenführer. Wir besuchten die alte katholische Kirche, schlenderten am Fluss Khalaba entlang und erklommen die Chwele-Hügel am Stadtrand von Bungoma, wo wir uns auf den Felsen von den zutraulichen großen Affen ärgern ließen. Wir aßen in Restaurants und kauften ein. Aber nicht etwa nur für mich, Ruth und Mary statteten das Kinderheim neu aus. Alle bekamen neue Bettdecken und Matratzen, und ich konnte mich endlich wieder in ein frisch bezogenes Bett legen. Ihr Aufenthalt in Bungoma ließ uns sogar kurzfristig das spartanische Essen im Kinderheim vergessen: Mary und Ruth kauften Reis, Fleisch und viel Gemüse. Vorübergehend wurde mit Fett und Gewürzen gekocht – selbst für die Kinder. Die Mamas konnten in dieser Zeit kaum etwas für sich abzwacken, weil sie sich keine Blöße vor den Spenderinnen geben wollten. Solange Ruth und Mary in der Nähe waren, gaben sie die fürsorglichen Glucken; wir wurden bekocht und durften auf einmal spielen und mussten nicht arbeiten. Mary und Ruth waren ganz angetan und meinten: »Mit diesen Mamas hast du ja richtig Glück gehabt, das ist ja viel besser als in Nairobi.«

Wenn sie nur wüssten, schoss es mir durch den Kopf. Am darauffolgenden Tag erzählte ich den beiden Frauen, was im Heim wirklich ablief und dass ich immer noch nicht zur Schule ging. Mary machte auf dem Absatz kehrt und eilte zur Heimleitung. »Das werden wir ja noch sehen«, sagte sie, bevor sie im Büro verschwand. Als sie nach einer Weile wieder herauskam, hielt sie triumphierend eine Mappe hoch und hakte mich unter. »Wir gehen jetzt nach Kanduyi!«, sagte sie strahlend.

Etwa drei Kilometer vom Kinderheim entfernt lag die Kanduyi D. E. B. Primary School. Auf dem ganzen Weg dorthin wurden wir angeglotzt; zwei weiße Frauen, noch dazu in Begleitung eines schwarzen Halbstarken, waren in dieser Gegend ein seltener Anblick.

Bei unserer Ankunft in der Schule verursachten wir ein regelrechtes Chaos. Die Schüler stürmten aus dem Unterricht, um die Mzungus zu begrüßen. Die beiden müssen sich wie im Zoo oder wie Superstars aus Hollywood vorgekommen sein. Zu meiner Überraschung wurden wir in das Büro des Schulleiters Mr

Mbutu gerufen, ein sehr freundlicher und netter Herr, der uns bereits zu erwarten schien. Ruth und Mary erklärten ihm, wie talentiert und enthusiastisch ich sei und wie wichtig es war, dass ich eine Schule besuchen könne. Mr Mbutu musterte mich zweifelnd und schwieg. Erst nachdem Mary die Mappe zückte, in der mein Zeugnis von der Our Lady of Mercy Primary School lag, und ihm unter die Nase hielt, kam Bewegung in seine Miene. Denn auf dem Papier stand zu lesen, dass ich trotz der langen Pausen in meiner Schullaufbahn der viertbeste von über hundert Schülern gewesen war. Als Mary dann noch beiläufig erwähnte, dass sie das Schulgeld für ein Jahr im Voraus entrichten wolle, entschied er spontan und unbürokratisch, dass ich ab sofort Schüler der Klasse 7a sei.

Schon wieder die 7a, dachte ich und betrachtete das als gutes Omen. Nachdem alles unter Dach und Fach war, gingen wir nach Bungoma, um eine Schuluniform, Bücher und Hefte zu kaufen. Ich bekam eine kurze blaue Hose, ein rosafarbenes kurzärmeliges Hemd und lange graue Kniestrümpfe mit weißblauen Streifen.

Am Ende dieses aufregenden Tages kehrten wir mit der Überraschungsnachricht ins Heim zurück, dass ich vom kommenden Montag an wieder zur Schule gehen würde. Ich war überglücklich! Der Einzige, der sich nicht wirklich für mich freuen konnte, war Wambasi. Denn für ihn bedeutete es, dass seine Tage mit Baba Philip nun noch etwas arbeitsreicher sein würden.

Zwei Tage später, es war ein Freitag, mussten Ruth und Mary zurück nach Nairobi. Am Sonntag würde Mary wieder nach Irland fliegen. Ich dachte, ich hätte mich daran gewöhnt, nach solchen Momenten des Glücks wieder in die Tiefe hinabzufallen. Doch ich machte mir keine Vorstellung, auf welche emotionale Achterbahnfahrt ich nun geschickt werden sollte …

*

Mary war weg. Mein einziger Trost war, dass ich ab Montag wieder zur Schule gehen würde. Wieder hatte sich diese wunderbare Frau für mich eingesetzt. Wieder war sie mein Schutzengel gewesen. Und wieder war sie nun weit weg zurück in ihre Heimat geflogen. Nach den unbeschwerten Tagen mit ihr und Ruth hatte ich Mühe, wieder in den Alltag im Heim hineinzufinden. Zumal ich kurz darauf zwischen die Fronten geriet.

Zum Abschied hatte mir Mary etwas Geld gegeben, das ich an Mai Mgeni weiterleiten sollte. Diese sollte die Summe unter den anderen Mais verteilen. Falls sie Mai Mgeni den warmen Geldregen bereits angekündigt hatte, dürfte diese sicher Stein und Bein geschworen haben, dieser Anweisung zu folgen. Wie dem auch sei, ich traute ihr nicht über den Weg und beschloss fürs Erste, das Geld in meiner Matratze zu verstecken. Auch wenn ich damit gegen Marys Bitte verstieß, ich hatte nur zu oft erlebt, wie Gelder verschwanden, ohne dass sie uns Kinder zugutekamen. Ich wollte das Geld keineswegs für mich, sondern lediglich auf einen geeigneten Moment zur Übergabe warten. Möglichst, wenn externe Besucher im Heim wären, vor Zeugen würde Mai Mgeni das Geld nicht so einfach für sich selbst abzwacken. Bis dahin würde es unter meiner Matratze sicher sein.

Anscheinend war ich aber nicht der Einzige, der von diesem Versteck wusste. Ein paar Tage später war es weg. Fassungslos starrte ich auf die Matratze. Ich weiß nicht, wie lange ich dort stand, als ich mich abwandte, blickte ich in das verkniffene Gesicht von Mai Mgeni.

»Hast du mir nicht etwas zu sagen?«, fuhr sie mich an. »Wo ist das Geld, das du mir geben solltest?«

Ich schluckte und wusste nicht, was ich sagen sollte.

Mit schriller Stimme kreischte sie: »Einmal ein Dieb, immer ein Dieb!« Und Diebe hätten in Kinderheimen nichts zu suchen. Sie befahl mir, sofort meine Sachen zu packen. Ich dachte, ich höre nicht richtig, und setzte verzweifelt zu einer Erklärung an.

Aber sie ließ sich nicht umstimmen. Im Gegenteil. »Du hast eine Stunde, dann will ich dich in meinem Büro sehen.« Nach diesen Worten dampfte sie ab.

Mai Mgeni ging es nicht um das Geld, das ich angeblich unterschlagen hatte und das sich wahrscheinlich längst in ihrer Rocktasche befand. Es ging darum, mir eine Lektion zu erteilen, die ich so schnell nicht wieder vergessen würde. Ich hatte immer die Klappe aufgerissen, wenn mir etwas nicht passte, und mich bei den Mamas damit ganz schön unbeliebt gemacht. Als einziges Kind hatte ich mich wiederholt darüber beschwert, dass wir nur einen undefinierbaren Fraß zum Essen bekamen, während sie vergleichsweise fein tafelten. Doch das war nicht das eigentliche Problem. Auch nicht, dass sie den Besuchern vorheuchelten, wie sehr sie sich anstrengten und dass sie ihre Arbeit als Berufung sähen und sich selbst als demütige Werkzeuge Gottes. Die schlimmste Erkenntnis war für mich, dass sie kaltherzig den guten Willen der Spender, die uns Kindern helfen wollten, ausnutzten, um sich selbst zu bereichern. Stand ein wichtiges Projekt an, forderten sie gleich von mehreren Sponsoren, die nichts voneinander wussten, Geld an – und zwar mehr, als dafür nötig gewesen wäre. Den Rest unterschlugen sie kurzerhand. Gleichzeitig gaben sie jedem Spender, der nachfragte, das Gefühl, dass einzig und allein seine Spende das besagte Projekt ermöglicht habe, und priesen ihn als »Retter«. Die Anschaffung der neuen Milchkuh etwa konnten sich gleich mehrere Sponsoren, die nichts voneinander wussten, auf die Fahne schreiben. Die Spendengelder, die sie einsammelten, hätten eigentlich dafür ausgereicht, dass wir vernünftig versorgt wurden und nicht hungrig ins Bett gehen mussten. Vielleicht wäre es manchmal mit dem Schulgeld oder einer teuren medizinischen Behandlung etwas knapp geworden, aber ganz sicher hätte man nicht am Essen oder der Unterbringung sparen müssen. Selbst an Tagen, an denen unsere Teller leer blieben, ließ sich Mai Phylis nicht davon abhalten, einen ganzen 50-Kilo-Sack Reis, der für die Kinder gespendet worden war, zu sich nach Hause tragen zu lassen. Dass sie dafür auch noch uns Jungs einspannte und das vor aller Augen durchzog, hatte mich ein ums andere Mal sprachlos gemacht. Diese Frau, die von allen gefürchtet wurde, besaß nicht nur als Einzige den Schlüssel zur Vorratskammer, sondern führte auch den erfolgreichsten Laden auf dem Markt von Kanduyi. Nach solchen Aktionen war jedem von uns Kindern im Heim klar, warum. Sie konnte die Ware, für die sie keinen Cent ausgegeben hatte, mit mindestens hundert Prozent Profit unters Volk bringen. Und wir sahen hungrig das Zeug in der Auslage liegen. Mai Phylis war inzwischen so reich geworden, dass sie sich sogar ein großes Stück Land kaufen konnte. Für uns war sie der Inbegriff des Bösen. Doch die anderen Mamas waren auch nicht viel besser. Oft mussten wir Geschenke zurückgeben, kaum dass sich ein Besucher wieder verabschiedet hatte. Und die Kleidung, die sie für uns aufbewahren wollten, bis wir hineinpassten, entdeckten wir oft genug an den eigenen Kindern der Mamas, mit denen wir ab und zu etwas unternahmen, da wir dieselben Schulen besuchten.

Selbst die kleinen Kinder durchschauten dieses Spiel schnell. Sie machten es sich zur Angewohnheit, vor den Augen der Spender in Windeseile in die Kleider zu hüpfen und sie anschließend beim Spielen richtig einzusauen. Manche pinkelten oder kackten sogar an Ort und Stelle in eine neue Hose, um sie für die Mamas uninteressant zu machen. Die Besucher müssen sich gewundert haben, wie primitiv, unerzogen und undankbar wir waren. Den größeren Kindern, die nicht bereit waren, sich derart zu blamieren, blieb kaum mehr als Resignation. Wekesa dichtete sogar mal ein Lied darüber: »Aah oh ye ... Byacha byawa!« – »Sie (die Geschenke) kamen und sind gleich wieder von uns gegangen.«

Die Mädchen wurden von den Mamas bevorzugt als Transporteure des Diebesgutes eingesetzt und deshalb auch uns Jungs vorgezogen. Häufig bekamen sie für ihre Dienste eine Extraportion Essen, während wir hungerten. Einige Mädchen waren so erpicht darauf, sich die Zuneigung der Mamas zu erkaufen, dass sie manchmal sogar unaufgefordert Spenden zu ihnen brachten, von denen die Mamas nichts mitbekommen hatten. Es kam schließlich öfter vor, dass die Damen blaumachten oder längst das Haus verlassen hatten, wenn eine Spende abgegeben wurde. Doch anstatt die Sachen unter uns Kindern zu verteilen, handelten die Mädchen ganz im Interesse der Mamas, was zu heftigen Streitereien zwischen uns Größeren führte. Vor allem mich hatten die Mädchen auf dem Kieker, weil ich immer wieder versuchte, sie daran zu hindern. Aber für sie war das, was sie taten, inzwischen so selbstverständlich geworden, dass sie nichts Falsches darin sehen konnten. Sie kannten es ja nicht anders. Im Gegenteil, sie petzten sogar, dass ich mal wieder versucht hätte, etwas zu stehlen. Den Mamas war ich naturgemäß ein richtiger Dorn im Auge.

Und dieser schicksalhafte Tag kurz nach der Abreise von Mary war nichts weiter gewesen als der letzte Funken, der das Pulverfass schließlich zum Explodieren brachte. Endlich hatte die Heimleiterin einen vorgeblich triftigen Grund, mich aus dem Weg zu räumen, auch wenn es keinen Beweis dafür gab, dass ich das Geld gestohlen hatte.

Ich packte meine Sachen in den Rucksack, mit dem ich am Montag in die Schule hatte gehen wollen. Zwischen die Bücher, die Mary mir gekauft hatte, schob ich meine drei T-Shirts, ein Hemd, meine neue Schuluniform, eine kurze und eine lange Hose und ein Stück Seife, das mir Mary geschenkt hatte und das ich hütete wie meinen Augapfel. Dann schlüpfte ich in mein geliebtes Soweto-Shirt – es hatte einen Aufdruck, der an den Schüleraufstand des Jahres 1976 erinnerte –, zog die hellblaue Hose an und schnürte meine Schuhe zu.

Es war gegen Mittag, als ich mit Sack und Pack zum Büro der

Heimleitung ging. Schon wieder musste ich einen Ort verlassen, von dem ich geglaubt hatte, er könne so etwas wie meine Heimat werden. Ich fragte mich, wo sie mich überhaupt hinbringen würden. Das Nairobi Juvenile Court hatte verfügt, dass ich so lange in einem Kinderheim bleiben sollte, bis meine Heimatfamilie ausfindig gemacht werden konnte. Soweit ich wusste, hatten sie noch immer keinen Schimmer davon, wo ich herkam. Und nach meinem Erachten gab es derzeit in Bungoma noch kein anderes Kinderheim als dieses. Mich einfach auszusetzen wäre gesetzeswidrig gewesen. Das Gefängnis war auch keine Option, da ich noch nicht strafmündig war. Sie mussten sich also etwas anderes überlegt haben. Nur was?

Die Heimleiterin verkündete mir, dass mich der Fahrer des Kinderheims in den nächsten Minuten abholen würde. So lange sollte ich draußen auf einer Bank warten. Zu dieser Zeit bestand der »Fuhrpark« des Kanduyi Children's Home aus einem kleinen und klapprigen Geländewagen, der öfter in der Werkstatt als auf der Straße zu finden war. Es handelte sich um einen braunen Suzuki mit fünf Sitzplätzen, in den aber immer wieder bis zu zwölf Personen hineingestopft wurden. Dabei wurde sogar der Kofferraum zur »Sitzfläche« umfunktioniert. Der einzige Fahrer weit und breit war ehrenamtlich tätig und nur nach Lust und Laune im Einsatz. Wenn der Wagen fahrtüchtig war, ging man zu ihm. Entweder hatte er dann Zeit oder eben nicht. Ich hockte ängstlich mit meinem Gepäck zwischen den Beinen auf der Bank und betete, dass man den Fahrer nicht finden konnte oder zumindest der Wagen nicht ansprang.

Der liebe Gott erhörte sogar beide Gebete. Der Fahrer hatte wohl zu viel gefeiert und war immer noch betrunken. So kam es, dass ich eine weitere Nacht im Heim zubringen durfte. Am Montag, als der Fahrer schließlich auftauchte, sprang der Wagen nicht an. Und am Dienstag flatterte eine schriftliche Anfrage ins Haus, die der Schuldirektor Mr Mbutu per Boten hatte bringen lassen. Er wollte wissen, warum ich nicht erschienen war, schließlich sei das Schulgeld doch bereits bezahlt worden.

In der kenianischen Gesellschaft haben Lehrer einen sehr hohen Stellenwert. Das macht Sinn. Lehrer, die Wertschätzung aus der Gesellschaft erfahren, können diese leichter an ihre Schüler weitergeben. Sie führen die Bezeichnung »Mwalimu« im Namen, was nicht nur einfach Lehrer bedeutet, sondern auch hohen Respekt ausdrückt. Der damalige kenianische Präsident Moi war vor seiner politischen Laufbahn Lehrer gewesen, sogar der berühmte einstige Präsident von Tansania ließ sich Mwalimu Julius Nyerere nennen. Und jetzt hatte sich Mwalimu Mbutu, der Schuldirektor der Kanduyi D. E. B. Primary School, nach meinem Verbleib erkundigt! Die Heimleitung konnte gar nicht anders, als sich zu fügen, einem Mwalimu widersetzt man sich nicht. Ich weiß nicht, welche Ausrede sie parat hatten, Fakt war, dass ich meine Sachen wieder einräumen und am nächsten Morgen endlich zur Schule gehen durfte.

*

Als ich im Klassenraum der 7a Platz nahm, durchströmte mich tiefes Glücksgefühl. Auch wenn sie mir im Heim noch so viele Knüppel zwischen die Beine warfen, ich wusste Mwalimu Mbutu und Mary hinter mir und vertraute auf Gott und meine Fähigkeiten. Ich nahm mir fest vor, so hart, wie ich nur konnte, an mir zu arbeiten und alles dafür zu tun, dass ich mich bewährte. Ich wollte mich meiner Vergangenheit stellen, sie verarbeiten und hinter mir lassen. Ich wollte nicht länger der ehemalige Streuner sein, den man nach Belieben hin und her schubsen konnte, sondern akzeptiert werden, nicht nur geduldet sein.

Tatsächlich wurde ich in der Schule nicht nur von meinen Mitschülern respektiert, sondern auch von den Lehrern sehr geschätzt. Schon bald wurde ich in meiner Stufe zum Klassensprecher nominiert und auch gewählt. Binnen kürzester Zeit war ich in allen Fächern, außer Kiswahili, Klassenbester. Just hier hatte ich die allerbeste Lehrerin, die ich mir – abgesehen natürlich von Mary – vorstellen konnte. Mrs Chiniali war eine kleine nette Dame, die zum Volk der Maragoli gehörte, einer Untergruppe der Luhya. Sie schloss mich von Anfang an in ihr Herz. Umso ärgerlicher war es für mich, dass ich ausgerechnet in ihrem Fach so wenig glänzte. Aber sie half mir nach Kräften, das zu ändern, und schenkte mir wichtige Bücher, die ich mir als Heimkind nicht leisten konnte.

Ich liebte die Schule über alles. Sie war mein Refugium, mein Zufluchtsort, der Ausgleich für all das, was ich im Kinderheim ertragen musste. In der Schule wurde ich immer daran erinnert, dass ich Stärken hatte und positive Seiten. In der Schule wurde mir klar, dass ich eine Zukunft voller Hoffnung haben konnte, und das trotz meiner Herkunft und meiner erbärmlichen Lebenssituation.

Im Heim dagegen wurde ich stärker gegängelt als je zuvor. Zwar durfte ich Mary hin und wieder einen Brief schreiben, aber nur unter der Bedingung, dass Mama Mgeni ihn für mich verschickte. Da sie die Briefe las, war es unmöglich geworden, irgendetwas Kritisches zu schreiben. Auch Mary musste sich bedeckt halten. Ich erhielt jeden ihrer Briefe erst, nachdem er von der Leitung geöffnet worden war. So beließ ich meine irische Freundin in dem Glauben, dass es uns allen im Kinderheim gutging und dass die Mamas so nett zu uns waren, wie sie das selbst bei ihrem kurzen Aufenthalt erlebt hatte. Ich wünschte mir damals inständig, eine Fremdsprache zu sprechen, die nur Mary und ich und sonst niemand auf dieser Welt verstand.

Meine ganz persönliche Welt teilte sich in zwei ungleiche Hälften. Während ich im Kinderheim argwöhnisch und missgünstig betrachtet wurde, sahen die Lehrer in mir ein leuchtendes Vorbild für die anderen Schüler. Und während ich im Kinderheim vor allem Kälte und Demütigung erfuhr, verschaffte mir die Schule das Selbstwertgefühl, das ich so dringend brauchte. Man könnte auch sagen, die nächsten Jahre meines Lebens verliefen nach dem Prinzip: Drinnen verachtet, draußen beachtet.

*

Die Ferien nach dem ersten Schultrimester waren für uns Heimkinder die schlimmsten des Jahres. Denn der März war die Zeit, in der Mais und anderes Gemüse gepflanzt werden musste. Die Felder mussten schnell beackert werden, bevor der Regen kam. Wir hatten keinen Traktor und schufteten mit bloßen Händen. Was das bedeutete, kann man vielleicht nachvollziehen, wenn man weiß, dass die Ackerfläche des Heims etwa drei Fußballfelder groß war. Zu fünft waren wir jeden Tag von sechs Uhr morgens bis drei Uhr nachmittags auf dem Feld, um alles umzupflügen, Pflanzen zu setzen und so weiter. Die brennende Sonne machte uns vor allem um die Mittagszeit und am frühen Nachmittag zu schaffen. Kaum war man an einem Ende angekommen, konnte man am anderen Ende auch schon wieder mit Unkrautjäten beginnen. Die Arbeit schien einfach nie zu enden. Während für die Babas Philip und Zakaria um 15 Uhr der Feierabend begann, warteten auf uns Kinder noch die Tiere, die gefüttert und versorgt werden mussten, das Holz, das gesammelt und klein gehackt werden musste, sowie das Abendessen, das wir für die anderen Kinder zubereiten mussten.

Das, was wir in unserem Alter im Kanduyi Children's Home – so, wie es damals geführt wurde – leisten mussten, war psychisch und physisch eigentlich nicht zu schaffen. Aber was hatten wir schon für eine Alternative? Die meisten von uns fügten sich, weil sie ein Dach über dem Kopf hatten, weil sie zur Schule gehen konnten oder schlicht nicht wussten, wohin. Godfrey war einer der wenigen von uns, der den Mut hatte, diesen unerträglichen Zuständen den Rücken zu kehren, um freiwillig wieder in Freiheit als Straßenkind zu leben. Wenn man das Freiheit nennen konnte.

Während der Ferien hatten wir automatisch mehr Kontakt mit den Mamas, und das bedeutete mehr Zündstoff für Konflikte als während der Schulzeit. Da wir mehr Zeit im Heim verbrachten, waren wir ihren Lästereien und Intrigen stärker ausgesetzt. Bei einer dieser Geschichten spielte die Seife, die ich von Mary bekommen hatte, eine entscheidende Rolle.

Es handelte sich um eine Badeseife der Marke Harmony, die damals in ganz Kenia im Radio und auf farbenfrohen Plakaten als wahres Wundermittel angepriesen wurde. Sie würde die Haut sanfter als Babyhaut machen, und mit ihrer Hilfe würden Pickel und schmerzhafte Moskitostiche rascher abheilen. Außerdem würde sie für Harmonie sorgen, wenn alle Mitglieder einer Familie oder am besten gleich das ganze Land sie benutzen würden. Letzteres, nehme ich an, war bei der damaligen Situation in Kenia wohl der Hauptgrund, warum die Seife trotz ihres hohen Preises reißenden Absatz fand. Im Kinderheim war ich der Einzige, der hin und wieder nach Harmonie duftete, wenngleich ich sie sparsam und auch nur fürs Gesicht nutzte. Man merkte sofort, wenn ich sie verwendet hatte, denn sie roch sehr intensiv.

Im Kinderheim lebte damals auch ein Geschwisterpaar. Das Mädchen hieß Nanjekho, was so viel wie »die Lachende« bedeutet, ihr Bruder wurde Cheloti gerufen. Während Nanjekho nur geistig etwas zurückgeblieben und tatsächlich sehr leicht zum Lachen zu bringen war, war Cheloti sowohl geistig als auch körperlich massiv eingeschränkt. Beide waren als Babys auf der Straße ausgesetzt worden und hatten im Kinderheim ein zweites Zuhause gefunden. Cheloti, der Ältere, war kleinwüchsig mit einem Buckel, litt unter Lähmungserscheinungen und war in seinem gesamten Verhalten sehr kindlich geblieben. Nanjekho hingegen war inzwischen in der Pubertät, was man vor allem an ihrem Äußeren ablesen konnte. Wegen ihrer Behinderung wurde sie oft von den anderen Kindern, aber auch von den Mamas, ausgenutzt und manchmal geschlagen. Während sie nur darüber lachte, fühlte ich mich für sie verantwortlich und versuchte, sie zu verteidigen. Die anderen fanden das eher seltsam, weshalb allerlei Gerüchte die Runde machten. Ich gab nicht viel auf das Gerede, zumal die Auswirkungen auf mich vergleichsweise harmlos waren. Bis ich eines Tages meine Seife in der Dusche vergaß.

Der Zufall wollte es, dass Nanjekho die Dusche als Nächste benutzte. Natürlich konnte sie der berühmten Seife nicht widerstehen. Und sie muss gleich reichlich davon auf ihrer Haut verteilt haben, denn sie roch noch tagelang danach. Das brachte die Gerüchteküche endgültig zum Brodeln.

Nanjekho wurde zum Verhör bei der Sozialarbeiterin, Mai Mary Mkubwa, einbestellt. Welche Verhörmethode sie dabei anwendete, ist mir bis heute unklar, jedenfalls kursierten anschließend mehrere Varianten derselben Geschichte.

Laut Variante eins hatte ich mit ihr geschlafen und ihr anschließend meine Seife geschenkt. Die zweite Variante war, dass ich sie mit meiner teuren Seife eigenhändig gewaschen und dabei angegrapscht hatte. In der dritten Fassung schließlich hieß es, wir hätten gemeinsam geduscht, uns gegenseitig mit der Harmony-Seife eingeseift und dann …

Das Schlimmste an der ganzen Sache war, dass alle diesen Blödsinn zu glauben schienen. Sogar Richard, damals mein bester Freund im Kinderheim, der mich als Erster auf das Gerücht angesprochen hatte, war der festen Überzeugung, dass es stimmte. Ich fiel aus allen Wolken. Jetzt war mir klar, warum ein paar Kinder seit Tagen »Harmony« hinter mir herriefen, wenn ich an ihnen vorbeiging. Anfangs lachte ich unwissend mit, weil ich dachte, dass sie mich nur um meine Seife beneideten. Genau dieses Lachen war für sie nur ein weiterer Beweis, dass an dem Gerücht etwas Wahres dran war.

Als auch die Erwachsenen meinen neuen »Rufnamen« verwendeten, lief ich zu Mai Mgeni, um mich zu beschweren und meine Unschuld zu beteuern. Sie gab mir zu verstehen, dass sie die Sache sehr ernst nahm, und ließ durchblicken, sie habe eine medizinische Untersuchung des Mädchens angeordnet. »Wie konntest du nur so etwas mit einer geistig Behinderten anstellen!«, rief sie mir noch hinterher, als ich auf den Gang trat.

Vom Ergebnis dieser Untersuchung habe ich nie etwas erfahren, obwohl es für mich höchst interessant gewesen wäre. Diese Geschichte verlief mit der Zeit im Sand, aber den Ruf, den sie mir eingebrockt hatte, wurde ich nicht mehr los. Kein Wunder, dass ich überglücklich war, als die Ferien endlich zu Ende gingen.

*

Von Ende April bis Ende Juli hatte uns der Schulalltag wieder. Ich versuchte mit allerlei Tricks meine Zeit im Heim auf ein Minimum zu beschränken. Morgens spulte ich meine Aufgaben so schnell wie möglich ab, dann joggte ich wie der Blitz in die Schule, als könnte ich es gar nicht mehr erwarten. Nach dem Unterricht drückte ich mich so lange im Gebäude herum, bis es kurz vor sechs war und ich sicher sein konnte, dass die Mamas schon Feierabend hatten. Ich verzichtete sogar auf das Mittagessen und blieb während der Pause in der Schule. Lieber hungerte ich, anstatt das Risiko einzugehen, schikaniert zu werden. Außerdem war mein Magen ohnehin daran gewöhnt, auf Mahlzeiten zu verzichten. Manchmal hatte ich aber auch Glück. Mrs Wanyonyi, der Lehrerin für Hauswirtschaft, war aufgefallen, dass ich als Einziger in meiner Klasse die Mittagspause in der Schule verbrachte. Hin und wieder lud sie mich zum Essen ein. Aber auch die anderen setzten sich immer wieder für mich ein;

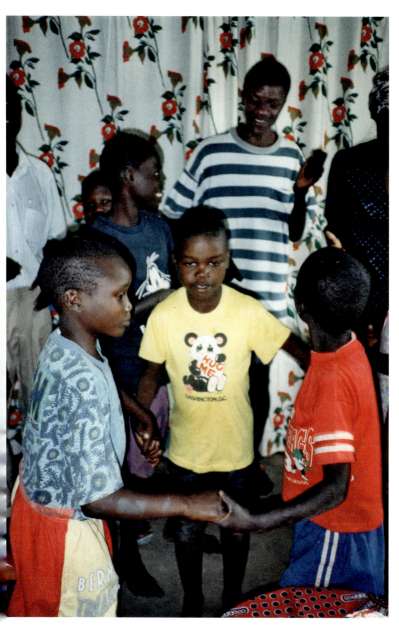

Absoluter Ausnahmefall – Tanzstunde im Kinderheim anlässlich des Besuchs von Heidi. Philip hinten rechts im geringelten T-Shirt.

Beim Melken von »Queen«, einer der beiden exotischen Kühe im Kanduyi Children's Home, kurz nach seiner Ankunft dort.

Mary aus Irland bei ihrem ersten Besuch im Kanduyi Children's Home, hier im Zimmer der großen Jungs. Links von ihr Richard, der damals Älteste im Kinderheim, rechts Philip.

Die beiden Sonnenscheine – Tom (links) und Rosanna (rechts), hübsch gemacht für ein Foto von Heidi.

Gruppenfoto im Kinderheim – nur die Babys fehlen. Ganz rechts Philip, der Schuhe trägt, die aus alten Autoreifen gemacht sind.

Hinten rechts Philip mit Wycliffe auf den Armen, einem der geistig behinderten Kinder des Heims. Links neben Philip steht Nanjala.

Hergerichtet für ein Foto von Heidi. Im Hintergrund zu sehen ist Margaret, die damals Zweitälteste im Kinderheim nach Philip.

Philips Taufe im Fluss Khalaba.

Gruppenfoto der Heimkinder in Schuluniform – links sitzend, bei einer der Mütter, Cornelius; direkt daneben das »Trio« Patrick, Kimani und Mwangi (v.l.n.r.); es folgt Wekesa; ganz hinten rechts Philip.

Heidi bei einem ihrer zahlreichen Besuche im Kinderheim. Vorne rechts Emmanuel Nandokha, damals Philips bester Freund und vormals sein Englischlehrer.

Erster Besuch von Robert (hinten rechts), Thomas und Anna-Maria in Mombasa am Strand von Diani.

Sarah, die spätere Frau von Philip Oprong Spenner, zu Besuch im Kanduyi Children's Home im Jahr 2005.

ich werde die Lehrer an dieser Schule nie vergessen. Sie haben mich, wo sie nur konnten, unterstützt – nach meinen Erfahrungen im Heim ein außergewöhnlicher Einsatz, für den ich ihnen heute noch dankbar bin.

Wenn ich am Abend ins Kinderheim zurückkehrte, hackte ich Holz und kochte für die anderen Kinder das Abendessen. Wir hatten damals noch keinen Strom, was die Sache nicht einfacher machte. Anschließend schnappte ich mir oft eine der kleinen Kerosinlampen, um selbst noch etwas zu büffeln, zu lesen oder den Jüngeren bei ihren Hausaufgaben zu helfen. Meine eigenen Aufgaben hatte ich meist schon in der Schule erledigt.

An den Wochenenden erschienen die Mamas und Baba Philip nur selten zur Arbeit. Wir nutzten unsere Freiheit und taten das, was wir am liebsten machten: Fußball spielen, verstecken, fangen, schaukeln, klettern oder chillen. Den ganzen Alltagskram, den wir trotzdem erledigen mussten, verteilten wir fair unter allen. Jeder hatte zwar ein Mitspracherecht und konnte auch mal meckern, aber am Ende waren es doch die Älteren, die darüber entschieden, was wann gemacht werden sollte. Als Ältester hatte hauptsächlich ich die Rolle, die Aufgaben zu verteilen und bei Unstimmigkeiten zu schlichten. Aber wenn die Heimleitung nicht da war, gab es ohnehin kaum Trara. Es war schon erstaunlich, wie gut wir uns allein durchschlugen. Die Mahlzeiten wurden vorbereitet, der Garten wurde bestellt, die Tiere versorgt, und hin und wieder putzten wir sogar das Haus. Alles ohne Aufsicht und mit viel mehr Spaß als unter der Woche, wo wir kujoniert wurden, wann immer es ging.

Das Beste an den Wochenenden waren die Sonntage. Und die Tatsache, dass es auch in Bungoma viele indische Geschäftsleute gab, die daran glaubten, dass ihnen der Segen der Götter zuteilwürde, wenn sie den Armen und Bedürftigen halfen. Nirgendwo sonst im Ort konnte man die Götter mit einem Handstreich gnädiger stimmen als im Kanduyi Children's Home. An den Sonntagen trugen unsere Wohltäter beinahe eine Art Wettbewerb aus, wer uns als Erster das beste Essen vorsetzte. Ich habe mich oft gefragt, warum sie sich nicht absprachen, damit wir hin und wieder auch unter der Woche in den Genuss der Speisen gekommen wären. An den Sonntagen konnten wir kaum noch »papp« sagen, so voll waren wir hinterher. Das Beste war, dass die Mamas keine Chance hatten, an das Zeug in unseren Mägen heranzukommen. Auch wenn ich manchmal den Eindruck hatte, sie würden sogar das am liebsten versuchen. Was die anderen Dinge anging, die wir von den Indern bekamen – Stifte, Blöcke oder auch Kleidung –, nun, da konnte Wekesa gleich wieder sein »Aah oh ye ...! Byacha byawa!« anstimmen.

Die Inder in Bungoma waren für uns wie Engel. Einige kannten wir bei ihrem richtigen Namen, die übrigen benannten wir nach ihren Läden: Baba Bhatia, Baba Merchandise, Baba Forward, Mama Bookshop, Baba Bhavna Uniforms ... Doch es gab auch einige schwarze Kenianer, die sich kümmerten und das Kinderheim bis heute unterstützen. Auch sie hießen wie ihre jeweiligen Geschäfte: Mama Fanta, Mama Bata Shop, Mama Garments und so weiter. Von den »Bobbys«, einer pakistanischen Familie, die unter diesem Namen eine Restaurantkette führte, bekamen wir jeden zweiten Sonntag Pommes, Würstchen mit Ketchup und Gemüse. Ich werde nie den Geschmack dieser frittierten Kartoffelstreifen vergessen. Bis auf mich hatte niemand im Heim vorher schon einmal so etwas gegessen. Ich weiß noch, dass alle sich wie die Wilden auf die Sachen stürzten und die Pommes in sich hineinstopften, als ginge es um ihr Leben. Irgendwann konnten wir nicht mehr, aber es musste immer noch mehr rein. Wir aßen und aßen und aßen. Es gibt einen Kiswahili-Spruch, den wir in solchen Fällen immer ganz genau beherzigten: »Dawa ya moto ni moto«, was übersetzt heißt »Nur Feuer hilft gegen Feuer«. Wenn der Bauch meldete, dass es langsam genug sei, entschieden wir uns, ihm nur noch mehr Essen zu geben. Der nächste Hungertag kam bestimmt. Doch der Körper wehrt sich irgendwann, wenn ihm alles zu viel wird. Und so wurden die sonst beängstigenden Lochlatrinen plötzlich zu unserem liebsten Besuchsziel.

*

Im zweiten Trimester an der Kanduyi D. E. B. Primary School stand die Wahl des neuen Schulsprechers an. Zum ersten Mal in der Schulgeschichte durften sich auch Kandidaten aus der siebten Klasse zur Wahl stellen, bis dahin war das ein Privileg der Schüler aus der obersten Grundschulklasse, der achten, gewesen. Da ich Klassensprecher war, wurde ich vorgeschlagen und gewann zu meiner großen Überraschung mit deutlichem Abstand zu den anderen Kandidaten. Ich nahm das Amt gerührt und demütig an. Es zeigte mir einmal mehr, dass ich in der Schule größere Anerkennung genoss als im Kinderheim, wo man mich eher als Störenfried betrachtete. Und es bedeutete eine gewisse Sicherheit für mich, denn spätestens jetzt hätte jeder Versuch, mich aus dem Kinderheim abzuschieben, einen Skandal in der kleinen Stadt Kanduyi verursacht.

Trotz meiner vielen außerschulischen Aufgaben schaffte ich es, das ganze siebte Jahr hindurch Jahrgangsbester zu bleiben. Mrs Chiniali war inzwischen meine Klassenlehrerin geworden, hatte nach wie vor ein wachsames und gütiges Auge auf mich und sorgte mit ihrer Unterstützung dafür, dass ich nun auch in Kiswahili zu den Besten gehörte. Meine Lieblingsstunden bei ihr waren aber die, in denen wir debattierten. Bei unseren Wortgefechten kamen wir uns vor wie im kenianischen Parlament, so heftig ging es manchmal zu. Doch Mrs Chiniali sorgte schon dafür, dass wir uns nicht an die Gurgel gingen. Nach jeder Runde mussten wir unseren »Gegnern« die Hand geben.

Nach dem Wechsel in die achte Klasse drehte sich alles um die

Abschlussprüfung K. C. P. E., was doppelt so viel Arbeit wie bisher bedeutete. Abends zog ich mich oft ins Bett zurück, um zu lernen. Zwar durften wir das Heim nicht ohne Erlaubnis verlassen, aber ich hatte immer Ausreden wie Lerntreffs und Prüfungsvorbereitungen parat. Mit meinen Klassenkameraden Wafula und Lusweti traf ich mich tatsächlich zum Lernen – aber nicht nur. Manchmal zogen wir nur um die Häuser, ärgerten ein paar Mädchen, die wir süß fanden, und kochten uns bei Wafula, der häufig allein zu Hause war, etwas zu essen.

Eine sehr wichtige Rolle spielte damals Sikolia, einer meiner besten Schulfreunde. Sikolia war gelähmt. Als kleines Kind hatte man an seinem linken Bein einen Tumor entdeckt, der sich am ganzen Körper auszubreiten drohte. Sicherheitshalber hatte man ihm das Bein amputiert. Seitdem lief Sikolia mit hölzernen Krücken herum. Da wir denselben Schulweg hatten, bot ich ihm eines Tages an, seine Tasche zu tragen. Mit der Zeit war aus diesem kleinen Hilfsdienst eine enge Freundschaft entstanden.

Sikolia wusste, dass ich im Kinderheim lebte und manchmal mit leerem Magen zur Schule kam. Wenn es besonders hart für mich war, lud er mich zu sich nach Hause zum Essen ein. Seine Mutter kochte sehr gut, vor allem ihre Ugali- und Mrenda-Gerichte waren zum Niederknien. Nach dem Essen hatte ich oft ein schlechtes Gewissen, denn die Familie von Sikolia musste jeden Cent zweimal umdrehen. Wenn ich zurück ins Heim kam, sahen mich die hungrigen kleinen Kinder auch noch mit einem vorwurfsvollen Gesichtsausdruck an: »Du lässt es dir mit reichlich Essen gutgehen, während wir hier nichts im Magen haben!«

Dass das nicht nur ein mieses Gefühl war, das manche Kinder an den Rand der Unterernährung brachte, habe ich selbst erlebt. Cornelius verreckte vor unseren Augen, und wir konnten nichts dagegen tun. Der Junge war etwa dreizehn Jahre alt, komplett gelähmt und konnte nicht einmal sprechen. Nur unverständliches Brabbeln kam aus seinem Mund. Wir mussten ihn versorgen wie ein Baby, ihn füttern, waschen und zur Latrine tragen. Dort mussten wir ihn zu mehreren festhalten, bis er fertig war, wenn er sich nicht schon vorher in die Hose gemacht hatte. Manchmal holten wir ihn aus dem Bett und setzten ihn in die Sonne. Cornelius liebte das, und wenn wir ihn einmal in den Schatten brachten, weil es zu heiß war, rollte er so lange mit den Augen, bis wir klein beigaben. Es gab aber auch Tage, da waren wir so mit anderen Dingen beschäftigt, dass wir Cornelius in seinem Bett vergaßen. Die Mamas machten sowieso einen großen Bogen um ihn. Als er für uns Kinder zum Tragen zu schwer wurde, verbrachte er die meiste Zeit liegend. Weil er sich nicht einmal selbständig von der einen auf die andere Seite drehen konnte, bekam er offene Stellen, vor allem an den Hüften, Schultern und am Kopf. Selbst als diese Wunden immer größer und tiefer wurden, brachte ihn keine der Mamas ins Krankenhaus. Sie versteckten ihn sogar, wenn Besuch kam. Cornelius wurde immer dünner, selbst die weichen Guaven, die wir ihm frisch vom Baum brachten, konnte er nicht mehr zu sich nehmen. Eines Tages konnte Cornelius nicht einmal sein typisches Brabbeln von sich geben. Er lag nur noch apathisch im Bett, völlig abgemagert wie ein Gerippe. Als die Mamas endlich den örtlichen Arzt holten, konnte der nur noch den Tod des Jungen feststellen. Kaum ein Jahr später sollte Christine, ein kleines Mädchen, das eine ähnliche Behinderung hatte, genau dasselbe Schicksal ereilen. Mir fehlen heute noch die Worte, wenn ich beschreiben soll, was damals in mir vorging. Wir Kinder mussten ohnmächtig mit ansehen, wie auch durch grobe Fahrlässigkeit ein Leben zu Ende ging. Es gab niemanden, dem wir unseren Schmerz und unsere Wut darüber hätten mitteilen können. Aber letzten Endes zeigten uns diese schrecklichen Erfahrungen auch nur, dass sich im Grunde jeder selbst der Nächste war. Auf eine schützende Hand von oben konnten wir vergeblich warten.

Vor allem die Kleinsten, die weder geistig noch körperlich behindert waren, waren in den Hungerszeiten im Kinderheim besonders einfallsreich, sich doch noch irgendwie etwas Essbares zu beschaffen. Sie wussten genau, wann die kargen Mahlzeiten bei unseren etwas freundlicheren Nachbarn auf den Tisch kamen, und hatten keinerlei Hemmungen, einfach so lange dort sitzen zu bleiben, bis ihnen jemand etwas abgab. Mir taten unsere Nachbarn leid. Sie konnten sich selbst nicht viel leisten und mussten ständig weitere hungrige Mäuler stopfen. Ähnlich wie damals bei meiner »Straßenkatze« Pussy gilt es nämlich als böses Omen, wenn man vor einem kleinen, hungrigen Kind isst, ohne ihm etwas abzugeben. Um den Zorn der Götter abzuwenden, aßen manche unserer Nachbarn erst so spät zu Abend, dass die Heimkinder längst im Bett waren. Mama und Baba »Smallie«, denen wir kurzerhand den Kosenamen ihrer kleinen Tochter verpasst hatten, wurden ganz besonders von den ungebetenen Gästen belagert. Mwalimu Jairus Amayamu, der Vater von Smallie, war Lehrer an einer Grundschule in Kibabii, einem Nachbarort von Kanduyi. Seine Frau kümmerte sich um den Haushalt und die kleine Tochter. Tom und Rosanna, die kaum drei Jahre alt waren, trabten vorzugsweise um die Mittagszeit bei den Smallies an, um mit der Kleinen zu spielen. Und wo man doch schon mal da war … Danach mussten sie immer ganz plötzlich weg zurück ins Kinderheim, und zwar ziemlich exakt bis zum Abendessen. Die beiden wussten trotz ihres jungen Alters ganz genau, worauf es ankam, wenn man einen knurrenden Magen hatte.

Die Smallies mussten überhaupt ziemlich viel aushalten. Mal hatten wir nicht genug Salz, mal reichte unser Maismehl nicht, dann brauchten wir noch etwas Fett, um das Essen der Heimleitung zuzubereiten. Die beiden hatten eine Engelsgeduld mit uns und halfen uns immer wieder aus der Patsche. Als wäre das nicht schon genug gewesen, gab Baba Smallie den Schulkindern des

Heims kostenlos Nachhilfestunden. Dass sein »Unterricht« recht gut besucht war, könnte auch daran gelegen haben, dass die Familie die einzige im ganzen Ort war, die einen Schwarzweißfernseher besaß. Vor allem wenn Seifenopern wie die südamerikanische Serie »Wild Rose« oder die kalifornische Serie »The Bold and the Beautiful« (in Deutschland bekannt als »Reich und Schön«) liefen, drängten sich eine Menge Kinder aus dem Heim ins winzige Wohn- und Schlafzimmer der Smallies. Heute noch erwischt mich meine Frau manchmal dabei, wie ich mir »Reich und Schön« ansehe, und wundert sich, was ich an dieser kitschigen, unrealistischen Liebesserie finde, die vor allem dadurch auffällt, dass fast alle Schauspieler offensichtlich gleich mehrfach beim Schönheitschirurgen gewesen sind.

Während der Fußball-WM in den USA 1994 brachte man keinen Fuß mehr in das winzige Wohnzimmer der Smallies. Das halbe Dorf hockte rund um den kleinen Fernseher und verfolgte die Spiele. Baba Smallie kickte selbst beim FC Kanduyi und hatte nicht nur uns Heimkinder, sondern auch seine halbe Mannschaft zum Fernsehen eingeladen. Beim Erstrundenspiel der Gruppe E setzte ich als Einziger auf Irland – natürlich wegen Mary. Wir hatten Wetten abgeschlossen, und ich räumte kräftig ab, da niemand den Iren zugetraut hätte, dass sie die Squadra Azzurra 1:0 durch einen Kopfballtreffer besiegen könnten. Meine Siegprämie, hauptsächlich kleine süße Bananen, die hier in Deutschland nur selten zu kaufen sind, musste ich am nächsten Tag mit den anderen Heimkindern teilen.

*

In jenem Jahr wurde ich vierzehn und übernahm damit die Rolle des Hausältesten. Wambasi hatte das Heim inzwischen aus Altersgründen verlassen, und Christine, die mit der Schule fertig war, bezog mit ihrem Bruder Richard eine winzige Lehmhütte in der Nähe von Sikataa, einem Nachbarort von Kanduyi, die mit Spendengeldern aus Deutschland finanziert wurde.

Für mich bedeutete das nicht nur den Verlust meiner beiden Freunde Richard und Wambasi, sondern auch, dass ich noch mehr Aufgaben im Kinderheim übernehmen musste. Ich wollte meinen Job gut machen und mehr tun, als nur die Aufgaben der anderen Kinder zu koordinieren und Arbeiten zu delegieren. Ich wollte dazu beitragen, dass die Kinder weniger Hunger leiden mussten. Mich deswegen mit den Mamas anzulegen kam nicht in Frage. Diesen Kampf konnte ich nur haushoch verlieren. Ich musste einen anderen Ausweg finden. Da ich inzwischen die meisten Inder, Vertreter der Kirchengemeinden und andere Geschäftsleute in Bungoma kannte, die uns ab und zu mit Spenden unterstützten, kam ich auf eine Idee, die sich als so erfolgreich erwies, dass sie sich bis heute gehalten hat.

Ich hatte mich bis dahin immer gefragt, warum unsere Wohltäter sich sonntags die Klinke in die Hand gaben, während sich unter der Woche kaum jemand mit einer Schüssel Essen blicken ließ. Götter und Sonntag hin oder her, ich war mir sicher, dass eine milde Gabe unter der Woche auch einen Strich auf der Habenseite im Himmel einbringen würde. Also klapperte ich die Geschäfte und Lokale ab, die uns bislang unterstützt hatten. Die Pommes und Würstchen, die uns die Leute vom »Bobby's« brachten, schienen mir ein perfektes Sonntagsmahl. Den Rest wollte ich auf die anderen Tage verteilen. Ich war überrascht, dass sich unsere Spender tatsächlich Zeit für mein Anliegen nahmen. Ashok Khetia erklärte sich bereit, dienstags Brot und Milch zum Abendessen zu liefern. Sein Bruder Prakash legte sich auf Freitag fest, Baba Forward wollte uns am Samstag versorgen. Ich bat sie, das Essen nicht nur abzuliefern, sondern unter den Kindern zu verteilen, wenn es ihre Zeit erlaubte. Die sollten unbedingt sehen, wem sie das alles zu verdanken hatten. Den wahren Grund nannte ich natürlich nicht ...

Die Heimleitung war überrascht, dass unsere Wohltäter plötzlich auch unter der Woche auftauchten, aber alle hielten dicht. Hätten die Mamas erfahren, dass ich dahintersteckte, wäre das ein willkommener Anlass gewesen, mich rauszuwerfen. Sie fürchteten nichts mehr, als dass ihre krummen Machenschaften und Informationen über die prekäre Versorgungslage nach außen drangen.

So war uns nun an immerhin drei Tagen in der Woche vernünftiges Essen sicher. Leider wanderte Baba Forward kurz nach unserer Absprache nach Kanada aus, und auch die Restaurantkette Bobby's kehrte irgendwann aufgrund eines Mietstreits Bungoma den Rücken. Doch bis heute erhalten die Kinder im Kanduyi Children's Home dienstags und freitags ausreichend Brot und Milch von den Khetias – und das, obwohl Prakash Khetia inzwischen in Australien lebt.

Mein Einsatz beschränkte sich aber nicht nur auf die netten Inder. Immer wenn Nahrungsmittel fehlten, machte ich mich auf nach Bungoma und bat in verschiedenen Läden um Hilfe. Manche wiesen mich ab, andere versorgten mich regelmäßig mit Waren, die ich im Heim verteilte oder noch am selben Abend verkochte, wenn die Mamas bereits zu Hause waren. An diesen »Mitternachtssnacks« hatten wir eine diebische Freude. Und für die Kinder im Heim war ich nicht mehr länger nur Philip, sondern Baba Philip Mdogo (Papa Philip, der Kleinere), denn es gab ja schon den Baba Philip Mkubwa (der Ältere).

Heidi und die Süßkartoffeln

Eines Nachmittags im Sommer 1994 hörte ich Mai Anna, eine der dienstältesten Mamas im Kinderheim, plötzlich schreien: »Nasipwondi anakuja! Nasipwondi anakuja!« Ich war gerade dabei, Mrembo zu melken, und drehte mich ruckartig um. Die Kuh nutzte den Moment der Unaufmerksamkeit und schlug mit dem Hinterhuf aus. Das Ganze ging so schnell, dass ich mich gerade noch vor einer ernsthaften Verletzung retten konnte. Aber der Eimer kippte in hohem Bogen um. Hilflos musste ich dabei zusehen, wie sich die kostbare Milch über den Boden ergoss und mit Kuhdung zu einer unappetitlichen hellgrünen Flüssigkeit vermischte. Es kam öfter vor, dass der dreckige Huf einer Kuh in einem Eimer voller Milch landete. Dann konnte man die Milch aber immer noch durch ein Sieb gießen und sie anschließend aufkochen, um die Keime abzutöten.

Verärgert trat ich gegen den leeren Eimer und machte ein paar Schritte rückwärts, damit die Lache nicht auch noch auf meine nackten Füße schwappte. Dabei überrannte ich fast eine Frau, die die ganze Szene offenbar mit angesehen hatte.

»Ich bin Heidi«, sagte sie lachend, gab mir die Hand und musterte mich interessiert aus ihren graublauen Augen.

»Und ich bin Philip«, murmelte ich etwas verlegen.

Vor mir stand eine große, attraktive Frau mit ehemals hellblonden, inzwischen weitgehend weißen Haaren. Ihre Haut war braungebrannt von der ostafrikanischen Sonne. Sie trug ein ärmelloses Oberteil und eine kurze Hose, worin sie sich deutlich von den afrikanischen Frauen unterschied. Ich schätzte sie so zwischen fünfundvierzig und fünfzig und überlegte fieberhaft, wer sie wohl war. »Nasipwondi anakuja« hatte Mai Anna gerufen – das heißt übersetzt »die zur Zeit der Süßkartoffel Gekommene ist da«. Dann fiel endlich der Groschen, und mein Herz klopfte schneller. Ich konnte kaum glauben, dass die Frau, von der ich schon so viel gehört hatte, leibhaftig vor mir stand.

Heidi Schmidt war eine Legende in der Region. Sie war in den 1970er Jahren für den Deutschen Entwicklungsdienst in den Westen Kenias gekommen. Das Rote Kreuz wollte in Bungoma einen Standort errichten, doch schon bald wurden die neuen Gebäude an die Dachorganisation CWSK übergeben und zu einem Kinderheim umfunktioniert. Heidi blieb dem Ort treu und brachte immer wieder Essen, Kleidung und Medikamente vorbei oder bezahlte das Schulgeld für die Kinder. Schnell war sie weit über die Grenzen Bungomas hinaus für ihre Güte, ihre Freundlichkeit und Menschlichkeit bekannt. Sie war so beliebt bei den Einheimischen, dass sie Heidi gleich den Spitznamen »Nasipwondi« verpassten, denn sie war das erste Mal zur Zeit der Süßkartoffelernte in Bungoma gewesen. Auch nachdem sie den Ort in den 1980er Jahren verlassen hatte, unterstützte sie das Kinderheim weiter. Als ich 1992 dorthin kam, schwärmten die Menschen noch immer von der netten deutschen Frau namens Nasipwondi. Für mich hatte das alles wie das reinste Märchen geklungen. Und nun stand sie leibhaftig vor mir!

Heidi hatte jede Menge Spendengelder im Gepäck, deren Verwendung sie vor Ort kontrollieren wollte. Ein weiser Entschluss, wie ich fand. Im Kinderheim gab es ein sogenanntes »Management committee«. Dieses Komitee bestand aus ehrenamtlichen Mitarbeitern, die als eine Art Vorstand fungierten, der vor allem über die finanzielle Verwaltung des Heims entschied. Die meisten der Mitglieder meinten es gut mit uns Kindern und leisteten ihre Arbeit aus Überzeugung und gutem Willen. Aber natürlich gab es auch schwarze Schafe, die die Kungeleien der Heimleitung deckten. Die Leitung fuhr während der Sitzungen alles auf, was gut und teuer war. Was die Hunde des Nachbarn bei ihren nächtlichen Wildereien übrig ließen, wanderte im Laufe der Zeit in die Mägen der Sitzungsteilnehmer. Als Ältester fiel mir in der Regel die undankbare Aufgabe zu, einen Puter oder eine Ente für das Festmahl zu schlachten.

Die Mitglieder des »Management committee« stimmten in gemütlicher Runde über Entscheidungen, die das Kinderheim betrafen, ab und »kontrollierten« die Finanzen. Dabei konnte kaum jemand von ihnen nachvollziehen, wo welche Gelder hinflossen und ob Entscheidungen auch wirklich in die Tat umgesetzt wurden. Letzten Endes hielten einzig und allein der Vorstandsvorsitzende, der Kassenwart und die Heimleiterin die Fäden in der Hand. Besonders die beiden Ersteren, Herr Muuchi und Herr Kangere, haben sich im Rahmen ihrer Tätigkeit immer wieder reichlich bedient. Sie nutzten die wenigen Anbauflächen, den kleinen klapprigen Wagen und selbst die Räumlichkeiten des Kinderheims für ihre eigenen Zwecke. Ich weiß noch genau, dass Herr Muuchi 1993 nach der Ernte Hunderte Säcke mit je zwei Zentnern Mais bis zum Weiterverkauf bei uns zwischenlagerte. Sie stapelten sich nicht nur im Speisesaal, wir Jungs mussten einen unserer Schlafsäle dafür räumen und tagelang verteilt auf die anderen Zimmer auf dem Boden schlafen. Dass wir alle mit weniger Platz auskommen mussten – geschenkt. Aber was die Sache wirklich auf die Spitze trieb, war die Tatsache, dass wir tagelang als unbezahlte Arbeitskräfte für den sauberen Herrn Muuchi schuften mussten. Die Maissäcke hüpften leider nicht von allein vom Feld in die »Lagerräume« und auch nicht auf die Ladefläche der Lkws, die sie irgendwann abholten. Ich kann mich nicht daran erinnern, dass wir auch nur einen feuchten Händedruck für die Schinderei bekamen.

Heidi war nach Kenia gekommen, um ein Stück Land für Richard und Christine zu kaufen. Auch dabei erwiesen sich Herr Muuchi, Herr Kangere und Mai Mgeni einmal mehr als besonders clever. Sie erwarben sehr günstig ein Stück Land weit außerhalb der Stadt Bungoma, präsentierten Heidi aber ein anderes. Weder Richard noch Christine wurden jemals ins Grundbuch eingetragen. Das Grundstück wurde von den feinen Herrschaften genutzt, und was mit dem Rest des Geldes geschah, kann man sich wohl denken.

Die gleiche Geschichte wiederholte sich ein weiteres Mal, als es um ein Grundstück für die Geschwister Wekesa und Nanjala ging. Im Gegensatz zu den Mamas, die oft monatelang nicht bezahlt wurden und uns vielleicht zum Teil aus Armut beklauten, ergaunerten uns besonders der Vorsitzende und der Kassenprüfer des »Management committee«, obwohl sie vergleichsweise reich waren und woanders gutbezahlte Jobs ausübten.

Die beiden Herren und wahren Strippenzieher im wohltätigen Vorstandsgremium des Kanduyi Children's Home waren in Bungoma so gut vernetzt, dass sie fast unangreifbar waren. Vor allem Heidi konnten sie so einiges vorspielen. Auch wenn sie überzeugt davon war, dass das ganze System korrupt war und die Gelder in anderen Kanälen versickerten, konnte sie in der Kürze der Zeit kaum etwas dagegen ausrichten. Wenn sie nach Bungoma kam, dann immer nur für ein paar Tage; außerdem kündigte sie ihren Besuch normalerweise schon im Vorfeld an. Im Heim setzte man dann natürlich alles daran, ihr einen gebührenden Empfang zu bereiten. Wochen vorher begannen die Vorbereitungen. Wir mussten alles schrubben, bis jeder Winkel blitzte und blinkte. Die Mamas ließen ausnahmsweise die Finger von den Vorräten, rückten für die Tage des Besuchs bessere Kleidung für uns heraus und erschienen pünktlich und ordnungsgemäß im Kinderheim. Nicht nur das. Zu unserer großen Verwunderung arbeiteten sie auch wirklich oder taten zumindest ganz geschäftig, wenn Heidi in der Nähe war. So konnte man tatsächlich den Eindruck gewinnen, dass wir in einer heilen Welt lebten, in der die Erwachsenen alles dafür taten, dass es uns gutging. Die Zeit mit Heidi war für uns wie ein kurzer Trip aus der Hölle in den Himmel. Es war, als würden Weihnachten und Ostern auf den gleichen Tag fallen.

Aber die Zeit im Paradies währte nur kurz. Kaum war Heidi auf dem Rückweg nach Deutschland oder nach Mombasa an der Küste, wo sie gerne anschließend ein paar Tage verbrachte, sammelten die Mamas unsere Geschenke ein und klopften sich wahrscheinlich gegenseitig mit den Herren Muuchi und Kangere auf die Schultern, dass man wieder etwas Geld beiseitegeschafft hatte.

*

Die meisten Mamas im Heim tönten, gerade wenn Besuch da war, immer gerne herum, dass sie nichts weiter seien als »Werkzeuge Gottes«, die seinen Willen befolgten, indem sie ihre ganze Kraft in den Dienst der Schwachen und Bedürftigen stellten. In unseren Ohren klang das wie blanker Hohn. Um ihren Worten Nachdruck zu verleihen, schleppte uns Mai Mgeni, immer wenn es ihr opportun erschien, in die Kirche. Weil das Gotteshaus über vier Kilometer vom Kinderheim entfernt war, mussten wir die kleineren Kinder oder die mit einer Behinderung den ganzen Weg über tragen. Vor allem Wambui, Nanjala, Wekesa und ich wurden dafür in die Pflicht genommen. Die Kirche von Mai Mgeni hieß Pentecostal Assemblies of God (PAG). Ich hatte nichts gegen diese Kirche an sich, aber ich verspürte immer einen inneren Widerstand, da ich mich zum Gottesdienstbesuch gezwungen fühlte. Es ging nicht darum, dass wir zum Glauben fanden, sondern nur um den Showeffekt. »Seht her, wir vom Heim sorgen sogar für die geistige Erbauung unserer Schutzbefohlenen.« Der Gottesdienst war langweilig, einen Kindergottesdienst gab es nicht. Ich bekam oft Ärger, weil es mir nur selten gelang, meine Augen offen zu halten – sehr zum Vergnügen der anderen Kinder, die mich deswegen regelmäßig aufzogen. Egal, wie viel Mühe ich mir auch gab, ich schlief immer wieder ein. Nur wenn getanzt, geklatscht und gesungen wurde, hielt ich ohne Probleme durch, aber leider fiel dieser Teil des Gottesdienstes immer recht kurz aus.

Ich war einmal mit Richard bei einem Gottesdienst in der »Grace Community Fellowship« gewesen, der mich wirklich begeistert hatte. Wir hatten uns heimlich davongestohlen, weil diese freikirchliche Gruppe im Ort mit Skepsis betrachtet wurde. Man warf der Gemeinde vor, dass sie Jugendliche mit gezielten Angeboten in ihre Arme lockte, nur um sie unter dem Deckmäntelchen des Glaubens miteinander zu verkuppeln. Diese Kirche sei sozusagen ein Ort der »körperlichen« Nächstenliebe. Hinter diesen Verleumdungen steckte nichts als die Angst der alteingesessenen Kirchen, die um ihren Einfluss auf die Jugend bangten. Und wenn man den Gottesdienst in der Kirche von Mai Mgeni als Maßstab nahm, war diese Angst völlig berechtigt. Das Ganze war einfach nur stinklangweilig. Aber als hätte ich nicht schon genug Probleme mit dieser Kirche, kam eines Tages auch noch der Pastor zu mir und sagte: »Es wird Zeit, dass du getauft wirst, Junge!« Das klang weder nach einer Bitte noch nach einer Empfehlung...

Soweit man mir erzählt hatte, war ich kurz nach meiner Geburt katholisch getauft worden. Nun aber wuchs ich in einer sehr protestantisch-freikirchlich geprägten Umgebung auf, in der man die Bibel eher streng auslegte. Zumindest theoretisch. In der Praxis sah die Sache anders aus, man predigte Wasser und trank Wein, man forderte Monogamie und lebte das Gegenteil. In meiner Zeit auf der Straße und auch vorher schon hatte mir der Glaube immer wieder Halt gegeben. Mein ganz persönlicher Glaube, der mit all den Regeln und Riten einer Kirche kaum etwas zu tun hatte. Ich wollte mich nicht in eine Schublade pressen und mir einen Stempel aufdrücken lassen; ich glaubte nicht daran, dass es die eine richtige Religion gibt. Als Straßenkind hatte ich nicht nur während des Ramadan positive Erfahrungen mit Muslimen gesammelt. In meiner Zeit im Heim erlebte ich die Güte der Hindus, ohne deren Großzügigkeit kaum ein Kinderheim in Kenia existieren konnte. Die katholischen Padres von Nairobi hatten ihre Vorräte mit uns geteilt, vom Engagement Marys und Sister Doreens gar nicht zu reden. Aber nun kam dieser Pastor daher und verlangte von mir, mich für die Pentecostal Assemblies of God zu entscheiden, von der ich vorher noch nie etwas gehört hatte. Gut, ab und zu bekamen wir kleine Spenden von der Frauengruppe der Gemeinde, aber dafür rief man uns immer während des Gottesdienstes nach vorne zum Altar. Man beklagte vor der ganzen Gemeinde, wie schlecht es uns ginge, da wir in völliger Armut und ohne Eltern aufwachsen müssten. Dann lobte man Mai Mgeni für ihre Großzügigkeit und Opferbereitschaft, und der Pfarrer rief dazu auf, dass alle etwas spenden sollten. Ich kann mich nicht daran erinnern, dass wir danach mit milden Gaben überschüttet worden wären, aber ich werde nie vergessen, wie peinlich mir diese Auftritte waren. Manchmal wurden wir zu allem Überfluss auch noch gezwungen, ein Lied für die Gemeinde zu singen oder irgendetwas vorzuführen. Man kam sich vor wie der Pausenclown, zumal wenn wir auf den Bänken feixende Klassenkameraden von uns erspähten. Wir konnten uns lebhaft ausmalen, welche peinlichen Geschichten über uns als Nächstes auf dem Schulhof die Runde machen würden.

Andererseits sollte ich die Sache mit der Taufe vielleicht etwas pragmatischer betrachten. Durch sie würde ich ganz offiziell der Kirche von Mai Mgeni angehören. Vielleicht würde sie mich danach als ihresgleichen betrachten und akzeptieren? Vielleicht würde Mai Mgeni mich dann auch mal zum Essen einladen, wie sie das hin und wieder mit Christine, Wambui, Lillian, Rosanna und dem kleinen Tom tat? Solche Gedanken schossen mir durch den Kopf, als der Pastor mir die Taufe antrug. »Wer weiß, ein bisschen göttlicher Segen könnte mir nicht schaden«, dachte ich, und wenn es mir nur dabei half, die wichtige Abschlussprüfung in der Grundschule zu bestehen.

Der Herr ist mein Hirte

Am Abend des 27. August 1994, einem Samstag, war es dann so weit. Alle Täuflinge versammelten sich in der PAG-Kirche in Kanduyi, um dort zu übernachten. In dieser Nacht sollten wir uns von alten Sünden verabschieden, um Vergebung bitten und uns reinigen, bevor wir mit der Taufzeremonie am nächsten Tag in die heilige Familie der Kinder Gottes eintreten würden. Ich fand den Teil mit der Vergebung gar nicht schlecht, zumal man niemand anderem seine Sünden erzählen musste wie bei der Beichte der Katholiken. Man musste nur beten und fest daran glauben, dass einem alle Verfehlungen der Vergangenheit vergeben wurden.

Den restlichen Abend verbrachten wir mit Singen, Tanzen, Klatschen und Trommeln, um zu feiern, dass wir vom nächsten Morgen an reine Wesen sein würden. Mit der Stimmung in der Kirche kann keine der Discos mithalten, die ich später in Deutschland oder anderswo in Europa und Amerika besuchte. Wir feierten, als gäbe es kein Morgen, alle waren wie weggebeamt. Und das alles ohne einen Tropfen Alkohol oder irgendwelche Drogen. Es war ein Wahnsinnserlebnis. Die ganze Nacht über steigerten wir uns in eine regelrechte Trance, niemand verspürte irgendein Zeichen von Müdigkeit.

Im Morgengrauen begann die eigentliche Taufprozession. Wir marschierten singend, tanzend und trommelnd die drei Kilometer zum Fluss Khalaba, der bei den Bukusu als heilig gilt. Er ist der Fluss der Götter, ein Lebensquell für alle, die an seinen Ufern leben. Die Bukusu kennen unzählige Rituale, bei denen je nach Anlass an bestimmten Stellen am Fluss Opfer dargebracht werden müssen. Während der Beschneidungszeremonie dient der Khalaba zur rituellen Reinigung. Nun wurde er auch noch zum christlichen Taufort. Ein wirklich multikultureller und konfessionsübergreifender Fluss, dieser Khalaba!

Meine Taufe fand im August statt, dem bevorzugten Monat der Bukusu für die Beschneidungszeremonie. Wer es nicht besser wusste, hätte unsere Prozession ohne weiteres für einen Marsch der »ungläubigen Heiden« halten können. Auch wir Täuflinge wurden begleitet von zahlreichen Leuten aus der Gemeinde, genau wie die Jungs, denen man mit dem heiligen Messer oder der Rasierklinge an ihre Männlichkeit ging. Nur wenn man die Szene genauer betrachtete, konnte man die Unterschiede feststellen. Wir waren nicht splitterfasernackt, sondern trugen weiße oder zumindest möglichst helle Kleidung. Ich hatte mein Soweto-T-Shirt an, es war das hellste, das ich besaß. Außerdem wurden keine traditionellen Bukusulieder während der Prozession gesungen. Die Lieder, die wir vor uns hinschmetterten, hatten zwar ähnliche oder auch die gleichen Melodien, waren aber mit christlichen Texten versehen worden.

Genau an der Stelle des Flusses, an der nur ein paar Tage zuvor die rituelle Reinigung vor der Beschneidung zelebriert worden war, sollte unsere Taufe stattfinden. Dort stoppte ein Baumstamm die Strömung, wodurch eine Art Miniaturstausee entstanden war. Das Wasser war etwa bauchtief. Die freudige christliche Prozession kam am Morgen des 28. August 1994 gegen sechs Uhr am Fluss an. An der Stelle hatten sich schon viele Zuschauer versammelt, die uns fröhlich mit Gesang und Tänzen begrüßten.

Als der Pastor, der bereits im Wasser stand, die Hände erhob, wurde es schlagartig still um uns herum, als hätte man plötzlich den Radiostecker gezogen. Mit lauter und getragener Stimme sprach er ein Gebet, dann dankten wir Täuflinge Gott für diese einmalige Chance. Es war ein eigenartiger Moment, denn in diesem feierlichen Augenblick hatte ich das Gefühl, in der Luft zu schweben; als hätte mich Gott in seine Hand genommen und über alle irdischen Schwierigkeiten erhoben. Ich wurde im Namen des Vaters, des Sohnes und des Heiligen Geistes getauft und dreimal unter Wasser getaucht. Als ich anschließend aus den Fluten stieg, fühlte ich mich als neuer Mensch. Dieser Gott war jemand, der mich bedingungslos angenommen hatte; natürlich hatte ich ihn nie mit eigenen Augen gesehen, aber ich spürte jetzt ganz deutlich, dass es diese Macht gibt. Und dass sie mich tragen würde, was immer auch in Zukunft geschah. Ich weiß nicht, ob ich so empfänglich für dieses Gefühl war, weil ich mich bislang in meinem Leben so selten geborgen gefühlt hatte. Oder ob es einfach nur an diesem magischen Ort lag. Denn mit dem Fluss Khalaba verband mich mehr als nur meine Taufe.

Es war während der Trockenzeit gewesen. Da die Brunnen fast alle versiegt waren und selbst aus den naheliegenden Chwele-Bergen kaum noch Wasser nachkam, war der Fluss eine der letzten verbliebenen Wasserquellen in der Umgebung. Alle wanderten zu diesem Strom, um Wäsche zu waschen, sich zu baden, Wasser in Kalebassen abzufüllen oder Vieh zu tränken. Selbst die Wildtiere, die normalerweise einen großen Bogen um Menschenansammlungen machten, tummelten sich hier, um ihren Durst zu löschen.

Wir holten unser Trinkwasser für gewöhnlich mit Kanistern und Eimern vom tiefen Brunnen eines gewissen Herrn Wanyama, der etwa einen Kilometer vom Heim entfernt wohnte. Da das Wasser des geschäftstüchtigen Herrn nicht kostenlos war, konnten wir uns nicht viel davon leisten. Herr Wanyama gab niemals Rabatt oder schenkte uns ein paar Tropfen, selbst wenn wir ihn mit großen Augen treuherzig anschauten und ihm von unserem Schicksal erzählten. Das wenige Wasser, das wir uns gerade so leisten konnten, reichte nur zum Kochen und Trinken.

Für das Tränken der Tiere, zum Waschen und alles andere blieb uns nur der lange Gang zum Fluss. Unsere bevorzugte Stelle lag etwa vier Kilometer vom Kinderheim entfernt. Hier konnten wir nicht nur die Kühe und die Ziegen tränken, sondern hinterher auch baden oder einfach im Wasser planschen. Eines Nachmittags hatte ich als Ältester wieder einmal dafür sorgen müssen, dass die Ziegen und Kühe rechtzeitig zum Fluss gebracht wurden, damit sie nicht verdursteten. Weil ich nicht allein gehen wollte, hatte ich Patrick, Mwangi, Kimani und Wekesa herbeigerufen, die dazu verdonnert worden waren, das Blumenbeet zu harken. Sie waren froh, diese langweilige Arbeit gegen eine Wanderung mit anschließendem Bade- und Spielspaß eintauschen zu dürfen.

Mit je einer Peitsche in der Hand zogen wir los in Richtung Khalaba. Unser größtes Vergnügen war es, unterwegs Mangos und Guaven aus fremden Gärten zu stibitzen oder uns mit ausgetrockneten, leeren Maiskolben zu bewerfen. Dabei vergaßen wir manchmal fast die Tiere und spielten einfach nur Verstecken in den Bäumen. Doch wir mussten aufpassen, dass unser Bulle, Mrembo Junior alias Ndume, nicht ausflippte, wenn ein anderes Tier im Gebüsch auftauchte, oder eine Kuh bestieg, ohne dass der Besitzer der Kuh dafür bezahlt hatte. Immer wieder wurde versucht, dass dieser preisgekrönte Bulle die Kühe umsonst schwängerte, um kostenlos ausgezeichnete Kälber zu bekommen. Noch schwieriger allerdings war es, die Ziegen beisammenzuhalten, da sie neugierig waren und den anderen Tieren immer vorausrannten. Sie liefen nie dahin, wo wir sie hinhaben wollten. Ließen wir uns auch nur für einen Moment ablenken, verschwanden sie flugs in fremde Gärten. An jenem Nachmittag waren wir zu fünft und bildeten uns ein, alle Tiere gut in Schach halten zu können.

Als wir den Fluss erreichten, ließen wir die Tiere trinken, bis sie uns zu verstehen gaben, dass sie genug hatten. Dann banden wir die Ziegen zum Grasen fest. Die Kühe stellten sich zum Wiederkäuen in den Schatten oder liefen frei herum. Für uns war es an der Zeit, endlich zu baden. Mwangi, der Kleinste in der Gruppe, musste an diesem Tag Wache stehen und Ausschau nach Mädchen oder Frauen halten. Es wäre ja einem bösen Omen gleichgekommen, wenn sie uns im Adamskostüm gesehen hätten. Ich als Ältester sollte zuerst ins Wasser gehen, um sicherzustellen, dass alles in Ordnung war. Nackt warf ich noch einmal einen prüfenden Blick in alle Richtungen, dann eierte ich über die spitzen Steine ins Wasser. Gerade als ich mich in die Fluten werfen wollte, entdeckte ich eine mächtige Kobra, die direkt auf mich zuschwamm. Die Riesenschlange muss sich ähnlich erschrocken haben wie ich, denn sie änderte schlagartig ihren Kurs und steuerte die gegenüberliegende Uferseite an.

»Nyoka!«, brüllte ich wie von Sinnen, um die anderen zu warnen. Eilig flüchteten sie aus dem Wasser. Ich starrte noch lange der Schlange hinterher, die dicker als mein Arm war. Ich mochte gar nicht daran denken, was passiert wäre, hätte sie mich erwischt. Wir kannten zahllose Geschichten von Menschen, die nach ähnlichen Begegnungen blind oder tot waren, denn die Kobras konnten nicht nur zubeißen, sondern einem auch aus vermeintlich sicherer Entfernung Gift in die Augen spritzen. Einen Kobrabiss überlebten die wenigsten, wer das Gift in die Augen bekam, war bis zum Ende seiner Tage blind.

Spätestens seit dieser Begegnung wusste ich, dass es sich um reinen Aberglauben handelte, wenn die Bukusu behaupten, man könne selbst die gefährlichsten Schlangen außer Gefecht setzen, indem man mit seiner rechten Hand auf den Pulsschlag am linken Unterarm drücke und sich fest auf die Schlange konzentriere. Es mag ja sein, dass uns die richtige Portion Konzentration abging, aber wir fanden es doch sicherer, um unser Leben zu rennen, als den linken Arm zu umklammern und bis drei zu zählen. Jedenfalls rollte sich die Schlange etwa sieben Meter von uns entfernt seelenruhig im Sand zusammen, als wollte sie sagen: Hier bin ich der Chef. Seht zu, dass ihr euch schnell vom Acker macht. Während wir sie mit klopfendem Herzen beobachteten, richtete sie auf einmal ihren Oberkörper etwa einen halben Meter hoch auf, spreizte ihren Hals und stieß zischende Laute aus. Was wir sahen, war höchst beeindruckend. Die Schlange, die im Wasser komplett schwarz ausgesehen hatte, zeigte sich nun in den schillerndsten Farben, ein wahres Kunstwerk. Doch wir waren hier nicht in einer Galerie, sondern in einer lebensbedrohlichen Situation. Der Blick aus den starren Pupillen dieser tödlich schönen Kreatur rüttelte uns wach.

»Schützt eure Augen«, befahl ich, während wir Hals über Kopf die Flucht ergriffen. Wir hatten keine Zeit mehr, unsere Kleidung zusammenzuraffen, es ging nur noch darum, uns vor den gezielten Giftflatschen, die die Schlange ans andere Ufer spie, in Sicherheit zu bringen. Das hübsche Monster blickte uns hinterher, als wollte es sagen: Was seid ihr nur für Feiglinge?! Enttäuscht, dass wir keine würdigen Gegner waren, ließ sie sich nach einer Weile seelenruhig auf den Boden sinken, nahm ihre anfänglich unscheinbare Gestalt wieder an und glitt langsam ins Gebüsch.

Mit pumpenden Lungen verharrten wir noch einige Momente in schützender Deckung. Nur vorsichtig wagten wir uns ans Ufer zurück, um unsere Sachen aufzuklauben. Mir lief immer noch ein kalter Schauer über den Rücken, und ich traute mich kaum, die Füße fest auf den Boden zu setzen. Ich fürchtete, dass jede noch so kleine Erschütterung weitere Untiere aus dem Gebüsch schnellen ließe. Doch ich musste mich zusammenreißen, da ich die Verantwortung für die anderen Jungs und unsere Tiere trug, die schnell wieder zurückgebracht werden mussten. Das Baden ließen wir an diesem Tag ausfallen, und ich kann mich auch nicht erinnern, in den folgenden Tagen, Wochen, Monaten oder Jahren jemals wieder freiwillig in diesem Fluss gebadet oder geplanscht zu haben. Deshalb war meine Taufe in jeder Hinsicht wahrlich eine Wiedergeburt.

*

Durch meine Taufe hatte ich mir auch Gottes Segen für die bevorstehende Abschlussprüfung an der Grundschule geholt. Diesmal ging es nicht nur darum, in meiner Klasse oder meinem Jahrgang als Bester abzuschneiden, diesmal ging es um mehr. Die Ergebnisse der landesweiten Prüfung entscheiden darüber, welche Kinder aus den Grundschulen des ganzen Landes die Chance bekommen würden, durch Bildung einen Weg in eine bessere Zukunft zu finden. Die Zeit raste mit Riesenschritten voran, mir blieben nur noch zwei Monate bis zur Prüfung. Unsere Lehrer setzten alles daran, uns möglichst gut vorzubereiten. Sogar im Kinderheim wurde ich zu meiner großen Überraschung von einigen Aufgaben befreit. In jeder freien Minute saß ich über den Büchern und tat alles Mögliche, um mich einzustimmen. Ich fastete sogar einmal pro Woche – in der Hoffnung, dass Gott meinen Einsatz gebührend würdigen und meine Gebete erhören würde. Es schien auch zu funktionieren, zumindest im Kleinen. Am Morgen der ersten Prüfung im November 1994 servierte mir Mai Phylis doch tatsächlich ein Frühstücksei. Wenn das mal kein gutes Omen war.

In drei Tagen mussten wir verschiedene schriftliche Teilprüfungen absolvieren, die jeweils zwei Stunden dauerten. Wir wurden in Englisch, Mathematik, Geschichte und Gesellschaftskunde, Religion, Kiswahili, Wirtschaft, Musik und Kunst geprüft. Man konnte insgesamt 700 Punkte erreichen, 100 pro Teilprüfung. Schon beim ersten Test merkte ich, dass sich meine intensive Vorbereitung gelohnt hatte. Ich konnte alle Fragen beantworten und ging beruhigt in die nächste Runde. Auch in den anderen Fächern lief alles glatt, und ich hatte ein sehr gutes

Gefühl, das sich hoffentlich in meinem Gesamtergebnis niederschlagen würde. Aber zunächst hieß es erst einmal: Geduld haben. Nach Abschluss der Prüfungen konnte es drei bis vier Monate dauern, bis die Ergebnisse bekanntgegeben wurden. Für mich war nicht nur die lange Wartezeit ein Problem; die Vorstellung, die nächsten Monate wieder tagein, tagaus unter den Augen der Mamas im Kinderheim zu schuften, war der reinste Alptraum.

Ich musste mir etwas einfallen lassen, um diese Zeit anders zu überbrücken. Dabei kamen mir meine Kontakte zur Familie Khetia zugute. Die Khetias hatten damals gerade den größten Supermarkt in Bungoma eröffnet und stellten eine Menge Leute ein. Ich galt mit meinen inzwischen fünfzehn Jahren zwar immer noch als Kind und nicht als vollwertige Arbeitskraft, aber wer weiß, vielleicht ließ sich ja doch etwas arrangieren. Immerhin kannte ich die beiden Geschäftsinhaber Prakash und Ashok persönlich. Nach meiner letzten Prüfung lief ich, noch in Schuluniform, in die Stadt und schnurstracks ins Büro der »Khetia Drapers«. Ohne viel Umschweife kam ich zum eigentlichen Grund meines Besuches. Ich sagte Prakash, dass ich für die nächsten Monate dringend einen Job bräuchte. Nicht wegen des Geldes – ich hätte nicht einmal etwas dagegen, wenn er meinen Lohn dem Kinderheim spendete –, ich wollte nur nicht den ganzen Tag dort verbringen. Ich hatte erwartet, dass Prakash mir im besten Fall in ein paar Wochen eine Stelle anbieten könnte. Umso verblüffter war ich, als er sagte: »Du kannst gleich morgen anfangen.« Ich dachte, ich hätte mich verhört. Prakash Khetia gab mir ein Schreiben für die Heimleitung mit, damit war die Sache geritzt.

Der Supermarkt, in dem ich nun arbeitete, lag mitten in Bungoma, also etwa sechs Kilometer vom Kinderheim in Kanduyi entfernt. Da meine Schicht um acht begann, musste ich mich beizeiten aus dem Bett schälen, denn von den morgendlichen

Pflichten im Heim war ich natürlich nicht befreit. Wenn ich gegen halb acht mit allem fertig war, musste ich den Weg zur Arbeit spurten, um pünktlich da zu sein.

Ich packte überall mit an, wo Not am Mann war. Wir Aushilfskräfte luden die Waren auf und ab, fegten, putzten, passten auf, dass nichts geklaut wurde, wiesen den Kunden den Weg durch den Laden und, und, und. Die meiste Zeit stand ich allerdings als »Gepäckjunge« hinter einem der Kassierer. Meine Aufgabe war es, die Einkäufe der Kunden fachgerecht in Tüten zu packen. Essen und Seife zum Beispiel mussten immer getrennt eingetütet werden. Waren die Tüten schwer, trug ich sie hinunter zum Wagen, zum Matatu oder zum Fahrrad des Kunden. Für die meisten war das eine Selbstverständlichkeit, man bekam oft nicht mal ein Dankeschön, geschweige denn ein Trinkgeld. Wenn jemand ein Geschenk gekauft hatte, musste ich es verpacken. Vor allem in der Weihnachtszeit war das eine nervenaufreibende Sache, denn die Kunden waren anspruchsvoll und konnten einen mit ihren Extrawünschen in den Wahnsinn treiben. Ich hasse es deshalb noch heute, Geschenke einzupacken.

Während der Arbeitszeit gab es nur eine offizielle Pause zur Mittagszeit. Sie dauerte eine halbe Stunde und sollte reichen, um zu essen und auf die Toilette zu gehen. Wenn es wahnsinnig dringend war, durfte man auch zwischendurch mal für fünf Minuten verschwinden, doch das eigentliche Problem war in dieser kurzen Zeit kaum zu lösen. Im Supermarkt gab es damals noch kein stilles Örtchen, und die Restaurants in der Nähe knöpften einem gleich Geld für den Toilettengang ab. Dafür wollten wir unsere paar Schillinge Lohn wirklich nicht opfern. Der Essensbonus von 25 Schillingen pro Tag reichte gerade mal für einen halben Liter Milch oder eine große Cola. Mir widerstrebte es, die paar Kröten für ein Mittagessen auszugeben, lieber hungerte ich. Doch auch dieses Problem sollte sich bald lösen, denn die Besitzer der Bobby's-Filiale in der Nähe bekamen bald mit, dass ich bei den Khetias arbeitete. Zusätzlich zu ihrem Engagement für das Kinderheim luden sie mich von nun an fast jeden Mittag zum Essen ein: Es gab Pommes mit Ketchup und rohen, gehobelten Kohl.

Gegen 19 Uhr war mein Arbeitstag zu Ende. Bevor ich mich auf den Heimweg machte, kaufte ich hin und wieder ein paar Omena, kleine Fische und wahre Proteinbomben, die etwas Abwechslung in den eintönigen Speiseplan des Heims brachten. Der Weg nach Hause zog sich nach so einem anstrengenden Tag und war im Dunkeln nicht ganz ungefährlich. Besonders am Kiwanja Ndege, dem kleinen Flugplatz von Bungoma, an dem ich vorbeimusste, waren Überfälle keine Seltenheit. Es war sogar schon vorgekommen, dass Menschen dort nachts ermordet wurden. Aber zum Glück passierte mir während der ganzen Monate nichts – zumindest nicht auf dem Heimweg und auch nicht durch die Hand anderer. Das erledigte ich schon selbst …

Meinen Ehrgeiz, der mich bereits in der Schule angetrieben hatte, legte ich auch bei meiner Arbeit im Supermarkt nicht ab. Ich wollte immer alles schnell und perfekt erledigen und platzte geradezu vor Übermotivation. Meinen Chefs gefiel das natürlich, und so wurden mir schon bald spezielle Aufgaben wie Kurierdienste übertragen, und das, obwohl ich mit Abstand der jüngste Mitarbeiter war. Ich hatte Kollegen, die nicht nur meine Eltern, sondern meine Großeltern hätten sein können. Dass mein Einsatz als Mister 100 Volt auch mal nach hinten losgehen würde, war eigentlich abzusehen. Eine der Narben auf meinem Kopf mahnt mich bis heute, hin und wieder einen Gang zurückzuschalten. Ashok hatte mir an einem Morgen ein Paket gegeben, das ich ins Sicherheitsbüro im dritten Stock tragen sollte. Da ich meinen Platz an der Packstation hinter der Kasse nicht zu lange unbesetzt lassen wollte, eilte ich los wie von der Tarantel gestochen. Dumm nur, dass die Decken des Supermarktes kaum zwei Meter hoch waren und ein kräftiger Sprung ausreichte, um mit dem Kopf an die Decke zu knallen. Genau kann ich mich nicht mehr erinnern, was während meines Sprints à la Usain Bolt passiert ist. Mir wurde später erzählt, dass ich versucht hätte über einen Putzeimer zu springen. Die Decke habe sich meinem Vorhaben widersetzt, ich sei wie ein Zementsack zu Boden gefallen und mit dem Hinterkopf auf dem Betonboden aufgeschlagen. Das habe mir endgültig die Lichter ausgeknipst und ich sei regungslos und blutverschmiert liegen geblieben.

Als ich wieder zu Bewusstsein kam, hatte man mich längst ins Kinderheim gebracht. Ich vermute, dass man mich mit einem der Transporter des Supermarktes dorthin gekarrt hatte. Um den Kopf trug ich ein paar Fetzen, die die Blutung provisorisch stillen sollten. Außerdem wurde ich dazu verdonnert, die nächsten Tage im Heim zu bleiben. Das war das Schlimmste an der ganzen Sache.

*

Im Februar 1995 wurden endlich die Ergebnisse der Abschlussprüfung bekanntgegeben. Die Resultate fielen landesweit nicht besonders gut aus. In den Jahren zuvor hatten es weit mehr Schüler geschafft, über die psychologisch so wichtige 600-Punkte-marke zu kommen. In meinem Jahrgang gelang dies nicht einmal dreißig Schülern landesweit, aus der Region Bungoma hatten gerade mal zwei diese Hürde übersprungen. Ich war einer davon und noch dazu der Allererste in der Geschichte meiner kleinen Dorfschule, der eine so hohe Punktzahl erzielt hatte. Im Ort verhalf mir das zu einer gewissen Berühmtheit; die Frage war nur, was mein »Ruhm« am Ende wert sein würde.

Die Tür zu den National Secondary Schools, den Eliteschulen des Landes, hatte ich durch meine Prüfungsergebnisse aufgestoßen. Ob ich auch durchgehen durfte, darüber entschieden andere. Seit jeher wurden diese Schulen von der Crème de la Crème

Kenias besucht. Für die gesamte politische und gesellschaftliche Elite, für Präsidenten, hochrangige Minister, Manager, Ärzte und Rechtsanwälte dienten die National Secondary Schools als Karrieresprungbrett. Da ich nun zu den besten Schülern des ganzen Landes gehörte, stand dem Besuch einer dieser Schulen eigentlich nichts mehr im Wege, zumal die Zahl der Bewerber aufgrund der allgemein schlechten Resultate überschaubar war. Doch schon bald sollte mir klar werden, dass auch die ethnische Herkunft eine entscheidende Rolle bei der Aufnahme spielt. Ich hatte mich am Starehe Boys Centre beworben, einer Schule, die ursprünglich für sehr arme oder verwahrloste Kinder gegründet worden war. Da die Schüler aber nicht nur den Weg zurück in die Gesellschaft finden sollten, sondern auch sehr viel Wert auf Bildung gelegt wurde, hatte sich die Schule mit der Zeit zu einer der fünf besten Sekundarschulen Kenias entwickelt. Für ein ehemaliges Straßenkind wie mich schien dieser Ort wie geschaffen. Umso fassungsloser war ich, dass mir nun ausgerechnet mein Name Probleme bereiten sollte. Um im Starehe Boys Centre aufgenommen zu werden, sollte ich hieb- und stichfeste Beweise liefern, dass ich Kenianer war. Der Name Oprong könne genauso gut auf eine Herkunft aus Uganda deuten. Das regionale Bezirksamt wurde mit einer Überprüfung betraut. Da ich gerade mal fünfzehn Jahre alt war, durfte ich bei den Behörden nicht selbst vorsprechen, sondern brauchte einen Vormund. Eltern hatte ich nicht vorzuweisen, und Mai Mgeni, die Heimleiterin, hatte Wichtigeres zu tun, als mich zu unterstützen. Hilflos musste ich mit ansehen, wie die Zeit verrann und die Chance meines Lebens verspielt wurde. In meiner Verzweiflung hatte ich sogar Mary Walsh aus Irland, Ruth Bowers, die Khetias und Patel Singh, kurz, alle, die ich kannte und die irgendwie Einfluss hatten, eingeschaltet. Sie schrieben Briefe und führten Telefonate mit der Leitung vom Starehe Boys Centre – ohne Erfolg. Der lapidare Grund: Offiziell seien die Leitung des Kinderheims und deren

Dachorganisation für mich zuständig, und solange diese sich nicht persönlich um meine Sache kümmerten, sei leider nichts zu machen.

Es war eine bittere Pille, dass für mich trotz nachweislich bester Leistungen kein Platz an der Schule war, weil ich als Ausländer galt. Und ich hatte nicht einmal mehr die Chance, nachnominiert zu werden. Wenn die Hauptauswahlverfahren abgeschlossen sind, gibt es in der Regel immer noch ein paar Reserveplätze für spezielle »Härtefälle«. In diese Kategorie fallen Kinder von hochrangigen Politikern, sehr einflussreichen Eltern oder von Leuten, die bereit sind, ein hohes Schmiergeld zu zahlen. Ich konnte mit nichts dergleichen aufwarten, nur mit meiner Leistung. Die zählte offenbar weniger, als ich mir das je hatte vorstellen können. Während Schüler, die weitaus schlechtere Ergebnisse erzielt hatten als ich, ihren Platz an den Spitzenschulen bekamen, blieben für mich nur die Institute aus der zweiten und dritten Reihe. Als »Ausländer« konnte ich vermutlich froh sein, dass sie mich dort nicht auch noch ablehnten. Am Ende entschied ich mich für eine weiterführende Schule im Distrikt Bungoma, die »Friend's School Kamusinga«.

Bei allem Ärger: Etwas Positives bewirkte mein gutes Abschneiden bei den Prüfungen aber doch. Das Verwaltungsgremium des Kinderheims setzte sich dafür ein, dass mein Status endlich geändert wurde. Auf einmal wurde ich zum Aushängeschild des Heims, meiner Schule und meines ganzen Distrikts, was sich vor allem beim Spendensammeln im Kinderheim hervorragend einsetzen ließ. Noch während ich auf den offiziellen Aufnahmebrief der Friend's School Kamusinga wartete, stimmte die Mehrheit des Gremiums dafür, mir den Status eines dauerhaft im Heim lebenden Kindes zu verleihen. Nach zwei Jahren war ich nicht mehr länger nur ein »Übergangskandidat«, der jederzeit hinausfliegen konnte, sondern durfte das Kanduyi Children's Home auf sämtlichen offiziellen Papieren als mein

Zuhause angeben. Wäre diese Entscheidung früher gefallen, hätten sich meine Chancen, einen Platz am Starehe Boys Centre zu bekommen, sicher verbessert. Wenn ich darüber nachdenke, kommt mir heute noch die Galle hoch. Weil nichts von dem, was mir damals widerfuhr, in meiner Hand lag. Hätte ich es selbst verbockt, indem ich die Prüfung in den Sand gesetzt hätte – bitte sehr. Aber diese Abhängigkeit von anderen, die Willkür der Entscheidungen, der Frust über das erneute Ausgegrenztsein waren unglaublich schwer zu ertragen.

Die Zeit zwischen der Bekanntgabe der Prüfungsergebnisse und meinem Umzug in die etwa fünfzig Kilometer entfernte Internatsschule war für mich mental nicht leicht gewesen. Alle Welt wusste von meinen hervorragenden Ergebnissen, die Leute im Ort gratulierten mir wohlwollend, auch wenn vielleicht nicht alle das meinten, was sie sagten. Wafula und Lusweti, zwei Freunde von mir, die ganz passabel abgeschnitten hatten, erzählten mir strahlend, ihre Familien hätten zur Feier der Prüfung einen Hahn geschlachtet, bei einem anderen sei sogar ein ganzer Ziegenbock auf den Tisch gekommen. In meiner »Familie« gab es nur einen feuchten Händedruck von Mai Anna. Das war aber natürlich nicht das eigentliche Problem. Ich hatte mich längst daran gewöhnt, dass ich nur dann wahrgenommen wurde, wenn man sich davon etwas erhoffte. Mein Problem war, dass alle im Ort wussten, dass ich zu den besten Schülern des ganzen Landes gehörte und damit automatisch auf eine National School. Ich musste ständig erklären, was da schiefgelaufen war. Dabei musste ich sehr aufpassen, was ich sagte, denn ich wollte nicht durch eine unbedachte oder kritische Äußerung den Zorn der Heimleitung auf mich ziehen und damit meinen neuen Status gleich aufs Spiel setzen. Ich musste mir immer wieder etwas Neues einfallen lassen. Mal hatte es an meinem Alter gelegen, mal an einem Fehler im Computersystem oder auch daran, dass ich keine Lust hatte, eine Schule zu besuchen, die so weit vom

Heim entfernt war. Die meisten National Schools gab es in Nairobi oder den eher zentraleren Bundesländern. Vor allem meine letzte Ausflucht konnte kaum jemand nachvollziehen; einigen meiner Klassenkameraden war nicht entgangen, dass ich mich nach Kräften bemüht hatte, meine Zeit im Heim auf ein Minimum zu beschränken. Hinter vorgehaltener Hand tuschelte man drüber, ich sei offenbar trotz meiner Intelligenz entweder arrogant oder ignorant.

*

Zwei Wochen vor Schulbeginn verabschiedete ich mich von meinen Chefs bei »Khetia Drapers«. Ashok war von meiner Arbeit im Supermarkt und von meinem Prüfungsergebnis so begeistert, dass er mir spontan anbot, das Schulgeld für das erste Jahr zu bezahlen. Zur weiteren Motivation ließ er durchblicken, dass er meinen Besuch auf der Sekundarschule so lange finanzieren wolle, solange ich den Nachweis bringen konnte, dass ich mich nach Kräften anstrenge. Ich strahlte über das ganze Gesicht. Bei meiner Einstellung zur Schule sollte mich das nicht vor unüberwindbare Probleme stellen.

Die letzten Tage vor meiner Abreise in die Kleinstadt Kimilii nutzte ich, um ein paar Sachen für meine Zeit im Internat einzukaufen. Ich hatte mit meiner Arbeit im Supermarkt viel Geld verdient; Ashok hatte nichts davon wissen wollen, das Geld dem Kinderheim zu übergeben, sondern mir meinen Lohn voll ausgezahlt. Jeden Monat knapp über zweitausend kenianische Schillinge, rund zwanzig Euro. Damit lag ich knapp über dem Durchschnitt eines Normalverdieners in Bungoma, selbst die meisten Mamas im Heim bekamen weniger. Kein Wunder, dass sie neidisch waren. Für mich waren das immense Geldmengen, die ich nicht allein für mich behalten wollte. In den vergangenen Wochen hatte ich gut die Hälfte davon in Einkäufe für die anderen Heimkinder gesteckt. Mit dem Rest bezahlte ich den Großteil meiner Schuleinkäufe. Für das, was noch fehlte, wollten verschiedene Geschäftsleute in Bungoma, etwa Patel, Mama Karanja und Mama Fanta, aufkommen. Geradezu fürstlich ausgestattet trat ich meine Reise nach Kimilii an.

Burnout

Mai Mgeni brachte mich höchstpersönlich zu meiner neuen Schule. Ich wertete das als Zeichen der Versöhnung und hatte von da an eine etwas positivere Einstellung ihr gegenüber. Hass kann dem Hassenden größeren seelischen Schaden zufügen als dem Gehassten. Es fiel mir bei manchen Sachen schwer zu verzeihen, zumal wenn ich fest davon überzeugt war, dass mein Gegenüber meinen Hass nicht nur verursacht, sondern auch verdient hatte. Trotzdem durfte ich mich nicht von Hassgefühlen zerfressen lassen. Das war bei meiner Tante so gewesen, bei der ich versucht habe, die positiven Dinge freizuschälen, und das war jetzt nicht anders. Ich weiß nicht, ob mir mein Glaube dabei geholfen hat zu verzeihen. Geschadet wird er mir jedenfalls nicht haben. Außerdem bekam ich mit der Zeit eine gewisse Routine – die Gelegenheiten, bei denen ich schwere psychische Verletzungen überwinden musste, waren schließlich zahlreich …

Kaum angekommen, bestürmten mich meine neuen Mitschüler mit Fragen. Seit Jahrzehnten hatte keiner der besten Schüler des Landes die Friend's School Kamusinga mehr besucht. Alle fanden das im wahrsten Sinne des Wortes fragwürdig, wenn nicht merkwürdig. »Wieso bist du hier?« – »Warum gehst du nicht auf die Alliance oder ans Starehe?« – »Du bist doch dieser Oprong, oder?« Fragen über Fragen – und ich hatte geglaubt, mich daran schon in Bungoma genug abgearbeitet zu haben …

Ich war heillos überfordert, alles war neu für mich, auch die Ausmaße der Schule setzten mich unter Druck. Auf dem riesigen Gelände tummelten sich rund tausend Schüler, das Lehrerkollegium bestand aus über fünfzig Personen. Sich allein die ganzen Namen zu merken war eine Herausforderung. Von den schulischen Anforderungen gar nicht zu reden. Erst gegen Mitte des ersten Trimesters 1995 gelang es mir langsam, in der neuen Schule Fuß zu fassen. Der Unterricht bereitete mir kaum Probleme, aber der Stachel saß tief, dass ich hier in der Provinz hockte, während viel schlechtere Schüler ihre Zeit an einer Eliteschule absaßen und das womöglich gar nicht richtig würdigten. Es dauerte, bis ich mich mit diesem Internat am Fuße des Elgonberges versöhnte. Aber nach anfänglichen Schwierigkeiten war ich umso fester entschlossen, diese Chance mit aller Kraft zu ergreifen.

Zu Hilfe kam mir dabei der Umstand, dass die Schule in einer Phase des Umbruchs war, aus der sie gestärkt und mit größerem Ansehen hervorging. Mr Nguti, dem damaligen Schuldirektor, hing der Ruf an, korrupt zu sein. Ich kann nicht wirklich beurteilen, ob da etwas dran war, ich habe ihn persönlich als sehr netten und charismatischen Mann erlebt. Er war ziemlich witzig, seine launigen Reden waren auch außerhalb des Schulgeländes legendär. Mr Nguti war etwas beleibt und hatte eine unglaubliche Präsenz, wenn er einen Raum betrat. Er strahlte Souveränität aus, und ich war überzeugt, von ihm einiges lernen zu können. Diesem positiven Eindruck stand seine berufliche Reputation entgegen. Der Schuldirektor trug angeblich wenig dazu bei, den Ruf der Schule aufzupolieren. Weder akademisch noch bei außerschulischen Aktivitäten machte die Friend's School Kamusinga damals von sich reden. Als ich ankam, herrschte reine Anarchie. Die Lehrer waren überfordert, in den Klassenzimmern galt das Recht des Stärkeren. Ständig wurden die kleineren Jungs von den größeren gemobbt und tyrannisiert, kaum jemand wagte, dagegen vorzugehen. Ich schaffte es trotzdem, mich durchzubeißen, denn ich hatte in meinem Leben weitaus härtere Situationen durchlebt.

Ein Jahr nach meiner Ankunft an der Friend's School Kamusinga änderte sich die Struktur des Instituts grundlegend. Ihren Anfang nahm diese Entwicklung mit dem neuen Schulleiter. Mr Khaemba war im Gegensatz zu Mr Nguti zwar weniger charismatisch, aber dafür umso organisierter und engagierter. Und er war strenger – im positiven Sinne. Mr Khaemba, ein waschechter Bukusu, war vorher stellvertretender Schulleiter an der Alliance Highschool gewesen, einer der Eliteschulen des Landes. Wenn er Englisch sprach, dann mit einem sehr starken Akzent, über den wir uns gnadenlos amüsierten. Zum Glück hatte er einen Sinn für Humor, denn ich kann mich nicht erinnern, dass er jemals einen Schüler bestraft hätte, der ihn nachgeäfft hatte. Mr Khaemba übertrug einige der Organisationsstrukturen, die seine ehemalige Schule so erfolgreich gemacht hatten, auf unsere Schule. Er forderte mehr Disziplin und Wettbewerb in allen schulischen und außerschulischen Bereichen, um die Schule intern und extern auf ein höheres Niveau zu bringen. Und er übertrug mehr Verantwortung auf uns Schüler.

Auf dem Schulgelände gab es neben dem Bürotrakt, den Klassenzimmern, der Bibliothek, dem neuen Computerraum, den Laboren, dem Speisesaal, der Aula und verschiedenen Sportplätzen neun »Schlafhäuser«, auch »Dormitories« genannt, die entweder nach kenianischen Bergen, bedeutenden Politikern oder Ereignissen benannt waren. In jedem Saal schliefen zwischen siebzig und hundert Schüler aus verschiedenen Jahrgängen. Jedem Dormitory standen ein Schülersprecher und dessen Stellvertreter vor. Mr Khaemba sorgte dafür, dass diese Häuser untereinander in Wettbewerb traten. Jedes Haus wollte natürlich die besten schulischen Ergebnisse erzielen. Außerdem gab es Tanz- und Schauspielwettkämpfe sowie Fußball-, Hockey-, Basketball- und Rugbyturniere. Nicht zu vergessen den Pokal für das sauberste und diszipliniertesten Haus. Die Hauskapitäne waren dafür zuständig, dass in ihrem Haus alles glattlief, dass die Cracks in einer Disziplin an den jeweiligen Wettkämpfen teilnahmen, und so weiter. Eine Menge Verantwortung und keine leichte Aufgabe, die oft gleichaltrigen, pubertierenden Jugendlichen im Zaum zu halten. Einige von ihnen hatten nämlich nur ein Ziel: möglichst oft negativ aufzufallen.

Aufgrund meines guten Abschlusses waren die Erwartungen an mich von Anfang an sehr hoch, ich sollte in allen Lebenslagen ganz selbstverständlich ein Vorbild sein. Was meine schulischen Leistungen anging, fiel mir das ziemlich leicht. In meinen beiden ersten Jahren war ich durchgehend Jahrgangsbester und hielt dem ganzen Druck scheinbar mühelos stand. Was dazu führte, dass ich mehr Ämter annahm, als ich auf Dauer stemmen konnte. Schon in meinem zweiten Jahr wurde ich zum Hauskapitän des »Kenya House« gewählt, was ungewöhnlich war, denn normalerweise kamen die Hauskapitäne aus der vierten und damit obersten Klasse der Highschool und waren jeweils die Hausältesten. In einer Gesellschaft, in der das Alter einen sehr großen Einfluss auf die Rangordnung und den damit verbundenen Respekt und die Anerkennung hat, sollte ich nun auch die älteren Schüler in meinem Haus führen, motivieren und antreiben. Eine gewaltige Herausforderung, die ich zusätzlich zu den Anforderungen an die Rolle des Hauskapitäns bewältigen musste. Gleichzeitig war ich noch Klassensprecher, Vorsitzender des Debattier- und des Französischklubs sowie der allgemeine Vorsteher und Koordinator aller Klubs und Schülergesellschaften an unserer Schule. Ich war stellvertretender Vorsitzender der Christlichen Union, und ich spielte unter anderem in der Rugbymannschaft. Parallel zu all diesen Ämtern durfte ich aber das Wichtigste, meine schulischen Leistungen, nicht vernachlässigen. Dass all dies zusammen auf Dauer nicht gutgehen konnte, zeigte sich in der dritten und vorletzten Klasse der Sekundarschule.

Es fing mit Kopfschmerzen und Schlaflosigkeit an. Später kamen noch Verdauungsstörungen hinzu. Für all das gab es medizinisch gesehen keine Ursache. Da ich nachts nicht schlief, fielen mir immer öfter im Unterricht die Augen zu. Viele Lehrer betrachteten das als eine hochgradige Beleidigung, die es zu bestrafen galt. Meine Stellung als Schulsprecher, die mir einen gewissen Sonderstatus sicherte, rettete mir in so manchen Fällen den Hintern. Meine nicht zu kontrollierenden Blähungen krönten die ganze Geschichte, denn davon waren nicht nur die Lehrer betroffen. Endlich hatten auch meine Klassenkameraden etwas gefunden, worüber sie sich lustig machen konnten. Der Musterschüler, Lehrers Liebling, der unangreifbare Überflieger knatterte mit hochroter Birne vor sich hin, als würde er jeden Augenblick abheben. Ich brauche wohl niemandem zu erklären, dass ich am liebsten im Boden versunken wäre. Zu allem Überfluss bekam ich noch eine schlimme Mittelohrentzündung, die nicht nur unglaublich schmerzte, sondern mich fast taub werden ließ.

Ich war verzweifelt, vollkommen überfordert und hatte nichts mehr unter Kontrolle. Meine schulischen Leistungen verschlechterten sich drastisch, und ich musste hilflos mit ansehen, wie meine Zukunft vor die Hunde ging. Dieses Gefühl der Ohnmacht versetzte mich in Panik. In den Nächten quälten mich Bilder aus meiner Vergangenheit als Straßenkind. Die Menschen aus meinen Träumen verhöhnten mich: Hast du tatsächlich gedacht, es ist vorbei? Hast du wirklich geglaubt, du seist was Besseres? Dein Platz ist hier, bei uns, auf der Straße! Du hast keine Zukunft, deine Zukunft ist deine Vergangenheit! Am Morgen wachte ich schweißgebadet auf und wagte es kaum, mich im Bett zu rühren. Wenn ich mich nicht bewegte, würden sie mich nicht so leicht finden. Meine Panikattacken wechselten sich mit bleiernen Phasen ab, in denen ich mich zu nichts aufraffen konnte. Heute würde man wohl sagen, dass ich mich in einen klassischen Burnout hineinmanövriert hatte. Ein Teufelskreis aus Ambition und Überforderung, aus dem ich ohne fremde Hilfe nicht mehr herauskam. Allein das Eingeständnis, dass ich Hilfe brauchte, kostete mich unendliche Kraft.

Es gab zu dieser Zeit eine Lehrerin an der Schule, Mrs Nabie, der ich bis dahin immer vertraut hatte. Sie war die betreuende Lehrkraft der Christlichen Union. Während meiner Krise ging ich in der Hoffnung auf eine Lösung zu ihr. Ich erzählte ihr von meinen Problemen, vertraute ihr selbst einige Einzelheiten meiner auch in dieser Schule bis dahin sehr streng geheim gehaltenen Vergangenheit an und bat sie, es niemandem weiterzuerzählen. Ich hatte gehofft, dass sich allein durch das Reden meine innere Spannung lösen würde. Tatsächlich fühlte ich mich etwas erleichtert, als ich das Zimmer verließ, auch wenn mir Mrs Nabie nicht wirklich hatte helfen können. Umso hilfloser war ich, als ich mitbekam, dass sie nichts Eiligeres zu tun hatte, als im Lehrerkollegium über den gescheiterten Hoffnungsträger zu tratschen. Wenn diese Sache sich erst unter den Schülern verbreitete, konnte ich einpacken.

Die ganze Situation erinnerte mich an ein Erlebnis während meiner Zeit als Straßenkind in Kampala. Ein Habicht hatte sich in den Ästen eines hohen Baumes verfangen. Er kreischte so laut und erbärmlich, dass sämtliche Habichte aus der Gegend ihm zu Hilfe kommen wollten. Mit einem Mal kreisten so viele Vögel um den Baum herum, dass sie den Himmel wie eine tropische Regenwolke verdunkelten. Der Geräuschpegel, den sie dabei verursachten, war unglaublich, die Leute stoben eilig davon. Wer sich in der Nähe des Baumes befand, musste sich nicht nur vor den herabfallenden Kotbomben, sondern auch vor den Krallen der Greifvögel in Acht nehmen. Nach etwa drei Stunden war der gefangene Habicht wieder befreit, und die Vogelwolke löste sich langsam auf.

Anders als bei dem armen Habicht war in meinem Fall weit und breit keine Hilfe in Sicht – trotz meines lauten Hilferufs. Mrs Nabie hatte mein Vertrauen gründlich missbraucht, ich fühlte mich komplett verloren. Der Schulleiter, dem sich Mrs Nabie ebenfalls mitgeteilt hatte, empfahl mir zwar, einen Psychiater aufzusuchen, aber wer sollte das bezahlen? In dieser schweren Krise erwies sich am Ende ein Lehrer als verständnisvoller großer Bruder, an den ich überhaupt nicht gedacht hatte. Mein damaliger Englischlehrer, Mr Emmanuel Nandokha, reagierte schnell und mit großem Verständnis. Er erlaubte mir, während der Ferien bei ihm zu wohnen, und war immer für mich da, wenn ich jemanden zum Reden brauchte. Zwischen uns entstand damals eine tiefe Freundschaft, die bis heute besteht.

*

Es mag ein viel bemühtes Klischee sein, dass eine Krise immer auch eine Chance ist. Wenn wir mittendrin stecken, können wir das in der Regel nicht erkennen. Hinterher stellen wir fest, dass wir in dieser schweren Zeit etwas gelernt haben – über uns selbst und über andere. Und manchmal wird aus einer Kleinigkeit etwas ganz Großes, das unser Leben von Grund auf verändert. Bei mir war das eine Brieffreundschaft.

Mit Mary war ich die ganze Zeit über in Kontakt geblieben. Doch da meine Briefe an sie früher von der Heimleitung gelesen worden waren, traute ich mich nicht, ihr nun von meiner Krise zu berichten. Irrational, aber ich hatte das so verinnerlicht, dass ich keine Zeile darüber verlor. Und das, obwohl ich wusste, dass sie sich einmal mehr als eine große Stütze erwiesen hätte. Neben ihr hatte ich inzwischen auch zu Heidi Schmidt eine besondere Beziehung aufgebaut. Ich war so etwas wie ihre Vertrauensperson im Kinderheim geworden. Wenn ich während der großen Ferien im Heim war und Heidi für einen kurzen Besuch dort war, saßen wir lange beisammen und redeten. Aber in unseren Gesprächen ging es nicht um mich, sondern darum, die Zustände im Heim zu verbessern. Da sie meistens Spendengelder aus Deutschland im Gepäck hatte, schrieb ich einen Brief nach dem anderen, um mich bei den Sponsoren zu bedanken und darüber zu berichten, wie sie mit ihrem Geld unser Leben retteten. Ein Kinderarzt aus Hamburg, Robert, tat sich dabei besonders hervor. Heidi hatte ihn an der Hamburger Frauenklinik Finkenau in Uhlenhorst kennengelernt und als größten deutschen Spender für das Kinderheim gewinnen können. Anfangs hatte Robert vor allem Tom gefördert, der als Baby am Straßenrand gefunden worden war. Deshalb trug er auch den Namen Wangila, was bei den Bukusu »an der Straße gefunden« bedeutet. Ein Name, den Tom mit vielen anderen nicht nur im Kanduyi Children's Home teilte.

Tom wusste schon als knapp Zweijähriger, wie der Hase läuft. Umsonst ist der Tod, für alles andere braucht es eine Gegenleistung. Er weinte, weil er wusste, dass er dann etwas bekommen würde, damit er sich beruhigte. Und er lachte, weil sich die Erwachsenen dann so über diesen Sonnenschein freuen würden, dass er ebenfalls etwas dafür bekommen würde. In Toms Fall war das entweder etwas zu essen oder Zuwendung und Aufmerksamkeit. Wenn es sein musste, zog er alle Register, nur um am Ende der Einzige zu sein, den Besucher mit milden Gaben überhäuften. Kein Wunder, dass es Heidi gelungen war, Robert diesen kleinen Schelm ans Herz zu legen. Aber auch die Gäste des Kinderheims wurden so in seinen Bann gezogen, dass gleich mehrere Tom adoptieren wollten. Ich erinnere mich noch gut an die Leere und die Trauer, die im Kinderheim herrschte, nachdem er weggegeben worden war. Wir alle hofften und beteten, dass er an die richtigen neuen Eltern geraten war. Denn es kam nicht selten vor, dass uns ehemalige Adoptivkinder auf der Straße als Bettler oder Autowäscher wiederbegegneten, weil sie von ihren »Eltern« misshandelt und als Arbeitssklaven gequält worden waren.

Da Tom nun nicht mehr da war, musste schnell ein neues Patenkind für Robert gefunden werden. Ich hatte schon vorher in Toms Namen Dankesbriefe an ihn geschrieben, ansonsten wusste ich kaum etwas. Vermutlich lag es vor allem an Heidi, dass die Wahl auf mich fiel. Auf einmal wurde aus Herrn Dr. Spenner aus Hamburg »mein Robert«, der in einer dunklen Phase meines Lebens zu einem unverhofften Lichtblick wurde.

Anders als Mary hatte Robert von Anfang an nur die Adresse meiner Schule, über die wir uns Briefe schrieben. So konnte ich sicher sein, dass sie nicht von Dritten geöffnet wurden. Das heißt, ich konnte diesem Mann aus dem fernen Deutschland auch über meine Sorgen und Nöte berichten. Für mich war das eine ungewohnte Situation, an die ich mich nur zögerlich heranwagte. In der Vergangenheit hatte ich mich mit Talent oder ungewöhnlichen Taten beweisen müssen, um überhaupt akzeptiert zu werden. Diese Strategie, die ich vor allem in Mama Ngina Children's Home entwickelt hatte, hatte ich inzwischen unbewusst auf alle Bereiche meines Lebens übertragen. Bloß keine Schwäche zeigen, ihnen keine Angriffsfläche bieten. Aber nun ertappte ich mich in meinen Briefen an Robert immer öfter dabei, dass ich auch von Dingen berichtete, die nicht so gut liefen oder an denen ich gescheitert war. Es war ein langsames Herantasten, bei dem mir die große räumliche Distanz vielleicht sogar half. Der große Unbekannte wurde mit der Zeit für mich zu einer Art Vaterfigur. Irgendwann nannte ich ihn in einem meiner Briefe tatsächlich aus Versehen Papa, was mir hinterher ziemlich peinlich war. Doch zu meiner Überraschung freute sich Robert sehr über diesen Vertrauensbeweis. Seitdem nannte ich ihn immer Papa. Er wurde zu dem Vater, den ich nie gehabt hatte, ich war der Sohn, den er nicht hatte.

Mit Roberts Unterstützung kam ich schrittweise wieder aus meiner Depression heraus, und auch meine Leistungen verbesserten sich im letzten Highschool-Jahr, wenngleich ich nicht mehr zu alter Hochform auflaufen konnte. Dafür hatte ich während der letzten zwölf Monate einfach zu viel verpasst. Trotzdem hatte ich weniger Angst vor der Zukunft. Auch wenn ich vielleicht keinen Spitzenabschluss hinlegen würde, hatten mir Gott und Heidi ein viel größeres Geschenk gemacht. Einen Menschen, der mir versprochen hatte, immer für mich da zu sein. Das fühlte sich unglaublich gut an.

*

Ich hatte mich selbst immer wieder massiv unter Druck gesetzt, wenn es um meine Zukunft ging. Wenn schon keine Eliteschule, dann wenigstens Topleistungen. Hinzu kam, dass auch meine Lehrer von mir erwarteten, dass ich nach Abschluss der Highschool einen Studiengang belegte, der wenn schon nicht zu einer gutbezahlten, dann wenigstens zu einer hochangesehenen Tätigkeit führte. Alle waren der Meinung, ich sollte Jura oder Medizin studieren. Irgendwann fragte ich Robert, was er davon hielt. Eigentlich erwartete ich nur eine Bestätigung dessen, was alle sowieso von mir erwarteten. Ich war deshalb vollkommen perplex, als ich folgende Zeilen in seinem Antwortbrief las: »Du kannst sehr gut mit Kindern umgehen. Du kannst gut singen und tanzen. Du kannst Gedichte schreiben. Such dir einfach das heraus, was dir am meisten Spaß macht, und mach es dann einfach. Meine Unterstützung wirst du immer haben.«

Für mich war es absolutes Neuland, dass ich niemandem etwas beweisen musste, sondern das machen durfte, wozu ich Lust hatte. Was das wirklich war, hatte ich bei all dem Stress, den ich mir selbst immer gemacht hatte, fast schon aus den Augen verloren ...

1998 absolvierte ich mein letztes Schuljahr. Ich konnte kaum glauben, wie weit ich gekommen war. Nach all den Jahren des Kampfes stand ich nun vor einer weiteren wichtigen Prüfung. Sie sollte über die Zulassung zu meinem Traumstudium entscheiden und damit über die Möglichkeit, Teil der akademischen Elite des Landes zu werden. Aber irgendwie war ich diesmal gelassener als noch vier Jahre zuvor, als es um den Grundschulabschluss gegangen war. Der Einfluss des Kinderheims auf mein Leben hatte sich deutlich reduziert, und dank Roberts finanzieller Unterstützung hatte ich längst nicht mehr das Gefühl, arm zu sein oder in Armut zu enden, falls ich nicht das allerbeste Resultat erzielte.

Meine letzten Schulferien verbrachte ich noch einmal bei meinem Englischlehrer Mr Nandokha. Nur ab und zu war ich im Kinderheim, um vor allem meine kleinen »Geschwister« zu sehen. Keiner meiner Klassenkameraden konnte verstehen, dass ich während der Ferien lieber in der Schule blieb, anstatt nach Hause zu fahren. Anfangs hatten die Verantwortlichen im Kinderheim deswegen noch Ärger gemacht, schließlich fehlte mit mir eine potenzielle Arbeitskraft, inzwischen reichte ein Brief des Schulleiters Mr Khaemba, um ihnen den Wind aus den Segeln zu nehmen. Er schrieb, dass er meinen Ferienaufenthalt an der Schule höchstpersönlich empfohlen habe. Niemand aus dem Kinderheim wagte es, die Autorität dieser in der kenianischen Gesellschaft so hochstehenden Person in Frage zu stellen.

Während ich mich auf die Prüfungen vorbereitete, warf mich ausgerechnet ein Brief von Robert völlig aus der Bahn. Ich hatte ihm immer wieder vom Kinderheim und allen anderen Neuigkeiten aus meinem Leben berichtet, aber Robert hatte mir nie etwas über seine Familie erzählt. Das wunderte mich etwas, denn er war damals schließlich schon Ende dreißig. In meiner Heimat hatte man in diesem Alter längst eine Frau und mindestens ein Kind. Dass er keine Kinder hatte, wusste ich, aber dass er nie etwas von einer Frau erzählte, fand ich komisch. Wer weiß, vielleicht lebte er in einer wilden Ehe und wollte mir aus Verlegenheit nichts darüber berichten? Ich hatte ihm mehr als einmal davon erzählt, dass ich so etwas allein aus Glaubensgründen ablehnte. Natürlich waren die Uhren auch in Kenia nicht stehengeblieben, selbst hier lebten viele Leute inzwischen in wilden

Ehen, und Polygamie war ohnehin seit eh und je Teil einiger Kulturen des Landes. Vielleicht hatte ich ihn ja mit meinen konservativen Ansichten verschreckt?

Eines Tages nahm ich meinen ganzen Mut zusammen und fragte ihn direkt: »Du berichtest mir nie von deiner Familie, erzählst immer nur von Hamburg und deiner Arbeit! Erzähl mir doch mal genauer, wie du lebst. Bist du verheiratet?«

Seine Antwort kam direkt und unmissverständlich und war für mich ein absoluter Schock. Immer wieder blieb ich mit meinen Augen an einer einzigen Zeile hängen: »Ich habe einen Lebenspartner.« Dieser Satz war so dominierend, dass er alles andere, was Robert darüber schrieb, überdeckte. Nur dass er homosexuell war, hämmerte durch meinen Kopf. Es war, als hätte er mir von einem Augenblick auf den nächsten den Boden unter den Füßen weggezogen. In unserer Kultur galt das als absolutes Tabu, in Kenia konnte man dafür ins Gefängnis kommen. Ich selbst hatte noch nie mit Homosexuellen zu tun gehabt. In der Kirche hatte ich hin und wieder Predigten gegen diese Art der Unzucht gehört. Und über einige Jungen- oder Mädcheninternate gingen Gerüchte um, dass Schüler wegen unsittlichen Verhaltens einen Schulverweis erhalten hatten. Gemeinhin galt Homosexualität als schlimme Sünde, mehr mussten oder durften wir nicht darüber wissen. Nun erfuhr ich plötzlich, dass einer der wichtigsten Menschen in meinem Leben in einer gleichgeschlechtlichen Partnerschaft lebte. Ich stand so unter Schock, dass ich drei ganze Monate lang kein einziges Wort mit Robert wechselte. Ich hatte keine Ahnung, wie ich damit umgehen sollte.

In meiner Verzweiflung ging ich während eines Kurzbesuchs im Kinderheim völlig aufgelöst zu Pastor Murunga, um ihn um Rat zu fragen. Die Sache hätte durchaus nach hinten losgehen können, aber mein Seelsorger, ein älterer Herr, überraschte mich auf ganzer Linie, als er zu mir sagte: »Wer bist du, andere zu verurteilen, ohne ihre Beweggründe zu kennen? Wer bist du, das Schicksal, das dir Gott bisher auf so wundersame Weise beschieden hat, jetzt auf einmal zu hinterfragen? Genauso, wie dieser Mann dich akzeptiert und annimmt, so wie du bist, solltest du ihn auch annehmen. Alles andere liegt nur in Gottes Hand.«

Auf dem Heimweg wirbelten meine Gedanken wild durcheinander. Der Pastor hatte vollkommen recht. Hatte ich nicht selbst schon früh die Erfahrung gemacht, wie es sich anfühlt, »der andere« zu sein und als Außenseiter ausgegrenzt zu werden. Hatte ich aus dieser Erfahrung wirklich nichts gelernt? Und wer war ich, jetzt plötzlich ein Urteil darüber fällen zu wollen, wer oder was normal ist? Ich hatte selbst oft genug nur deshalb überlebt, weil mir Menschen auf meinem Weg begegnet sind, die mich trotz meines Andersseins akzeptiert und mir geholfen haben.

Ich werde die weisen Worte meines Pastors nie vergessen, denn sie brachten mich nicht nur zum Nachdenken, sondern bewegten mich auch dazu, wieder zu Stift und Briefpapier zu greifen. Erst Jahre später erfuhr ich, wie traurig Robert gewesen war, als ich plötzlich nicht mehr schrieb. Ich hatte vor meinem Gespräch mit dem Pastor versucht, in der Bibel Antworten auf meine Fragen zu finden. Aber immer wenn ich geglaubt hatte, einen Beleg für die Ablehnung von Homosexualität entdeckt zu haben, stieß ich ein paar Seiten weiter auf eine Textstelle, die die vorherige widerlegte. Der Pastor hatte mir mit seinen Worten nichts anderes gesagt, als dass das Gebot »Liebe deinen Nächsten wie dich selbst« über allem steht. Es gibt keine Schuld, keine Sünde, über die wir zu richten haben, alles liegt in Gottes Hand. Ich hatte nicht das Recht, mich moralisch über einen anderen Menschen zu erheben, schon gar nicht über einen wie Robert, der mich mit allen meinen Fehlern und Schwächen angenommen hatte. Heute bin ich sehr glücklich, dass ich damals keine falsche Entscheidung getroffen habe.

Abschied von Bungoma

Im Oktober absolvierte ich endlich die langersehnte Schulabschlussprüfung. Obwohl die Vorbereitungszeit nicht gerade optimal verlaufen war, schnitt ich erstaunlich gut ab. An meinen Abschied von der Friend's School Kamusinga erinnere ich mich noch, als wäre es gestern gewesen. Ich heulte Rotz und Wasser, denn ich verließ einen Ort, der für mich über die vergangenen vier Jahre zu einer zweiten Heimat geworden war. Ich war dankbar, dass ich bei all dem, was ich in den letzten zehn Jahren hatte durchmachen müssen, eine Zukunft hatte. Mein Weg würde weitergehen, wenn alles glattlief, an einer Universität. Auch wenn das bedeuten konnte, dass ich zunächst noch einmal ins Kinderheim zurückmusste.

In Kenia betrug die Wartezeit auf einen Studienplatz damals fast zwei Jahre, wenn man überhaupt eine Zulassung bekam. Ich war zwar inzwischen über achtzehn Jahre alt, aber ich hatte immer noch keinen nationalen Ausweis. In Kenia bedeutete das, dass ich zumindest rechtlich gesehen weiterhin von der Heimleitung abhängig war. Ich konnte kein Konto eröffnen, keine Wohnung mieten und mir auf normalem Wege keine Arbeitsstelle suchen. Für all das brauchte ich die Unterschrift der Heimleitung – das einzige Machtinstrument, das sie mir gegenüber noch in Händen hielt. Da ich Mai Mgeni im Heim von größerem Nutzen war, verweigerte sie ihre Zustimmung dafür, dass ich mir ein Zimmer in Bungoma mieten konnte. Ich war der perfekte Kandidat, wenn es darum ging, mit den »Leistungen« des Heims anzugeben. Ein nicht zu unterschätzender Vorteil beim Eintreiben von Spenden.

Dass ich meinen alten Job bei »Khetia Drapers« im Supermarkt wieder aufnahm, war der Heimleitung zwar ein Dorn im Auge, aber da ich sozusagen unter der Hand eingestellt wurde, konnten sie nichts dagegen unternehmen. Außerdem hatten die Khetias ihr Unternehmen inzwischen zu einer Kette ausgebaut und sich zu einer der wohlhabendsten Familien im Westen Kenias hochgearbeitet. Mit potentiellen Großspendern wollte man es sich nicht verscherzen.

Ich hatte mich ganz bewusst entschlossen, nicht den ganzen Tag im Supermarkt zu arbeiten. In meiner freien Zeit gab ich den Kindern der Khetias Nachhilfe und besuchte einen Computerkurs. Außerdem engagierte ich mich in der Jugendgruppe und im Chor meiner Kirchengemeinde. Durch all diese Aktivitäten verging die Wartezeit nach meinem Schulabschluss ziemlich schnell und verlief fast reibungslos. Bis zu jenem denkwürdigen Tag, der mir mit einem Schlag die Augen öffnete.

Nanjala war gerade ein Jahr alt gewesen, als sie ins Kinderheim kam – das einzige Zuhause, das sie je gekannt hat. Dementsprechend hatte sie auch nie eine andere Form des Umgangs kennengelernt als den, der im Kinderheim herrschte. Von Liebe, Zuneigung oder Akzeptanz um ihrer selbst willen gar nicht zu reden. »Es ist nicht meine Schuld, dass ich eine Mülltonne als Vater und eine mir völlig unbekannte Mutter habe!«, pflegte sie zu sagen, wenn sie wieder einmal etwas verbockt hatte. Nanjala hatte keine anderen »Vorbilder« als die Mamas im Kinderheim und außerdem große Schwierigkeiten in der Schule, so dass sie nicht einmal aus dieser Ecke Bestätigung erhielt. Sie konnte sehr gut tanzen und wäre bestimmt eine hervorragende Schauspielerin geworden, aber das galt in unserer Gesellschaft nicht viel.

Mit ihren vierzehn Jahren war Nanjala zwar nur die Viertälteste im Kinderheim, was sie jedoch nicht im Geringsten störte. Sie war wild entschlossen, sich keinesfalls widerstandslos dem Machtgefüge im Kinderheim zu unterwerfen. Nur die

Heimleiterin konnte Nanjala mit Müh und Not in die Schranken weisen, aber selbst Mai Mgeni hatte ziemlichen Respekt vor der Göre. Nanjala war zwar nicht sonderlich groß, aber sie war sehr kräftig und durchsetzungsfähig. Sie bekam eigentlich immer, was sie wollte.

Eines Abends tummelten wir uns alle in der Küche. Ich war dabei, das Abendessen für die anderen Kinder zu kochen – es gab Ugali und Sukumawiki. Als ich gerade den Topf vom Herd zog, kamen Alex und Vincent heulend angerannt. Die beiden waren damals noch nicht einmal acht Jahre alt und lebten erst seit kurzem im Kinderheim. Sie waren völlig aufgelöst, weil Nanjala sie geschlagen habe. Bevor ich die beiden trösten konnte, kam Nanjala auf uns zu und hieb vor meinen Augen weiter auf die Jungs ein. In dem Moment, in dem ich energisch dazwischenging, um zu schlichten, wurde ich ihr nächstes Opfer. Vor all den anderen Kindern, für die ich immer so etwas wie der große Bruder gewesen war, dem nichts und niemand etwas anhaben konnte, war das eine unglaubliche Bloßstellung. Ich zögerte nicht lange, sondern schlug zurück, um zu zeigen, wer hier das Sagen hatte. Das eine ergab das andere, und die Situation eskalierte immer mehr. Wir prügelten uns über den Gang hinaus ins Freie, wo Nanjala einen Steinbrocken aufhob und nach mir warf. Das Trumm verfehlte mich und schlug mit lautem Krachen in die Eingangstür. Das würde Zunder geben. Dumm nur, dass ich eher darauf bedacht war, größere Sachschäden zu verhindern und weniger an die Rettung meiner Haut zu denken. Ich versuchte, Nanjala mit einem schnellen Gegenangriff zu überraschen, in der Hoffnung, sie so lange im Schwitzkasten halten zu können, bis sie sich wieder beruhigte. Leider hatte sie etwas dagegen. Sie überzog mich wie eine Furie mit einem regelrechten Hagel aus sämtlichen Gegenständen, die sie in die Finger bekam. Bei einem meiner Ausweichmanöver rutschte ich so dämlich aus, dass sie alle Zeit der Welt hatte, mich kaltzustellen. Noch bevor ich mich wieder aufrichten konnte, schlug ein fetter Stein, der mein rechtes Auge nur knapp verfehlte, gegen meine Stirn. Ich spürte, wie mir das warme Blut in Strömen über das Gesicht schoss. Nanjala, die sich schon wieder munitioniert hatte, hielt mit schreckgeweiteten Augen inne. Allein das bestärkte mich in der Überzeugung, dass ich jeden Augenblick mein Leben aushauchen würde.

Nach dem ersten Schock sprang ich auf und rannte nach innen, um Desinfektionsmittel und saubere Tücher zum Verbinden zu holen. Niemand machte Anstalten, mir zu helfen. Die Jüngeren waren mit der Situation total überfordert, die Älteren hatten Angst, selbst ins Visier von Nanjala zu geraten.

Die Blutung ließ sich ums Verrecken nicht stoppen. Mir würde nichts anderes übrigbleiben, als zu Fuß ins Krankenhaus von Bungoma zu marschieren. Als ich das Heim verließ, brauste ein Polizist auf einem klapprigen Fahrrad auf den Hof. Scheinbar hatte Mai Mgeni, die das Spektakel aus sicherer Ferne beobachtet hatte, irgendwann doch jemanden geschickt, der Hilfe holen sollte. Ein Quartier der lokalen Polizei befand sich in unmittelbarer Nachbarschaft zum Kinderheim. Die Polizisten des Sprengels waren berüchtigt für ihre Willkür und Prügelbereitschaft. Bevor ich auch nur den Mund aufmachen konnte, um zu erzählen, was vorgefallen war, hieb der Uniformierte schon auf mich ein. Mai Mgeni schaute einfach nur zu.

»Denkst du, du kannst hier saufen und dich betrinken, um dir dann alles zu erlauben?«, schrie der Polizist mich an, während er mich weiter ohrfeigte. Er muss das scharfe Desinfektionsmittel gerochen und daraus falsche Schlüsse gezogen haben. Letztlich spielte das aber auch keine Rolle, selbst wenn ich nach Rosenwasser gerochen hätte. Es war schlicht eine willkommene Gelegenheit, jemanden zu schlagen. Ich fragte mich im Stillen, weshalb ausgerechnet ich mit meiner klaffenden Stirnwunde so malträtiert wurde. Nachdem der Bulle von mir abgelassen hatte, war der ganze Spuk vorbei. Es gab keine Befragung, gar nichts.

Nur das hämische Grinsen von Nanjala, die sich wieder einmal durchgesetzt hatte.

In der Nacht schaffte mich Wekesa mit dem Fahrrad in die Klinik, wo meine Wunde endlich behandelt wurde. Sie hätte eigentlich genäht werden müssen, aber weit und breit war kein Arzt zu sehen. Die Schwestern sagten mir, es würde eine Weile dauern, bis alles verheilt sei. Auf dem Rückweg ließ ich meinem Frust freien Lauf. Es war nicht so sehr Nanjalas Verhalten, das mir bitter aufstieß, sondern die allgemeine Situation im Kinderheim. Wenn die Erwachsenen Verantwortung übernommen hätten, wäre das alles gar nicht passiert. Stattdessen wälzten sie alles auf die Kinder ab oder sahen tatenlos zu wie Mai Mgeni, ohne sich um die Folgen zu scheren. Dass ich hätte draufgehen können, who cares? Im Gegenteil: Mein dicker Kopfverband bot den Mamas an den darauffolgenden Tagen einen willkommenen Anlass, über mich zu spotten und zu lästern.

Spätestens da wurde mir klar, dass meine Tage in diesem Heim gezählt waren – gezählt sein mussten. Es ging nicht länger um die kleineren Kinder, die mir unendlich leidtaten und die mich an diesem Ort des Grauens wirklich brauchten. Ich hatte mich in den vergangenen Jahren nach Kräften darum bemüht, ihre Situation zu verbessern. Indem ich dafür gesorgt hatte, dass sie regelmäßig Essenslieferungen bekamen, sie beim Lernen unterstützt oder ihnen etwas gekocht hatte. Ich hatte Streit geschlichtet, mich mit den Mamas angelegt und versucht, den Ruf des Heims, so gut es ging, aufzupolieren. Aber nun ging es nur noch um mein eigenes Leben.

Nach wie vor war ich ja in allen Belangen vom Goodwill der Heimleitung abhängig. Aber ich hatte schon eine Idee, wie ich dem entkommen konnte. Mr Khaemba, mein ehemaliger Schulleiter, hatte die Friend's School Kamusinga inzwischen wieder verlassen und war an seine alte Wirkungsstätte zurückgekehrt – als Leiter der Alliance Highschool. Ein paar Tage nach meiner schlimmen Verletzung rief ich ihn an, um ihm von meiner verzwickten Lage zu erzählen. Ich bat ihn, einen offiziellen Brief an die Heimleiterin zu adressieren, in dem er mich zu sich einlud. Mein Aufenthalt bei Mr Khaemba sollte nur ein Alibi sein, um das Kinderheim verlassen zu dürfen. Um den Rest wollte ich mich anschließend kümmern.

Der Brief von Mr Khaemba flatterte kaum eine Woche nach meinem Anruf bei Mai Mgeni auf den Tisch. Ich habe ihn bis heute aufbewahrt, denn in ihm steht jener Satz, der mich für immer aus den Fängen des Kanduyi Children's Home befreien sollte:

Sehr geehrte Damen und Herren,
(…) Als Philip Oprongs ehemaliger Schulleiter bin ich immer noch sehr daran interessiert, dass Philip entsprechend seiner Begabung und seinem Ehrgeiz einer Universitätskarriere nachgeht. Diesbezüglich lade ich ihn für ein paar Wochen in meine Residenz auf dem Campus der Alliance Highschool ein. (…)
Bitte setzen Sie sich mit mir in Verbindung, sollten Sie Schwierigkeiten sehen oder hierzu weitere Fragen haben.

Hochachtungsvoll,

C. S. Khaemba
Schuldirektor
Alliance Highschool

Gegen das Schreiben eines Mannes, der landesweit geachtet war und viel Einfluss hatte, war, wie gesagt, die Heimleitung schlichtweg machtlos.

Mai Mgeni muss sich sehr gewundert haben, denn meine Sachen waren schon gepackt, als der Brief eintraf. Nachdem sie mir das Schreiben gezeigt hatte, eilte ich umgehend nach Bungoma, um mir eine Busfahrkarte zu kaufen. Mit dem Rest des Geldes – ich war dank Roberts Unterstützung nicht mehr arm wie eine Kirchenmaus – kaufte ich heimlich Fisch, Pommes, Gemüse, Cola, Fanta und Erdnüsse für die Kinder des Heims. Es gab schließlich etwas zu feiern. Denn vom nächsten Tag an würde ich dem Kinderheim nur noch auf dem Papier angehören, und auch das nur noch auf absehbare Zeit.

Der Abschied ging mir ziemlich nah. An diesem Abend heulten und lachten wir, wir tanzten und umarmten uns, rissen Witze, alles durcheinander, eine Achterbahn der Gefühle. Beim Tanzen gab natürlich Nanjala den Ton an. Es war faszinierend, wie sie sich bewegen konnte. Es schien, als liefe die kleine Musikanlage, die wir uns bei den Nachbarn geborgt hatten, nur für sie. Auch wenn ich mich inzwischen wieder mit ihr versöhnt hatte, war es etwas Besonderes, dass sie sich zum Abschied noch einmal bei mir entschuldigte und mir alles Gute wünschte. Ich weiß noch, dass ich sie ein wenig spießig ermahnte, in Zukunft etwas nachsichtiger mit den kleineren Kindern zu sein. Sehr viel später, als ich schon in Deutschland war, erhielt ich die traurige Nachricht, dass Nanjala sich umgebracht hatte – mit starken Tiermedikamenten. Sie hinterließ zwei kleine Kinder im Alter von drei und fünf Jahren, ein Mädchen und einen Jungen, die bis heute im Kanduyi Children's Home leben. Ihr Vater ist unbekannt, Nanjala hat niemandem seinen Namen verraten.

Die Zukunft hat einen Namen

Im Bus auf dem Weg nach Nairobi und weiter zur Alliance Highschool überlegte ich meine nächsten Schritte. Da ich offiziell von Mr Khaemba eingeladen worden war, sollte ich erst mal zu ihm fahren. Doch ich hatte nicht vor, länger als zwei Tage dort zu bleiben, damit ich mich nicht in neue Abhängigkeiten begab. Vor Ort musste ich mich zuallererst um einen Ausweis kümmern, denn nur so konnte ich ein eigenes Konto eröffnen, eine kleine Wohnung mieten und mir eine Arbeit suchen. Ich hoffte, dass mir einer meiner alten Kontakte dabei von Nutzen sein würde.

Im Mama Ngina Children's Home in Nairobi hatte ich eine sehr nette Kikuyu kennengelernt, Mama Jessie Mutura, damals die Vorsitzende des Verwaltungskomitees des Kinderheims. Im Gegensatz zu ihren Pendants im Kanduyi Children's Home nahm sie ihre ehrenamtliche Tätigkeit sehr ernst und tat alles für die Kinder. Da sie selbst relativ wohlhabend war, hatte sie es auch nicht nötig, Gelder zu veruntreuen. Außerdem war sie eine strenggläubige Christin. Nach meinem großen Auftritt am internationalen Tag des afrikanischen Kindes hatte sie verstärkt den Kontakt zu mir gesucht und sich immer wieder Zeit genommen, um sich mit mir zu unterhalten, und durchblicken lassen, dass sie gerne mehr für mich tun würde. Nun war die Zeit gekommen, ihr Versprechen von damals in die Tat umzusetzen.

Gleich nach meiner ersten Nacht in Mr Khaembas herrschaftlichem Haus auf dem Campus der Alliance Highschool rief ich Mama Jessie an. Ihre Telefonnummer hatte ich im Kinderheim erfragt. Ich war sehr froh, dass Jessie sich sofort an mich erinnerte und bereit war, mich bei sich aufzunehmen. Wir verabredeten uns beim Heim, wo sie mich mit meinem wenigen Gepäck abholen wollte.

Mama Jessie lebte in einem großen Haus in Nairobis noblem Vorort Mountain View. Tatsächlich konnte man aus einem der Fenster den Mount Kenia sehen, Afrikas zweithöchsten Berg. Gleichzeitig hatte man von dort auch eine gute Sicht auf Kangemi und Kawangware, zwei der riesigen Slums von Nairobi. Für die Stadt ist es charakteristisch, dass solche Slums in unmittelbarer Nähe zu reichen Gegenden entstehen; von hier kommen die billigen Arbeitskräfte, die bei den Wohlhabenden putzen, kochen oder Hausmeisterdienste verrichten. Jessies Kinder hatten ihr Elternhaus längst verlassen. Sie waren zum Studium nach Übersee gegangen und hatten sich inzwischen in Amerika oder Kanada niedergelassen. Auch ihr Mann war ausgewandert, besuchte Jessie aber regelmäßig. Die meiste Zeit hatte sie ihr Haus jedoch fast für sich allein – abgesehen von einer Freundin und den Bediensteten, die mit ihr unter einem Dach lebten. Da Jessie bereits eine Köchin und eine Putzfrau hatte, würde ich für die Instandhaltung des Geländes zuständig sein. Ich kümmerte mich um den Garten, mähte den Rasen und erledigte die Einkäufe. Hin und wieder übernahm ich in Mama Jessies Büro ein paar Schreibaufgaben. Die Arbeit ließ sich problemlos bewältigen, so dass mir reichlich Zeit blieb, mich um meinen Ausweis und einen Studienplatz an der Universität zu kümmern.

Für einen normalen kenianischen Bürger, der nicht bereit ist, Schmiergelder zu zahlen, und auch niemanden kennt, der Einfluss und Beziehungen hat, war es damals äußerst schwierig, Papiere zu bekommen. Diese Erfahrung hatte ich bereits in Bungoma gemacht, wo ich es mehrfach versucht hatte. Man ließ mich jedes Mal eine Ewigkeit warten, nur um mir am Ende zu sagen, dass leider wieder »irgendetwas« fehlte. Niemand sprach offen aus, dass es sich bei diesem Irgendetwas um Kitu kidogo handelte – Schmiergeld. Ohne dass ich eine entsprechende Summe hinblätterte, würde ich schon wegen meiner unklaren Herkunft bis zum Sankt Nimmerleinstag auf meinen Ausweis warten müssen.

In Nairobi lag die Sache etwas anders. Ich war zwar immer noch nicht bereit, Schmiergeld zu zahlen, aber ich kannte Mama Jessie – und die hatte reichlich Einfluss und Beziehungen. Nur ein paar Gänge zum Ortsamt Kibera mit vergleichsweise kurzen Wartezeiten reichten aus, dann war ich mit neunzehn Jahren endlich ein vollwertiger und mündiger Bürger Kenias geworden. Jetzt konnte ich selbst über mich bestimmen – und auf Kinderheime pfeifen!

Bevor ich meinen Ausweis beantragt hatte, musste ich noch eine weitere Änderung an meinem Namen vornehmen. Angeblich war es Pflicht, drei Namen in einem kenianischen Ausweis anzugeben: einen Vornamen, der den religiösen Hintergrund verriet, ein Erbe der Kolonialzeit; einen zweiten, der den ethnischen Hintergrund aufzeigte, und schließlich den Familiennamen. Ich musste also mal wieder kreativ sein und aufpassen, dass ich mir nicht noch einmal selbst ein Bein stellte, wie damals mit dem Namen Oprong. In meiner Zeit bei Herrn Oprong hatte ich einen netten Hirtenjungen kennengelernt, der ungefähr so alt war wie ich. Wir machten viel Blödsinn zusammen, anstatt auf seine Kühe aufzupassen. Der Name dieses Jungen würde sich in Zukunft in meinem Ausweis finden. Von nun an hieß ich Philip Oprong Ekacha.

*

Mit meinem Schulabschluss hatte ich die Berechtigung erworben, Jura zu studieren. Viele im Land wünschten sich einen solchen Studienplatz, aber nur wenige bekamen ihn. Die Universität in Nairobi war damals die einzige in ganz Kenia mit einer juristischen Fakultät. Trotz meiner guten Noten durfte ich allerdings nicht auf finanzielle Unterstützung des Staates hoffen. Der förderte einen nur dann, wenn man ein Fach wählte, in dem man die Höchstnote A+ erreicht hatte. Ich hatte das beispielsweise in Französisch geschafft. Da ich mir aber in den Kopf gesetzt hatte, Jura zu studieren, würde ich ohne staatliche Finanzspritzen auskommen müssen. Aber ich hoffte, dass ich das mit Roberts Unterstützung irgendwie hinbekommen würde.

Bei Mama Jessie hatte ich mich inzwischen sehr gut eingelebt. Trotzdem war es sonderbar, wieder in der Stadt zu sein, in der ich neun Jahre zuvor ein Straßenkind gewesen war. Die Stadt war dieselbe, nur diesmal gehörte ich zur anderen Seite. Ich hatte ein Zuhause in einer noblen Wohngegend und musste weder betteln noch klauen, um zu überleben. Ich hatte ordentliche Kleidung und ein Paar Schuhe, das passte. Ich hatte immer ausreichend zu essen, einen guten Schulabschluss und die Aussicht zu studieren. Und ich war kenianischer Bürger und nicht länger ein Illegaler, ein Geduldeter, der abhängig war von der Willkür anderer. Auf einmal wollte sich sogar das ein oder andere Mädchen mit mir treffen. Selbst in meiner sehr noblen Nachbarschaft gab es einige »höhere Töchter«, die sich für mich interessierten. Überhaupt behandelten mich alle mit großem Respekt, da ich weder wie ein typisches Heimkind aussah noch irgendetwas auf meine Vergangenheit als Straßenkind schließen ließ. Es ist schon erstaunlich, wie schnell sich der Status eines Menschen ändern kann und welche große Rolle seine äußere Erscheinung dabei spielt.

*

Robert und sein Partner Thomas hatten mir versprochen, mich im Laufe des Jahres 1999 in Kenia zu besuchen. Ich freute mich wahnsinnig, meinen Papa endlich persönlich kennenzulernen.

Bisher hatten wir uns nur auf Englisch geschrieben, nun nahm ich ihren Besuch als Ansporn, Roberts Muttersprache zu lernen. Im Spätherbst meldete ich mich für einen Deutschkurs beim Goethe-Institut an, das sich im Univiertel Nairobis befand. Für mich war das sehr praktisch, da ich kaum Zeit verlor, um vom Parklands Campus, wo ich mein Studium an der juristischen Fakultät aufgenommen hatte, dorthin zu gelangen.

Heidi organisierte die Reise nach Kenia und besorgte eine Unterkunft in der Hafenstadt Mombasa. Von einem Treffen in Nairobi oder Bungoma hatte sie abgeraten. Robert, Thomas und Anna-Maria, eine Freundin der beiden aus der Schweiz, kannten weder Kenia, noch waren sie jemals in irgendeinem anderen Land südlich der Sahara gewesen. Heidi meinte, wir sollten sie nicht gleich überfordern und mit den schlechten Straßenverhältnissen und den vielen malariaverseuchten Moskitos im Westen Kenias konfrontieren ...

Am 5. Februar 2000 war es endlich so weit. Robert, Thomas und Anna-Maria landeten mit einer Condor-Maschine auf dem Flughafen von Mombasa. Heidis Planung sah vor, dass die drei zunächst ein paar Tage allein in Mombasa verbringen sollten, bevor ich zu einem ersten Treffen dazukam. Ich konnte sie also nicht direkt am Flughafen in Empfang nehmen, was schade war, aber vielleicht auch nicht verkehrt. Ich war ohnehin schon aufgeregt genug, und wer weiß, ob ich das richtige Gate gefunden hätte. Mombasa war eine Nummer größer als Entebbe. Als Straßenkind war ich einige Male durch Kenia und Uganda gereist. Meine illegalen Fahrten hatten sich aber auf den Westen Kenias, von Nairobi bis zur ugandischen oder kongolesischen Grenze, beschränkt. In Ostkenia war ich noch nie gewesen. Nun sollte meine allererste Reise von Nairobi gen Osten gleich bis zur Küste nach Mombasa gehen. Je näher meine Abreise rückte, umso hibbeliger wurde ich.

Am 15. Februar bestieg ich gegen fünf Uhr morgens einen

Bus der Linie »Akamba«. Die galten damals zwar als teuer, aber auch als sicher und bequem. Der Bus war längst nicht so voll, wie ich das bisher gewohnt war, und ich bekam sogar noch einen Platz am Fenster. Während der achtstündigen Fahrt war ich so aufgeregt, dass ich kaum etwas von dem mitbekam, was draußen an mir vorbeizog. Ich erinnere mich noch an ein paar Elefanten in der Nähe der Stadt Voi, auch an Paviane und Zebras, was ich aber nicht sonderlich aufregend fand. Doch dann erblickte ich zum allerersten Mal in meinem Leben das Meer, den Indischen Ozean. Ich war fasziniert von dem türkisblauen Wasser, das sich bis zum Horizont erstreckte. Hätte mir jemand gesagt, dass ich schon ein paar Stunden später darin planschen würde, ich hätte ihm einen Vogel gezeigt.

Heidi hatte für die Besucher aus Deutschland einen Bungalow direkt am Strand in Diani, einem Ort südlich von Mombasa, organisiert. Während der etwa vierzig Minuten langen Fahrt mit dem Matatu vom Busbahnhof im Zentrum von Mombasa bis nach Diani gingen mir tausend Fragen durch den Kopf. Ob mein Papa wohl auch in echt so nett war wie in seinen Briefen? Ob ich ihn gleich erkennen würde? Robert hatte mir zwar ein paar Bilder geschickt, aber wie aktuell die waren, wusste ich natürlich nicht. Und Thomas? Und …

Der Bungalow gehörte zu einer wunderschönen Anlage mit Zugang zum Meer. Ich bezahlte das Matatu und ging zum Haupthaus. Mein Herz raste, als ich das Gebäude betrat, und ich hatte schwitzige Hände. Doch meine Nervosität wich schlagartig, als ein sympathisch aussehender Weißer mit einem sehr netten Lächeln auf mich zukam und sagte: »I'm Robert. What a pleasure to see you.« Dann nahm er mich spontan in den Arm. Als ich den Schriftzug »We are the world« auf seinem T-Shirt entdeckte, musste ich grinsen. Das war mein Lied, unser Lied vom Kindertag in Nairobi gewesen. Jetzt war ich mir ganz sicher, dass wir uns gut verstehen würden.

Robert brachte mich und mein weniges Gepäck zum Bungalow, wo mich Thomas und Anna-Maria mit einem gedeckten Tisch voll frischer Mangos, Ananas, Papayas und Orangen erwarteten. Zwischen all diesen Köstlichkeiten stand ein Korb mit einem komisch aussehenden Gebäck, das angeblich Brot sein sollte. Aber in meiner Freude hatte ich zunächst kaum einen Blick für den Luxus übrig. Ich wollte unbedingt meine Deutschkenntnisse präsentieren und sprudelte los, so gut es ging: »Guten Tag, ich heiße Philip. Mir geht es gut. Wie war die Reise?« Dann fielen mir noch Wörter ein wie Scheiße, Ordnung, pünktlich, Stress oder Stau, aber die konnte ich nicht so recht in meinen Sätzen unterbringen. Für eine richtige Unterhaltung reichten meine Kenntnisse natürlich nicht aus, aber mein Gestopsel war zumindest ganz lustig. Da Thomas und Anna-Maria nicht besonders gut Englisch sprachen, übernahm Robert für die nächsten drei Tage die Rolle des Übersetzers.

Die Zeit mit Robert, Thomas und Anna-Maria war zwar kurz, aber voller unvergesslicher Eindrücke für mich. Ich genoss zum ersten Mal in meinem Leben den Luxus eines eigenen Zimmers, das jeden Tag von einer Putzfrau gesäubert wurde. Zum Bungalow gehörte ein Koch, der uns mit den exotischsten Dingen verwöhnte. Ich kam aus dem Staunen gar nicht mehr heraus. Ich wurde mit Kleidung ausstaffiert, die nicht secondhand, sondern nagelneu war. Ich besuchte zum ersten Mal in meinem Leben ein Nobelrestaurant mit blütenweißen Tischdecken, verschiedenen Gläsern und Besteck. Ich war in einer Disco und hielt zum ersten Mal eine Plastikflasche mit Sonnenmilch in Händen, die ich zunächst belächelte und anschließend doch auch ausprobierte. Ich spürte zum ersten Mal Salzwasser auf meiner Haut und trug ein komisches Teil, das sich Badehose nannte. Darin lernte ich endlich schwimmen, auch wenn ich mir in dem Ding reichlich lächerlich vorkam. Die Liste meiner »Erstmalserlebnisse« ließe sich noch sehr lange fortsetzen.

Während dieser drei Tage verbrachten wir auch viel Zeit mit Reden und Lachen. Vor allem Thomas hatte einen Heidenspaß dabei, mir irgendwelche Sprüche beizubringen, deren Sinn ich erst später verstand: »Morgenstund' ist aller Laster Anfang« oder »Genitiv ins Wasser, weil es Dativ ist« waren seine Favoriten. Anna-Maria erzählte mir die Geschichte vom lustigen Bayern, der nach dem Tod in den Himmel kommt und es dort ganz schrecklich findet, weil es ja nur Milch und Honig, aber kein Bier gibt. Außerdem muss man ständig nur Halleluja singen: »Luja! Luja sag' ich, aber kein Bier!« Das Wort Luja klang mit ihrem nachgeahmten bayerischen Akzent für mich so, als würde sie von den Luhya sprechen, weswegen ich die Geschichte umso witziger fand.

Bei all dem Spaß ging es auch um meine Zukunft. Denn eine Sache, über die wir schon in unseren Briefen gesprochen hatten, wurde durch unser persönliches Zusammentreffen konkreter. Wir betrachteten uns inzwischen als eine Art Familie. Ich hatte als schwarzer kenianischer Sohn zwei weiße deutsche Väter und mit Anna-Maria gleich noch eine Tante aus der Schweiz. Am zweiten Abend redeten wir darüber, dass Robert und ich uns eine echte Vater-Sohn-Beziehung wünschten. Wir wollten uns besser kennenlernen und mehr Zeit miteinander verbringen, was bei der großen Distanz zwischen Kenia und Deutschland nicht gerade leicht sein würde. Deshalb kam der Gedanke auf, ob Robert mich nicht zu sich nach Deutschland holen könnte. Vielleicht würde ich dort sogar mein Studium fortsetzen können.

Es waren unglaubliche Perspektiven, die sich mit einem Mal für mich auftaten. Robert wollte sich von Deutschland aus um alles kümmern, ich müsste lediglich dafür sorgen, dass ich einen Reisepass bekam. Mein nationaler Ausweis würde dafür nicht ausreichen.

Am Ende unserer kurzen gemeinsamen Zeit begleitete ich meine neue Familie zum Flughafen in Mombasa. Es waren die schönsten Tage in meinem bisherigen Leben, und ich hatte Tränen in den Augen, als ich mich von ihnen verabschiedete. Ich hoffte, dass es kein Abschied für lange Zeit sein würde.

*

Zurück in Nairobi, kümmerte ich mich gleich als Erstes um einen kenianischen Reisepass. Wenn ich daran dachte, was für ein Akt es gewesen war, nur einen nationalen Ausweis zu ergattern, konnte ich mir lebhaft ausmalen, wie langwierig die Prozedur diesmal sein würde. Zum Glück half mir wieder Mama Jessie Mutura, wo sie nur konnte. Am Ende hielt ich das begehrte Dokument schneller in Händen, als ich mir hatte träumen lassen. Glücklich strich ich über das dunkelblaue Büchlein mit dem goldenen Schriftzug »Republic of Kenya – Passport«. Darunter war das kenianische Wappen zu sehen. Rechts und links ein Löwe mit einem Speer in den Pranken, in der Mitte ein traditioneller Schild, auf dem ein Hahn mit Axt prangt. Als Mama Jessie nach Hause kam, lief ich ihr freudestrahlend entgegen und fiel ihr um den Hals. Ich weiß nicht, was ich ohne ihre Unterstützung und Hilfe getan hätte.

Im Rückblick erscheint es fast wie eine Ironie des Schicksals, dass ich so lange auf die beiden Dokumente gewartet hatte, die mich zum vollwertigen Staatsbürger Kenias machten. Um dem Land dann doch ein paar Monate später den Rücken zu kehren. Dass dieser Schritt von Dauer sein würde, konnte ich damals nicht ahnen, geschweige denn, dass ich die kenianische Staatsbürgerschaft eines Tages aufgeben würde.

Die Pläne für meine Deutschlandreise wurden in den nächsten Wochen immer konkreter. Ich hatte mich bereits von der Universität abgemeldet, um mich mit ganzer Kraft auf das Erlernen der deutschen Sprache zu konzentrieren. Da in vielen Ländern der Welt, nicht nur in den ehemaligen britischen Kolonien, an den Universitäten auf Englisch gelehrt wird, war ich wie selbstverständlich davon ausgegangen, dass dies in Deutschland nicht anders sei. Ich war völlig geschockt, als Robert mir diesen Zahn zog. Diese Sprache, die ich bis dahin eher aus Spaß lernte, um meinen neuen Papa hier und da mit einem deutschen Satz überraschen zu können, bekam auf einmal eine ganz neue Bedeutung. Wenn alles nach Plan lief, hätte ich gerade einmal noch zwei Monate, um mich sprachlich einigermaßen für Deutschland zu wappnen. Ich dürfte in dieser Zeit wohl der fleißigste Besucher des Goethe-Instituts von Nairobi gewesen sein.

In Deutschland standen Robert und Thomas vor einer Mammutaufgabe. Sie mussten mit Hochdruck unzählige Formalitäten erledigen, damit meinem Aufenthalt nichts mehr im Wege stand. Robert musste sich bei der Ausländerbehörde schriftlich dafür verbürgen, dass er für meinen Lebensunterhalt und sämtliche anderen Kosten aufkommen würde, damit ich dem deutschen Staat nicht zur Last fiel. Darüber hinaus musste er sich verpflichten, mich zu einem mindestens viermonatigen Sprachkurs zu schicken. Bis alles in die Wege geleitet war, liefen die Drähte zwischen Nairobi und Hamburg heiß. Briefe wie bisher waren viel zu langsam, wir jagten unzählige E-Mails hin und her, aber manchmal blieben uns nur teure Telefongespräche, um die wichtigsten Informationen auszutauschen.

Die gesammelten Unterlagen der verschiedenen Behörden wurden schließlich mit Siegel und Unterschrift versehen an die Deutsche Botschaft in Nairobi geschickt, damit diese mir ein Visum ausstellen konnte. Nur so würde ich überhaupt eine Einreisegenehmigung erhalten. Bis alles unter Dach und Fach war, inklusive Flugticket, blieben mir nur noch zwei Tage.

*

Ich hatte mich entschieden, ein letztes Mal nach Bungoma ins Kinderheim zu fahren. Auch diesmal feierten wir eine Party, aber die Stimmung war eine andere. Die Kinder wussten, dass ich nicht nur nach Nairobi fahren würde – für sie bereits eine Weltreise. Diesmal würde ich gleich das Land verlassen, auf unbestimmte Zeit.

»Wirst du dort bei den Mzungus in Europa weiß werden wie meine Mama Maggie?«, fragte mich die kleine Lillian mit ernstem Gesicht. Mit »Mama« meinte sie ihre deutsche Patin, Frau Barth aus Hamburg. Es waren unzählige Fragen wie diese, die ich an diesem Abend beantworten musste. Zum Abschied musste ich allen hoch und heilig versprechen, sie nie zu vergessen. Wambui, inzwischen das älteste Kind im Heim, fing als Erste an zu weinen. Am Ende heulten wir alle, selbst die Kleinsten, die keine Ahnung hatten, was eigentlich los war, stimmten aus Solidarität mit ein. Viele von ihnen leben heute noch im Heim; Wambui ging einige Wochen nach jenem Abend nach Nairobi zum Studium an die Kenyatta University. Heute ist sie glücklich verheiratet und hat einen kleinen bezaubernden Sohn, ein echtes Energiebündel. Wekesa, der Zweitälteste, würde bald die Schule abbrechen, Ärger mit der Polizei bekommen und immer wieder mal im Gefängnis landen. Und Nanjala? Ihr Tod viele Jahre später hat mich wirklich mitgenommen. Wenn ich heute daran zurückdenke, dass wir letztendlich alle die – gleich schlechte – Ausgangsposition hatten, aber wie unterschiedlich unsere Lebenswege verliefen, bin ich umso dankbarer, dass sich mir andere Wege eröffnet haben. Und wenn ich doch einmal mit meiner Situation hadere, was natürlich vorkommt, bringt mich spätestens der Gedanke an Paul wieder auf Spur.

*

Am Morgen des 14. Mai 2000, ein Sonntag, brachte mich Jessie in ihrem schicken Sportwagen zum Jomo Kenyatta International Airport. Es war das zweite Mal, dass ich den Terminal betrat. Beim ersten Mal war ich verunsichert und traurig gewesen, weil ich Mary dort verabschieden musste. Ich hatte ihr inzwischen geschrieben und erzählt, dass ich nach Deutschland fahren würde. Sie war überrascht gewesen, freute sich aber riesig für mich und meinte, vielleicht würden wir uns ja schon bald in Irland sehen. Telefonieren wollten wir auf jeden Fall; Robert hatte mir irgendetwas von Nummern erzählt, die man vorschalten konnte, damit Gespräche ins Ausland billiger wurden. Ich hatte mir fest vorgenommen, das so bald wie möglich auszuprobieren.

Am Flughafen warteten bereits Georgina und Hilda, zwei Freundinnen von mir. Georgina arbeitete im Büro von Mama Jessie; Hilda war nicht nur meine Banknachbarin am Goethe-Institut, sie besuchte auch die gleichen Kurse an der Uni. Wäre nicht klar gewesen, dass ich das Land verlassen würde, hätte es wohl mehr als nur gefunkt zwischen uns …

Als ich mein Gepäck eincheckte, stiegen mir Tränen in die Augen. Puh. Es fiel mir doch schwerer, als ich gedacht hatte. Auch Hilda, Georgina und Jessie kämpften mit den Tränen. Ich umarmte sie alle ganz fest und winkte ihnen noch einmal, nachdem ich die Sicherheitskontrolle passiert hatte. Ich wusste nicht, wann und ob ich sie jemals wiedersehen würde. Kurz bevor ich in das Flugzeug stieg, kniete ich mich auf das Rollfeld, um dem kenianischen Boden noch einen letzten Kuss zu geben. Dann wischte ich mir eine dicke Träne aus dem Gesicht und verrieb sie auf dem Boden. Pünktlich um 11.15 Uhr hob das Flugzeug ab.

Flug in ein neues Leben

Gegen 21.40 Uhr landete mein Flieger nach einem zweistündigen Zwischenstopp in Zürich schließlich in Hamburg. Es war eine sehr anstrengende Reise, die insgesamt etwa zwölf Stunden dauerte. Kenia ist Deutschland im Sommer zeitlich eine Stunde voraus. Es waren weniger die Strapazen des Fluges, die mir zu schaffen machten – da war ich aus meiner Zeit als Straßenkind ganz anderes gewöhnt –, sondern die Emotionen und Eindrücke, die auf mich einströmten. Ich war völlig irritiert, dass ständig eine dieser hübsch gekleideten Damen fragte, ob ich noch etwas zu essen oder trinken haben wollte. Auch dass niemand kam, um mich von meinem Sitzplatz zu verscheuchen, war eine ganz neue Erfahrung. Mein Sitz war überhaupt so ein Mysterium. Weich und bequem und mit allerlei Knöpfen versehen, deren Bedeutung sich mir erst langsam erschloss. Als ich den dicksten drückte, kippte ich so schwungvoll nach hinten, dass ich glaubte, etwas kaputtgemacht zu haben. Wie ein Käfer auf dem Rücken hing ich da, der arme Mensch hinter mir konnte sich auch kaum noch bewegen. Die Stewardess half mir aus meiner misslichen Lage und erklärte mir auch gleich noch, dass ich die Kopfhörer mit den kleinen Schaumstoffbommeln ruhig benutzen könne, wenn ich Musik hören wolle. Es war mir ein absolutes Rätsel, wie man ein Radio in eine Armlehne einbauen konnte, aber es funktionierte tatsächlich. Das Tollste aber waren die Bildschirme, die sich wie von Geisterhand plötzlich ausklappten. Auf ihnen sah man, welche Länder der Flieger gerade überflog und wie sich der kleine rote Punkt beständig nach Norden bewegte. Unsere Route dort zu verfolgen war mir fast lieber, als aus dem Fenster zu sehen. Ich war noch nie zuvor geflogen – der höchste Blick, den ich bis dahin nach unten geworfen hatte, war der aus einer Baumkrone und von der Klippe in Entebbe gewesen.

Beim Start hatte es gewaltig geholpert und mich so in den Sitz gedrückt, dass ich kaum den Kopf hatte drehen können. Allein die Geschwindigkeit, mit der das Ding über die Startbahn raste, war unglaublich. Wenn Simon mich jetzt sehen könnte! Wobei – besser nicht, denn die Angst stand mir vermutlich deutlich sichtbar ins Gesicht geschrieben. Vor allem, als irgendetwas in meinen Ohren plötzlich knackte und die Geräusche von einem Moment auf den anderen ganz dumpf und weit weg klangen. Niemand hatte mich davor gewarnt, dass Fliegen taub machen konnte. Ich zupfte wie verrückt an meinen Ohren herum, aber alles Ziehen und Drücken half nichts. Als mir mein Sitznachbar einen Kaugummi anbot, fand ich das im ersten Moment ziemlich unpassend. Ich hatte soeben mein Gehör verloren, zumindest beinah, da war ein Kaugummi doch eher ein schwacher Trost. Aber er ließ nicht locker, bis ich mir den Streifen hinter die Kiemen schob. Es knackte noch einmal kräftig, dann konnte ich wieder hören, als sei nichts gewesen. Für mich war das wie ein kleines Wunder, das ganz sicher nichts mit Druckausgleich und ähnlich technischen Dingen zu tun hatte …

Apropos Druckausgleich: Das gute und reichliche Essen, das ich fleißig in mich hineinstopfte, bekam mir nicht sonderlich gut. In meinem Bauch rumorte es kräftig, und ich verfolgte immer panischer den kleinen roten Punkt auf dem Bildschirm. Zum nächsten Klo auf dem Flughafen in Zürich war es noch verdammt weit. Es dauerte eine Weile, bis ich begriff, dass ich nicht ganz so lange warten musste. Die Toilette im Flieger überforderte mich ziemlich. Es mochte ja sein, dass man bei den kenianischen Lochlatrinen nicht mit Wasser nachspülen konnte – aber hier? Vor mir waren jede Menge andere Leute in diesem

Kabuff verschwunden, ihre »Spuren« konnte ich allerdings nirgends sehen. Während ich noch darüber nachdachte, wie ich meine beseitigen konnte, trat ich versehentlich auf einen Gummiknopf im Boden. Es gab ein lautes Zischen, dann klappte das Innere der Kloschüssel plötzlich nach unten, und weg war's. Absolut verblüffend!

Bis zum Landeanflug auf Hamburg hatte ich die meisten Geheimnisse dieses stählernen Vogels im Selbstversuch gelüftet; ich traute mich inzwischen sogar, länger aus dem Fenster zu sehen. Die vielen Lichter, die unter mir auftauchten, waren ein unbeschreiblicher Anblick. In Kenia konnte man Hunderte Kilometer über Land fahren, ohne ein einziges Licht zu entdecken. Deutschland aus der Luft wirkte wie eine einzige riesige Stadt, überall sah man gelbe und rote Punkte. Im Sinkflug konnte ich erkennen, dass sich manche dieser Punkte auf langen Bändern bewegten. Das mussten die Autobahnen sein, von denen mir Robert schon erzählt hatte. Ich war überrascht, wie hell es um diese Tageszeit noch war. Ich hatte zwar im Geographieunterricht davon gehört, dass es je nach Lage der Länder unterschiedlich schnell dunkel wurde, hatte mir das aber nie so recht vorstellen können. Wenn in Afrika die Sonne untergeht, ist das, als hätte jemand auf einen riesigen Lichtschalter gedrückt – schlagartig zappenduster.

Der Flughafen war grell erleuchtet, überall standen oder rollten andere Flieger herum. Fasziniert beobachtete ich, wie sich ein dicker Arm zu unserer Maschine bewegte und an der vorderen Tür andockte. Durch diesen eigenartigen Gang gelangte ich aus dem Flieger hinaus ins Freie, wo alle Passagiere der Maschine zu einem Bus eilten. Ich trabte hinterher. Das große Gebäude, das ich nun betrat, wirkte wie von einem anderen Stern. Überall Glas, blankpolierte Böden und jede Menge Menschen, die offenbar ganz genau wussten, wo sie hinwollten. Ich hatte keine Ahnung, wie es von jetzt an weiterging. Das Schildermeer war verwirrend, vom Geschnatter der Leute um mich herum verstand ich kein Wort. Ich beschloss, mich an die Fersen meines Sitznachbarn zu heften, der zielstrebig ein langes Gummiband ansteuerte. Die Menschen, die sich drum herum versammelt hatten, rempelten sich bis ganz nach vorne durch, als gäbe es etwas umsonst. Als diese schuppige, lange Gummischlange plötzlich anruckte, sprang ich einen Schritt zurück. Ich kannte aus Nairobi zwar Rolltreppen, aber warum es so etwas auch ebenerdig geben sollte, dafür hatte ich keine Erklärung. Es stieg auch niemand auf das Band. Aber alle um mich herum wurden noch unruhiger und fingen richtig an zu drängeln. Bis ein Koffer nach dem nächsten aus den Tiefen des Terminals nach oben gespuckt wurde. Während ich darauf wartete, dass auch meiner auftauchte, sah ich mich um. Alle um mich herum waren weiß. Manche musterten mich verstohlen, andere glotzten mich an, als käme ich vom Mars. Ich kam mir vor wie eine einsame schwarze Insel inmitten eines großen weißen Meeres. Heidi muss es genauso gegangen sein, als sie zum ersten Mal nach Kenia kam.

Ich hatte es gerade geschafft, mein Gepäck vom Fließband zu hieven, als mir jemand auf die Schulter tippte. Ich drehte mich um und blickte in das ernste Gesicht eines Polizisten. Jetzt nur nicht nervös werden, es kann gar nichts schiefgehen. Trotzdem schossen mir sofort meine Erinnerungen an die kenianischen Cops in den Kopf. Die Prügeleien und willkürlichen Verhaftungen, meine Nächte im Knast. Ich sah den Mann unsicher an. »Kommen Sie mal mit!«, glaubte ich verstanden zu haben. Was hatte das zu bedeuten? Warum pickten sie aus all den Reisenden ausgerechnet mich heraus, während alle anderen längst hinter diesen Glastüren verschwunden waren, die sich von allein öffneten?

Der Mann führte mich zu einem Kabuff und forderte mich auf, meinen Pass vorzulegen. Während er ihn Seite für Seite ganz genau durchblätterte, öffnete ein anderer Polizist meinen Koffer und durchsuchte den kompletten Inhalt. Er nahm keinerlei Rücksicht auf die Ordnung, die ich mühsam darin hergestellt hatte, sondern wühlte alles durcheinander und warf manches dabei auf den Boden. Aber ich traute mich nicht, etwas zu sagen.

»Wo wollen Sie hin?«, fragte mich der Polizist, der meinen Pass kontrollierte. Ich muss ihn etwas ratlos angesehen haben, denn sein Kollege hakte sofort auf Englisch nach. Ich erklärte ihnen, dass meine Gastgeber draußen auf mich warteten. Ich gab ihnen auch die beiden Einladungsschreiben, die ich von Robert und vom Deutsch-Institut für Ausländer erhalten hatte, an dem ich einen Sprachkurs besuchen sollte. Doch sie schienen immer noch nicht überzeugt zu sein und bombardierten mich mit weiteren Fragen.

»Waren Sie schon mal in Deutschland oder in Europa?«
»Nehmen Sie irgendwelche Drogen?«
»Haben Sie je mit Drogen gedealt oder sind kriminell geworden?«
»Warum sprechen Sie kein Deutsch?«
»Was wollen Sie in diesem Land?«
»Wer sind Sie wirklich?«
»Kann es sein, dass Ihr Pass gefälscht ist?«
…

Ich hatte das Gefühl, als wollten sie mich postwendend mit dem nächsten Flieger nach Kenia zurückschicken, und traute mich kaum, etwas zu antworten. Es konnte nur falsch sein. Noch heute wird mein Deutsch um einiges schlechter und unverständlicher, wenn ich nervös bin. Ich stottere, und mir fallen auf einmal die banalsten Wörter nicht mehr ein. An diesem Tag vergaß ich selbst die einfachsten Sätze, die ich bis dahin gelernt hatte. Auch mein Englisch, das mich sonst immer weitergebracht hatte, war plötzlich wie weggewischt. Meine Ohren rauschten, ich fühlte mich hilflos wie selten in meinem Leben und hatte spontan den Reflex davonzulaufen. Das Gefühl, einmal mehr nur ein

Spielball zu sein, ausgeliefert der Willkür anderer, war sofort wieder da. Meine Blicke irrten zwischen den Beamten und der Tür, dem einzigen potentiellen Fluchtweg, hin und her, als mir einer der beiden mit einem Nicken zu verstehen gab, dass ich meine Klamotten wieder einsammeln sollte.

Während ich meine wenigen Habseligkeiten vom Boden aufklaubte, musste ich daran denken, dass wir in Mombasa Witze darüber gerissen hatten, wie man mich wohl in Hamburg in Empfang nehmen würde. Thomas war richtig der Gaul durchgegangen; er lachte sich halb kaputt bei der Vorstellung, dass ich mich doch als Massai verkleiden könnte. Selbstverständlich würden sie für mich die ganze Grindelhofstraße im Universitätsviertel absperren lassen und überall Luftballons aufhängen mit der Aufschrift: »Herzlich willkommen in Deutschland – hier kommt unser echter Massai«. Hinterher war allerdings die Frage aufgekommen, ob ich bei den Temperaturen in Hamburg in meinem Aufzug überhaupt überleben würde. Als Kenianer müsse ich sicher das ganze Jahr über in Winterklamotten herumlaufen, eine karierte rotgrundige Stofftoga würde wohl nicht reichen. Außer ich wolle eine Lungenentzündung riskieren. Ja, wir hatten einen Heidenspaß …

In Wirklichkeit war meine Ankunft gar nicht zum Lachen. Ich hatte keine Ahnung, was die uniformierten Herren von mir wollten. Als sie mich aufforderten, bis auf weiteres auf einer Bank in dem Kabuff Platz zu nehmen, sah ich schon vor mir, dass ich als Nächstes einen Lkw zu besteigen hatte, der mich hinter Gitter brachte. Zu meiner großen Überraschung war es dann doch ein Cabrio. Nach einer Ewigkeit kam ein anderer Beamter mit Thomas im Schlepptau an. Sie hatten zwar vorab die Flughafenpolizei über meine Ankunft informiert, doch auch in Deutschland mahlen manche Mühlen langsam.

Hinter der letzten Sicherheitsschleuse wartete Robert auf uns. Mit großen Augen tappte ich hinter meinen beiden Vätern über den Parkplatz. So viele Autos! Und alle so neu und blitzblank sauber. Aber der schönste Wagen war der von Robert und Thomas. Mit einem Dach, das per Knopfdruck auf einmal wie von Geisterhand irgendwo in der Karosserie verschwand. Sssst, schon war der Wagen »oben ohne«, und wir brausten los. Der Fahrtwind blies mir um die Nase, zwischendurch kam es mir vor, als würden wir gleich abheben. »Tieffliegen« nannte ich das später. Ich wartete ständig darauf, dass uns ein dickes Schlagloch aus der Kurve werfen würde, aber das Auto fuhr wie auf Schienen. Was mich aber weiterhin am meisten faszinierte, war, dass es nur so langsam dunkel wurde. Anders als in Kenia legte sich hier ein eher grauer Schleier über die Stadt, die sich mit ihren zahllosen Straßenlaternen, Lichtern und Leuchtreklamen gegen die Dunkelheit wehrte. An diesem lauen Abend waren noch viele Menschen unterwegs, trotzdem war es kein Vergleich mit dem Gewimmel auf den Straßen Kenias. Hier schien alles sehr diszipliniert vonstattenzugehen. Fußgänger und Autofahrer hielten sich an den Schilderwald, stoppten an den gefühlten tausend Ampeln und sogar an Zebrastreifen. In Nairobi gab es zwar auch vereinzelt Zebrastreifen, aber wenn man darauf warten wollte, dass ein Auto anhielt, würde man wahrscheinlich nach einer Woche immer noch dastehen.

Die Fahrt vom Flughafen bis zu meinem neuen Zuhause in der Stadt verging wie im Flug, es gab so viel Neues für mich zu sehen, dass ich gar nicht alles aufnehmen konnte. Irgendwann hielten wir vor einem großen Gebäude; Robert drückte auf einen kleinen, eckigen Apparat, eine weitere Ampel sprang auf Rot, und als das grüne Licht aufleuchtete, war ein graues Tor oben im Gemäuer verschwunden und gab den Weg frei in den Untergrund. Ich fand es verblüffend, dass man unter einem Haus Parkplätze anlegen konnte, ohne dass einem die ganze Konstruktion auf den Kopf fiel. Das Haus, in dem Robert und Thomas wohnten, war ein hell gestrichenes und mit allerlei

Stuck und Gesimsen verziertes Jugendstilgebäude. Im Innern dominierte eine großzügige Holztreppe mit verschnörkeltem Geländer und blankgebohnerten Stufen. Ich war erstaunt, wie viel Platz die Treppe einnahm – in meinen Augen überflüssiger Luxus, der die Wohnungen sicher unnötig verkleinerte.

In der Wohnung wartete eine Willkommenssuppe und eine Kanne Zitronengrastee auf mich, aber ich hatte nach dem vielen Essen im Flugzeug keinen Hunger mehr. Nur den Tee trank ich noch, wobei mir schon am Tisch immer wieder die Augen zufielen. Ich war völlig fertig. Als Robert und Thomas mir mein Zimmer zeigten, blieb mir wirklich die Spucke weg. Ein herrschaftlicher Raum mit einem antiken Schrank, einer hohen Decke mit Kronleuchter und einem gigantischen Fenster. Doch das, was mich an diesem Abend am meisten interessierte, war das große Schlafsofa, das mitten im Zimmer stand ...

*

Ich hatte kaum Zeit, richtig anzukommen, denn schon am nächsten Vormittag sollte ich den Sprachkurs am Deutsch-Institut für Ausländer in Hamburg-Harvestehude besuchen. Der Kurs hatte bereits eine Woche vor meiner Ankunft begonnen, und da Anwesenheitspflicht herrschte, durfte ich mir keine weiteren Ausfälle leisten. Ich wurde kurz nach sechs geweckt und wusste im ersten Moment gar nicht, wo ich war. Der Unterricht begann um 8.30 Uhr, so dass ich noch genügend Zeit hatte, etwas zu frühstücken. Es gab Tee, Obst, Joghurt und dieses komische Zeug, das ich schon in Mombasa probiert hatte. Das Wort Vollkornbrot kam mir immer noch schwer über die Lippen, wenngleich ich mich sofort in den Geschmack verliebte. Heute schmeckt mir fast kein anderes Brot mehr. An Käse, Butter, Wurst und Marmelade musste ich mich allerdings erst gewöhnen.

Nach dem Frühstück brachte mir Thomas einen Rucksack mit Büchern, Stiften und Heften; dann gingen wir gemeinsam in den Hof. Ich hatte erwartet, dass ich zu Fuß zu meiner neuen Schule gehen würde, und konnte es kaum fassen, dass Thomas mir sein altes Fahrrad schenkte. Wobei »alt« eher relativ ist. Ich konnte mich nicht daran erinnern, jemals auf einem so modernen und schicken Rad gesessen zu haben, an dem nichts schepperte, nichts schliff und die Reifen nicht wenigstens einen Achter hatten. Gemeinsam radelten wir die kurze Strecke bis zur Sprachschule, die nur etwa zehn Minuten von der Wohnung entfernt lag. Alles, was für Thomas ganz selbstverständlich schien, war für mich einfach nur überwältigend. Ich besaß ein Fahrrad, und ich fuhr auf einer ordentlichen Straße, von der extra eine Spur für Fahrräder abgeteilt war – der absolute Irrsinn, zumal kaum etwas los war. Zwischen den großen alten Bäumen zogen Häuserfassaden an uns vorbei, die heimlich einen Wettbewerb auszutragen schienen. Welches hat die schönsten Verzierungen, welches ist am schönsten gestrichen. Erst wesentlich später, als sich mein Radius in Hamburg erweitert hatte, stellte ich fest, dass nicht alle Gegenden der Stadt so herrschaftlich daherkommen wie Harvestehude.

Das Gebäude, in dem sich die Sprachschule befand, bemühte sich, nicht aus der Rolle zu fallen. Ein aufwendig renovierter Bau mit einem Eingangsportal, das sogar eine Säule zierte; so etwas kannte ich nur aus einem alten Geschichtsbuch, in dem eine römische Villa abgebildet war. Nachdem Thomas mich im Büro vorgestellt hatte, begleitete mich die Sekretärin durch einen langen Gang zu meinem Unterrichtszimmer.

In meiner Klasse saßen rund zwanzig Schüler aus aller Herren Länder. Sie kamen aus China, Griechenland, Ungarn, Russland, Polen und den USA. Kaum einer von ihnen wollte mir glauben, als ich erzählte, dass ich am gestrigen Tag noch in Kenia gewesen war. Ich setzte mich auf einen der freien Plätze, nahm mein Schreibheft aus dem Ranzen und versuchte, dem Unterricht von Ilse zu folgen. »Ich bin hier, weil ich Deutsch lernen will.« – »Ich bin hier, denn ich will Deutsch lernen.« Brav murmelten alle die Sätze vor sich hin. Ich war überrascht, wie diszipliniert es in dieser multinationalen Klasse zuging. Zumal der Unterricht an diesem Morgen etwas monoton war. Unsere Lehrerin hangelte sich an den Lektionen im Lehrbuch entlang. In dem standen kurze und einfache Texte, die sie uns geduldig vorlas, anschließend mussten wir sie gemeinsam lesen, Fragen dazu beantworten oder Lückentexte aus dem Übungsteil des Buches füllen. Ilse machte klassischen Frontalunterricht. Nicht gerade das Gelbe vom Ei, aber diese Art des Unterrichts war ich schon aus Kenia gewohnt, so dass ich mich schnell einfinden konnte. Außerdem fand ich die Lehrerin sehr nett, fast mütterlich. Natürlich hinkte ich anfangs noch etwas hinterher, da meine Klassenkameraden ein paar Tage mehr Übung hatten. Das Lehrbuch hier war etwas anders aufgebaut als das, mit dem das Goethe-Institut in Nairobi arbeitete. Aber dadurch, dass ich kein blutiger Anfänger mehr war, konnte ich nach einigen Tagen schon punkten.

Uns allen war gemeinsam, dass wir erst vor kurzem nach Deutschland gekommen waren. Die Pausen nutzten wir, um uns vorzustellen, von unseren Heimatländern zu erzählen und nach Gemeinsamkeiten zu suchen, auf denen sich Freundschaften aufbauen ließen.

Für mich war die Offenheit mancher meiner Klassenkameraden verblüffend, es dauerte, bis ich etwas von mir preisgab. Es steckte einfach zu tief in mir drin, Spuren zu verwischen, um sich selbst zu schützen. Ich war auch ziemlich überrascht, wie viel geraucht wurde, und vor allem, wie viele Mädchen rauchten. »In Kenia raucht man vielleicht nicht so viel, weil ihr zu arm seid, um euch Zigaretten leisten zu können«, erklärte mir eine griechische Mitschülerin, die meine Verwunderung bemerkt hatte.

Ich entschied mich, diese Bemerkung nicht weiter zu kommentieren.

Unsere Pausentreffs, zu denen sich manchmal auch die Lehrer gesellten, dehnten wir schnell auf unsere Freizeit aus. Donnerstags gingen wir nach dem Unterricht gemeinsam zum Wochenmarkt am Turmweg, an den Wochenenden wagten wir uns in Kneipen oder trafen uns zu Spieleabenden.

Aber zurück zu meinem ersten Schultag. Nach dem Unterricht um kurz vor zwei wollte ich Thomas, der erfolgreich ein kleines Unternehmen führte, damit überraschen, dass ich den Weg nach Hause allein fand. Ich wollte ihn nicht aus der Arbeit herausreißen, nur damit er mich wie ein Kleinkind nach Hause brachte. Ich wusste, dass alle Straßen in Deutschland einen Namen haben, und hatte versucht, mir am Morgen auf dem Weg zur Schule möglichst viele davon zu merken. Ein Straßenname schien dabei besonders häufig vorzukommen: die Einbahnstraße. Entweder handelt es sich dabei um eine besonders lange Straße mit vielen Kurven, oder vielleicht sind den Stadtplanern die Namen ausgegangen, hatte ich noch überlegt, bevor ich mich in den Sattel schwang. Jedenfalls hatte ich mich schon nach ein paar Hundert Metern heillos verfranzt; mit Ach und Krach und der Hilfe vieler Passanten fand ich schließlich nach Hause.

»Welchen Weg hast du denn genommen?«, fragte mich Thomas später. »Na, erst die Heimhuderstraße, dann links die Einbahnstraße und dann noch mal die Einbahnstraße ...« Erst sah er mich sehr verwirrt an, doch mit einem Mal fing er an zu lachen. Ich verstand nicht, was an meiner Geschichte so lustig sein sollte. Nachdem er sich wieder beruhigt hatte, erklärte er mir das große Geheimnis der Einbahnstraßen. Selbst wenn ich eines Tages aufwachen sollte und kein Wort Deutsch mehr könnte – diesen Begriff würde ich wohl selbst dann noch wissen.

*

Meine Ausflüge durch Hamburg absolvierte ich anfangs fast ausschließlich mit dem Rad oder zu Fuß; da wir im Univiertel wohnten, waren die Strecken gut zu bewältigen. Mein wichtigster Orientierungspunkt war dabei der Heinrich-Hertz-Turm, der fast aus jeder Ecke gut zu sehen war. Wenn ich keinen Stadtplan dabeihatte, diente er mir als Wegweiser nach Hause. Manchmal war ich so darauf konzentriert, diese Landmarke nicht aus den Augen zu verlieren, dass ich Umwege abstrampeln musste und einmal sogar an unserem Haus vorbeifuhr. Aber wenigstens half mir der Fernsehturm auch auf dem Rückweg aus der Patsche. Bis ich mich zum ersten Mal in die öffentlichen Verkehrsmittel wagte, dauerte es eine ganze Weile. Doch eines schönen Tages ließ es sich nicht länger vermeiden. Steve, einer unserer netten Lehrer, hatte einen Ausflug in die Salzstadt Lüneburg organisiert. Am Dammtor-Bahnhof sollte es losgehen. Es war ein lauer Sommertag, und wir waren alle wahnsinnig aufgeregt – ich war nicht der Einzige aus meiner Klasse, der zum ersten Mal eine Fahrt ins Hamburger Umland unternahm. Dass die Züge in Deutschland anders waren als die in Kenia oder Uganda, war mir inzwischen klar. Aber wie das ganze Drumherum funktionierte, davon hatte ich keinen Plan. Es gab zwar auch hier einen Ticketschalter, aber vor dem drängten sich unzählige Leute. Bis ich dran war, wären die anderen längst über alle Berge. Etwas ratlos stand ich vor einem Automaten, der angeblich das Gleiche konnte wie die Damen und Herren hinter dem Schalter. Beherzt warf ich ein paar Münzen ein, in der Hoffnung, ein Ticket würde ausgespuckt. Aber nichts passierte, außer dass die Münzen nach einer Weile wieder herauspurzelten. Wahrscheinlich stünde ich heute noch vor der Kiste, hätte mich nicht eine polnische Mitschülerin gerettet. Sie zeigte mir, wo ich das Reiseziel eingeben konnte und welchen Betrag genau ich dafür einzuwerfen hatte. Wenige Augenblicke später hielt ich auch schon das Ticket in der Hand.

Nach etwa einer halben Stunde Fahrt in einem vollklimatisierten Abteil ohne Gepäckwahnsinn und Viechzeug kamen wir in Lüneburg an. Steve schlenderte mit uns durch die idyllische Altstadt und erklärte uns geduldig die Bedeutung, die der Ort vor allem während des Mittelalters hatte. Ich war beeindruckt von den treppenförmigen Giebeln der Hansegebäude, den reichverzierten Fachwerkhäusern und dem großen Steg mit dem wunderbaren Namen Brausebrücke. Obwohl Steve seine Sache als Stadtführer wirklich großartig machte, konnte er mir die Herkunft dieses Namens nicht wirklich erklären. Brause kannte ich nur als Pulver in Tütchen, das auf der Zunge bitzelte. Und als Fortbewegungsart mit dem Auto. Jedenfalls lauschten wir ihm gebannt bei allem, was er erzählte. Wir schlenderten durch die Gassen, klauten Pflaumen aus fremden Gärten und bewarfen uns mit den Kernen. Das war sehr witzig und erinnerte mich an meine Zeit in Bungoma, als wir uns am Fluss mit Maracujakernen überzogen. An diesem Tag, und das werde ich nie vergessen, habe ich übrigens auch meinen allerersten Ki-Ba getrunken. Am Ende unserer Tour saßen wir in einem Lokal am Hafen, meine Mitschüler inklusive Steve genehmigten sich ein Bierchen. Weil ich keinen Alkohol trank, hatte ich etwas ratlos vor der Karte gesessen, bis mir Steve mit einem dicken Grinsen einen Ki-Ba empfahl. Wegen der Banane, denn die wächst ja auch in Afrika!

Gegen Abend bestiegen wir völlig aufgekratzt den Zug zurück nach Hamburg. Es dauerte nicht lange, bis der Fahrkartenkontrolleur auftauchte. Ich war weit und breit der einzige Schwarze. Als der Mann mich aufforderte, mein Ticket vorzuzeigen, meinte ich ganz keck: »Ich fahre immer schwarz!« Diesen Spruch hatte ich mir aus dem Film »Schwarzfahrer« von Pepe Danquart abgeguckt, den wir kurz zuvor im Unterricht angeschaut hatten. Keine Ahnung, welcher Teufel mich in diesem Augenblick geritten hat, aber der Kerl nahm's mit Humor und zog von dannen, ohne einen genaueren Blick auf das Ticket zu werfen, das ich in der Zwischenzeit aus meinem Geldbeutel gekramt hatte. Erst am Bahnsteig in Hamburg fiel mir auf, dass mein Witz auch nach hinten hätte losgehen können. Anja und Steffi prusteten immer noch, wenn sie an die Geschichte dachten, und fragten mich auf dem Weg nach draußen: »Sag mal, war das dein Ernst gerade, oder hattest du eine gültige Karte dabei und wolltest nur einen dummen Spruch machen?«

»Natürlich hatte ich eine Fahrkarte. Hier ist sie doch!«

Ich zeigte den beiden das Ticket, das ich gemeinsam mit Anja am Morgen gelöst hatte. Dass das nicht automatisch eine Rückfahrkarte war, hatte ich schließlich nicht wissen können. Dieser Trichter ging mir erst auf, als den beiden Mädels die Kinnlade herunterklappte. Bahnfahren in Deutschland war aber auch wirklich kompliziert ...

Aller Anfang ist schwer

Während ich mich so langsam in den Alltag in Deutschland einfand, ging es innerhalb meiner neuen Familie mit Riesenschritten voran. Robert hatte alles darangesetzt, dass wir auch vor dem Gesetz eine richtige Familie wurden. Da ich schon volljährig war, durfte ich im Grunde von jedem adoptiert werden, der das wollte. Die Sache hätte ganz anders ausgesehen, hätte ein schwules Paar versucht, einen Minderjährigen aufzunehmen. Ich erinnerte mich nur allzu gut an meine Vorbehalte, als ich von Roberts Lebensform erfahren hatte. Nun erschien es mir wie das Natürlichste der Welt. Ich hatte zwei Väter – na und? Sie kümmerten sich mehr und besser um mich, als mir das in meiner Vergangenheit jemals widerfahren war. Ich mochte kaum glauben, dass die Adoption nur deshalb klappte, weil ich über achtzehn war.

Nur wenige Monate nach meiner Ankunft in Deutschland wurde Robert als alleinerziehender Vater juristisch anerkannt und adoptierte mich ganz offiziell. Was bedeutete, dass ich mich von einem Teil meines kenianischen Namens verabschieden musste. Seitdem heiße ich nicht mehr Philip Oprong Ekacha, sondern Philip Oprong Spenner.

Eltern zu sein ist eine lebenslange Aufgabe. Manche schaffen es nicht, selbst in zwanzig Jahren und neun Monaten ein gutes Verhältnis zu ihren Kindern aufzubauen. Meine neuen Eltern und ich hatten gerade einmal ein paar Monate, um uns aneinander zu gewöhnen und miteinander klarzukommen. Dass dabei auch einiges schiefging, war vorherzusehen. Robert und Thomas bemühten sich sehr, ihre neue Rolle möglichst gut auszufüllen, manchmal vielleicht ein bisschen zu sehr; und ich war bemüht, ein möglichst guter großer Sohn zu sein, manchmal vielleicht ein bisschen zu sehr. Zu den ganz normalen Missverständnissen des Alltags kamen bei uns allerdings noch die gravierenden Unterschiede unserer Kulturen, was das Chaos hin und wieder perfekt machte. Ich empfand es zum Beispiel als äußerst unhöflich, direkt und sofort »nein« zu sagen, wenn mir etwas angeboten wurde. Für mich war das eine klare Verletzung der Verhaltensnormen. Robert und Thomas erwarteten in solchen Fällen aber klare und deutliche Ansagen und fühlten sich häufig verunsichert, wenn ich irgendetwas im Sinne von »na ja, vielleicht, könnte sein, ein bisschen« herumschwurbelte. Ich weiß noch, dass mich Robert oder Thomas regelmäßig am Ende des Abendessens fragten, ob ich noch einen Happen essen wolle. Sie wollten mir das Essen nicht einfach unter der Nase wegziehen und den Tisch abräumen. Reine Höflichkeit, denn natürlich hatten wir alle drei längst genug. Ich wiederum wollte ihnen nicht das Gefühl geben, dass es mir nicht schmeckte, weshalb ich auch dann noch einen letzten Bissen hinunterzwang, wenn mein Bauch bald platzte. Für die beiden war das natürlich das Signal, dass sie mich weiter zum Essen animieren mussten, damit ich nicht hungrig ins Bett ging. Eine Endlosschleife. Als Thomas meine innere Notlage irgendwann durchblickte, fing er an, mir scherzhaft jedes Mal mit einem Bier zu drohen, wenn ich auf eine klare Frage nicht mit einem klaren »ja« oder »nein« antwortete. Bei einem Antialkoholiker wie mir wirkte diese Strategie ziemlich gut.

Ein anderes Feld, auf dem es regelmäßig zu Pannen kam, war der Haushalt. Von Anfang an wollte ich mich in meinem neuen Zuhause nützlich machen, denn meine Eltern hatten beide ziemlich viel um die Ohren. Ich suchte mir deshalb selbständig neue Aufgaben, die ich übernehmen konnte. Eines Tages kam ich von der Schule nach Hause und entdeckte auf dem Küchentisch einen Einkaufszettel, den einer der beiden Jungs vergessen haben musste. Es war ein sehr langer Einkaufszettel. Ich überprüfte, ob alle Dinge, die daraufstanden, auch tatsächlich nicht da waren, nahm die EC-Karte, die eigentlich für Notfälle gedacht war, und ging zum ersten Mal in Deutschland ganz allein einkaufen. Natürlich wusste ich nicht, was die Dinge normalerweise kosteten, und natürlich konnte ich nicht zwischen günstig und teuer unterscheiden. Ich ging in den erstbesten Laden in der Nachbarschaft, gleich bei uns um die Ecke. Ich fand es sehr praktisch, dass ich hier alles bekam, was auf meinem Einkaufszettel stand: Brot, Milch, Zucker, Nudeln, Obst ... Dass mein Einkaufswagen bis zum Rand voll war, während alle anderen Kunden nur Kleinigkeiten in einem Henkelkorb mitzunehmen schienen, irritierte mich nicht weiter. Ich rollte stolz zur Kasse, bezahlte alles mit meiner EC-Karte und ging über das ganze Gesicht strahlend nach Hause.

Robert und Thomas amüsierten sich etwas weniger über meinen stolzen Fang. Ich war nämlich in einem Reformhaus gelandet und hatte eine ordentliche Stange Geld für Vollkornbrot, Vollkornnudeln, glutenfreies Mehl, Biozucker, Biomilch, Bioeier, Biobananen, Bioapfelsaft und viele andere Dinge aus ökologischem Anbau ausgegeben. Zu allem Überfluss konnte Robert Vollkornprodukten kaum etwas abgewinnen, was nichts anderes bedeutete, als dass wir noch einmal einkaufen gehen mussten. Dabei musste ich mir einen langen Vortrag über Packungsgrößen, Sonderangebote und dergleichen anhören.

Ein anderes Mal hatte ich beschlossen, den Müll runterzubringen. Ich hatte gerade die Tüten aus sämtlichen Mülleimern in der Wohnung eingesammelt, als mein Blick auf zwei Bierkästen fiel. Wahrscheinlich waren meine beiden Väter nur zu faul gewesen, sie zum Glascontainer zu bringen, dachte ich und wollte ihnen beweisen, dass ich selbst nicht ganz so faul war. Dass es sich um Pfandflaschen handelte, konnte ich ja nicht wissen. Es war Freitagnachmittag, und ich wollte Ordnung schaffen. So begann ich, alles wegzubringen, was ich an vermeintlichem Müll, Altpapier und Glas finden konnte. Auch die beiden Kisten aus der Vorratskammer.

Bis heute bringe ich gerne Altglas zum Container. Das Geräusch, wenn die Flaschen mit lautem Klirren zerspringen, erinnert mich an meine Zeit mit Paul auf der Straße. Damals gehörte es zu unseren Lieblingsbeschäftigungen, mit Steinen auf Glasflaschen zu zielen, die wir zuvor an einem Ast befestigt hatten. Natürlich war Paul auch darin ein richtiger Crack, was mich fuchste. Manchmal übte ich wie besessen einen ganzen Abend lang, während er noch um die Häuser zog. Das Geräusch, wenn der Stein das Glas traf und es in tausend Splitter zerspringen ließ, war wie Musik in meinen Ohren. Noch heute werfe ich genussvoll jede Flasche kraftvoll in den Altglascontainer, nur um dieses wieder und wieder entstehen zu lassen. Meine Frau kann sich über dieses kindische Produzieren von unnötigem Lärm nach wie vor sehr amüsieren. Meine Nachbarn dürften dem eher weniger abgewinnen.

Auch an besagtem Tag nahm ich Flasche für Flasche aus den beiden Kisten und warf sie mit ordentlichem Schwung in den Container. Als ich stolz und glücklich zurück nach Hause kam, war Thomas gerade dabei, die Pfandflaschen zu suchen. Für den nächsten Abend hatten sie Gäste eingeladen, die gerne Bier tranken. Was also lag näher, als die leeren Kästen gegen volle auszutauschen?

Die Liste der Pannen, die sowohl mir als auch meinen Eltern passierten, ist lang. Ich könnte wohl problemlos ein ganzes Buch damit füllen. Ich lernte, dass es eine durchaus sinnvolle Art der Wasserverschwendung war, auch nach dem Pinkeln zu spülen und nicht nur nach dem großen Geschäft. Ich lernte, dass man das Ceranfeld des Ofens nicht mit allen möglichen Putzmitteln, die gerade greifbar waren, schrubben sollte und dass sich der Kühlschrank nicht von alleine schloss.

Manchmal überraschten mich die Reaktionen meiner Eltern aber auch, denn ich war aus meiner Vergangenheit ganz anderes gewöhnt, wenn ich einen Fehler gemacht hatte. Im Heim hatte schon der nichtigste Anlass ausgereicht, dass mich die Mamas in die Schranken wiesen. Mit dieser Erfahrung im Gepäck rechnete ich natürlich damit, dass meine beiden Papas das ähnlich handhaben würden, wenn ich etwas ausgefressen hatte. Eines Tages zum Beispiel beschloss ich, meinen Tee aus einer alten Sammeltasse zu trinken. Ich konnte nicht nachvollziehen, warum um diese Tasse so ein Bohei gemacht wurde und sie nur zu ganz seltenen Anlässen auf den Tisch kam. Tee bleibt Tee, er musste doch genauso schmecken wie aus einer normalen Tasse. Oder etwa nicht? Ich beschloss, dieses Geheimnis zu lüften.

Es kam, wie es kommen musste. Kaum hatte ich das Schränkchen geöffnet, in dem die Sammeltasse »ausgestellt« war, rutschte sie mir aus der Hand und zersprang mit lautem Klirren auf dem Holzfußboden. Ich starrte einen Moment lang wie gelähmt auf die Bescherung, dann holte ich Besen und Kehrblech und fegte die Scherben zusammen. Anschließend warf ich sie gleich in den großen Müllcontainer bei uns im Innenhof, damit niemand sie im Hausmüll finden würde. Ich rückte die anderen Porzellanstücke im Schränkchen so lange hin und her, bis ich mir sicher war, dass das Fehlen der Tasse nicht weiter auffallen würde.

Noch am selben Abend trat Robert in eine kleine gemusterte Scherbe, die ich bei meiner Kehraktion übersehen hatte, und verletzte sich am Fuß. Sein Blick wanderte von dem spitzen Gegenstand zum Schränkchen – und dann zu mir. In diesem Moment machte ich die Erfahrung, dass ich trotz meiner dunklen Hautfarbe rot werden konnte. Das Blut schoss mir sofort ins Gesicht, und ich war felsenfest davon überzeugt, dass ich nun richtig Ärger kriegen würde. Kleinlaut gestand ich, dass ich einfach nur hatte herausfinden wollen, was an der Tasse so besonders war. Als Thomas und Robert merkten, wie langsam ein Gefühl der Panik in mir hochkroch, verloren sie kein Wort mehr über ihren Ärger. Stattdessen erklärten sie mir, dass ein solches Malheur kein Anlass für Angst sein dürfe. So etwas könne schließlich jedem mal passieren. Ich müsse lernen, zu den Dingen zu stehen, ohne mich vor den Konsequenzen zu fürchten. Die Ängste, die aus meiner Vergangenheit herrührten, dürften mein neues Leben nicht überlagern. Es würde nicht leicht sein, dieses Trauma zu überwinden, aber sie machten mir Mut, dass wir das gemeinsam schaffen würden.

Auch wenn nicht immer nur Friede, Freude, Eierkuchen herrschte, schafften wir es in erstaunlich kurzer Zeit, als Familie zusammenzuwachsen. Es war eine Phase, in der jeder jeden Tag etwas lernte: über den anderen und über sich selbst. Ich erinnere mich noch gut daran, dass mir meine Eltern einmal etwas Gutes tun wollten und mich an einem Wochenende zu einem Saunabesuch mitnahmen. Sie gingen regelmäßig in ein Fitness-Studio mit Wellnessbereich und müssen gedacht haben, ein bisschen Bewegung und Schwitzen hinterher könnten mir nicht schaden. Seit meiner Ankunft hatte ich ordentlich an Gewicht zugelegt und manchmal das Gefühl, ich würde bald aus meinem Körper herausquellen. Davon war ich sicher weit entfernt, schließlich hatte ich bei meiner Abreise aus Kenia kaum 60 Kilo gewogen. Bei einer Größe von 1,83!

Jedenfalls freute ich mich über die Gelegenheit, ein bisschen Sport zu treiben. Ich war vollkommen überrascht, dass man sich in Deutschland offenbar nicht im Freien bewegte, sondern dazu ein ehemaliges Fabrikgebäude aufsuchte. In der großen Halle reihte sich Gerät an Gerät, Männer und Frauen in bunter Unterwäsche – so sah es wenigstens aus – mühten sich an eigenartigen Hebeln und Seilzügen. Andere hockten in bootsartigen Gebilden und ruderten ohne Wasser. Am meisten aber irritierten mich die Laufbänder. Ich verstand nicht, wie man so schnell rennen und doch nicht vom Fleck kommen konnte. Nachdem Robert mir die Funktionsweise erklärt hatte, wagte ich mich vorsichtig auf eines dieser Dinger. Wie jeder, der zum ersten Mal auf einem Laufband steht, machte ich natürlich den Fehler, nach unten zu sehen. Das graue Band rollte gefühlt immer schneller, mein Oberköper geriet gefährlich in Schieflage. Es dauerte, bis ich damit zurechtkam und einen Blick auf einen der Fernseher riskierte, die überall von der Decke hingen.

In Kenia war jede Art der Bewegung für mich in gewisser Weise zweckgebunden gewesen. Wenn ich gerannt war, dann, um rechtzeitig zur Schule oder zur Arbeit zu kommen. Wenn ich meine Muskeln trainiert hatte, dann nicht bewusst, sondern im Rahmen einer Tätigkeit. Ich schleppte Säcke und Kisten im Supermarkt oder schuftete auf dem Feld und im Garten. Dass man sich mehrmals die Woche ein, zwei Stunden Zeit nahm, um seine Fitness zu trainieren, und dass es Menschen gab, die einem zu jedem Gerät ganz genau und geduldig erklärten, welche Muskeln man wo und wie trainierte, fand ich doch sehr verblüffend.

Aber die größte Überraschung an diesem Tag sollte erst noch kommen. Nach dem Training gingen wir drei gemeinsam hinunter in den Wellnessbereich. Es gab kleine Wasserbecken, hier und da standen große Kübel mit Pflanzen und Schwitzzimmerchen mit vielen hölzernen Bänken. Die Menschen, die da herauskamen, hatten einen puterroten Kopf, waren schweißüberströmt – und nackt! Das einzige »Kleidungsstück«, das sie trugen, war ein Handtuch. Ich war es inzwischen ja schon gewohnt, als schwarze Insel in einem weißen Meer herumzulaufen, aber doch bitte nicht splitterfasernackt und Männlein wie Weiblein durcheinander. Eine solche körperliche Offenheit ist in der Kultur meiner Heimat nicht vorstellbar. Ich musste daran denken, welche »Sicherheitsvorkehrungen« wir Jungs aus dem Kinderheim damals getroffen hatten, bevor wir nackt in den Khalaba hineingehüpft waren. Nicht auszudenken, hätte uns eines der Mädchen dabei beobachtet. Ich musste ganz schön tief Luft holen, bevor ich eine der Saunen betrat und etwas verschämt auf einer der Holzbänke Platz nahm. Die Menschen hockten dichtgedrängt – auch eine neue Erfahrung, während man im Alltag ja eher bemüht war, eine gewisse Distanz zu wahren.

Dass es noch andere Situationen gibt, in denen dieses Prinzip ausgehebelt ist, erlebte ich beim Besuch meines ersten Schützenfestes. Mit großen Augen bestaunte ich die lange Parade von Männern und Frauen in komischen Kostümen und mit allerlei eigenartigen Kopfbedeckungen. Während der Umzug noch ganz geordnet und fein säuberlich nach Trachtengruppen getrennt vonstattengegangen war, herrschte auf dem Festplatz ein wildes Durcheinander wie am Hafen von Mombasa. Kinder wuselten von rechts nach links, drängten sich vor halsbrecherischen Fahrgeschäften, deren Besitzer mit schnarrender Stimme lockten: »Uuuuund los geht's, ja das macht Spaß, zusteigen bitte, die Bügel schließen automatisch.« Ein lautes Tröten, dann setzten sich die Dinger blinkend und unter dem Dröhnen wummernder Musik mit einer irrsinnigen Geschwindigkeit in Bewegung. Mir wurde schon allein vom Hinsehen schwindlig. Über dem ganzen Festplatz hing der Duft von gebrannten Mandeln, gebratenem Fleisch, Würsten und Fisch. Den eigentlichen »Kulturschock« erlebte ich im Zelt. Die Luft war rauchgeschwängert, eine Blaskapelle schmetterte, die Menschen auf den vollbesetzten Bänken hatten sich untergehakt und erhoben und setzten sich in einem wellenförmigen Rhythmus. Ein eigenartiger Tanz, der immer wieder von einem Tusch unterbrochen wurde, zu dem alle ihre Getränke nach oben reckten. Als wir uns auf der Suche nach einem freien Tisch unseren Weg durch die Reihen bahnten, hatte ich das Gefühl, als seien alle Augen auf mich gerichtet. Vor allem die Kinder musterten mich von oben bis unten. Im Vorbeigehen schnappte ich auf, dass eines der Kinder seinen Vater fragte, warum der Mann da so schwarz sei. Der

Vater hatte eine plausible Erklärung parat: »Der lag zu lange auf der Sonnenbank. Es liegt nicht daran, dass er sich nicht gewaschen hat.«

*

Wenn ich an meine ersten Wochen in Deutschland zurückdenke, fallen mir viele solcher Episoden ein. Ich muss daran denken, wie ich mit meiner Schulklasse ein Wikingerdorf besuchte und sich alle krumm und schief lachten, als ich mich in einem zotteligen Felljäckchen und Hörnerhelm auf dem Kopf abmühte, mit einer Wurfaxt eine hölzerne Zielscheibe zu treffen. Ich muss daran denken, wie ich an einem Wochenende zusammen mit Maggie, die auch ein Patenkind im Heim unterstützt, Heidi in der Lüneburger Heide besuchte. Nach einem ausgiebigen Spaziergang durch die Heidelandschaft machten wir Rast in einem Café. Schon auf dem Weg hatten die beiden Frauen davon geschwärmt, dass man hier die größten und besten Torten essen könne. Üppige Gebilde aus mehreren Schichten Teig, dazwischen Cremes aus Sahne oder Butter, mit Früchten obendrauf oder Schokolade. Ich stellte mir diese Torten vor wie mehrstöckige Hamburger, nur eben süß und mit Sicherheit kleiner. Maggie und Heidi redeten munter auf mich ein: »Du musst unbedingt die Buchweizentorte bestellen.« – »Nein, lieber die Ananas-Sahne.« – »Oder doch besser die ...« Ich weiß nicht mehr, für was ich mich am Ende entschieden habe, ich weiß aber noch ganz genau, dass mir beim Anblick des Tortenstücks der Mund offen stehen blieb. Es passte kaum auf den Kuchenteller und sah aus, als würde es ein Kilo wiegen. Ich hätte auf die Frage der Kellnerin, ob ich ein kleines oder großes Stück haben wolle, wohl doch besser etwas bescheidener sein sollen. Der Geschmack war sensationell, aber hinterher hing ich matt auf meinem Stuhl, überzeugt, nie wieder aufstehen zu können.

Egal, wo ich hinkam, egal, mit wem ich unterwegs war, jeder war bemüht, mir so viel wie möglich von Deutschland und der deutschen Kultur zu zeigen. Ich sog begierig alles auf und versuchte, das Neue und das Alte, das mich so viele Jahre geprägt hatte, unter einen Hut zu bringen. Das war nicht immer einfach, für alle Beteiligten. Unser Denken und Handeln war ja nicht nur von unterschiedlichen kulturellen Einflüssen geprägt, sondern von ganz unterschiedlichen Erfahrungen. Meine Vergangenheit auf der Straße und im Heim stand in völligem Kontrast zu der behüteten Existenz, die vor allem meine Eltern mir nun schaffen wollten. Es dauerte eine Weile, bis sie lernten, dass es nicht immer zu einem positiven Ergebnis führte, wenn sie sich trotz ihrer anstrengenden Jobs für mich verausgabten. Sie waren so übermotiviert, alles richtig zu machen, dass das hin und wieder mit meinem Drang nach Unabhängigkeit und Freiheit kollidierte. Und ich brauchte eine Weile, bis ich verstand, dass sie keine Gegenleistung erwarteten, sondern alles für mich taten, weil sie in mir tatsächlich einen Sohn sahen.

So bezog ich nur drei Monate nach meiner Ankunft in Deutschland meine erste eigene Wohnung. Ich hatte mich in meinem bisherigen Leben so sehr auf mich selbst verlassen müssen, dass ich mich nun von der Fürsorge und Liebe, die mir Robert und Thomas entgegenbrachten, in gewisser Weise eingeengt fühlte. Manchmal habe ich sie damit sicher vor den Kopf gestoßen, aber es war wie ein Reflex, den ich nicht abstellen konnte. Wir merkten alle drei, dass unser Zusammenleben auf Dauer nicht so einfach funktionieren konnte, wie wir uns das vorgestellt hatten. Einer von uns fühlte sich immer falsch verstanden, war genervt und überfordert – bei mir kam das eher auf der emotionalen Ebene vor, bei meinen deutschen Vätern waren es eher die kulturellen Unterschiede, die sie manchmal auf die Palme brachten. Aber so schnell wollte keiner von uns die Flinte ins Korn werfen. Wir führten endlose Gespräche, in denen wir uns gegenseitig erklärten, wie wir tickten, und suchten nach Lösungen.

Eines Abends kamen wir dann zu dem Schluss, dass ich versuchen sollte, auf eigenen Füßen zu stehen. Auch damit sich die Beziehung zu meinen neuen Eltern langsamer und konfliktfreier entwickeln konnte. Schließlich war die Grundlage, auf der unser großes Experiment »Zusammenleben« stand, eher dünn: Wir hatten uns Briefe geschrieben und ein paar gemeinsame Tage in Mombasa verbracht. Ich war kein kleines Kind, als ich adoptiert wurde, sondern war erwachsen und hatte ein dickes Päckchen aus meiner Vergangenheit zu tragen, das ich nicht von einem Tag auf den anderen loswurde. Die Jahre, in denen ich mich hatte alleine durchschlagen müssen, hatten dazu geführt, dass ich sehr freiheitsliebend war. Ich war es gewohnt, alleine Entscheidungen treffen zu müssen, und fühlte mich schnell eingeengt. Auch wenn ich immer von einer Familie, einem Zuhause geträumt hatte, war ich überfordert damit, dass ich nun tatsächlich eines hatte. Meine Eltern bemühten sich nach Kräften um mich, hatten immer nur das Beste im Sinn. Das war ebenfalls eine recht neue Erfahrung für mich. Manchmal hatte ich das Gefühl, ihre Fürsorge würde sich wie eine Käseglocke über mich stülpen. Wir beschlossen, uns mehr Zeit und Freiräume zu lassen – es ist etwas anderes, wenn man sich bewusst entscheidet, einen anderen Menschen jetzt in diesem Augenblick zu treffen und ganz für ihn da zu sein. Die räumliche Trennung führte dazu, dass unser Kontakt sehr viel enger wurde. Wir spürten alle drei, dass wir uns aufeinander verlassen konnten, auch wenn wir uns ein paar Tage nicht sahen.

Meine neue Wohnung befand sich in der Rothenbaumchaussee, nicht weit entfernt von der Wohnung meiner Eltern. Das war uns sehr wichtig gewesen, damit wir uns spontan besuchen konnten. Wir kochten abends gemeinsam, gingen zum Essen oder verbrachten Stunden damit, einfach nur zu quatschen.

Ohne Zwang, ohne hochgesteckte Erwartungen erfüllen zu müssen, wuchsen wir behutsam zusammen.

*

Spätestens seit meinem Umzug haftet mir der Ruf an, handwerklich völlig unbegabt zu sein. Ich denke, das liegt wohl hauptsächlich daran, dass die Art, wie ich Dinge repariere oder montiere, nicht ganz dem deutschen Standard entspricht. Im Kinderheim mussten wir um die elementarsten Dinge kämpfen, Geld für Extras war nie vorhanden und schon gar nicht für irgendwelche Handwerker. Wenn das Plumpsklo oder die Wasserpumpe kaputt waren, mussten wir Kinder eine Lösung dafür finden; wenn Tische oder Betten wackelten oder gleich auseinanderfielen, mussten wir erfinderisch sein und sie irgendwie stabilisieren. Man lief nicht einfach zu Ikea und kaufte etwas Neues. Die meisten dieser Reparaturen übernahm Richard, aber natürlich musste auch ich hin und wieder notdürftig etwas zusammenflicken. Eine fachkundige Anleitung hatten wir nicht, die Erwachsenen hielten sich wie immer vornehm zurück. Auch beim Werkzeug – Akkuschrauber, Wasserwaage, Elektrosäge oder Bohrmaschine – Fehlanzeige. Alles musste per Hand gemacht werden, und was das Material anging, war Kreativität gefragt. Wir behalfen uns mit alten Teilen von Autoreifen, um etwas abzudichten; mit Schnüren, nicht mit Schrauben oder Nägeln, wurde etwas zusammengehalten, und mit Schrottresten und abenteuerlichen Ideen wurden Geräte für die Feld- und Hausarbeit wieder auf Vordermann gebracht. Was dabei herauskam, sah selten schön aus und war mit Sicherheit auch keine Glanzleistung, aber meistens erfüllte es seinen Zweck, und man hatte wieder ein paar Monate Ruhe.

Diese Art der Reparatur ist es, die ich kenne und anwenden kann. Hier in Deutschland, das habe ich immer wieder festgestellt, hat das kaum einen Wert. Entweder man hat einen handwerklich-technischen Beruf gelernt oder man konnte schon von Kindesbeinen an einem Vorbild nacheifern. Einem Vater zum Beispiel, der mit einem das Fahrrad reparierte, an Geräten herumschraubte oder Regale aufbaute. Und wenn man sich trotz dieser Heranführung an das Erlernen technischer Fähigkeiten noch doof anstellt, kann man sich problemlos mal eben den entsprechenden Handwerker ins Haus holen. Ich hatte in meinem Leben nie jemanden, der mir gezeigt hätte, wie oder wann man ein bestimmtes Werkzeug einzusetzen hat. Als ich in meiner neuen Wohnung zum ersten Mal Roberts Bohrmaschine in Händen hielt, war ich vollkommen überfordert. Die verschiedenen Aufsätze, das Gewicht und das kreischende Geräusch, wenn der Bohrer sich in die Wand fraß. Am schlimmsten war es, die Maschine gerade zu halten und das Loch nicht unnötig auszubohren. Ich weiß nicht mehr, wie viele Versuche ich brauchte, um ein einziges Brett an die Wand zu dübeln. Es waren jedenfalls einige.

Wie viel geübter war ich doch darin, unkonventionelle Lösungen anzuwenden. Ich erinnere mich da beispielsweise an ein Schlafsofa, das ich über viele Jahre bei jedem Umzug mitnahm. Irgendwann drohte es dann doch auseinanderzufallen. Die Scharniere waren vom vielen Auf- und Zuklappen ausgeleiert, das Sofa wackelte, sobald man sich draufsetzte. Aber rein optisch war es noch gut in Schuss, fand ich. Also nahm ich die Reparatur in Angriff. Irgendwo im Keller fand ich ein paar ausgediente Gummiseile, die ich mit nach oben in die Wohnung schleppte. Ich kippte das Sofa auf den Kopf, wickelte und schnürte und zog und zerrte, bis ich mit meinem Werk zufrieden war. Ich drehte das Sofa wieder um, schob es an seinen Platz zurück – und siehe da, es funktionierte noch mehrere Jahre einwandfrei. Außerdem: Wer schaut sich schon ein Schlafsofa von unten an?

*

Meine Vormittage verbrachte ich in der Sprachschule, danach ging ich nach Hause und kochte mir etwas zu essen, wobei ich sehr darauf achtete, mich ausgewogen zu ernähren. Schon in Kenia hatte ich das trotz der begrenzten Möglichkeiten versucht, weshalb ich nicht verstehen konnte, warum sich manche Leute hier bei diesem Überangebot in den Supermärkten mit dem ungesundesten Zeug vollstopften. Nur ab und zu ging ich mit den anderen in die nahegelegene Uni-Mensa; dort erinnerten mich die langen Schlangen vor der Essensausgabe an die Mittagszeit im Mama Nginas Children's Home in Nairobi und an das strenge Regiment von Simba. Auch bei den Angestellten in der Mensa hatte ich oft das Gefühl, dass sie jeden erst mit einem abschätzenden Blick musterten, bevor sie ihre Kelle gut oder weniger gut gefüllt auf die Teller klatschen ließen. Ich muss aber zugeben, dass ich manchmal schlicht zu geizig war, Geld für die Mensa auszugeben, wenn ich günstiger (und besser) für mich selbst kochen konnte. Das mit dem »besser kochen« dauerte allerdings ein Weilchen. Die Regale in den Hamburger Läden waren randvoll gefüllt mit Dingen, die ich gar nicht oder nur vom Hörensagen kannte. Andere Sachen, vor allem Obst und Gemüse, entlockten manchen meiner Klassenkameraden ein Staunen, während sie für mich ganz selbstverständlich waren. Zumindest von außen. Ich weiß noch, wie groß meine Enttäuschung war, als wir einmal über den Isemarkt schlenderten und ich mir ein paar Bananen und eine Mango gönnte. Sie waren längst nicht so süß und saftig wie die frisch vom Baum gepflückten in Kenia. Anders war es mit den Früchten aus der Region – trotzdem esse ich auch heute noch tausendmal lieber eine Mango oder Ananas statt Erdbeeren oder Kirschen. Was die Auswahl anging, waren die Läden in meiner neuen Heimat bestens sortiert, auch wenn es etwas dauerte, bis ich vernünftige Passionsfrüchte entdeckte. Bei den Bananen hatte ich weniger Erfolg. Es gibt nur eine Sorte zu kaufen, und wer jemals eine frische kleine Banane gegessen hat, wird wissen, warum ich diesen zuckersüßen und saftigen Dingern so hinterhertrauere. Es gab keine gerösteten Maiskolben auf der Straße zu kaufen, sondern nur die labbrigen gekochten auf dem ein oder anderen Jahrmarkt und statt mit knusprigem Nyama-choma musste ich mit einer Bratwurst vorliebnehmen. Man könnte vielleicht denken, verwöhnter Bengel, soll er doch froh sein ... – aber es ist wirklich nicht einfach, auf Speisen zu verzichten, mit denen man groß geworden ist. Ich kenne kaum einen Deutschen, der sich nicht darüber beklagt, dass das Brot im Ausland so schlecht ist. Was für mich am schwierigsten war: Ich konnte nirgendwo gutes Maismehl für Ugali kaufen; in Kenia war mir das Gericht zu den Ohren herausgekommen, nun verspürte ich an manchen Tagen regelrecht Heißhunger danach. Die Afro-Shops, die ich mit der Zeit ausfindig machte, boten zwar ähnliche Lebensmittel an, da die meisten Inhaber aber aus Westafrika stammen, wurde ich auch hier nur selten fündig. Seitdem habe ich nach jeder Kenia-Reise ein paar Pakete Ugali, ein paar reife Mangos und vor allem meine geliebte Royco-Gewürzmischung als Souvenir im Gepäck.

Nach dem Unterricht stand für mich außer Sport Sprachpraxis auf dem Programm. Immer wenn ich ein neues Wort oder eine Redewendung aufgeschnappt hatte, versuchte ich, das Gelernte in meinen Sprachgebrauch einzubauen. Nicht immer mit Erfolg, aber immer ausdauernd. Meine Frau merkt heute noch genau, wenn ich wieder einmal ein neues Lieblingswort habe – kaum ein Satz, in den ich es nicht einbauen würde. Und meine Klassenkameraden dürften auch nicht immer erfreut über meinen Eifer gewesen sein. »Philip, schalt mal runter«, hieß es dann, wenn ich mich wieder und wieder an einem Zungenbrecher versuchte. Unserer Freundschaft tat das keinen Abbruch, auch nicht, dass ich mich beim Faulenzen im Park regelmäßig ausklinkte. Sonne hatte ich in den letzten Jahren mehr als genug getankt, und auf einen noch dunkleren Teint legte ich auch keinen Wert. Nur wenn es um eine Partie Fußball, Basketball oder Ähnliches ging, war ich immer mit dabei. Wir spielten meistens auf dem Unigelände oder bei Planten un Blomen, einem beliebten Park in Hamburg. Der Campus erinnerte mich immer wieder schmerzlich daran, dass ich aus einem ganz bestimmten Grund nach Deutschland gekommen war. Ich wollte studieren, aber bis dahin war es noch ein weiter Weg. Wenn ich ihn wirklich beschreiben wollte, musste ich mich ranhalten ...

*

An einem Montagabend im Spätsommer sah ich bei einem Spaziergang viele junge Leute vor einer Kirche ganz in der Nähe meiner Wohnung stehen. Als ich hörte, dass sie sich über die Universität unterhielten, ging ich neugierig näher. Mittlerweile war mein Deutsch so passabel, dass ich mich traute, Fremde nicht nur nach dem Weg zu fragen. Trotzdem war es etwas anderes, eine einzelne Person anzuquatschen, als in eine Gruppe hineinzuplatzen. Ich schlenderte also erst einmal lässig an ihnen vorbei, murmelte ein »Hallo« und tat dann so, als würde ich das Kirchengebäude betrachten. Aus der Nähe versuchte ich, weitere Gesprächsfetzen zu erhaschen, was mir nicht wirklich gelang. Also fasste ich mir ein Herz, stellte mich vor und fragte, ob sie Theologie studieren würden. Wahrscheinlich wegen der Kirche. Die Truppe guckte mich verblüfft an, eines der Mädchen schüttelte heftig den Kopf. »Wir singen hier nur.« Dann stellte sich einer nach dem anderen vor: Lutz, Caroline, Cornelia und Enno. »Und ich bin Ute«, kam eine Stimme aus dem Hintergrund. Aus der massiven Tür des Kirchengebäudes trat eine junge Frau auf uns zu, die mir auf Englisch erklärte, dass sie zwar zur Evangelischen Studentengemeinde gehörten, aber mit einem Theologiestudium nichts am Hut hätten. Studentengemeinde? Ein echter

Zungenbrecher für mich, keine Ahnung, was sich hinter diesem Begriff verbarg. Ich überspielte meine Ratlosigkeit, indem ich gleich eine Frage hinterherschickte: »Ich singe auch gern. Was für Lieder singt ihr denn?« Im nächsten Moment hätte ich mir am liebsten auf die Zunge gebissen. Natürlich würden sie Kirchenlieder singen, zu denen im Hintergrund die Orgel dröhnte. Ich war verblüfft, als sie mir erklärten, dass sie hauptsächlich Gospels und Spirituals sangen. »Komm doch mal vorbei«, meinten sie, »wir könnten noch etwas Verstärkung brauchen.«

Bingo! Wenn das mal kein guter Start war. »Wir treffen uns jeden Montag ab 19 Uhr«, erneuerte Caroline die Einladung. Mein Herz machte einen Hüpfer; aber weil ich meine Freude nicht gleich so herausposaunen wollte, brummelte ich nur ganz cool, dass ich mir die Sache überlegen wolle. Ich glaube, es rechnete niemand ernsthaft damit, dass ich am folgenden Montag tatsächlich zur Chorprobe in der Gemeinde Sankt Johannis in Harvestehude auftauchte. Der Chor bestand fast nur aus Studenten in meinem Alter, selbst der Chorleiter Stefan studierte noch. Sie waren für alle möglichen Fächer eingeschrieben: Lehramt, Jura, Medizin, Theologie, BWL, VWL, Physik, Pharmazie und so weiter. Da ich fest vorhatte, bald mit dem Studium anzufangen, war ich hier genau richtig. An meinem ersten Abend im Chor wurden ziemlich viele Lieder gesungen, die ich schon kannte: »Down by the riverside«, »Go down Moses«, »Kumbaya«, »Oh happy day« und, und, und. Bei »Oh happy day« fragte mich Stefan zu meiner großen Überraschung, ob ich nicht ein Solo wagen wollte. Ich begann eher schüchtern, aber gegen Ende des Liedes hatte ich mich freigesungen. Alle waren ganz begeistert und klopften mir auf die Schulter. Es sollte nicht mein einziges Solo in diesem Chor bleiben.

Nach der Probe nahm mich Birgitta beiseite, die Pastorin der Gemeinde, die damals ebenfalls im Chor sang. Sie plauderte ein wenig mit mir und fragte mich zum Abschluss, ob ich nicht auch

Mitglied in ihrer Kirchengemeinde werden wolle. Ich hatte mich schon an diesem ersten Abend so willkommen und aufgehoben gefühlt, dass ich zusagte. Bis heute ist diese Kirchengemeinde eine große Stütze für mich, ein Zuhause. Und Birgitta ist einer der Menschen, auf deren Rat und Unterstützung ich immer noch gerne zurückgreife.

Die Mitglieder des Gospelchors der Evangelischen Studentengemeinde hatten auch außerhalb der Proben einen sehr engen Kontakt. Fast jedes Wochenende gab es einen Anlass, sich zu treffen. Mal war es ein Geburtstag, mal eine Einweihungsfeier oder einfach nur ein Kneipenbummel. Da die Chormitglieder über ganz Hamburg verstreut wohnten, lernte ich mit der Zeit alle möglichen Viertel kennen. Aber wir verbrachten unsere Zeit nicht nur in Hamburg, sondern machten auch Wochenendausflüge ins Umland oder verreisten gemeinsam, etwa zum Kirchentag nach Frankfurt und Berlin. Unsere Konzerte waren immer sehr gut besucht und füllten regelmäßig unsere Chorkasse, aus der wir unsere Ausflüge finanzierten.

Neben unseren Konzerten gestalteten wir auch die Gottesdienste mit. Einer dieser Gottesdienste fand am 29. Oktober 2000 statt. Es war das erste Mal in meinem Leben, dass ein Tag mehr als 24 Stunden hatte. So etwas war bei uns in Ostafrika noch nie vorgekommen. Hier stellten alle mit großer Selbstverständlichkeit mitten in der Nacht die Uhren um. Für mich war das etwas Mystisches, zumal das Ende der Sommerzeit in unserer Gemeinde mit dem »African Sunday« zusammenfiel. Der Gottesdienst sollte ganz im Zeichen der Afrikahilfe stehen, und Birgitta, die Pastorin, bat mich, eine kleine Rede vorzubereiten. Eine große Ehre – aber auch eine Herausforderung, der ich mich nicht gewachsen fühlte. Es sei denn, ich dürfte Englisch reden. Birgitta willigte ein und übersetzte simultan. Am Sonntag war die Kirche bis auf den letzten Platz gefüllt. Mit wackeligen Knien ging ich zum Pult, aber je länger ich redete, umso sicherer wurde ich. Ich sprach über Hoffnung: was sie für Länder, Völker, aber auch für jeden Einzelnen von uns bedeuten kann. Es war, als würden in diesem Moment alle Fäden in meiner Hand zusammenlaufen. Vor der Gemeinde stand ein Mensch, auf dessen Lebensweg es so viele Unwägbarkeiten gegeben hatte, der sich aber dennoch nicht hatte unterkriegen lassen. Ich war das beste Beispiel dafür, dass sich Hoffnung lohnt. Dass man nicht aufgeben darf, egal wie unüberwindbar das nächste Hindernis scheint. Auch wenn die wenigsten, die sich auf den Kirchenbänken drängten, annähernd solche existiellen Erfahrungen gemacht hatten wie ich: Hier trafen wir uns. Die Hoffnung stirbt zuletzt.

Nach meiner »Predigt« kamen viele Menschen auf mich zu, um sich für meine Worte zu bedanken. Es dauerte lange, bis ich meinen neuen Spitznamen »Pastor Philip« im Chor und in der Gemeinde wieder loswurde.

*

Am Deutsch-Institut für Ausländer hatte ich inzwischen das große Sprachdiplom abgelegt und damit bewiesen, dass ich zumindest von meinen Sprachkenntnissen her in der Lage war, an einer deutschen Universität zu studieren. Mein Schulabschluss, der mich in Kenia zum Hochschulstudium berechtigte, war zwar gut, aber er nützte mir in Deutschland nicht viel. Da ich aus einem »Entwicklungsland« komme, wird er nicht anerkannt. So musste ich zunächst noch einmal ein Jahr lang die Schulbank drücken – am Studienkolleg, das Ausländer auf ein Studium in Deutschland vorbereitete. Erst wenn ich in der Abschlussprüfung ein gutes Ergebnis erzielte, würde ich mich an einer Uni einschreiben dürfen.

So weit die Theorie. Das große Problem lag – und liegt bis heute – in der Praxis. Einen Platz am Studienkolleg zu ergattern ist für einen Ausländer, der aus einem fernen, armen Land wie

Kenia kommt, wie ein Sechser im Lotto. Denn die Vergabe der Plätze richtet sich offenbar nicht nach akademischer Qualifikation und Kompetenz; stattdessen wird gemunkelt, es gebe Länderquoten. Oberste Priorität hätten Kandidaten aus Ländern, die für Deutschland aus wirtschaftlicher Sicht wichtig sind: also etwa Studenten aus China, Japan, den USA oder den Ländern des ehemaligen Ostblocks (die damals der EU noch nicht beigetreten waren) und Russland. Der gesamte afrikanische Kontinent mit seinen über fünfzig Ländern hat einen denkbar schweren Stand. Was die Vergabequoten angeht, rangiert Afrika nicht nur an letzter Stelle der Kontinente, es wird auch zu einem einzigen Land zusammengefasst. Demzufolge war die Liste an Bewerbern unheimlich lang; wenn doch jemand berücksichtigt wurde, konnte man davon ausgehen, dass er einiges an Wartezeit hinter sich hatte. So war es kaum verwunderlich, dass ich trotz meines guten Sprachdiploms, trotz meiner guten Zensuren, die auf meinem kenianischen Zeugnis prangten, lediglich einen dürren Brief mit folgendem Inhalt erhielt: »Wir gratulieren zur bestandenen Prüfung und bedanken uns für Ihre Anmeldung. Leider konnten wir Sie aufgrund der großen Anzahl an Bewerbern in diesem Semester noch nicht berücksichtigen. Sie sind dennoch in der engeren Auswahl und stehen ganz oben auf der Warteliste.«

Die Absage führte zu einer ganzen Reihe von Problemen. Eine Aufnahme am Kolleg hätte mir die Verlängerung meines Visums garantiert und eine Arbeitserlaubnis gesichert. Langfristig hätte ich mich damit auch um einen deutschen Pass bemühen können. Ich bewarb mich zweimal beim Studienkolleg – und wurde zweimal abgewiesen. Langsam drängte sich mir der Gedanke auf, dass die Behörden auf Zeit spielten. In der Hoffnung, dass man freiwillig irgendwann das Handtuch warf. Aber so schnell wollte ich nicht aufgeben. Ich entschied mich für die Ochsentour, auch wenn mich meine Chorfreunde immer wieder vor dieser Herkulesaufgabe warnten: Ich wollte als Externer die Aufnahmeprüfung für die Uni in Eigenregie schaffen. Ich kaufte mir alle möglichen Bücher für Deutsch, Geschichte, Literatur, Sozialkunde, Politik und vieles mehr und lernte jeden Tag zu Hause. Mich zu disziplinieren war ich ja gewohnt und schließlich hatte ich ein Ziel.

Eines Tages brachte mich Lena, eine lettische Freundin, die einen Platz am Studienkolleg bekommen hatte, aber auf eine noch bessere Idee. Sie hatte mir erzählt, dass in den Klassenräumen am Kolleg jede Menge Plätze frei seien – obwohl man doch wegen der vielen Bewerber angeblich aus allen Nähten platzte. Kurz entschlossen packte ich meine Zeugnisse in meine Tasche, steckte die beiden Briefe der Kommission ein, die belegten, dass ich auf der Warteliste stand, und marschierte zum Direktor des Kollegs. Herr Pietsch, der mir gleich sympathisch war, nahm sich tatsächlich Zeit für ein Gespräch mit mir, obwohl ich nicht angemeldet war. Ich bat ihn, mich an einem der Vorbereitungskurse teilnehmen zu lassen, in dem es noch freie Plätze gab. Er war ganz angetan von meinen Zeugnissen und meinen guten Deutschkenntnissen, wollte mir aber keine allzu großen Hoffnungen machen. Er sicherte mir dennoch zu, sich um mein Anliegen zu kümmern und bei mir zu melden, sobald er etwas Genaueres sagen könne. Aber das könne eine Weile dauern.

Ich wartete eine Woche lang auf den alles entscheidenden Anruf, doch nichts passierte. Am Morgen des 13. September 2001 nahm ich noch einmal all meinen Mut zusammen und rief Herrn Pietsch an. Ich konnte mein Glück kaum fassen, als er mich als neuen Schüler am Studienkolleg begrüßte. Ich sollte am kommenden Montag pünktlich zur ersten Stunde erscheinen! Ich war völlig aus dem Häuschen und fest entschlossen, diese einmalige Chance zu nutzen.

*

Meine Zeit am Studienkolleg für Ausländer in Hamburg ist für mich mit widersprüchlichen Emotionen verbunden. Das fängt schon beim Gebäude an. Die Klassenräume befanden sich in einem herrschaftlichen und sehr stilvollen alten Gebäude, das ziemlich heruntergekommen war. Direkt gegenüber lag das Untersuchungsgefängnis der Justizbehörde. Das, was die Insassen uns hinterhergrölten, war nicht immer nett. Vor allem die Mädchen bekamen einige Obszönitäten ab, bei mir war die Hautfarbe der beliebteste Grund für Pöbeleien.

Schon während meiner ersten Stunde am Studienkolleg musste ich feststellen, dass die Behauptung, nur die Crème de la Crème würde hier einen Platz bekommen, ein Märchen war. Ich hatte Angst gehabt, nicht mithalten zu können, denn schließlich besuchten meine Klassenkameraden diesen Kurs schon seit zwei Monaten, und die meisten von ihnen hatten gleich mit ihrer ersten Bewerbung einen Platz bekommen. Ich war überzeugt davon, dass hier die leistungsstärksten Kandidaten saßen, und war kurz davor, einen Minderwertigkeitskomplex zu entwickeln. Doch schon am Ende der ersten Unterrichtsstunde kam ich mir vor wie der letzte Streber. Dass dieser Begriff auch negativ behaftet sein kann, erfuhr ich zum allerersten Mal hier in Deutschland. Die Schulen in Kenia sind voll mit Kindern, die aus extrem bescheidenen finanziellen Verhältnissen kommen und oft genug einen dramatischen familiären Hintergrund haben. Für sie liegt es in der Natur der Sache, die Schule als Chance zu begreifen. Nur wer im Unterricht Leistung bringt, kann hoffen, den Teufelskreis aus Armut und Hoffnungslosigkeit zu durchbrechen. Dementsprechend galt Zielstrebigkeit in der Schule auch bei den Mitschülern als etwas, das großen Respekt verdiente. Dass man deswegen ausgegrenzt und zur Zielscheibe von Spott werden konnte, war eine völlig neue Erfahrung für mich.

Nicht nur die eher mageren Leistungen meiner Klassenkameraden machten mir klar, dass andere Aspekte für die Vergabe der

Studienplätze entscheidend waren als die in der Öffentlichkeit genannten. Meine Klasse bestand aus zwanzig Schülern. Ich wurde der einundzwanzigste, vier weitere Plätze blieben leer. Die Klassengemeinschaft setzte sich aus zwei Amerikanerinnen, einem Chinesen, drei Südamerikanerinnen aus Brasilien, Argentinien und Kolumbien, einem Afrikaner aus Ghana und dreizehn Schülern aus der ehemaligen UdSSR zusammen. Viele Länder des einstigen Ostblocks waren damals noch nicht der EU beigetreten. Bei Diskussionen und Debatten innerhalb und außerhalb des Unterrichts konnte man jene »Ostblocksolidarität« erkennen, die beim Eurovision Song Contest bis heute so ärgerlich ist. Es ging nicht um Kompetenz oder Inhalte, sondern darum, sich gegenseitig etwas zuzuschachern. Wir anderen hatten kaum etwas zu melden. Fast alle Klassen- und auch der damalige Schulsprecher kamen aus einem der ehemaligen Ostblockländer. Auf dem Schulhof machte Russisch der deutschen Sprache massiv Konkurrenz. Nur damit hier kein falscher Eindruck entsteht: Ich hatte nichts persönlich gegen diese Gruppe meiner Kommilitonen, mit vielen von ihnen war ich befreundet, und die Datscha-Partys, die sie hin und wieder veranstalteten, waren einfach unschlagbar. Aber ihr Selbstverständnis und die Art, wie sie alles dominierten, erinnerten mich immer daran, dass die Kikuyu in Kenia auf Kosten anderer Bevölkerungsgruppen bis heute die wichtigsten politischen und wirtschaftlichen Positionen besetzt halten.

Die meisten Lehrer unternahmen nur wenig gegen diese Blockbildung; niemanden schien es zu stören, dass die Zusammensetzung der Klassen kaum etwas mit den Bewerberlisten zu tun hatte. Es konnte nicht mit rechten Dingen zugehen, dass von 22 Schülern nur zwei aus Afrika (eigentlich hätte es nur einer sein sollen) kamen. In Anbetracht dessen fragte ich mich schon ab und zu, ob an den Gerüchten über Länderquoten etwas dran war ...

Was den Unterricht selbst anging, war er so wechselhaft wie wohl an jeder Schule. Wir hatten Pauker, die sich wirklich engagierten, auf uns eingingen und sich bemühten, ihre Stunden abwechslungsreich zu gestalten. Anderen wiederum stand die Unlust ins Gesicht geschrieben. Es gab das Gerücht, dass einige Lehrer nicht ganz freiwillig am Studienkolleg unterrichteten. Angeblich seien die unkündbaren Beamten wie Wanderpokale von einer Schule zur nächsten gereicht worden, das Studienkolleg sei das Abstellgleis, auf das sie wegen disziplinarischer Vergehen geschoben worden seien. Tatsächlich hatten manche eine Daueralkoholfahne, andere konnten nur mit Mühe die Augen offen halten oder flippten grundlos aus. Wir waren in manchen Stunden mehr damit beschäftigt, unsere Handys bereitzuhalten, um im Ernstfall den Notarzt rufen zu können, als im Unterricht aufzupassen. Selbst die besseren Lehrer fanden es oft wichtiger, über ihre Kollegen herzuziehen oder mit einem Schwank aus ihrem Leben zu prahlen, als uns etwas beizubringen. Manchmal war der Unterricht ein echtes Trauerspiel.

Dass viele der Schüler ihre Zeit im Kolleg einfach nur absitzen wollten, machte es nicht besser. Für sie war die Schule nicht mehr als eine Aufbewahrungsanstalt, die es ihnen schließlich doch noch ermöglichen sollte, in Deutschland bleiben und eine legale Arbeit finden zu können. Ob es sich dabei um einen Putzjob, eine Arbeit auf dem Bau oder in einer Kneipe handelte, war den meisten von ihnen egal. Diejenigen von uns, die höhere Ansprüche an ihre Zukunft hatten, stellte das vor gewaltige Probleme. Ich hatte Mitschüler, die bereits in ihrer Heimat ein Hochschulstudium abgeschlossen hatten; für sie war das Studienkolleg verständlicherweise eine reine Zeitverschwendung, eine ärgerliche bürokratische Hürde. Für Schüler wie mich, die das Studienkolleg als Vorbereitung auf ein Studium in Deutschland brauchten, war die Qualität des Unterrichts bei weitem nicht ausreichend. So war es kaum verwunderlich, dass viele aus meiner Klasse die

Aufnahmeprüfung für die Universität gar nicht erst bestanden oder später so große Schwierigkeiten an der Uni hatten und ihr Studium frustriert abbrachen.

Trotz all dieser Turbulenzen war meine Zeit am Studienkolleg enorm wichtig – nicht nur als Sprungbrett an die Uni, sondern auch, was meine Integration in die deutsche Gesellschaft anging. Ich hängte mich richtig rein und arbeitete in jeder freien Minute den Unterrichtsstoff nach. Ich las alles, was ich in die Finger bekam, um ein besseres Gespür für die Feinheiten der deutschen Sprache zu bekommen. Und mein Einsatz wurde belohnt: Aufgrund meiner guten Leistungen erhielt ich das Angebot, mich bereits am Ende des ersten Semesters für die Aufnahmeprüfung anzumelden. Ich fühlte mich einerseits ziemlich gebauchpinselt, war mir aber nicht sicher, ob diese kurze Vorbereitungszeit ausreichen würde. Schließlich wollte ich nicht irgendetwas studieren, sondern mein Jurastudium wieder aufnehmen. Dafür musste ich unbedingt eine besonders gute Note bekommen. Deshalb entschied ich mich, die gesamten zwei Semester zu nutzen. Es war die richtige Entscheidung, auch wenn ich an manchen Tagen, die besonders dröge waren, damit haderte. Umso mehr freute ich mich, als ich das Studienkolleg endlich hinter mir hatte. Meine Abschlussnote war so gut, dass ich ohne Wartezeit zum Jurastudium zugelassen wurde. Von nun an würde ich endlich im Gospelchor mitreden können, wenn die anderen von ihrem Leben an der Uni erzählten!

Zwischen allen Stühlen

Im Wintersemester 2002 bekam ich einen Studienplatz an der Juristischen Fakultät der Universität Hamburg. Ich hatte mich ganz bewusst nur in Hamburg beworben, das war schließlich die Stadt, in der ich nicht nur eine liebevolle Familie und viele Freunde gefunden hatte, sondern in der ich mich inzwischen auch sehr wohl fühlte. Hier hatte ich das erste Mal in meinem Leben nicht das Gefühl, ständig ein Außenseiter zu sein. Natürlich war ich oft der einzige Schwarze, meine Vergangenheit hatte auch etwas sehr Exotisches, aber ich hatte nur sehr selten das Gefühl, dass ich deswegen abgelehnt wurde. Es war eher eine Art von Neugier, mit der mir Fremde begegneten – auf Partys oder auch nach unseren Chorauftritten. Ich weiß nicht, wie oft ich die Frage beantworten musste, ob ich einen Sonnenbrand bekommen könnte. Andere sahen in mir ein willkommenes Opfer, um ihr etwas eingerostetes Englisch zu testen. Die Enttäuschung war ihnen ins Gesicht geschrieben, wenn ich auf Deutsch antwortete. Die Erfahrung, dass man mich feindselig musterte und in mir den Wirtschaftsflüchtling sah, der auf Kosten des Steuerzahlers ein schlaues Leben führte, machte ich eher selten. Auch wenn sich einige Leute im Gespräch dazu hinreißen ließen, ein paar unzensierte Witze über Schwarze zu reißen. Aber auch das war nicht weiter wild.

Hamburg war zu dem Ort geworden, den ich, ohne zu zögern, meine Heimat nennen konnte. Ich hatte während meiner ersten zwei Jahre in Deutschland die Möglichkeit bekommen, mit Robert und Thomas oder auch allein zu verreisen. Ich war in Frankreich, England, Spanien und auf Zypern gewesen, doch egal wo ich war, schon nach kurzer Zeit verspürte ich Heimweh. Es war ein Gefühl, von dem ich zwar gehört und gelesen hatte, das ich bis dahin aber noch nie selbst erfahren hatte. Ich hatte kein Heimweh nach den Orten, an denen ich aufgewachsen war, sondern nach dem Ort, an dem ich endlich *mein* Leben führen konnte.

Dazu mag auch beigetragen haben, dass ich eine Freundin gefunden hatte. In der Zeit zwischen meinem Abschluss am Studienkolleg und der Aufnahme meines Studiums fuhr ich mit ihr für drei Wochen nach Irland. Wir wollten meinen einstigen Schutzengel Mary Walsh besuchen, zu der ich bis heute einen sehr guten Kontakt habe. Am 15. Juli 2002 flogen wir von Hamburg über Paris nach Dublin. Dort wollte uns Mary in Empfang nehmen. Alles verlief glatt – bis zu unserem Zwischenstopp auf dem Pariser Flughafen Charles de Gaulle. Ich war zwar inzwischen routiniert, doch seit meiner turbulenten Ankunft in Hamburg erfasste mich an allen Flughäfen ein Gefühl der Angst, wenn ich Polizisten in der Nähe sah. Noch heute überkommt mich oft dieses beklemmende Gefühl, denn auch mit meinem deutschen Pass werde ich weitaus öfter kontrolliert als jeder weiße Fluggast. Diesmal war alles problemlos verlaufen, vielleicht, weil meine weiße Freundin immer an meiner Seite war.

Kurz vor dem Weiterflug nach Dublin kam dann das überraschende Aus. Wir hatten völlig verschlafen, dass ich als Kenianer ein Visum für Irland benötigte, auch wenn ich in Deutschland lebte. Meine Freundin hatte die Passkontrolle bereits passiert und wartete auf mich, als der Polizist meinen kenianischen Pass durchblätterte. Dann teilte er mir mit, dass ich ohne gültiges Visum nicht weiterfliegen konnte. Ich fiel aus allen Wolken. Dass meine Freundin unter diesen Umständen nicht allein weiterreisen wollte und irgendwie den Weg durch die Kontrolle zurückfinden musste, war noch mein geringstes Problem. Auch dass Mary die über 200 Kilometer von Birr im

County Offaly bis zum Flughafen nach Dublin umsonst fahren würde, war zwar tragisch, aber bei weitem nicht unser größtes Problem. Viel schlimmer war, dass unser Gepäck bereits zum Weiterflug nach Irland verladen war. Allerdings durfte kein Gepäckstück an Bord sein, ohne dass auch dessen Besitzer an Bord war. Was nichts anderes bedeutete, als dass die Maschine auf der Suche nach meinem Koffer durchwühlt werden musste, was den Start erheblich verzögerte und uns einige Scherereien bereitete.

Unser geplanter romantischer Urlaub auf einem irischen Bauernhof endete stattdessen in einer billigen Jugendherberge im Pariser Rotlichtviertel in unmittelbarer Nähe des Moulin Rouge, wo wir abends jede Menge fleißige Damen in aufreizender Kleidung antrafen. Wir schliefen in Stockbetten, teilten unser Zimmer, das kaum zehn Quadratmeter groß war, mit acht anderen Touristen aus aller Welt und die Bäder gleich mit sämtlichen Bewohnern der nicht gerade kleinen Jugendherberge. Ohne Ohropax war an Schlaf überhaupt nicht zu denken. Eigentlich nicht weiter schlimm, aber im Zusammenspiel mit der Enttäuschung, dass ich Mary nicht wiedersehen konnte, kam das als Sahnehäubchen obendrauf. Ich habe Hamburg selten so sehr vermisst wie an diesem Abend.

*

Es waren Erfahrungen wie diese, aber auch das nie zuvor gekannte Gefühl des Aufgenommenseins, die mich schließlich dazu bewegten, die kenianische Staatsbürgerschaft aufzugeben. Ich tat das mit einem lachenden und einem weinenden Auge. Zumal wenn ich daran dachte, wie sehr ich um dieses blaue Büchlein gekämpft hatte.

Was folgte, war eine rundum schöne Zeit. Ich studierte am Ort meiner Träume das Fach meiner Träume. Ich verstand mich gut mit meinen Eltern und hatte viele Freunde gefunden, mit denen ich gute Gespräche führen, es aber auch richtig krachen lassen konnte. An den Wochenenden gehörte uns die Reeperbahn, und ich hatte schnell den Spitznamen »Duracell« weg. Ich war meist der Erste auf der Tanzfläche und der Letzte, bevor die Lichter ausgingen – und das alles ohne einen Tropfen Alkohol oder irgendwelche anderen Drogen. Ich hatte auch so meinen Spaß und eigentlich immer gute Laune. Inzwischen kannte ich eine Menge Klubs, in denen ich trotz meiner Hautfarbe willkommen war. Im »Pat-Club«, der »Chinalounge« oder in der »Großen Freiheit 36« musste ich mir nie Sorgen machen, ob man mich reinlässt oder nicht. Bei »Thomas Reed« oder »Halo« wusste ich hingegen, dass ich als Afrikaner nicht einmal fragen brauchte. Hier war ich aus Prinzip nicht erwünscht. Als ich an einem Abend nachhakte, warum ich nicht hineindurfte, drehte mir einer der beiden muskelbepackten Türsteher ohne Vorwarnung die Arme auf den Rücken. »Zieh Leine, sonst gibt's aufs Maul!« Sarah, inzwischen ist sie meine Frau, war kreidebleich, weil sie fürchtete, das Ganze könne in eine Prügelei ausarten.

Andere Situationen, in denen mir meine Hautfarbe »Probleme« machte, konnte ich ebenso wenig nachvollziehen. Es passierte mir nicht nur einmal, dass mir auf der Straße plötzlich wildfremde Leute irgendwelche Zeichen machten, die ich überhaupt nicht deuten konnte. Andere hauten mich gleich direkt an, ob ich nicht »etwas Stoff« für sie hätte. Es dauerte eine Weile, bis ich begriff, dass sie mich für einen Drogendealer hielten.

Mit dem Taxifahren war das in meiner Anfangszeit in Hamburg auch so eine Sache. Aus irgendeinem Grund fiel es mir schwer, Taxis von Polizeifahrzeugen zu unterscheiden. Seit meinem Erlebnis bei meiner Ankunft am Flughafen ging ich nie ohne meinen Pass aus der Wohnung, damit ich mich immer ausweisen konnte, sollte die Polizei mich unerwartet anhalten. Ich war der festen Überzeugung, dass man mich sofort abschieben würde, sollte ich nicht in der Lage sein, an Ort und Stelle nachzuweisen, dass ich mich legal in Deutschland aufhielt. Jedes Mal, wenn ich mich einem Taxi näherte, tastete ich reflexartig meine Jackentasche ab, um mich zu vergewissern, dass ich den Pass dabeihatte. Aber als ich endlich begriffen hatte, dass von den cremefarbenen Wagen keine Gefahr ausging, passierte mir etwas, das mir jede Lust am Taxifahren raubte. Fred, ein sehr guter Freund von mir, mit dem ich 2001/2002 für meinen allerersten Marathonlauf in Hamburg trainierte, hatte mich zu seinem Geburtstag nach Eimsbüttel eingeladen. Es war ein wunderbares Fest gewesen, bei dem ich mich bestens amüsiert hatte. Die Zeit war wie im Flug vergangen, und als ich aufbrechen wollte, stellte ich fest, dass die U- und S-Bahnen nicht mehr fuhren. Da ich sehr müde war, entschied ich mich, mir ausnahmsweise ein Taxi zu leisten. Ich stellte mich an die Straße und winkte, sobald ich eines näher kommen sah. Sechs Taxis brausten einfach so an mir vorbei. Und das, obwohl nicht nur die Lichtanzeige, sondern auch ein Blick in den Wagen ganz deutlich zeigte, dass außer dem Fahrer niemand drinsaß. Nach dem siebten gescheiterten Versuch setzte ich mich ein Stück in Richtung Barmbek, wo ich inzwischen wohnte, in Bewegung. Vielleicht hatte ich auf dem Weg mehr Glück; tatsächlich reduzierten einige Taxis ihre Geschwindigkeit, nur um sofort wieder Gas zu geben, nachdem sie erkannt hatten, wer da den Daumen raushielt. Ich war genervt, außerdem steckte mir das Marathontraining vom Morgen ziemlich in den Knochen. Ich war wirklich nicht in der Stimmung, den langen Heimweg zu Fuß zu bewältigen. Aber ich hatte keine andere Wahl. Während ich missmutig vor mich hin stapfte, musste ich daran denken, wie ich mir mit Paul die Zeit auf langen Wegstrecken verkürzt hatte. Ich hätte etwas dafür gegeben, ihn neben mir zu wissen. Zumal der Weg nach Hause nicht ohne war. Als ich Robert und Thomas von meiner nächtlichen Wanderung erzählte, hielten sie mir erst mal eine Standpauke. Wie ich auf die Idee käme, allein ... Was da alles hätte passieren können ...! Besorgte Eltern eben. Dabei waren selbst die dunkelsten Ecken von Hamburg nicht im Entferntesten mit Bungoma zu vergleichen. Die Straßen hier sind so gut beleuchtet, dass ich mich hin und wieder schon einmal frage, warum die Polizei so einen Wirbel darum macht, wenn sie einen nachts ohne funktionierende Fahrradbeleuchtung erwischt ... Und selbst nach Mitternacht trifft man an der Alster noch Jogger an. Ich hatte mir also nicht wirklich Gedanken darüber gemacht, ob es sinnvoll war, die Abkürzung durch den Stadtpark zu nehmen. Der Weg war tatsächlich kaum beleuchtet, und wäre ich die Strecke nicht schon hundertmal gelaufen, wäre ich vermutlich schnurstracks in den See des Parks spaziert. Meine Angst, gleich ermordet zu werden wie auf der Strecke nach Kanduyi, hielt sich in Grenzen, und selbst bei einem Knistern im Gebüsch musste ich nicht fürchten, gleich von einem wilden Tier angefallen zu werden. Ich beruhigte mich damit, dass ich praktischerweise das viele Essen vom Fest gleich abgearbeitet hatte, dass es herrlich sei, an der frischen Luft zu sein – und dass ich ein paar Euro gespart hatte.

Das war nicht unwichtig damals, denn ich versuchte gerade, meinen Führerschein zu machen. Die theoretische Prüfung bestand ich fehlerlos, bei der Praxis haperte es etwas. Erst nach dem dritten Anlauf hielt ich den Schein in Händen. Mein Fahrlehrer, der damals kurz vor der Rente stand, hatte dafür auch gleich eine Erklärung parat. Er war überzeugt davon, dass meine Unsicherheit nur daran lag, dass man sich in Afrika weniger mit Autos als reitend fortbewegt. Die Vorstellung, wie ich auf einem wilden Kamel oder Zebra durch die Steppe galoppierte, sorgte jedes Mal für einen Lachanfall bei ihm. Ich hatte keine Ahnung, wie es sich anfühlt, auf einem solchen Tier zu reiten. Eine Kuh oder ein Ziegenbock wären der Wahrheit näher gekommen. »Afrikaner und Technik!«, war der Lieblingsspruch meines

Fahrlehrers, und er war nicht der Einzige, der sich wegen meiner Daueranwesenheit bei der praktischen Fahrprüfung zu solchen Behauptungen hinreißen ließ.

*

Afrikaner und Technik schienen genauso wenig zusammenzugehen wie Dunkelhäutige und Intelligenz. Bis dahin waren Schwierigkeiten bei jeder Art von schulischen oder akademischen Leistungen völlig unbekanntes Terrain für mich gewesen. Ich wollte nicht akzeptieren, dass das nun auf einmal anders sein sollte. Meine Deutschkenntnisse waren eigentlich sehr gut, aber bei den Feinheiten, auf die es bei Jura nun einmal ankommt, stieß ich an meine Grenzen. Es ärgerte mich wahnsinnig, dass einige meiner Kommilitonen zu glauben schienen, mir fehle es an Intelligenz. Es wirkte wie ein Reflex: Der »Schwarze« kann nicht bis drei zählen. Dabei ist es verdammt schwierig, sich in einer Fremdsprache immer hundertprozentig richtig auszudrücken. Man ist sicher, genau den Punkt getroffen zu haben, und liegt doch haarscharf daneben. In solchen Momenten bereute ich es manchmal, nach Deutschland gekommen zu sein. In Kenia kannte ich das System, die Sprache und die Kultur. Ich hätte dasselbe Studium wesentlich leichter, viel schneller und wahrscheinlich ohne Probleme geschafft.

Mit einem ganz anderen Klischee über Afrikaner wurde ich konfrontiert, als ich meinen ersten Marathonlauf in Hamburg absolvierte. Nachdem ich in den ersten Wochen ja beachtlich an Gewicht zugelegt hatte, hatte ich mit dem Joggen begonnen. Anfangs etwas widerwillig, aber mit der Zeit hatte ich mich mit dem Laufvirus richtig infiziert. Es gibt ja diesen blöden Spruch: »Der Afrikaner kann sicher mit bloßer Hand ein Zebra fangen!« Und getreu dieser Annahme war man als Schwarzer natürlich per se ein begnadeter Läufer. Dass man nicht alle über einen

Kamm scheren kann, fällt dabei gerne unter den Tisch; es gibt Volksgruppen, die aufgrund ihrer Konstitution tatsächlich zum Rennen geboren scheinen, andere bringen diese Voraussetzungen schlicht nicht mit. Die meisten Spitzenläufer kommen übrigens aus dem Hochland. Trotzdem verfährt man nach dem Prinzip »Schwarz bleibt Schwarz«. Selbst die Medien behandeln in manchen Berichten den afrikanischen Kontinent, immerhin den zweitgrößten auf der Welt, mit seinen über fünfzig Ländern, als wäre er ein einziges unterentwickeltes monokulturelles Dorf.

Eigentlich war ich in Kenia ein eher mittelmäßiger Läufer gewesen. Ich hatte das Laufen als Sportart schnell aufgegeben, als mir klargeworden war, dass ich niemals auch nur annähernd mit den Kalenjin, jener Bevölkerungsgruppe, aus der die meisten Weltklasselang- und Mittelstreckenläufer meiner Heimat stammen, mithalten könnte. Deshalb hatte ich mich in der Schule lieber auf Basketball, Fußball und Rugby konzentriert, wenngleich ich auch hier nicht besonders glänzte. Das Laufen als Freizeitbeschäftigung entdeckte ich erst in Deutschland. Wenn ich beiläufig erwähnte, dass ich laufen ging, erntete ich immer wissendes Kopfnicken. »Ist klar, du kommst ja auch aus Kenia.« Ich geriet regelrecht unter Erfolgsdruck. Der läuferischen Niete, die ich in meiner Heimat gewesen war, traute man plötzlich zu, alles in Grund und Boden rennen zu können …

Während ich mit den immer gleichen Leuten um die Alster joggte, reifte in mir der Gedanke, am alljährlichen Stadtmarathon teilzunehmen. Am 21. April 2002, einem Sonntag, war es so weit. Vor allem den Start werde ich nie im Leben vergessen. Es gibt verschiedene Startpositionen und Startgruppen, je nach Laufleistung. Vermutlich, weil irgendjemand das Wort »Kenia« in meinen Anmeldeunterlagen entdeckt hatte, bekam ich einen exklusiven Startplatz unter den Weltklasseläufern zugewiesen. Es war ein komisches Gefühl zu sehen, wie die weißen Läufer der hinteren Startgruppen, von denen einige sicher schneller waren als ich, mir den Weg nach vorne frei machten. Und so fand ich mich inmitten all der Top-Athleten wieder, die in ihrer Heimat Nationalhelden waren und mit ihren Siegen bei großen Leichtathletikevents daran erinnerten, dass trotz jahrzehntelanger Unterdrückung und Diskriminierung Talente erblühen konnten.

Schon kurz nach dem Startschuss um Punkt neun Uhr bemerkten die Profis mit ihren bleistiftdünnen Beinen, dass ich in ihrem Kreis nichts zu suchen hatte. Ich sah sie nur noch von hinten und dann erst wieder in der Montagsausgabe der Zeitung – auf einem Bild vom Siegertreppchen. Ich konnte das ganz gut verschmerzen. Viel interessanter war für mich, wie die Zuschauer auf mich reagierten. Anfangs hörte ich noch, dass manch einer sagte: »Also, wenn ich so lange Beine hätte wie der, wäre ich bestimmt auch so schnell …« Aber diese Kommentare legten sich, je länger ich auf der gesamten 42,195 Kilometer langen Strecke unterwegs war. Man sagt, dass sich beim Marathon Menschen mit schwarzer Hautfarbe gewöhnlich unter den vordersten Läufern einfinden und kaum im Mittelfeld, schon gar nicht ganz hinten. Nun, ich muss in dieser Hinsicht für eine kleine Überraschung gesorgt haben. Zwar war ich weit davon entfernt, als Schlusslicht der gut 20.000 Läufer einzutrudeln, aber je länger die Strecke dauerte, desto häufiger hörte ich ermunternde Zurufe wie: »Deine Brüder sind schon im Ziel! Was machst du denn immer noch auf der Strecke?«. Auch wenn ich es am Ende ganz gut schaffte, unter der psychologisch so wichtigen Drei-Stunden-Marke einzutrudeln – ein beachtliches Ergebnis für jeden Amateurläufer –, beschloss ich von nun an, meine »Fähigkeiten« eher unter Ausschluss der Öffentlichkeit unter Beweis zu stellen. Neuerdings auch sehr gerne in Begleitung meiner kleinen Tochter, die ich im Kinderwagen dabei vor mir herschiebe.

*

Abgesehen von solchen »Highlights« spielte sich mein Leben zu dieser Zeit weitgehend hinter meinen Büchern ab. Mein Jurastudium ähnelte immer mehr meiner praktischen als meiner theoretischen Fahrprüfung. Ich hatte Angst vor der Zukunft, Angst, das Pensum nicht bewältigen zu können, was sich auch körperlich bemerkbar machte. Meine rasenden Kopfschmerzen kehrten zurück, und ich kämpfte mit Depressionen.

Die Erkenntnis, dass es nicht viel bringt, ein Fach wie Jura zu studieren, ohne Muttersprachler zu sein und ohne in einem ähnlichen Rechtssystem aufgewachsen zu sein, war schmerzhaft. Ich war in diesem mehr oder weniger anonymen Massenstudiengang ohne persönliche Betreuung komplett verloren. Ich lernte und lernte, aber ich kam auf keinen grünen Zweig. Ich habe mich noch nie so angestrengt, trotzdem schaffte ich in zwei Semestern gerade einmal zwei Scheine, wobei einer davon allein für die regelmäßige Anwesenheit vergeben wurde. Beim anderen hatte ich in der Prüfung nur fünf von fünfzehn Punkten bekommen. Ein Punkt weniger, und ich wäre durchgefallen.

Ich überlegte, ob es nicht besser wäre, woanders Jura zu studieren, auf Englisch. Ich schrieb einige Bewerbungen und erschrak furchtbar, als ich eine Zusage von der Uni im schottischen Aberdeen erhielt. Robert und Thomas hatte ich nichts von meinen Plänen erzählt. Nicht, weil sie mir ein Auslandsstudium verweigert hätten, sondern weil sie für mich durch niemanden zu ersetzen sind. Die Zusage aus Aberdeen stürzte mich in einen tiefen Konflikt. Auf der einen Seite stand die Chance, vielleicht doch noch meinen Traum zu verwirklichen; auf der anderen Seite standen die wichtigsten Menschen in meinem Leben, mein Zuhause, meine Freunde. Egal, wie ich mich entschied, es konnte nur falsch sein.

Ich fühlte mich zwischen allen Stühlen. Längst hatte ich mich an das Leben in Deutschland mit all seinen Annehmlichkeiten gewöhnt. Gleichzeitig hatte ich das Gefühl, hier beruflich nicht Fuß fassen zu können, zu hoch waren die Hürden, die ich mir durch die Wahl meines Studienfachs selbst in den Weg gestellt hatte. Zudem litt ich darunter, bei aller Dankbarkeit für mein neues Leben, dass meine Verbindungen nach Kenia immer weniger mit mir als Person zu tun hatten. Zwar stand ich sporadisch per Brief, E-Mail und selten per Telefon in Kontakt mit einigen meiner ehemaligen Freunde. Aber sie begegneten mir nicht mehr auf Augenhöhe, für sie war ich der reiche Onkel aus dem Ausland, der sie hier und da mit einem Hundert-Euro-Scheck sponsern konnte. Anfangs hatte ich dieses Spiel auch mitgespielt, bis ich fast pleiteging und eine meiner Beziehungen unter anderem daran zerbrach. Auch mit meinen Eltern, die nicht selten für meine finanzielle Schieflage aufkommen mussten, war ich deswegen aneinandergeraten. Sie meinten, ich würde ein Fass ohne Boden stopfen wollen, während ich der Auffassung war, doch nur einen kleinen Freundschaftsdienst zu leisten. Aber Freundschaften, die hauptsächlich durch Kohle zusammengehalten werden, tragen einen nicht. Es war ein schmerzhafter Prozess, dass meine einstigen Freunde in mir nicht mehr den Menschen sahen, der mit ihnen durch dick und dünn gegangen war, sondern einen Geldautomaten auf zwei Beinen, der per Knopfdruck ein paar Scheinchen ausspuckte. Irgendwann beantwortete ich keine E-Mails mehr, rief niemanden mehr an und brach fast alle Kontakte ab – außer zum Kinderheim in Bungoma. Mit diesem Schritt verlor ich den letzten Rest Heimat in Kenia.

Es war wie ein Phantomschmerz, nur dass mir kein Bein fehlte. Trotzdem lief ich wie amputiert durch die Uni. Die deutsche Sprache, besonders das Hochdeutsch, das ich am Deutsch-Institut für Ausländer so gut gelernt hatte, das aber kaum jemand auf der Straße nutzte und auf dessen Kenntnis ich so stolz gewesen war, schien mich wie ein wurmstichiges Holzbein am Fortkommen zu hindern. Und der Schönfelder, jener rote

Plastikordner, der auf dünnstem Papier einen Teil der vielen deutschen Gesetzessammlungen enthält, fühlte sich in meinem Ranzen an, als wöge er zehn Tonnen. Ich schlich traurig über den Campus, konnte nachts kaum noch schlafen und quälte mich mit düsteren Gedanken. Irgendwann griff der Überlebensmechanismus, den ich auf der Straße gelernt hatte. Nicht aufgeben. Es gibt eine Lösung, auch wenn du sie auf den ersten Blick nicht siehst. Für mich hieß das, dass ich einen Weggang auf Probe wagen wollte. Ich reiste nach London, als Vorbereitung auf einen möglichen Wechsel nach Aberdeen. Ich dachte, allein der Klang der vertrauten Sprache würde mir die Angst nehmen und mir eine Entscheidung erleichtern. Das tat er auch, allerdings anders als erwartet. Kaum angekommen, packte mich entsetzliches Heimweh. Ich konnte nicht aufhören, an meine Familie, meine Kirchengemeinde und meine Freunde zu denken, und je länger ich blieb, umso weniger konnte ich mir vorstellen, ohne sie zu leben. Unmittelbar nach meiner Rückkehr sagte ich den Studienplatz in Schottland ab. Es musste auch in Hamburg eine Alternative für mich geben.

Eine folgenschwere Entscheidung

Es ist erstaunlich, was für einen riesengroßen Unterschied ein Stück Papier machen kann, das einen als Deutschen ausweist. Während meiner ersten Zeit in Deutschland hatte mir die Ausländerbehörde keine Arbeitserlaubnis erteilt. Als ich sie endlich mit meinem neuen Pass in Händen hielt, war ich entschlossen, sie nach Kräften zu nutzen. Nach der langen Zeit des Nicht-arbeiten-Dürfens nahm ich beinahe jeden Job an, den ich in die Finger bekam. Hauptsächlich während der Semesterferien, abends oder an den Wochenenden. Ich jobbte als Komparse für Werbespots, modelte für Tchibo, unterrichtete Kiswahili und dolmetschte für Ämter und Firmen. Robert meinte einmal im Spaß, ich wäre ja wohl bereit, mit fast allem Geld zu verdienen. Es war nicht ganz einfach, alles unter einen Hut zu bringen; nicht nur zeitlich, auch mit der Steuer hatte ich so meine liebe Not. Irgendwann wurde es schwierig, all meine Jobs bei der Steuererklärung so aufzuführen, dass es für das Finanzamt nachvollziehbar war. Ich erhielt einige Mahnungen und musste mir schleunigst einen guten Steuerberater zu Hilfe holen.

Es gab Arbeiten, die ich ehrenamtlich übernahm, bei anderen verdiente ich richtig Geld. Bei Pfarrkonferenzen der Evangelischen Kirche Deutschlands durfte ich mich zum Beispiel um die Kinder der aus dem Ausland angereisten Kirchenvertreter kümmern. Außerdem trat ich 2003 bei einem Schlagerabend mit vielen deutschen Stars wie Roland Kaiser, Tony Marshall und Michelle im ARD-Fernsehen auf. Man hatte mich als Background-Sänger für Roland Kaiser engagiert. Als Ausländer, der damals im kulturell buntgemixten Hamburger Stadtteil Barm-

bek lebte, hatte der Text des Liedes, das ich an diesem Abend mitsang, eine besondere Bedeutung für mich:
»In unserer Straße ist die halbe Welt zu Haus.
Und alle dürfen hier in Glück und Frieden leben.
Mag es da draußen auch die schlimmsten Krisen geben,
hier kommen alle Menschen miteinander aus ...«
Ich war hinterher nicht nur stolz auf meine üppige Gage, sondern auch darauf, im Ersten Deutschen Fernsehen aufgetreten zu sein. Als ich später meinen Kommilitonen begeistert davon erzählte, fragten sie mich nur, wie viel Schmerzensgeld ich dafür bekommen hätte. Schlagersendungen standen bei ihnen nicht allzu hoch im Kurs.

*

In dieser Zeit erinnerte ich mich immer wieder an Roberts Brief, in dem er mich dazu ermutigt hatte, das zu tun, was mir Spaß machte. Wenn ich ehrlich war, musste ich mir eingestehen, dass mir die Welt der Paragraphen zu weit von den Menschen weg war. In Kenia wie in Deutschland sind Juristen hoch angesehen; vielleicht hatte ich mich für diesen Studiengang entschieden, weil ich genau das sein wollte. Geachtet und angesehen. Vom Straßenkind an die Spitze.

Sicher hätte ich das Studium schaffen können – aber um welchen Preis? Dass ich mich tagein, tagaus mit einem Job plagte, den ich zwar irgendwie hinbekommen würde, in dem ich aber nicht gut sein konnte, weil er mir im Grunde nicht entsprach? Ich bin jemand, der sich mit Haut und Haaren in eine Sache hineinwerfen kann, der Spaß daran hat, sich für andere einzusetzen. Dieser Teil der Juristerei hat mich durchaus angesprochen. Aber ich wollte auf einer anderen Ebene mit Menschen kommunizieren, nicht nur im Rahmen von Regeln und deren Auslegung.

Je länger ich darüber nachdachte, umso klarer wurde mir, dass ich mit Kindern arbeiten wollte. Ich fand schnell Zugang zu ihnen, hatte immer schon für Jüngere Verantwortung übernommen und selbst die bittere Erfahrung gemacht, wie es ist, sich von klein auf durchkämpfen zu müssen. Meine Zeit auf der Straße hat Spuren hinterlassen. Positive, weil ich gelernt habe, mich auf mich zu verlassen. Negative, weil ich dabei das Trauma des Verlassenseins erfahren habe, die Angst, den nächsten Tag nicht zu überleben, das Gefühl der Ausweglosigkeit. Ich weiß, wie es sich anfühlt, zu hungern – egal, ob es dabei um ein Stück Brot geht oder das Bedürfnis, in den Arm genommen zu werden. Es gibt immer wieder Situationen, in denen mir meine Vergangenheit zusetzt. Aber sie werden seltener. Auch weil ich gemerkt habe, dass es selbst in Deutschland Kinder gibt, die ganz ähnliche Erfahrungen gemacht haben. Natürlich gibt es hier ein anderes soziales Netz als in Afrika, aber die Einsamkeit fühlt sich in Kampala, Entebbe oder Nairobi genauso beschissen an wie in Hamburg. Im Kontakt mit Kindern und Jugendlichen, vor allem in meiner Kirchengemeinde, habe ich gemerkt, dass meine eigene Vergangenheit mir dabei hilft, einen guten Draht zu ihnen zu finden. Ich weiß nicht, ob ich mich besser in sie hineinversetzen kann und ihnen eher auf Augenhöhe begegne. Jedenfalls scheine ich etwas auszustrahlen, das ihnen das Gefühl gibt, dass sie sich nicht verstellen müssen. Dass ich so bin, wie ich nun einmal bin, und mich wenig um Konventionen schere. Dass ich Prinzipien habe, die ich ihnen nicht überstülpe, sondern die ich ihnen im gemeinsamen Gespräch nahebringen möchte. Man muss Kinder mitnehmen; nur ein Schild aufzustellen, das die Richtung vorgibt, trägt allein nicht dazu bei, dass sie eines Tages selbst die Orientierung auf ihrem Lebensweg finden. Ich bin felsenfest davon überzeugt, dass jedes Kind mit der richtigen Unterstützung aus jeder noch so hoffnungslosen Situation herauskommen und ein neues Leben aufbauen kann. Man muss ihm nur eine Chance geben und es begleiten. Wozu es führt, wenn Kinder alleingelassen werden, egal wie vermeintlich wohlhabend die Gesellschaft, die sie umgibt, auch sein mag, habe ich am eigenen Leib erfahren. Emotionale Verkümmerung kann nicht durch finanzielle Zuwendung kompensiert werden. Und Chancengleichheit ist auch in Deutschland in vielen Bereichen nur ein vielbemühtes Schlagwort.

Aber ich greife vor. Nach einer Zeit des Haderns und Ringens wusste ich plötzlich, wie es mit meinem eigenen Leben weitergehen sollte. Da ich mit der englischen Sprache aufgewachsen bin und Sport meine große Leidenschaft ist, nahm ich 2004 ein Lehramtsstudium in den Fächern Englisch und Sport auf. Ich hatte plötzlich das Gefühl, das Richtige zu tun und bis dahin meine Zeit vergeudet zu haben. Ich wollte die verlorene Zeit unbedingt wieder wettmachen, indem ich so schnell wie möglich studierte. Ich nahm nur noch dann Nebenjobs in den Semesterferien an, wenn meine Hausarbeiten geschrieben waren. Gesangsauftritte auf Hochzeiten, Taufen und anderen Privatveranstaltungen reduzierte ich, was leider dazu führte, dass auch meine sozialen Kontakte mehr litten, als mir lieb war. Ich musste mir einiges anhören, wenn ich zum wiederholten Male nicht zum Baden mit an den See fuhr oder als Spaßbremse eine Party nach nur wenigen Stunden verließ. Aber ich war fest entschlossen, dem sozialen Druck nicht nachzugeben, solange meine Eltern und Sarah zu mir hielten.

*

In den ersten Semesterferien meines neuen Studiums wollte ich für drei Wochen nach Kenia fliegen. Ich hatte mir diesen Schritt gründlich überlegt. Während der vergangenen Jahre hatte ich mich seelisch nicht in der Lage gefühlt, diese Fahrt zu wagen. Zu frisch waren die ganzen Erlebnisse gewesen, die Narben längst nicht verheilt. Vier Jahre war es nun her, dass ich Kenia verlassen hatte.

In den Wochen vor meiner Abreise in meine alte Heimat hatte ich immer wieder an eine Biologiestunde zum Thema Parasiten denken müssen. Das Thema Würmer hatte uns damals besonders aufhorchen lassen. Ich habe noch ganz genau in Erinnerung, wie es aussah, als sich ein Wurm aus der Nase eines der Kinder ans Licht wagte, während wir Fangen spielten. Ich erlaube mir, auf die weiteren Details zu verzichten, denn die Nase war nicht die einzige Körperöffnung, aus der Band- und Spulwürmer herauslugten. In dieser Biologiestunde lernte ich, dass es auch Parasiten gibt, die mit unserem Körper in Symbiose leben. Es besteht nicht nur eine gegenseitige Abhängigkeit, einige von ihnen sind sogar so wichtig, dass wir ohne sie nicht überleben könnten. So ähnlich war das mit meiner kulturellen Prägung. Sie war einfach da, sie ließ sich nicht aus der Nase ziehen wie ein Wurm, sondern war etwas, ohne das ich nicht leben konnte. Als ich nach Deutschland kam, war ich so damit beschäftigt, mich in der neuen Kultur zurechtzufinden, dass ich fast alles, ohne groß darüber nachzudenken, aufsog wie ein Schwamm. Alles war neu, alles schien so viel besser als das, was ich hinter mir gelassen hatte. Ich hatte die Vergangenheit abstreifen wollen wie eine alte Schlangenhaut und brauchte eine Weile, bis ich begriff, dass ich doch nicht aus meiner Haut konnte. Ich musste erst lernen, dass wir unsere Persönlichkeit zwar ständig erweitern können, ein gewisses Grundmuster aber trotzdem bestehen bleibt. Wie bei einem Puzzle mit unendlich vielen Teilen. Manche passen zu uns, erweitern unseren Horizont, aber wenn man versucht, manche Teile passend zu machen, wird das Muster schief. Ich hielt zwar schon an ein paar grundsätzlichen Prinzipien fest, die für mich ein solider Teil meiner Persönlichkeit waren, aber ansonsten war ich für fast alles zu haben. Bei dem Tempo, mit dem ich mich an die hiesigen Gewohnheiten anpasste, war es kein

Wunder, dass mein Freundeskreis schon Wetten darauf abschloss, dass ich zum Säufer werden würde. Die Wette verloren sie zwar – die Erinnerungen an Paul wogen zu schwer –, aber trotzdem gab mir das zu denken. Irina aus Estland, damals meine beste und wichtigste Freundin, hatte es einmal auf den Punkt gebracht: »Deine afrikanische Unschuld ist deine allergrößte Stärke und wertvollste Anziehungskraft. Du darfst sie unter keinen Umständen und für kein Geld und keine andere Kultur der Welt jemals aufgeben«, sagte sie mir eines Tages bei einem Abendessen in einem spanischen Restaurant. Ich wollte damals um jeden Preis in Deutschland ankommen und akzeptiert werden. Die Kunst, sich möglichst schnell anzupassen, um zu überleben, hatte ich schon in meiner Zeit als Straßenkind in Kenia gelernt. In Deutschland habe ich sie perfektioniert.

Wenn ich heute mein altes Tagebuch durchblättere, fällt mir auf, dass mir damals unterschwellig schon bewusst war, dass ich dafür einen Preis zu zahlen hatte. Sätze wie diese springen mir besonders ins Auge: »Ich habe mich verändert, sehr verändert ... Und das macht mir manchmal Angst ...« Ich war mitten in eine Identitätskrise geraten. Ich weiß noch, dass ich damals unbedingt eine Schwarze als Freundin haben wollte, weil ich glaubte, so meine eigenen Wurzeln besser bewahren zu können. Natürlich war das Quatsch – in meiner Erinnerung waren meine Wurzeln schlecht, es war naiv zu glauben, eine afrikanische Freundin allein hätte daraus eine blühende Pflanze machen können. Außerdem ist Afrikaner nicht gleich Afrikaner. Vor allem im Ausland treten die Grenzen zwischen den einzelnen Kulturen viel stärker zutage, ein unguter Nationalstolz, der manchmal in unterschwelligen Rassismus umschlagen kann. Ich erlebte Situationen, in denen sich Afrikaner aus verschiedenen Ländern gegenseitig beschuldigten, kriminell zu sein, auch wenn es dafür keine Belege gab. Ich erlebte, wie hellhäutige Afrikaner auf dunklere herabsahen und wie man alles dafür tat, um »unter sich« zu bleiben. Es mag verständlich sein, diese Grenzen in einem fremden Land besonders hochzuhalten. Für mich war das eine erneute Form der Ausgrenzung; und davon hatte ich in meinem Leben mehr als genug erfahren. Dabei musste ich doch gerade lernen, mit allen Menschen, gleich welcher kulturellen Herkunft und Prägung, auszukommen und sie so zu akzeptieren, wie sie sind. Heute weiß ich, dass dieser Erkenntnis ein wichtiger Schritt vorausgeht: Man kann andere erst in ihren Eigenheiten akzeptieren, wenn man sich selbst als den Menschen annimmt, der man ist. Als einen Menschen mit Stärken und Schwächen, mit dunklen und mit hellen Seiten. Als Menschen, der Wurzeln hat, die ihn geprägt haben und die man nicht mit Stumpf und Stiel ausreißen kann, egal wie faulig sie im Boden des eignen Selbst stecken. Ich musste erst lernen, eine Balance zu finden zwischen dem, was ich von der deutschen Kultur wirklich annehmen wollte, und dem, was ich keinesfalls ablegen wollte. Ich musste aufhören, mich zu verändern, nur um von allen Seiten akzeptiert zu werden – um den Preis, dass ich mein Innerstes verleugnete. Es war manchmal ein zähes Ringen. Heute weiß ich, dass ich erst durch diesen Prozess gehen musste, bis ich bereit war, meine Reise zurück nach Kenia anzutreten.

Diese Ehrlichkeit mit mir selbst führte auch dazu, dass ich in einem ganz entscheidenden Punkt offener wurde. Ich hatte schnell gemerkt, dass auch in Deutschland Homosexualität nicht überall als Lebensform akzeptiert war. In Ostafrika, wo die Lage schwuler und lesbischer Menschen noch viel krasser ist, gilt Homosexualität als unsittliches Verhalten, das angeblich erst von den Kolonialherren aus Europa eingeschleppt worden war. In Uganda steht derzeit ein Gesetzesentwurf vor der Abstimmung im Parlament, der unter anderem durch christliche Fundamentalisten aus den USA forciert und finanziell unterstützt wird. Falls dieser Entwurf Gesetz wird, sollen Schwule künftig mit dem Tod bestraft werden, sollte ihr widernatürliches Verhalten publik werden. Verwandten droht eine Freiheitsstrafe von bis zu sieben Jahren, wenn sie homosexuelle Familienmitglieder nicht anzeigen. Gegner dieses Entwurfs, die sich an die Öffentlichkeit gewagt haben, kamen in den vergangenen Monaten auf mysteriöse Art und Weise ums Leben. Zum Glück ist die Situation in Deutschland damit nicht vergleichbar, es hat sich viel getan, auch wenn ich der Meinung bin, dass in manchen Bereichen noch Nachholbedarf besteht. Dabei muss ich mich auch an meine eigene Nase fassen: Anfangs hatte ich vor lauter Angst, abgelehnt zu werden, Nachfragen nach meinen Eltern eher ausweichend beantwortet. Und wenn es sich gar nicht vermeiden ließ, murmelte ich etwas von einer traditionellen Mann-Frau-Beziehung. Es dauerte, bis ich einigen wenigen engen Freunden die Wahrheit anvertraute. Wenn ich log, fühlte ich mich schäbig. Robert und Thomas waren Menschen, auf die ich so stolz war, die ich liebte und die mich immer so angenommen hatten, wie ich bin. Trotzdem fiel ich ihnen in den Rücken, nur aus der egoistischen Angst, abgelehnt zu werden. Eines Tages kippte der Schalter um. Wer meine Familie ablehnte, ohne sie zu kennen, konnte mir gestohlen bleiben. Die Leute sollten mich so akzeptieren, wie ich bin, und dazu gehörte meine neue Familie genauso wie meine Vergangenheit.

*

Wie sehr ich mich in Deutschland verändert hatte, merkte ich vor allem auf meiner Reise nach Kenia. Zunächst einmal war es ein merkwürdiges Gefühl, dass ich nun für einen Besuch in dem Land, in dem ich aufgewachsen war, ein Visum benötigte. Und in meinem Koffer befanden sich plötzlich Dinge, an die ich vorher nie einen Gedanken verschwendet hätte. Robert stattete mich mit einer ganzen Reiseapotheke aus, ein Mittelchen gegen dies, eines gegen jenes, selbst ein Moskitonetz hatte ich im Gepäck. Das ließ ich allerdings ungeöffnet in seiner Plastikverpackung, weil ich fürchtete, man könnte mich auslachen. Ich stopfte all das in meinen Koffer, was mir in Hamburg entbehrlich erschien, überlegte, wem ich mit was eine Freude bereiten konnte, und malte mir aus, wie meine Begegnung mit der Vergangenheit ausfallen würde. Ich freute mich, alle wiederzusehen und meine alte, vertraute Umgebung zu besuchen – weil ich es diesmal freiwillig tat. Im Grunde machte ich mir keinerlei Gedanken darüber, dass alles doch ganz anders werden könnte. Auch, weil ich mich verändert hatte. Solche Gedanken schienen mir vollkommen überflüssig; schließlich war ich ja noch nicht ewig in Deutschland.

Voller Vorfreude kam ich in Kenia an. Schon auf dem Flughafen ging es los: Ich glaubte zwar damals, noch immer sehr gut Kiswahili zu sprechen, doch alle schmunzelten über meine Aussprache. Ich weiß nicht, welche Signale ich sendete, aber bei kaum einem meiner alten Freunde hatte ich das Gefühl, dass sie in mir immer noch den alten Philip erkannten. Einmal wurde ich sogar als Kokosnuss beschimpft; drinnen weiß und nur außen schwarz ...

Manch alter Kumpel hatte mich bereits abgeschrieben, seit ich aufgehört hatte, Schecks aus Deutschland zu schicken. Keiner von ihnen verstand, dass ich das irgendwann abbrechen musste, um mich und meine neue Familie zu schützen. Und der eine oder andere versicherte mir, dass man die Freundschaft mit ein paar Schecks ganz schnell wiederbeleben konnte.

Am allermeisten freute ich mich auf das Kinderheim in Bungoma. Ich wusste aus eigener Erfahrung, wie sehr das Heim auf Spenden angewiesen war, und hatte schon im Vorfeld meiner Reise versucht, kräftig die Spendentrommel zu rühren. Aber abgesehen von meinen Eltern, meiner Kirchengemeinde und dem Chor, der extra zu diesem Anlass ein Konzert gab, war ich sonst eher auf Skepsis und Misstrauen gestoßen. Bei meinen damaligen Arbeitgebern biss ich auf Granit. Dennoch hatte ich am Ende achthundert Euro zusammen, mit denen ich dafür sorgen wollte, dass auf dem Gelände des Kinderheims endlich ein eigener Brunnen gebaut wurde. Ich achtete strikt darauf, dass das Geld nicht in falsche Hände geriet. Nach meiner Abreise überwachte mein ehemaliger Englischlehrer und Freund Emmanuel Nandokha die Bauarbeiten. Er kontrollierte, dass auch der letzte Cent für das Kinderheim ausgegeben wurde, denn die Heimleitung war zu dieser Zeit immer noch die alte. Erst später wurde sie – auch dank des Einsatzes von Heidi – durch eine nicht korrupte Führung ersetzt, die sich bis heute vertrauenswürdig für das Wohl der Kinder einsetzt.

Es war komisch, mein altes Zuhause wiederzusehen. Alles war ganz anders, als ich es nun aus Hamburg kannte, aber trotzdem sehr vertraut; ich kannte jede Ecke, jede Straße, jedes Haus, jeden Baum und jeden Stein. Ich wusste, wie das Leben hier ablief, da konnte mir keiner etwas vormachen, und ich erkannte auch vieles, was für die meisten hinter der Fassade verborgen geblieben wäre. Und trotzdem hatte ich jetzt einen neuen Blick auf die Menschen und Lebensumstände meiner alten Heimat. Ich war nicht mehr Philip, das Heimkind, sondern hatte plötzlich einen anderen Status. Alle, die mich von früher her kannten, behandelten mich auf einmal übertrieben nett und mit Respekt. Vor allem bei den Mamas und der Heimleitung wirkte das ziemlich aufgesetzt. Trotzdem bemühte ich mich, ihnen ohne Rachegefühle gegenüberzutreten. Bei meiner Ankunft im Heim wurde ich von zahlreichen heranstürmenden Kindern empfangen, die sich geradezu darum prügelten, mein Gepäck zu tragen, und um mich herumwuselten wie junge Hunde. Die Mamas erwarteten mich am Ende der langen sandigen Auffahrt zu den Gebäuden. Ich bekam das Gästezimmer zugewiesen, anschließend wurde ich herumgeführt, als sei ich noch nie hier gewesen, sondern einer der Sponsoren aus Europa. In den nächsten Tagen standen zahlreiche Besuche bei den Geschäftsleuten an, die mir und dem Kinderheim damals sehr geholfen hatten und dies größtenteils heute noch tun. Auch wenn ich meist unangemeldet hereinplatzte, nahm sich jeder Zeit und bestürmte mich mit Fragen. Während ich Kekse und Cola verdrückte, erzählte ich von meinem neuen Leben in Deutschland, von den Leuten dort, was ich den ganzen Tag tat, und so weiter und so fort. Abends war ich nicht nur völlig erschöpft vom vielen Erzählen, mein Bauch rumorte wegen der ganzen Süßigkeiten und der vielen Kohlensäure.

Am meisten Spaß machte es mir allerdings, mit den Kindern im Heim zu spielen. Ihre lachenden Gesichter und ihre unglaubliche Freude, wenn sich jemand Zeit für sie nahm, ließen mich demütig werden. Ich war beeindruckt, wie sich einige der Kinder, die ich noch kannte, trotz ihrer schwierigen Lage entwickelt hatten. Margaret, die Älteste, studierte inzwischen. Andere wie Lillian, Nanjala und Wekesa besuchten die Secondary School. Die Kleineren kamen in der Schule gut voran. Das zu sehen und zu erfahren bestärkte mich in meinem Glauben, dass ich mit meinem neuen Studiengang den richtigen Weg eingeschlagen hatte.

Mit dieser Erkenntnis flog ich zurück nach Deutschland, um mein Studium fortzusetzen. Es fiel mir sehr viel leichter und machte mir viel mehr Spaß. Das lag aber nicht daran, dass ein Lehramtsstudium grundsätzlich einfacher wäre, und ganz sicher auch nicht daran, dass ich nun Englisch studierte; in fast allen Englischseminaren und Vorlesungen wurde Deutsch gesprochen. Es lag auch nicht daran, dass mir jede Form von Sport leichtfiel; schließlich stand auf meinem Studienplan nicht nur Sportpraxis, sondern jede Menge Theorie wie Sportgeschichte, Sportmedizin oder Anatomie. Dass mir mein neues Studium so leicht von der Hand ging und so viel Freude bereitete, lag schlicht daran, dass es mir dabei half, endlich den richtigen Weg für mich zu beschreiten. Ich wollte unbedingt mit Kindern arbeiten.

Meine Jurakrise und mein Ringen mit der Option, ins englischsprachige Ausland zu wechseln, waren bald Schnee von gestern.

Ein Zuckerschlecken war mein Studium deshalb noch lange nicht. Manche Kommilitonen und auch einige der Dozenten beäugten mich kritisch. Ich war während der Vorlesungen meistens der einzige Schwarze in den riesigen Seminarräumen und Hörsälen. Ich fiel allein deswegen schon auf, ein Exot unter den ganzen Weißen. Ich hatte das Gefühl, dass ich mir nichts zuschulden kommen lassen durfte und mich immer vorbildlich verhalten zu müssen. Vermutlich war das weniger dem Druck von außen geschuldet, sondern weitgehend hausgemacht. Zu tief steckte die Angst in mir, mich in diesem System nicht behaupten zu können. Rational wusste ich, dass mir nichts weiter passieren konnte, als dass ich ein Seminar wiederholen musste. Aber in diesem Punkt schlug mir meine Vergangenheit immer wieder ein Schnippchen. Zu oft war ich trotz hervorragender Leistungen gescheitert – am System, an Willkür, an Faktoren, die ich nicht steuern konnte. Hier war ich längst noch nicht hundertprozentig mit dem System vertraut, und wer den Massenbetrieb an der Hamburger Universität kennt, weiß, dass es so gut wie keine persönliche Studentenberatung gibt.

Hinzu kam, dass ich mich manchmal zu leicht verunsichern ließ. Einmal besuchte ich zusammen mit anderen Sportstudenten und einem Dozenten zum Abschluss eines Wochenendausflugs eine Diskothek. Auf der Tanzfläche zog ich sehr viel Aufmerksamkeit auf mich, was zur Abwechslung einmal nicht an meiner Hautfarbe lag. Am Ende des Abends kam der Dozent zu mir und meinte allen Ernstes, dass ich an der Universität nur meine Zeit vergeuden würde. Ich solle mir lieber überlegen, Tänzer zu werden, oder mit irgendetwas anderem in der Unterhaltungsindustrie mein Geld verdienen.

Ein anderer Dozent, der von meinen Übersetzungs- und Dolmetschertätigkeiten wusste, riet mir, in Zukunft eher in diesem

Bereich zu arbeiten – ohne Studienabschluss. Ein Studium mache seiner Meinung nach für einen Afrikaner wie mich keinen Sinn. Da Deutsch nicht meine Muttersprache ist, drücke ich mich mündlich manchmal nicht so geschickt aus. Das Schreiben hingegen fällt mir leichter, weil ich mehr Zeit habe, meine Gedanken zu sortieren und meine Sätze besser zu formulieren. Deshalb waren meine Hausarbeiten für manche Dozenten und Professoren echte Überraschungen. Ich werde nie vergessen, dass ich einmal wochenlang auf einen Schein warten musste, weil meine Professorin sich nicht vorstellen konnte, dass ich meine Hausarbeit ohne fremde Hilfe geschrieben hatte. Sie fand trotz intensiver Recherche für ihre Vermutungen keinen stichhaltigen Beweis. Und selbst als ich kurz vor der Anmeldung zum Staatsexamen stand, gab es noch Professoren, die mich entweder gleich ablehnten oder nur unter großen Vorbehalten als Prüfling annahmen. Sie konnten sich trotz der Leistungen, die ich während der vergangenen Semester gebracht hatte, nicht vorstellen, dass ich den Prüfungen gewachsen sein könnte.

Mein Anderssein brachte mir allerdings nicht nur Nachteile. In der großen Schar von Studenten war ich bald bekannt wie ein bunter Hund. Die Dozenten erkannten mich, während viele meiner Kommilitonen auch nach dem dritten Seminar noch ein unbeschriebenes Blatt für sie waren. Wer an einer großen Uni studiert hat, weiß, wie vorteilhaft es sein kann, wenn man sich aus der anonymen Masse hervorhebt. Einige Professoren hatten immer ein offenes Ohr für mich, unterstützten mich nach Kräften – und glaubten vor allem an mich. In Akademikerkreisen fiel ich als Schwarzer eher positiv auf, das merke ich auch heute noch. Es scheint in den Köpfen mancher Leute einfach nicht so recht zusammenzugehen, dass Intelligenz, Bildung und dunkle Hautfarbe sich nicht gegenseitig ausschließen.

Und dass ich mich in unübersehbarer Weise von meinen Mitstudenten abhob, hatte auch so seine Vorteile: Ich steckte mit meiner Freundin im dichten Straßenverkehr am Hamburger Dammtor fest. Im Wagen direkt neben uns saß zufällig ein Dozent von uns beiden. »Hallo, Herr Professor …«, rief ich ihm zu, als ich sah, dass er uns bemerkt hatte. Zu unserer Überraschung rief er prompt herüber: »Hey Philip, da hast du dir aber eine wahre Schönheit geangelt!« Meine damalige Freundin und heutige Frau wird schnell rot, aber an diesem Nachmittag glühte ihr Kopf von einer Sekunde auf die nächste wie eine rote Ampel. Schließlich saß ja auch sie in den Vorlesungen dieses Dozenten, auch wenn er das wohl nicht bemerkt hatte. Man konnte förmlich hören, wie ihr ein Stein vom Herzen fiel, als sich der Stau auflöste und wir weiterfahren konnten. Im Gegensatz zu ihr fand ich die ganze Situation höchst amüsant und zog sie noch Tage später damit auf. Philip und die Schöne – das hatte was!

*

Nach acht Semestern war es endlich so weit: Ich wurde zur ersten Staatsprüfung zugelassen. Sarah war inzwischen zu mir gezogen, ein paar Wochen später gesellte sich noch ihr kleiner rotgetigerter Kater zu uns. Während wir versuchten, konzentriert zu büffeln, hatte Chili ganz anderes im Sinn. Er jagte über Tische und Stühle auf der Suche nach seiner Fellmaus, kämpfte mit Pflanzen und hatte vor allem etwas dagegen, dass wir stundenlang auf unsere Aufzeichnungen oder in den Computer starrten. Er wollte gekrault werden, basta. Und wenn das nicht anders ging, musste er sich eben auf den Ordner setzen, in dem man gerade blätterte, oder auf die Tastatur fallen lassen. Da ich unter diesen Umständen zu Hause nur selten konzentriert zum Lernen kam, wich ich verstärkt in die Staats- und Rechtsbibliothek aus. Wann immer es ging, steckte ich dort meine Nase in die Bücher. An manchen Tagen hatte ich das Gefühl, mein ganzes Leben bestünde nur noch aus Pauken. In der heißen Prüfungsphase sah ich kaum noch jemanden aus meinem Freundeskreis oder der Kirchengemeinde; wenigstens ging es Sarah genauso – der Einzige, der uns seinen Unmut deutlich spüren ließ, war Chili.

Als ich schließlich meine Prüfungsergebnisse erhielt, war ich überglücklich. Sie waren überraschend gut ausgefallen. Ich war mir zwar sicher gewesen, dass ich bestehen würde, aber das Resultat überraschte am Ende auch mich. Mein Zeugnis war nicht nur die Eintrittskarte in eine berufliche Zukunft in Deutschland, sondern schenkte mir die Portion Anerkennung, die ich brauchte, um wirklich auf meine Fähigkeiten vertrauen zu können.

In Deutschland gibt es einen Spruch über das Glück des Tüchtigen. Natürlich war ich tüchtig gewesen, aber ohne die Unterstützung anderer wäre mir wohl auch das Glück nicht in diesem Maße zuteilgeworden. Was mir sozusagen in den Schoß gefallen ist, war die Chance, etwas aus meinem Leben zu machen. Ich kann nicht behaupten, dieses Glück mehr verdient zu haben als die Kinder, die damals in einer ähnlich hoffnungslosen Situation lebten wie ich. Nanjala, die daran zerbrochen ist, hätte diese Chance genauso verdient gehabt. Ebenso Paul und all die anderen, die ich auf der Straße kennengelernt habe. Ich hatte in meinem Leben das Glück, dass sich auch in hoffnungslosesten Situationen Türen auftaten. Dass mir Menschen begegnet sind, die mir halfen. Ohne sie hätte ich es nicht so weit gebracht, ohne sie wäre ich wahrscheinlich gar nicht mehr am Leben. Ich bin all diesen Menschen sehr dankbar und möchte das, was sie mir gegeben haben, an andere weitergeben. In Kenia gibt es einen Spruch, der das sehr treffend beschreibt: »Die Hand eines Gebers steht über der Hand des Nehmers.« Es ist ein großartiges Gefühl der inneren Zufriedenheit, das mit keinem materiellen Reichtum dieser Welt aufzuwiegen ist – das Wissen, dass man dazu beigetragen hat, einem anderen Menschen ein bisschen Glück geschenkt zu haben.

Hip-Hop zum Wachwerden

Kaum hatte ich das Zeugnis meines ersten Staatsexamens in der Hand, schrieb ich meine Bewerbung für einen Referendariatsplatz in Hamburg. Gleichzeitig bewarb ich mich bei einer gemeinnützigen Organisation namens »Teach First Deutschland«. Nach amerikanischem Vorbild (»Teach for America«) wirbt die Organisation um Universitätsabsolventen aller Fachrichtungen mit besonders guten Abschlüssen. Bevor diese in ihren eigentlichen Beruf einsteigen, erhalten sie die Möglichkeit, sich an Schulen in sozialen Brennpunkten zu engagieren. Nach einer intensiven pädagogischen und didaktischen Vorbereitung werden die sogenannten Fellows nach drei Monaten zu ihrem Einsatz an die verschiedenen Schulen geschickt. Für zwei Jahre sollen sie die Unterrichtsarbeit unterstützen und mit zusätzlichen Angeboten die Schüler motivieren, trotz ihrer zumeist schwierigen Familienverhältnisse etwas aus ihrem Leben zu machen.

Da es in Hamburg über vier Monate dauern würde, bis man mir einen Referendariatsplatz zuwies, wollte ich die Zeit sinnvoll nutzen. Ich hatte bereits während meines Studiums hin und wieder ehrenamtlich für Entwicklungshilfeorganisationen gearbeitet – als Berater und Übersetzer. Und so kam es, dass ich für eine deutsche Stiftung in den Dörfern rund um den Ort Tukuyu im Süden Tansanias unterwegs war. Ich half armen Bauern dabei, an günstige Kredite heranzukommen, und unterstützte sie bei verschiedenen Agrarprojekten. Im Zentrum stand dabei das Schlagwort »Hilfe zur Selbsthilfe«. Die Bauern sollten lernen, wie das wenige, das sie hatten, trotzdem ausreichen konnte, Familien und Gemeinden zu ernähren. Die Stiftung unterhielt auch ein Waisenhaus in einem der Dörfer – hier waren meine eigenen Erfahrungen sehr hilfreich.

Ich nutzte meine Zeit in Tansania auch für einen Abstecher ins Nachbarland Kenia. In Hamburg hatte ich mit einigen Freunden inzwischen einen Verein namens Kanduyi Children e. V. gegründet, der mein ehemaliges Heim und andere Entwicklungshilfeprojekte in Bungoma unterstützt. Wir versuchen, durch den Verein eine größere Transparenz für die Verwendung von Spendengeldern zu gewährleisten und neue Patenschaften auf den Weg zu bringen. Unser vorrangiges Ziel ist es aber, im Kinderheim eine nachhaltige und unabhängige Versorgung aufzubauen, die langfristig nicht mehr auf Spenden angewiesen ist, sondern sich selbst trägt, damit die Kinder nicht mehr abhängig von der Laune der Geber sind. Seitdem besuche ich das Heim mindestens einmal im Jahr. Vor Ort überprüfe ich, ob die Spendengelder auch wirklich ökonomisch und wirtschaftlich sinnvoll für den angedachten Zweck verwendet werden. Die regelmäßigen Berichte, die man uns von dort schickt, reichen uns nicht aus.

Noch während ich in Südtansania war, bekam ich einen unerwarteten Anruf von meiner Freundin aus Hamburg. Sie erzählte mir, dass die Schulbehörde dringend um Rückruf bat. Überraschend schnell hatte ich einen Referendariatsplatz bekommen. Auf einmal musste ich mich entscheiden. Denn ich hatte auch bereits von »Teach First« die Zusage, dass ich im Juni 2009 anfangen könne. Die Entscheidung war nicht einfach: Ich hatte die Wahl zwischen einem Referendariatsplatz, der eine notwendige Voraussetzung für das zweite Staatsexamen ist. Noch dazu in Hamburg – die meisten meiner Kommilitonen hätten sich dafür ein Bein ausgerissen. Auf der anderen Seite stand die Chance, mich zwei Jahre lang ganz gezielt für Schüler aus schwierigen sozialen Verhältnissen zu engagieren.

Die Diskussion, die ich mit meiner Freundin am Telefon hatte, war lang und bisweilen ziemlich hitzig. Wir vertelefonierten Unsummen, immer wieder wurde die Verbindung unterbrochen. Über eine solche Grundsatzentscheidung hätte ich weiß Gott lieber in Ruhe gesprochen. Für uns beide stand fest, dass ich als Lehrer arbeiten wollte. Ich brannte nach all der Theorie darauf, endlich praktisch tätig zu werden, was ja in beiden Fällen möglich war. Was mich bei »Teach First« aber mehr reizte, war die Tatsache, dass ich hier mit Schülern arbeiten würde, die schlechtere Startchancen haben als der Durchschnitt. Zudem gefiel mir die Vorstellung, mich auf diese Weise auch gleich sozial engagieren zu können. Mir war bewusst, dass selbst in einem reichen Land wie Deutschland die sozialen Unterschiede sehr groß sind und die Herkunft auch hier maßgeblich über die Zukunft der Jugendlichen entscheidet. Das Referendariat würde mir nicht weglaufen, davon war ich überzeugt, bei »Teach First« arbeiten zu können schien mir dagegen plötzlich wie eine einmalige Chance. Allerdings konnten meine Freundin und einige Bekannte meine Entscheidung nicht sofort nachvollziehen. Sie fanden sie unvernünftig und riskant.

*

Die Schule, die mir von »Teach First« zugewiesen wurde, ist keine typische Brennpunktschule. Hier lernen Schüler aus fast allen Schichten gemeinsam, wobei die Kinder aus sozial schwachen Familien mit geringem Einkommen eindeutig in der Überzahl sind. Außerdem gibt es einen sehr hohen Anteil an Schülern mit Migrationshintergrund.

Dementsprechend bestanden meine Klassen aus einer buntgemischten Schülerschar. Es gab Kinder, die kaum ein paar Minuten stillsitzen konnten. Und die überzeugt davon waren, dass sie nicht in der Lage seien, zum Unterricht etwas anderes beizutragen als ihr ausgeprägtes Störverhalten. Dann gab es jene, die zwar gute Leistungen bringen wollten, dazu aber einfach nicht in der Lage waren. Wieder anderen gelang das spielend – um den Preis, dass sie als Streber abgestempelt und zu Außenseitern wurden. Für manche war das Klassenzimmer nichts als eine Bühne, auf der man unbedingt auffallen musste. Hier konnten sie sich der Aufmerksamkeit sicher sein, wenn sie nur genug herumblödelten oder ihren ganzen Frust rausließen. Viele Kinder litten unter den Zuständen zu Hause, wo sie unterdrückt oder gar nicht beachtet wurden. Manche hatten schon so oft gesagt bekommen, dass sie zu gar nichts taugen, dass sie schließlich selbst daran glaubten und sich überhaupt keine Mühe mehr gaben.

Wie sehr das Umfeld, in dem man aufwächst, Kinder prägt, weiß ich selbst nur allzu gut. Und es gibt kaum einen Ort, an dem man die Folgen einer fehlgeschlagenen Erziehung so geballt beobachten kann wie in der Schule. Eltern, die aufgrund ihrer eigenen verkorksten Biographie nicht in der Lage sind, Kindern Werte zu vermitteln und sie in ihrem Wesen mit all ihren Eigenheiten anzunehmen. Die hilflos oder desinteressiert dabei zusehen, wie ihr Kind abrutscht, die kein Vorbild sein können oder wollen. Auf der anderen Seite hatte ich Kinder in der Klasse, die am Druck, etwas leisten zu müssen, zerbrachen und die Lust am Lernen dadurch verloren. Für mich war Schule etwas gewesen, für das ich hatte kämpfen müssen. Hier in Deutschland ist der Zugang zu Bildung etwas Selbstverständliches. Mit Freude und Begeisterung bei der Sache waren aber nur die wenigsten Schüler. Sie zu motivieren war ein harter Brocken.

Ich hatte dabei den Vorteil, dass ich durch meine Geschichte und mein Auftreten anders war als der Rest des Lehrerkollegiums. Ich sprach kein akzentfreies Deutsch und machte ab und zu grammatikalische Fehler; aber ich stand zu meinen Schwächen und ließ mich davon nicht beirren. In gewisser Weise machte ich meinen Schülern damit Mut: Denn ich war der lebende Beweis dafür, dass man es schaffen kann, auch wenn nicht immer alles perfekt läuft.

Zu Beginn meiner Zeit an dieser Schule unterrichtete ich noch nicht allein, sondern wurde unter anderem unterstützend in einer vierten Klasse eingesetzt. Eine gute Möglichkeit, mich im Schulalltag zu orientieren und das integrative Konzept der Schule in der Praxis kennenzulernen. Die Klassenlehrerin, die viele Fächer abdeckte, wurde in ihrer Arbeit von einer Sonder- sowie einer Sozialpädagogin unterstützt. Ich war der einzige Mann in der Truppe und für die meisten Schüler der erste schwarze Lehrer ihres Lebens. Die Kinder wollten alles von mir wissen. Nicht nur die Jungs, auch die Mädchen hatten keine Scheu, offen auf mich zuzugehen. Sie wollten wissen, woher ich komme, warum ich so komisch spreche, wie lange ich bliebe, ob ich verheiratet sei, Kinder habe, usw. Es schien, als würden auf jede meiner Antworten gleich drei neue Fragen hinterherkommen.

Dieses Kennenlernen war aber nicht nur einseitig. Ich erfuhr von vielen Kindern erstaunlich intime Details. Wer ein Scheidungskind war, wer wie viel Tage bei Mama oder Papa verbrachte, wer seinen Vater gar nicht erst kannte, wessen Eltern Drogenprobleme hatten, usw. Stine (Name geändert), grade mal neun Jahre alt und ohne Migrationshintergrund, erzählte mir beispielsweise, dass ihr Vater an einer Tankstelle arbeitete, aber schon länger nicht mehr daheim gewesen sei. Er war wiederholt gewalttätig geworden, per Gerichtsbeschluss hatte er sich inzwischen von seiner Familie fernzuhalten. Aber bald würde ja ein neuer Vater einziehen, den kenne sie bis jetzt nur von einem Foto, das ihr die Mutter, eine Alkoholikerin, gezeigt hatte. Ich war erschüttert, dass für Stine »Vater« nur ein Begriff war, negativ aufgeladen durch frühere Erfahrungen und letzten Endes austauschbar. Wie hätte sie es auch anders sehen können, sie kannte es ja nicht anders.

Obwohl Stine den meisten Schülern und Lehrern gegenüber sehr verschlossen war, öffnete sie sich mir erstaunlich schnell. Wenn man als Lehrer in einer Klasse keine Noten oder Beurteilungen abgeben, keine Leistungen auf den Punkt einfordern muss, ist das Verhältnis naturgemäß entspannter. Trotzdem begab ich mich auf eine Gratwanderung. Ich musste aufpassen, dass ich nicht in die Rolle des netten Kumpels verfiel. Auf der einen Seite wollte ich gerne auch ein Freund für die Schüler sein, jemand, dem sie vertrauen konnten, der verlässlich war. Es war traurig genug, dass Empathie und Unterstützung einigen meiner Schüler sehr fremd waren. Ich konnte nicht weghören, wenn sich Kinder öffneten und mir von ihren Problemen erzählten. Dennoch musste ich aufpassen, dass ich mich nicht in jedem Schülerschicksal verlor und nur noch den Seelentröster gab. Auf lange Sicht reibt man sich darin auf und bleibt vermutlich auf der Strecke. Außerdem gab es in den Sozialpädagogen und Psychologen der Schule vielleicht kompetentere Ansprechpartner. Ich musste für mich einen Weg finden, die Schüler auf andere Weise zu unterstützen. Ein offenes Ohr für ihre Probleme zu haben mochte in einer konkreten Situation Linderung verschaffen; ich wollte ihnen aber auch Dinge vermitteln, die sie stark machten, ihnen Selbstvertrauen gaben. Und die ihnen Spaß machten.

An der Schule gab es einmal im Jahr einen sogenannten »Dance day«, bei dem die Klassen gegeneinander antraten. Sie durften sich einen Tanz aussuchen, die Gewinner bekamen einen Preis. Die Klassenlehrer bemühten sich nach Kräften, sie zu unterstützen, auch wenn einige stöhnten, dass die ganze Tanzerei sie an ihre Grenzen brächte. Da die Schüler aber mit Feuereifer dabei waren, wurde beschlossen, das Tanzen zu einem festen Bestandteil des Sportunterrichts zu machen. Ich sollte den »Lehrmeister« geben. Es ging mir nicht darum, aus meinen Schülern die perfekten Hip-Hopper zu machen, ich war selbst weit davon entfernt. Sondern darum, den Kindern Spaß an der Bewegung zu vermitteln. Sie sollten kleine Erfolgserlebnisse haben, die ihnen Selbstbewusstsein gaben und einen Motivationsschub, der sich vielleicht auf andere schulische Bereiche übertragen ließe. Die Choreographie, die wir einstudierten, entwickelten wir gemeinsam. Es ist wichtig, die Kinder mitzunehmen und ihnen nicht einfach etwas vorzusetzen und dann zu sagen: »Nun macht mal.« Sie sollen nicht etwas kopieren, sondern den Tanz nutzen, um sich selbst auszudrücken. Meine Rolle bestand zum größten Teil darin, sie zu motivieren, hier und da anzuleiten und darin zu bestärken, ihren eigenen Impulsen zu folgen. Keine leichte Aufgabe, da einige Schüler massive Probleme hatten, ihre Gräten zu koordinieren. Bildschirm statt Bolzplatz, wozu rennen, wenn man auch bequem fahren konnte. Hätten wir versucht, sie für Walzer oder Squaredance zu begeistern, hätten wir uns wohl die Zähne ausgebissen. Aber Hip-Hop fanden sie irgendwie cool. Natürlich war es etwas anderes, nur mit Baseballkappe, Blingbling-Ketten und sackartigen Jeans den Hip-Hopper oder Rapper zu geben, als sich selbst die Beine zu verknoten. Doch nach anfänglicher Scheu waren alle mit vollem Einsatz dabei.

*

Während meiner Anfangszeit als Fellow von »Teach First« hatte ich nicht nur wegen des Hip-Hop-Kurses schnell einen Stempel weg. »Spenner, Sie sind echt cool! Immer so krass drauf, wenn Sie da vorne stehen, so abgedreht ... irgendwie abgefahren! Wie schaffen Sie das nur, immer so gut drauf zu sein?« Meine Schüler merken gar nicht, dass sie selbst unglaublich viel dazu beitragen. Mich treiben nicht nur meine eigenen Hoffnungen und Erfahrungen an, sondern auch die Begeisterung meiner Schüler. »Digger, das bockt hammerderbe!«, sagen sie manchmal zu mir, und wenn ich den Spruch hin und wieder als Echo zurückgebe, habe ich die Lacher auf meiner Seite. Ich habe auch kein Problem damit, als Belohnung für gute Mitarbeit den »Moonwalk« oder irgendeinen anderen Tanzschritt vorzuführen. Manche Kollegen würden damit wohl ihre Autorität gefährdet sehen. Und was wohl die Prüfer sagen würden, wenn ich eine solche Einlage bei einer relevanten Teststunde liefern würde, kann ich mir lebhaft vorstellen. Andererseits kommt es vermutlich nicht allzu oft vor, dass sie derart begeistert johlende Schüler zu sehen kriegen …

Das Image des coolen Spenner bekam kurzfristig einen Kratzer, als ich in die Rolle des »vollwertigen« Lehrers rutschte. Nach den Herbstferien übernahm ich den Englischunterricht in einer Klasse, die als problematisch galt. Ich musste streng nach Lehrplan ein gewisses Pensum durchbringen, das nur wenig Raum für Freiheiten ließ. Durch die längere Krankheit einer Kollegin waren die Schüler sehr schlecht in den Englischunterricht gestartet. Es hatte viele Unterrichtsausfälle gegeben, und an mich war die Erwartung geknüpft, das Verpasste in kürzester Zeit aufholen zu können. Mit den Ansprüchen, die ich nun im Unterricht stellte, kippte die Stimmung in der Klasse. Plötzlich war ich nicht mehr der coole Typ, sondern der strenge und ungerechte Mr Spenner. Von Stunde zu Stunde wurde es schwieriger. Einige Schüler verweigerten die Mitarbeit komplett, und selbst diejenigen, die große Fortschritte machten, zogen daraus keine Motivation. Sie stöhnten bei jedem neuen Kapitel auf, ohne zu wissen, was auf sie zukommen würde, fanden alles doof und viel zu schwer. Lehreralltag eben, für mich in dieser Form aber völlig neu.

Was im Unterricht los ist, wenn die Schüler keine Lust haben, muss ich wohl nicht weiter ausführen. Alles ist dann interessanter, als sich mit Englisch abzumühen. Die Mittel, gegenzusteuern, reichen in der Regel von Verwarnungen und Strafarbeiten bis zum Nachsitzen. Nachsitzen hielt ich in jeder Hinsicht für unsinnig, schließlich bestraft man sich damit in erster Linie selbst, genauso wie mit Strafarbeiten, die man auswählen, einfordern und dann noch korrigieren muss. Dieser »klassische« Maßnahmenkatalog trägt zudem nicht gerade dazu bei, dass die Schüler besagtem Fach mit einer anderen Einstellung begegnen. Im Gegenteil.

Ich entschied mich für positive Energie. Jeden Freitag kürte ich den Schüler der Woche. Am Nachmittag rief ich bei den Eltern des oder der »Ausgezeichneten« an, um sie über die guten Leistungen ihres Kindes zu informieren. Die meisten waren gewohnt, dass Ärger ansteht, wenn die Nummer der Schule auf dem Telefondisplay aufleuchtete. Sie meldeten sich dann schon ganz erschrocken und besorgt; umso schöner war es, wenn sie nach dem Gespräch glücklich und lachend wieder auflegten. Vor allem bei Schülern, die sonst immer nur negativ auffallen, habe ich inzwischen einen richtigen Ehrgeiz entwickelt, nach positiven Dingen zu suchen, damit sie ein Erfolgserlebnis haben. Dabei geht es mir nicht darum, nur diejenigen auszuzeichnen, die fachlich »Leistung« bringen und fehlerfrei ein paar Vokabeln herunterspulen können.

Wie sehr es sich lohnen kann, keinen Schüler verloren zu geben, diese Erfahrung machte ich auch in jener Klasse. Collin (Name geändert) war ein extrem schwieriger Junge. Seine Mutter kam aus Nigeria, und obwohl sie bereits seit mehr als elf Jahren in Deutschland lebte, beherrschte sie die Sprache kaum und hatte sich auch sonst nur schlecht integriert. Für ihre Kinder war der Besuch der Schule ein täglicher Spagat, sprachlich und kulturell. Als ich Collin das erste Mal in der Klasse gegenüberstand, fragte er mich nach der Stunde, ob er mich »Onkel« nennen dürfe. In der afrikanischen Kultur ist das eine große Ehre. Für die kleineren Kinder ist man Onkel, für die größeren Cousin oder Bruder. Damit verbunden ist die Aufgabe, Verantwortung zu übernehmen und als Vorbild zu dienen. Für mich war das keine leichte Situation. Ich wollte für alle meine Schüler da sein, unabhängig von ihrer Herkunft oder Hautfarbe. Gleichzeitig wusste ich, dass Collin besonderer Zuwendung bedurfte.

Immer wieder rastete er völlig unvermittelt aus. Dann schmiss er Steine, Stühle, ja sogar Tische nach seinen Mitschülern und Lehrern, rasend vor Wut. Einmal kamen einige Mädchen aus seiner Klasse panisch in das Zimmer gerannt, in dem ich gerade unterrichtete. »Herr Spenner, Herr Spenner. Komm schnell. Collin tickt total aus!« Zu diesem Zeitpunkt ahnte ich noch nicht, was mich dort erwarten würde. Ich versuchte vergeblich, die Schülerinnen zu beruhigen. »Frau Schubert kämpft mit ihm«, schrien Ella und Jessi aufgeregt, »und die Jungs helfen ihr nicht!« Ich malte mir aus, wie meine Kollegin mit Collin, angefeuert von acht Jungs der vierten Klasse, über Tische und Bänke tobte. Nein, das schien mir doch zu abwegig. Aber die Mädchen ließen nicht locker. Ich bat meine Klasse, sich ruhig zu verhalten, und folgte den beiden über den Flur. Als wir uns dem Klassenraum näherten, bot sich mir ein Bild der Verwüstung. Sämtliche Plakate und Bilder waren von den Wänden gerissen, überall lagen Scherben und Papierfetzen auf dem Boden. Vorsichtig öffnete ich die Klassentür. Weit und breit war von den übrigen Schülern nichts zu sehen. Die meisten Tische waren umgekippt, Stühle lagen kreuz und quer herum, Blumentöpfe waren von der Fensterbank gefegt worden, das Bücherregal war umgestürzt, und der Eimer mit dem Tafelwischwasser war offenbar in hohem Bogen durch die Klasse geflogen. Das konnte doch alles nicht wahr sein. Und wo waren Collin und Frau Schubert? Aus dem Nebenraum hörte ich plötzlich ein lautes Knallen, gefolgt von einer besorgten Stimme: »Collin, lass das. So tust du dir nur weh!« Ich eilte nach nebenan und war höchst besorgt, als ich die Tür verschlossen vorfand. Ich hämmerte dagegen und rief: »Alles in Ordnung?« Aus dem Inneren hörte ich eine erstaunlich entspannte Frau Schubert rufen: »Du musst erst aufschließen, ich kann grad nicht!«

Als ich den Raum betrat, sah ich sie in einem Knäuel auf dem

Boden liegen. Meine Kollegin hielt Collin in einer Art Beinschere, der wand und drehte sich, schien aber nicht wirklich daran interessiert, sich aus der Umklammerung zu befreien. »Gut, dass du da bist, meine Kräfte lassen langsam nach. Ich hantier hier schon über eine halbe Stunde rum. Kannst du mal übernehmen?« Es war eine surreale Situation.

Erst später erfuhr ich, wie es dazu gekommen war. Beim Toben in der Pause hatte Martin Collin versehentlich mit dem Knie am Kopf getroffen. Collin hatte sofort zugeschlagen und Martin über den halben Schulhof und zurück ins Gebäude verfolgt. Mit einigen Mitschülern hatte sich Martin im Klassenraum verbarrikadiert, weshalb Collin zunächst den Flur auseinandergenommen hatte. Wie er es anschließend geschafft hatte, in die Klasse hineinzukommen, blieb sein Geheimnis. Hilflos sahen die anderen mit an, wie eine wilde Jagd über Tische und Bänke begann. Auf dem Flur liefen die beiden Frau Schubert in die Arme, der es gelang, den tobenden Collin in den Nebenraum zu zerren. Den anderen hatte sie noch zugerufen, Verstärkung zu holen, dann hatte sie sich mit Collin eingeschlossen. Die Tür hatte einige Tritte abbekommen, die Klinke hing innen abgebrochen herunter. Irgendwie war es meiner Kollegin gelungen, Collin auf den Boden zu drücken und festzuhalten. Es sollte über eine Stunde dauern, bis wir ihn so weit beruhigt hatten, dass wir ihn loslassen konnten.

Als ich mich zu ihm herunterbeugte und Frau Schubert sich vom Boden aufrappelte, sprang er mir fast in die Arme und trommelte auf meinen Brustkorb. Es war erschütternd, mit anzusehen, mit welcher Verzweiflung dieser kleine Junge um sich schlug. »Ich will Martin schlagen! Ich will ihn schlagen«, brüllte er anfangs noch, später war es kaum mehr als ein Wimmern. Die Aggressionen, die sich in ihm angestaut hatten, mussten eine viel tiefere Ursache haben als der versehentliche Kniestoß seines Klassenkameraden. Im Kollegium waren seine Ausraster bekannt, die sich normalerweise nicht gegen Personen richteten, sondern eher gegen »unbelebte« Dinge. Diesmal war es anders gewesen.

Nach diesem Vorfall bemühte ich mich, mehr über seine Lebensumstände zu erfahren. Collin war der älteste von drei Brüdern, die sich ein Zimmer teilen mussten und sich überhaupt nicht verstanden. Und überhaupt nicht heißt in diesem Fall, dass sie nicht einmal mehr mit demselben Bus zur Schule fahren durften, da der Fahrer die prügelnden Jungs wiederholt an die Luft hatte setzen müssen. Ich erfuhr, dass er ohne Vater aufwuchs und diesen auch nicht kannte, dass seine Mutter hier trotz der langen Zeit nicht Fuß fassen konnte und mit der Erziehung der drei Jungs überfordert war. Ich wusste, dass sie kaum Deutsch sprach – dass Collin aber ausschließlich Deutsch sprach, überraschte mich. Wie sie miteinander kommunizierten, war mir ein Rätsel. In der Schule war bekannt, dass er an ADHS litt, jener Form des Aufmerksamkeitsdefizitsyndroms, das heute leider allzu schnell beinahe jedem Schüler angedichtet wird, der hibbelig und nicht immer voll bei der Sache ist.

Nach dem heftigen Ausraster bemühte ich mich besonders um Collin. Ich führte Einzelgespräche mit ihm und suchte seine Mutter auf, die etwas Pidgin-Englisch sprach und froh schien, in mir einen Ansprechpartner mit ähnlichem kulturellem Hintergrund gefunden zu haben. Collin erzählte mir, dass er jeden Sonntag mit seiner Mutter den Gottesdienst in einer Gemeinde besuchen musste. Er hasste das nicht nur, weil er dann seine Fußballmannschaft nicht unterstützen konnte, sondern weil in der Gemeinde weitgehend Englisch gesprochen wurde. Und während seine Mutter froh war, dort Anschluss bei Gleichgesinnten zu finden, waren ihm die Gespräche hinterher eine Qual. Um bloß nicht auch noch etwas von »dieser Welt« verstehen zu müssen, verweigerte er von Anfang an konsequent alles, was mit Englisch zu tun hatte. Diese Sprache war das Bindeglied zu einer Welt, die mit seinen afrikanischen Wurzeln zu tun hatte. Die aber waren etwas ganz Abstraktes für Collin, nichts, womit er sich identifizieren konnte oder gar stolz darauf gewesen wäre, sondern das, was ihn von den anderen in seiner neuen Heimat trennte. Vielleicht sah er in mir auch deshalb einen Verbündeten, ein Vorbild, eine andere Form von Afrika, wenn man das so sagen kann.

Der Englischunterricht war für ihn eine einzige Provokation. Dabei wäre das Erlernen dieser Sprache für ihn der Schlüssel zu einer Welt gewesen, die er bisher nicht verstanden hatte – und ein Schlüssel zu seiner eigenen Mutter. Ob er jemals mit diesem Schlüssel etwas würde anfangen können, stand auf einem ganz anderen Blatt. Aber ich wollte ihn dazu bringen, wenigstens einen Versuch zu wagen.

Nicht nur wegen Collin entschied ich mich, in manchen Stunden das Lehrbuch zugeklappt zu lassen. Ich wollte, dass die Kinder die Angst vor Grammatik und komplizierten Satzkonstruktionen verloren und begriffen, dass letztlich auch eine Fremdsprache nichts anderes ist als eine Form, seine Gedanken auszudrücken. Ein Eimer mit Farbe, bei der es keine Rolle spielt, ob sie nun rot oder blau ist. Die Leinwand, die es damit zu bemalen gilt, liefern immer wir selbst. Es sind unsere Gedanken, Träume und Erfahrungen.

Es war nicht leicht, die Kinder überhaupt dazu zu bewegen, etwas von ihren Träumen preiszugeben. Viele hatten in ihrem kurzen Leben die Erfahrung gemacht, dass sie nichts wert seien, dass sie gar nicht erst von einer guten Zukunft träumen mussten. Ich erinnere mich noch gut daran, wie überfordert meine Schüler aus einer höheren Klasse einmal waren, als ich sie aufforderte, eine Collage zum Thema Zukunft zu gestalten. Ich hatte sie aufgefordert, für diese Stunde Zeitschriften, Zeitungen, Malsachen, Eddings, Scheren und Klebstoff mitzubringen. Sie sollten all die Bilder und Artikel ausschneiden, die sie mit ihrer eigenen Zukunft in Verbindung brachten, und als Collage auf ein großes weißes Plakat aufkleben. Wer in den Zeitschriften nichts Entsprechendes fand, sollte etwas malen oder mit den dicken Eddings Texte oder einzelne Wörter auf das Plakat schreiben. Am Ende sollten die Collagen im Klassenraum ausgestellt werden. Unsere ganz persönliche Kunstgalerie, die jedem einzelnen Schüler das Gefühl geben sollte, wertvoll und wichtig zu sein.

Ich war überrascht, dass manche nur so übersprudelten vor Ideen: Mesut, der irgendwann Professor Doktor Doktor ... werden wollte, lud mich schon jetzt pro forma zu einer seiner zukünftigen Vorlesungen ein, Christina, die später sämtliche Diskotheken des Ortes besitzen wollte, räumte mir VIP-Status in ihren Lokalen ein, Abhijat, ein Junge mit indischen Wurzeln, war überzeugt, eines Tages Bundestrainer der deutschen Fußballnationalmannschaft zu sein, und Melanie legte mir ans Herz, bei juristischen Problemen in Zukunft nur noch sie als Rechtsbeistand aufzusuchen. Was machte es schon, dass einige dieser Träume allein an der schulischen Ausbildung scheitern würden. Wichtig war, dass sie überhaupt noch träumen konnten. In meiner Heimat gibt es dazu einen sehr schönen Spruch: »Auf dem Weg in Richtung Himmel hat man auch schon viel erreicht, wenn man an der Spitze eines Baumes angekommen ist.«

Als ich Caspers Collage ansehen wollte, stand nur ein einziger Satz darauf. In riesigen Lettern hatte er geschrieben: »ICH WEISS NICHTS.«

In gewisser Weise, wenn auch anders, als ich mir das vorgestellt hatte, hatte er die gestellte Aufgabe erfüllt. Er war ehrlich gewesen und seiner Linie treu geblieben. Bevor ich Casper als Schüler im Unterricht hatte, hätte ich schwören können, dass ich jeden Schüler zum Sprechen oder zumindest Lachen bringen konnte. Nur Casper schwieg sich konsequent mit abweisendem Gesicht durch jede Stunde. Dafür war er immer der Erste, der sofort aufsprang, wenn die Glocke das Ende der Stunde einläutete. Wenn ich irgendwann nicht von seiner Klassenlehrerin erfahren hätte, dass die Gründe für sein beharrliches Schweigen außerhalb der Schule zu finden waren, wäre ich früher oder später wahrscheinlich an ihm verzweifelt. Er war deswegen sogar in psychologischer Behandlung.

Sein »Ich weiß nichts« war ehrlich gewesen – und symptomatisch für ein Kind, das keine Unterstützung erfuhr. Er blühte auf, wenn er sich bewegen durfte. Beim Streetball ging er überraschend aus sich heraus und traute sich plötzlich mehr zu. Für mich war das etwas ganz Großartiges, denn ich hatte das Gefühl, als hätte er in der Bewegung etwas gefunden, mit dem er sich ausdrücken konnte. Seine persönliche »Leinwand« war keineswegs leer, er hatte bis dahin nur einfach kein Ventil gefunden, sie zu füllen. Es ist unsere Aufgabe als Erwachsene, Kinder zu begleiten. Oft erliegt man dabei der Gefahr, sie auf einen längst ausgetretenen Pfad zu schicken, nur weil der vielleicht perfekt erscheint. Ich selbst war in eine ähnliche Falle getappt, als ich mein Jurastudium aufnahm. Mich hatte zwar kein Außenstehender dazu veranlasst, sondern die Erfahrung, in meiner Vergangenheit immer wieder Willkür und Ungerechtigkeit ausgesetzt gewesen zu sein. Aber ein Großteil dessen, was mich ausmacht, wäre verpufft, ich hätte mich verbiegen müssen.

Interessanterweise konnte Casper den Schwung, den er aus dem Sport zog, nicht mit in den »normalen« Unterricht nehmen. Zumindest dachte ich das. Ich kam einfach nicht an ihn heran. Er schwieg beharrlich und schien sich nicht im Geringsten für das zu interessieren, was ich an der Tafel tat. Ein paar Monate später stand ich zum letzten Mal vor dieser wunderbaren Klasse. Da die Lehrerin, die nach meiner Doppelstunde dran gewesen wäre, krank war, hatten wir drei Stunden am Stück. Ich hatte es vermieden, der Klasse im Vorfeld mitzuteilen, dass dies wahrscheinlich mein letzter Tag mit ihnen war. Bei Abschieden wurde ich immer ganz sentimental ... Ich hielt zwei Stunden zum

Thema »Mobbing«, zu dem fast jeder Schüler etwas beizutragen hatte. Nur Casper sagte im Gegensatz zu den anderen wieder mal nichts. In der dritten Stunde lud ich die Klasse in eine nahe gelegene Eisdiele ein. Erst dort teilte ich ihnen mit, dass meine Zeit an ihrer Schule zu Ende war. Alle äußerten ihre Bestürzung, manche trauten sich sogar, mich zum Abschied zu umarmen. Nachdem alle gegangen waren, kam plötzlich Casper mit ernster Miene auf mich zu und sagte: »Es war schön mit Ihnen im Unterricht, Herr Spenner, und ich finde es wirklich schade, dass wir Sie nicht mehr haben werden.« Ich brachte keinen Ton heraus, so überrascht war ich. »Und vielen Dank auch für das Eis«, sagte er noch, und weg war er.

Auch Collin leistete ganz Erstaunliches. Ohne die streng vorgegebenen Einheiten des Buches begann er auf einmal, Geschichten zu erzählen. In holprigem Englisch, aber immerhin. Er wurde mehrmals »Schüler der Woche«, sah, dass er den anderen in nichts nachstand, und hängte sich richtig rein. Wenn ich ihn lobte, platzte er fast vor Stolz. Und das Schönste war, dass die anderen Mitschüler seine Leistung anerkannten und honorierten. Zumindest im Englischunterricht legte er sein ansonsten eher auffälliges Verhalten ab. Als ich seine Mutter anrief, um ihr zu berichten, wie toll sich Collin im Englischunterricht beteiligte, war ihre Reaktion nur ein kurzes »Aha! Okay!«, gefolgt von einem langen Schweigen. Vielleicht hatte sie mich nicht richtig verstanden? Ich versuchte es noch einmal. »Aha! Collin do bad?« Es dauerte einen kurzen Moment, bis ich begriff, sie hatte wieder nicht verstanden. »Nein, keineswegs!« Meine Lobeshymnen auf Collin reduzierten sich auf ein einfaches »Collin do good! Very good!«.

Als ich am darauffolgenden Montag das Schulgebäude betrat, kam mir Collin mit nigelnagelneuen Turnschuhen entgegen. »Guck mal, Mr Spenner, die hab ich von meiner Mutter!« Ich war verblüfft. Für den »Schüler der Woche« gab es Turnschuhe.

Würde Collin nach einem gelungenen Leistungstest mit Goldketten behangen vor mir sitzen? Kurz darauf kam Frau Schubert auf mich zu und gratulierte mir zu meiner neuen Methode. Vor allem, dass Collin sich so gut machte, fand sie bemerkenswert. Nicht so toll fand sie, dass Collins Mutter jetzt davon ausging, dass ihr Sohn aufs Gymnasium wechseln und Abitur machen würde. Dank Mr Spenner, des einzigen Lehrers an dieser Schule der »do good«. Von einer Empfehlung für das Gymnasium war Collin ebenso weit entfernt wie von »Collin do bad«. Und ich war bei weitem nicht der einzige Lehrer, der »do good« tat. So langsam konnte ich mir vorstellen, wie die Kommunikation bei ihm zu Hause ablief. Ich mochte mir lieber nicht vorstellen, was passierte, wenn er sich in den Augen seiner Mutter danebenbenommen hatte.

Es geht nicht darum, dass wir Kinder nur mit materiellen Dingen belohnen. Die sind austauschbar. Das Einzige, was uns bleibt, als Lehrer wie als Eltern, ist, die Verantwortung für das Leben der Kinder gemeinsam mit ihnen zu schultern, sie nicht auf ihrem Weg alleinzulassen, und ihnen so viel Wertschätzung und Selbstvertrauen zu vermitteln, damit sie alles schaffen können, was sie müssen – vor allem aber, was sie wollen.

Ich möchte ein Vorbild für meine Schüler sein und sie motivieren, etwas für die Schule zu tun. Schule ist nicht immer nur Qual. Sie ist auch etwas ganz anderes. Sie ist trotz ihrer Macken eine einzigartige Chance, die meinen Schülern so selbstverständlich offensteht, wie sich das Millionen anderer Kinder nur erträumen können. Ich versuche meinen Schülern klarzumachen, dass sie diese Chance auch beim Schopf ergreifen müssen. Insgesamt ist mir bei alldem äußerst wichtig, dass meine Schüler, entsprechend ihrem Können und ihrer Lebenssituation, auch die Relevanz von Wettbewerbsfähigkeit zu schätzen wissen und lernen, ohne dabei den Spaß zu verlieren. Sie sollen niemals bescheiden sein, wenn es darum geht, Pläne für die Zukunft zu schmieden. Bescheiden sollen sie nur sein, wenn es um alltäglichen Kram geht, ohne den man glaubt nicht leben zu können.

Ich habe Schüler erlebt, die anfangs Fächer wie Englisch und Philosophie hassten und sich jetzt darauf freuen. Manche Wahlpflichtkurse, die ich im Rahmen des Sportunterrichts an meiner Schule anbiete, wollen manche Schüler am liebsten gleich mehrfach hintereinander belegen, was leider nicht geht, weil jeder mal an die Reihe kommen soll. Da bin ich bis auf wenige Ausnahmen auch immer konsequent geblieben. Jana (Name geändert) zum Beispiel hatte den Sportkurs nicht nur aus Spaß wiederholen wollen. Ihr ging es darum, möglichst wenig Zeit zu Hause zu verbringen. Das erinnerte mich an meine Zeit im Kinderheim. Ich hatte auch jede Gelegenheit ergriffen, mich der schwierigen Situation zu entziehen. Alles war besser, als im Heim zu sein. Für Jana war die Schule der Fluchtpunkt heraus aus der eigenen Familie.

Meine eigene Geschichte half mir dabei, trotz des völlig anderen kulturellen Hintergrunds nah dran an der Lebensrealität der Kinder zu sein. Ich unterrichte Schüler aus armen Verhältnissen, denen ich zeigen kann, dass ihre Herkunft keine Ausrede sein darf für mangelnden Willen oder Interesse. Ich unterrichte Kinder, deren Vorname ausreicht, dass sie von anderen von vornehrein als hoffnungslos abgestempelt werden. Kinder mit Migrationshintergrund, denen ich dabei helfen will, ihre Träume zu leben. So wie ich meinen Traum gelebt habe. Sie sollen ihre Zukunft nicht nur als Putzkräfte, Türsteher oder Hilfskräfte sehen, sondern auch darüber nachdenken, ob sie mit Einsatz und neuem Glauben an sich und ihre Fähigkeiten nicht vielleicht auch Krankenpfleger, Lehrer, Ingenieur, Arzt oder Politiker werden könnten. Ich hoffe, dass diese Kinder jene Zyniker Lügen strafen, die glauben, dass Deutschland wegen der Zuwanderer und »Hartzer-Kinder« verdummt. Sie sollen die Tatsache kippen, dass in Deutschland die Herkunft über ihre Chancen entscheidet. Nicht zuletzt unterrichte ich Kinder verschiedener Glaubensrichtungen und Kinder, die an gar nichts glauben. Ich wünsche mir, dass ich eine Atmosphäre schaffen kann, in der jeder den anderen so annimmt, wie er ist. Ohne Vorurteile, ohne sich für etwas schämen und sich verbiegen zu müssen.

Ich möchte dafür sorgen, dass möglichst keiner meiner Schüler auf der Strecke bleibt und den Glauben daran zurückgewinnen kann, dass Einsatz sich lohnt. Im Englischunterricht helfen ihnen meine eigenen Schwächen dabei, ihre Angst vor einer fremden Sprache zu überwinden. Sie sollen entdecken, dass nur die Worte, der Satzbau und der Klang dieser Sprache anders sind, nicht aber die Themen. Hierbei ist mir Mary Walsh, die inzwischen selbst als Lehrerin arbeitet, eine große Hilfe. Unsere Klassen schreiben sich regelmäßig Briefe auf Englisch und erzählen sich gegenseitig von ihrem Leben. Aus meinem Förderkurs zur Vorbereitung für den Realschulabschluss haben tatsächlich eine Reihe Schüler die Englischprüfung so gut gemeistert, obwohl sie das selbst vorher nicht für möglich gehalten hätten.

Einer von ihnen war Jonas (Name geändert). Er wiederholte damals die zehnte Klasse, seinen Abschluss hatte er sich vor allem wegen seiner schlechten Englischleistungen verbaut. Wenn er es diesmal nicht schaffte, würde er die Schule nur mit einem Hauptschulabschluss verlassen müssen, was seine Chancen auf dem Arbeitsmarkt nicht gerade verbesserte. Als er zum ersten Mal in meinen Kurs kam, war ihm anzusehen, dass er nicht wirklich an einen Erfolg glaubte.

Ich hatte im Vorfeld schon einiges darüber gehört, wie schwierig Jonas sein sollte – angefangen von mangelndem Respekt gegenüber Lehrern bis hin zu notorischem Schwänzen. Meine Gruppe war nicht gerade klein, und ich hatte kaum Zeit, jeden einzelnen Schüler persönlich an die Hand zu nehmen, aber bei Jonas merkte ich schnell, dass es sich lohnen würde. Da meine

Zeit im Unterricht nicht ausreiche, brach ich ein unter Lehrern weitverbreitetes hochheiliges Tabu: Ich gab Jonas meine E-Mail-Adresse und irgendwann auch meine Telefonnummer. Unter der Bedingung, dass unser Austausch nur so lange Bestand haben würde, wie er alle mündlichen und schriftlichen Aufgaben zeitnah erledigte.

Ich war überrascht, als sich der Jonas aus meinem Vorbereitungskurs als völliges Gegenteil zu dem Jonas entpuppte, vor dem man mich gewarnt hatte. Jonas fühlte sich ernst genommen, entwickelte auf einmal so etwas wie Pflichtgefühl und hielt unsere Abmachungen konsequent ein. So wie ich ihm klar zu verstehen gegeben hatte, dass ich ihn nicht im Stich lassen würde, wollte er mich nicht enttäuschen.

Ich hatte mir zum Ziel gesetzt, meinen Stoff nicht nur abzuspulen, sondern den Schülern Raum zu geben, um über ihre Probleme zu reden. Jonas und einige andere schleppten einen ganzen Berg von Problemen mit sich herum – eine Last, die sie nicht schultern konnten und die sie lähmte. Es dauerte, bis sie sich etwas öffnen konnten, und oft ging das auch nur, wenn ich vorher eine Geschichte aus meinem Leben, von meinen Problemen erzählt hatte. Sie hatten Angst, von den anderen als »Weichei« gehänselt oder gar gemobbt zu werden. Erst als sie feststellten, dass beinahe alle von ihnen ähnliche Erfahrungen gemacht hatten, fiel es ihnen leichter. Und wenn wir es schafften, diese Gespräche wenigstens zu großen Teilen in einfachem Englisch zu führen, war dem eigentlichen Ziel auch noch gedient.

Wie wichtig meine eigene Geschichte dabei war, die Kinder emotional aus der Reserve zu locken, war mir anfangs gar nicht so bewusst. Wie sehr meine eigene Persönlichkeit sie in dieser Hinsicht ermuntert hat, zeigte ein Brief, den mir einer meiner Schüler einmal geschickt hat und den ich hier im Original zitieren möchte.

»Als Mein Klassenlehrer mir und meiner Klasse von Herr Spenner Erzählte und uns ein Teil seiner Lebensgeschichte erzählte, war ich Interessiert ihn kennen zu lernen, eine Woche später war es so weit, er wurde mein Philosophie Lehrer. Ich war sehr beeindruckt von seiner Art zu unterrichten seine freundliche Art, die aber dennoch eine Art Autorität ausstrahlt, man respektiert ihn als Freund und gleichzeitig als Lehrer, es gibt viele Lehrer die anfangs genauso eine Ausstrahlung hatten, doch sie mit der Zeit verloren haben, man wollte nicht wirklich mehr von Ihnen unterrichten werden, da es stressig wurde und man als Schüler keine Lust hatte zu lernen, doch bei Herr Spenner herrscht diese Vertrautheit, es ist einfach ein toller Unterricht mit ihm, da er sympathisch auf einen wirkt, man lernt auf einer spaßigen Art die Philosophie kennen. Er ist jemand der Durch starken Willen und können es zu etwas geschafft hat, das nur wenige können, eine Person die man respektieren kann durch seine Art bescheiden zu sein. Ich kenne niemanden zu dem das Sprichwort ›Ein Gentleman genießt und schweigt‹ Besser Passt als zu Herr Spenner. Er ist ein Lehrer der mir und meiner gesamten klasse in Erinnerung bleiben wird als Freund, den in den letzten Wochen meiner Schulzeit hatten wir noch einen Ausflug nach Spanien Herr Spenner ist mit nach Canet de mar geflogen in dieser Zeit haben wir ihn als Freund angesehen da er für jeden spaß zuhaben war dennoch mit leichter Autorität aber größtenteils war es eher so als hätten wir einen weiteren Mitschüler mitgenommen, eine Zeit die zumindest mir lange in Erinnerung bleiben wird. Er ist eine Person, die einen Inspirieren kann wenn es darum geht ›man will etwas schaffen, etwas erreichen‹ in diesem Punkt kann man und sollte man zu Herr Spenner aufblicken.«

Ich zitiere diesen Brief nicht, weil ich mich damit selbst beweihräuchern wollte. Sondern weil er etwas ganz Wichtiges enthält.

Nämlich dass es um den Glauben an sich selbst geht. Sehr viele Kinder habe ich erlebt, die auf die eine oder andere Art und Weise an den Rand der Gesellschaft gedrängt werden. Einige von ihnen sind sehr talentiert, können ihre Fähigkeiten aber nicht entwickeln, weil außerschulische Probleme ihr Leben bestimmen. Nicht selten werden sie durch Diskussionen in den Medien per se zum Opfer abgestempelt. Einmal Hartzer, immer Hartzer. Wenn ich etwas aus meiner Zeit als Straßen- und Heimkind gelernt habe, dann, dass man erst in dem Moment auf fatale und oft unumkehrbare Weise verloren hat, wenn man anfängt, sich selbst nur noch als Opfer zu betrachten.

*

Nicht nur Jonas, auch alle anderen Schüler aus dem Förderkreis bestanden zu ihrer und meiner großen Freude die besagte Englischprüfung. Als Dankeschön bekam ich von Jonas ein Buch, das ich meinem Kurs als Zusatzlektüre empfohlen hatte und das er sich tatsächlich von seinem Taschengeld gekauft hatte. Bei der feierlichen Überreichung sagte dieser muskelbepackte Kerl zu mir: »Ich hoffe, dass noch viele andere das große Glück haben werden, Sie als Lehrer zu bekommen.«

Wenige Wochen später, es war Anfang August, klingelte plötzlich mein Telefon. Meine Frau und ich steckten mitten im Umzug, den wir unbedingt vor der Geburt unserer Tochter über die Bühne bringen wollten. Am anderen Ende der Leitung war Jonas, der gerade auf dem Heavy Metal Open Air Festival in Wacken war. Leicht angetrunken erzählte er mir unter ohrenbetäubendem Lärm, dass er endlich den lang ersehnten Ausbildungsplatz bekommen hatte und sich auch sonst vieles in seinem Leben zum Positiven verändert habe. Was mich am meisten berührte, war seine Schlussbemerkung, die ich nie vergessen werde: »Du ... äh, Sie haben mir beigebracht, weniger Angst zu haben vorm Leben und der Zukunft. Und dass ich Sie jetzt angerufen habe, ist der beste Beweis dafür. Das hab ich noch nie gemacht, einen Lehrer einfach so privat anzurufen ... Mann, bleiben Sie so locker, wie Sie sind, Philip ... äh ... 'tschuldigung ... Herr Spenner. Ihre Geschichte hat mir sehr geholfen und wird auch anderen helfen, an sich zu glauben.«

Ich habe in meinem Leben in den richtigen Augenblicken Menschen getroffen, die an mich geglaubt haben und mir so den Glauben an meinen eigenen Wert zurückgegeben haben. Es gibt kaum jemanden, der geringer geschätzt wird, als ein Straßenkind. Trotzdem haben sie mir die Hand gereicht und mich auf meinem ganz eigenen Weg begleitet.

Von der Kraft, die ich daraus gezogen habe, möchte ich meinen Schülern und den Kindern, mit denen ich bei verschiedenen Jugendprojekten arbeite, etwas zurückgeben. Das wird mir nicht immer gelingen, auch ich lerne tagtäglich dazu. Eines aber weiß ich jetzt schon mit Sicherheit: Ich bin der festen Überzeugung, dass man niemals im Leben so tief fallen kann, dass es sich nicht mehr lohnt, aufzustehen. Selbst beim allertiefsten Fall ins Bodenlose, in Augenblicken, in denen es keine Hoffnung, keinen Ausweg mehr zu geben scheint, sollte man nie vergessen: »Mambo sawa sawa!« – Alles wird gut, wenn man trotzdem weiterkämpft.

Nachwort und Danksagung

Die Beobachtungen und Erfahrungen zum Thema Schule, die in die letzten Kapitel dieses Buches eingeflossen sind, habe ich während der ersten zwei Jahre meiner Tätigkeit als Teach-First-Fellow an einer Hamburger Stadtteilschule gesammelt. Darüber hinaus haben mich die intensiven und sehr lehrreichen Begegnungen mit den vielen unterschiedlichen Jugendlichen geprägt, die ich durch meine Arbeit als Praktikant an einigen Grund-, Real- und Hauptschulen (unter anderem in Hamburg-Altona) sowie im Rahmen meiner ehrenamtlichen Tätigkeit in meiner Kirchengemeinde in Hamburg-Harvestehude kennengelernt habe. Ich hoffe, dass ich ihnen auch durch meine eigene Biographie Mut machen konnte, an sich zu glauben und ihren eigenen Weg zu gehen.

Das Kanduyi Children's Home gibt es heute noch. Bei allen, die dieses und andere Kinderheime unterstützen oder eine Patenschaft für hilfsbedürftige Kinder übernommen haben, möchte ich mich ganz herzlich bedanken. Sie bereichern mit ihrem Einsatz das Leben dieser Kinder und ermöglichen ihnen eine bessere Zukunft. Ihre Unterstützung kann ihnen eine Chance eröffnen, die sie sonst nie im Leben bekommen hätten. Wenn es mir gelungen ist, mit meiner Geschichte die Lebensbedingungen von Kindern in Ostafrika noch stärker ins Bewusstsein der Menschen zu rücken, wäre ich sehr, sehr glücklich. Diese Kinder haben keine Lobby, sie haben keine Stimme. Mit diesem Buch wollte ich nicht zuletzt ihnen eine Stimme verleihen.

Für ihre unermüdliche Unterstützung beim Schreiben dieses Buches bin ich meiner Familie – meiner Frau Sarah und unserer lieben Tochter Melia, meinen Eltern und meinen Schwiegereltern – zu sehr großem Dank verpflichtet. Ebenso meinen Kollegen, Freunden, Schülern und Konfirmanden aus meiner Kirchengemeinde St. Johannis-Harvestehude. Nina Gruntkowski, Daniela Gerull, Wenke Binder und Nikolas Rieder haben mir immer wieder Mut gemacht und viele wichtige Anregungen gegeben. Last but not least gebührt ein riesengroßes Dankeschön Bettina Eltner und Heike Gronemeier. Ohne dieses Dreamteam hätte ich dieses Buch bei meinem vollen Terminkalender, den familiären Verpflichtungen und dem anspruchsvollen Lehrerjob nicht so schreiben können.

Glossar

Askari So werden Ordnungs- oder Sicherheitsbeamte – egal ob Polizist, Wachmann oder Soldat – auf Kiswahili genannt.

Atapa Eine breiartige Mahlzeit aus Millethirse. Sie wird besonders gerne gegessen von den Einwohnern im Teso District im Westen Kenias bzw. Osten Ugandas.

Balosi Legendäre Nachtzauberer, die unter anderem in der Luft herumschweben und tanzend Feuerflammen direkt zwischen ihren Händen tragen.

Basezi Siehe *Balosi*

Bratkassava Kassava ist eine tropische oder subtropische Wurzelknolle mit brauner Schale und weißem Fleisch. Letzteres wird in Öl gebraten und unter dem Namen Bratkassava als Snack angeboten.

Busaa Bier aus fermentiertem Maismehl, das vor allem im Westen Kenias von den Luhya gebraut wird.

Chai Schwarzer Tee, der mit viel Milch und Zucker gekocht wird.

Changaa Illegal destillierter Schnaps, der meist aus Mais hergestellt wird.

Chapati Sehr dünner Pfannkuchen, der nur aus Mehl, Wasser, etwas Salz und Öl besteht und auf einer heißen Steinplatte gebacken wird.

Chokora Straßenkind

Daku Kleine Mahlzeit, die während des Ramadan nach Mitternacht eingenommen wird.

Dunia Kiswahili für »Welt«.

Futari Hauptmahlzeit am Ende eines Fastentages während des Ramadan.

Githeri Ein sättigender Mix, der aus gekochtem Mais und Bohnen besteht.

Gonja Eine Bananenart, die geröstet verspeist wird, denn nur dann schmeckt sie wirklich gut.

Jembe Eine Art Gartenhacke aus Kenia.

Kabalagala Pfannkuchenartiges Gebäck aus Uganda, das aus Maismehl und Bananen besteht.

Kayola Die dritte Klasse in Zügen in Uganda. Wörtlich übersetzt »Sammelbecken«, weil hier Mensch und Tier gemeinsam reisen und die Abteile immer rappelvoll sind.

Kitu kidogo Wörtlich übersetzt »etwas Kleines«; umgangssprachlich der Begriff für Schmiergelder.

Kwaheri Kiswahili für »Auf Wiedersehen«.

Manamba Schaffner in einem Matatu (siehe unten), der das Fahrgeld einsammelt und meist nicht mitfährt.

Mandazi Ostafrikanisches Schmalzgebäck, das aus Mehl und Zucker besteht.

Massai Eine kleine, aber sehr bekannte Bevölkerungsgruppe, die sowohl in Kenia als auch in Tansania zu finden ist. Viele Massai führen bis heute ihre traditionelle nomadische Lebensweise fort; vor allem bei den Touristen sind sie ein beliebtes Fotomotiv.

Matatu Großraumtaxis in Kenia. Früher dafür berüchtigt, dass sie immer überfüllt waren. Inzwischen handelt es sich überwiegend um 15-sitzige Minibusse japanischer Fabrikate.

Maziwa Mala Fermentierte Milch, die dadurch länger haltbar ist. Sie ist häufig günstiger, dennoch sehr sättigend.

Mwalimu Kiswahili für »Lehrer«.

Mzungu »Weißer Mensch«.

Ngoma Ein Wort, das in vielen ostafrikanischen Bantusprachen und Kiswahili vorkommt und ursprünglich »Trommel« bedeutet.

Nyama-choma Gegrilltes bzw. geröstetes Fleisch.

Nyoka Kiswahili für »Schlange«.

Omena Kleine, etwa drei Zentimeter lange Fische, die überwiegend im Viktoriasee und in den Gewässern im Westen Kenias gefangen werden. Sie werden gerne vorher getrocknet und sind meist etwas bitter im Geschmack. Vor allem arme Familien bereiten hieraus einen Fischeintopf zu.

Rungu Eine Art Schlagstock.

Sambusa Teigtaschen, gefüllt mit diversen Zutaten. Auch bekannt als Samosa.

Sheng Eine Jugendsprache, die den Slums in kenianischen Großstädten entstammt.

Sukuma wiki Eine spinatähnliche Pflanze aus Kenia, die vor allem bei einfachen Leuten als Gemüsebeilage bei Hauptmahlzeiten verwendet wird.

Ugali Eher feste, breiartige Mahlzeit aus Maismehl, die in Kenia als klassische »Sättigungsbeilage« gilt.

Sebastian Schlösser
LIEBER MATZ, DEIN PAPA HAT 'NE MEISE
Ein Vater schreibt Briefe über seine Zeit in der Psychiatrie

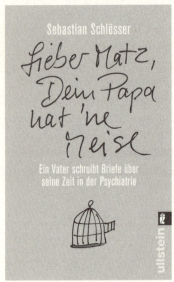

»Schonungslos und ehrlich.«

Hörzu

ISBN 978-3-548-37471-0

Er gilt als Shootingstar, wird mit 27 Jahren Regisseur am Hamburger Schauspielhaus. Doch der Höhenflug endet abrupt: Sebastian Schlösser leidet an einer bipolaren Störung. In den manischen Phasen ist er größenwahnsinnig, in den depressiven Phasen denkt er an Selbstmord. Schließlich bricht er zusammen. Was mit einem passiert, der in die »Irrenanstalt« eingeliefert wird; was es bedeutet, psychisch krank zu sein; und wie schwierig es ist, seine »Meise« zu bezwingen – das alles beschreibt Schlösser auf wunderbare Weise seinem kleinen Sohn.

Auch als ebook erhältlich
e-book

www.ullstein-buchverlage.de